高速铁路
无砟轨道技术标准与质量控制

安国栋　编著

中国铁道出版社

2009年·北　京

内 容 简 介

本书全面总结了中国高速铁路无砟轨道建设理论探索和实践经验,全面系统地介绍了中国高速铁路无砟轨道建设勘测、设计、施工及质量验收等技术标准以及标准制定的原则和依据,详细介绍了各种结构型式无砟轨道施工工艺及施工质量控制技术。全书共分六章,包括高速铁路无砟轨道结构特点、发展现状和关键技术,无砟轨道技术标准体系构成,无砟轨道设计理论及研究,无砟轨道结构及接口设计标准,无砟轨道精密工程测量技术、变形监测技术,无砟轨道施工质量控制等。本书内容丰富,实用性强,可作为高速铁路无砟轨道铁路设计、施工及建设管理的参考书。

图书在版编目(CIP)数据

高速铁路无砟轨道技术标准与质量控制/安国栋编著.—北京:中国铁道出版社,2009.10
ISBN 978-7-113-09800-1

Ⅰ.①高… Ⅱ.①安… Ⅲ.①高速铁路—轨道(铁路)—标准—中国②高速铁路—轨道(铁路)—质量控制—中国 Ⅳ.①U238

中国版本图书馆 CIP 数据核字 第 043828 号

书　　名:高速铁路无砟轨道技术标准与质量控制
作　　者:安国栋　编著

责任编辑:江新锡　　**电话**:01051873018　　**电子信箱**:jxinxi@ sohu. com
封面设计:崔　欣
责任校对:龚长江
责任印制:李　佳

出版发行:中国铁道出版社(100054,北京市宣武区右安门西街 8 号)
网　　址:http://www.tdpress.com
印　　刷:北京信彩瑞禾印刷厂
版　　次:2009 年 10 月第 1 版　2009 年 10 月第 1 次印刷
开　　本:880 mm×1 230 mm　1/16　印张:21.5　字数:357 千
书　　号:ISBN 978-7-113-09800-1/TU·1096
定　　价:130.00 元

编委会名单

序

根据国务院批准的《中长期铁路网规划(2008年调整)》,到2020年,全国铁路营业里程将达到12万公里以上,其中客运专线1.6万公里以上。自2003年以来,全国铁路系统各单位和有关设计、施工、高校、科研院所等单位的科技工作者及广大干部职工,团结奋战,勇攀科技高峰,争创世界一流,发扬“高标准、讲科学、不懈怠”和“苦干实干拼命干”的精神和作风,投身高速铁路建设实践。经过几年不懈努力,到2009年底我国投入运营的高速铁路将达到6 552公里,其中,新建时速250~350公里的高速铁路3 676公里;既有线提速达到时速200~250公里的高速铁路2 876营业公里。我国高速铁路运营里程居世界第一位。正在建设中的高速铁路有1万多公里。

我国铁路网规模宏大、线网统一、调度集中、天窗维修时间短,新建铁路与既有铁路兼容,因此高速铁路对线下工程,尤其是轨道结构提出了很高的要求。轨道状态直接决定着高速铁路的行车速度、安全性和舒适性。无砟轨道具有高平顺性、高稳定性、高耐久性和高可靠性的特点,适应了高速行车的需要,解决了线路维修的困难,符合我国国情和铁路运营模式。我国新建时速250~350公里高速铁路,主要采用了无砟轨道结构型式。已经开通运营的京津、武广、郑西无砟轨道铁路试验速度达到390 km/h以上,运营速度世界领先。

如何确定高速铁路无砟轨道技术标准、做好质量控制，保持高速铁路轨道长期稳定，延长轨道维修周期，缩短天窗时间以减少对运营的干扰，是我国高速铁路轨道结构选型必须考虑的重要因素。在无砟轨道技术创新过程中，我们瞄准世界最先进水平，把原始创新、集成创新和引进消化吸收再创新有机结合起来，立足于提高自主创新能力，在引进和掌握先进技术的基础上，统一搭建了我国高速铁路建设的技术平台，形成了一套具有我国自主知识产权的高速铁路技术标准体系，建立了系统配套的施工建造技术和质量控制标准，走出了一条中国铁路无砟轨道自主创新的成功之路。

《高速铁路无砟轨道技术标准与质量控制》一书总结了我国高速铁路无砟轨道建设的丰富经验，系统介绍了我国高速铁路无砟轨道建设勘测、设计、施工及质量验收等技术标准以及标准制定的原则和依据，同时还详细介绍了各种结构型式无砟轨道施工工艺及施工质量控制技术，内容丰富，实用性强，对高速铁路无砟轨道铁路设计、施工及建设管理人员具有重要的指导作用。

何华武

二〇〇九年十月

前　　言

我国自2003年以来，在全国范围内掀起了高速铁路的建设热潮，作为高速铁路的重要组成部分的轨道结构的设计、施工和运营维护状况，直接关系到行车速度、运营安全及旅客舒适度。无砟轨道作为高平顺性、高稳定性、高可靠性和少维修的新型轨道结构型式，在我国高速铁路得到了广泛的应用。在新建时速250～350公里的高速铁路中，以无砟轨道结构型式为主，已经或即将开通运营的时速350公里的京津、武广、郑西铁路全线铺设无砟轨道。

轨道直接承受来自车辆的荷载，并将荷载传递到下部结构，是一个庞大的系统工程。轨道结构受力状态复杂，运营条件的任何变化都会直接引发受力状态的变化，轨下基础的状态和性能对轨道结构也有影响。无砟轨道道床结构采用钢筋混凝土替代有砟轨道中的道砟层，道床一次施工成型，建成后及运营过程中只能通过扣件进行小范围的调整，因此要求铺设无砟轨道的线下基础的变形控制标准非常严格，路基面工后不均匀沉降量不得超过15 mm，桥梁的梁端转角限制为1.5‰(梁端悬出长度≤0.55 m)，要求远高于有砟轨道。同时，为满足高速行驶条件下，旅客列车的安全性和舒适性，要求高速铁路必须具有非常高的平顺性和精确的几何线形参数，精度要保持在毫米级的范围以内。传统的铁路测量方法和精度已不能满足高速铁路建设的要求。要实现高速铁路轨道的平顺性，必须建立一套与之相适应的精密工程测量体系和技术标准。此外,为满足与既有铁路之间跨线列车列控系统的兼容性要求,我国高速铁路信号系统采用ZPW-2000谐振式无绝缘轨道电路。由于无砟轨道内部钢筋网所形成的闭合回路,与轨道电路耦合产生感应电流,导致轨道电路一次参数发生改变,使轨道电路传输长度缩短,系统的可靠性降低,养护维修工作量增加,既有ZPW-2000轨道电路参数标准仅适用于有砟轨道,为满足高速铁路无砟轨道的建设需要,必须研究解决无砟轨道与ZPW-2000轨道电路的匹配技术。因此轨道结构形式的改变,同时也带来了线下基础、站后工程及施工等相关技术标准和管理模式的变化,必须围绕高速铁路无砟轨道建立起一套与其相适应的设计、施工、建设和养护维修标准体系。

我国在高速铁路无砟轨道建设过程中,通过原始创新、集成创新和引进消化吸收再创新的有机结合,在引进和掌握先进技术的基础上,走出了一条无砟轨道自主创新的成功之路。通过京津、武广等高速铁路的建设实践及遂渝、武汉无砟轨道综合试验段所进行的大量的试验研究,逐步形成了具有自主知识产权的高速铁路无砟轨道成套技术标准体系。

本书总结了我国近几年高速铁路无砟轨道建设的重要经验,全面系统地介绍了我国高速铁路无砟轨道建设相关勘测、设计、施工及验收技术标准,以及标准制定的原则和依据,对关键技术指标和关键工艺流程进行了详细的阐述。

全书共分为六章,内容包括高速铁路无砟轨道结构特点、发展现状和关键技术,我国无砟轨道技术标准体系构成,无砟轨道设计理论及研究,无砟轨道结构及接口设计标准,无砟轨道精密工程测量技术、变形监测技术,同时还详细介绍了各种结构形式无砟轨道施工工艺及施工质量控制技术。希望本书的出版,可为高速铁路无砟轨道铁路设计、施工及建设管理提供指导。

限于作者水平,书中不妥之处,敬请读者批评指正。

作　者

2009年10月

目　　录

第一章　概　　述

20 世纪 60 年代以来,以日本新干线、法国 TGV 和德国高铁为代表的高速铁路开始在世界各国发展。高速铁路以安全可靠、高效便捷、节能环保为主要特点,已经成为世界铁路建设的主要发展方向。

我国的高速铁路研究起步于 20 世纪 90 年代,通过原始创新、集成创新和引进消化吸收再创新相结合,立足于提高自主创新能力,在引进和掌握先进技术的基础上,统一搭建了我国高速铁路的技术平台,走出了一条铁路自主创新的成功之路。到 2009 年底我国投入运营的高速铁路将达到 6 552 km。其中,新建时速 250 ~ 350 km 的高速铁路有 3 676 km;既有线提速达到时速 200 ~ 250 km 的高速铁路有 2 876 km。我国高速铁路运营里程居世界第一位,正在建设之中的高速铁路有 1 万多公里。根据我国的国情和铁路运营特点,新建时速 250 ~ 350 km 的高速铁路主要采用无砟轨道结构。

第一节　高速铁路无砟轨道技术特点

高速铁路是一个庞大的系统工程。作为高速铁路的主要结构物,轨道直接承受来自车辆的荷载,并将荷载传递到下部结构。与其他工程结构物不同,轨道具有荷载的随机性和重复性、结构的组合性、修理工作的周期性。轨道结构的状态直接影响高速列车运行的速度、安全和舒适,是高速铁路的关键核心技术之一。

一、高速铁路对轨道结构的要求

与普速铁路相比,高速铁路对轨道结构的可靠性、平顺性、稳定性和耐久性提出了更高的要求。高可靠性是为了保证列车高速运行的安全,高平顺性是为了提高旅客乘坐舒适度,高稳定性是为了减少养护维修工作量,而高耐久性是为了保证在设计使用年限内轨道结构能够满足使用要求。

(一)高平顺性

轨道不平顺是引起列车振动、轮轨作用力增大的主要原因,高平顺性是高速铁路对轨道最根本的要求,也是建设高速铁路的控制性条件。在高平顺的轨道上,列车振动和轮轨间的动作用力均较小,行车安全和平稳性、舒适性得到保证,轨道和机车车辆部件的使用寿命和维修周期也较长。因此,为了保证高速行车的平稳、安全和舒适,必须要严格控制轨道的平顺指标。

轨道的不平顺可分为三种类型,即结构不平顺、附加不平顺和动态不平顺;从波长上可以分为长波不平顺和短波不平顺。

结构不平顺是指由于轨道结构及部件固有的不平顺,如钢轨不平顺和轨道铺设和维修时形成的不平顺。附加不平顺是指轨道运营一段时间后,由于各种原因而形成的不平顺,如钢轨表面不均匀磨耗、钢轨轨顶剥离掉块等。动态不平顺一般有两种情况:一种是轨道弹性不均匀和荷载波动,轮轨接触点轨迹呈波浪形;另一种是存在暗坑掉板和道床不均匀的弹性下沉。因此,为保证轨道结构的平顺,应从钢轨和轨下基础两方面提出要求。

高平顺的核心是保持轨道结构良好的几何状态,因此要求高速铁路采用高精度的轨道部件、高精度的施工技术和装备,以及良好的养护维修质量。轨道结构铺设高精度是实现轨道初始高平顺性的保证,良好的可维修性是轨道高平顺得以长期保持条件。因此,保证轨道结构的高平顺是一个综合的系统工程。

(二)高可靠性

高速铁路要求轨道部件具有极高的安全可靠性,这对组成轨道结构的部件提出了极严格的性能和质量要求。

在列车荷载作用下,轨道结构及其部件产生应力和变形。不同的轨道结构,整体结构和部件的应力和变形有很大的差异。对高速铁路而言,轨道结构及其部件的应力应在合理范围之内,轨道变形的速率应非常缓慢,而且一旦发生永久变形,必须及时消除。为保证列车安全、可靠运行,对轨道结构应具备的状态和各部件的关系应制定严格的技术标准。

钢轨伤损是行车安全的最大隐患,其中钢轨折损对行车安全的威胁最大。钢轨折损数量愈多,行车的安全度越低,修复、更换伤损轨的费用及中断行车时间造成的损失越大。根据铁路的运输性质、行车速度和重要性的不同,对钢轨使用所要求的安全度指标也不同,其中高速铁路的安全度最高。

混凝土轨枕设计的控制截面为轨枕的轨下截面和枕中截面。这两个截面所受荷载弯矩的大小取决于机车车辆轴重、行车速度、轨道状态和道床支承情况等。轨下截面荷载弯矩在很大范围内波动,不仅每根轨枕所受荷载不同,而且同一根轨枕的轨下截面或中间截面在每一次轮载作用下所受到的荷载弯矩也是不同的。高速铁路中,列车运行速度高、动力冲击更大,这对轨枕的可靠性提出了更高的要求。

无砟轨道的轨道板(或道床板)均为钢筋混凝土构件,均应按照混凝土结构设计原理进行设计。设计中应综合考虑高速列车作用下的竖向、横向动力荷载以及纵向荷载(制动、温度作用等),同时还应考虑下部基础变形对无砟轨道主体结构受力的影响,以确保无砟轨道的安全、可靠。

除确保轨道部件的可靠性外,各部件的合理匹配也十分重要。轨道结构由不同形状、不同材料的部件组成,在承受各种外力作用时表现出不同的功能,但他们的工作状态又是互相关联的。例如扣件把钢轨扣压在轨枕(或道床板、轨道板)上,它既要有足够的扣压力使钢轨和轨枕形成整体,又要与轨下垫层的弹性有良好的配合。如果工作性能不匹配或者任何一个部件损坏,都会改变其他部件的受力状态,从而破坏轨道结构的整体性和工作性能。因此,轨道部件安全可靠性对整个轨道结构的安全可靠是至关重要的。

(三)高稳定性

轨道稳定性是指轨道在高速运营条件下保持高平顺性与均衡弹性、维持部件有效性与完整性的能力,其内涵是少维修或免维修。

若轨道结构的稳定性不能得到保证,则必须进行必要的维修。而轨道的维修势必会影响正常的运输秩序,构成新的安全隐患。对网络化、高密度的高速铁路而言,维修是影响线路使用率的重要因素之一。因此,轨道结构的高稳定性是贯穿轨道设计和施工过程的最重要理念。

保持轨道结构的高稳定性,要求运用高精度和高可靠性的轨道部件,提高结构的整体性和耐久性,确保轨道长期高平顺及规定部件长期有效性和完整性。

此外,合理确定轨道结构刚度并保持轨道刚度沿纵向分布的均匀性也是轨道结构高稳定性的重要内容。轨道必须有合理的弹性,以降低振动与噪声、减少冲击作用,并保持钢轨轨底应力在合理的范围内。保持合理稳定的轨道刚度,是减少列车作用在钢轨上的垂向荷载、维持轨道几何形位的重要措施。为保持沿线路纵向轨道弹性均匀,应控制路基和结构物间过渡段的不均匀沉降或弹性不均匀，保持轨道沿纵向的弹性均匀，是无砟轨道耐久性的重要保证。

采用跨区间无缝线路是提高轨道结构连续性、均匀性的重大举措。在跨区间无缝线路中，钢轨的连续焊接会使道岔区基本轨产生附加温度力，从而使结构、受力和变形本来就复杂的道岔区成为高速铁路稳定性的控制区；高速列车的高频冲击和振动会使轨道结构的纵、横向阻力降低，使轨道自身保持稳定的能力降低；而高速列车的蛇行运动和横向振动又会使作用在轨道上的横向荷载加大，增加轨道横向失稳的可能性。因此，高速铁路轨道结构必须具有高稳定性。

（四）高耐久性

高耐久性主要是为了提高轨道寿命，减少养护维修工作量。高速铁路行车速度高、密度大，不允许行车间隔上道作业，只允许利用天窗时间进行轨道的检查和维修，因此要求轨道结构维修工作量少、维修时间短，才能保证不中断行车，维持列车正常运行。由于大修要求的天窗时间更长，因此应尽量延长大修周期，减少大修次数。

与普速铁路相比，高速铁路的高耐久性对轨道结构的原材料、部件的制造生产工艺、轨道施工等提出了更高的要求。线路设备维修应积极采用新技术、新设备、新材料、新工艺，提高劳动生产率和检测维修质量，为提高高速铁路的耐久性奠定基础。

高速铁路轨道结构应实行检修分开的管理体制。线路设备维修应贯彻“预防为主，防治结合，检修并重”的原则，按线路设备技术状态的变化规律和程度，安排线路设备维修，有效地预防和整治病害。

二、高速铁路轨道结构类型

铁路轨道结构主要分成两种：有砟轨道和无砟轨道。世界各国高速铁路的运营实践表明，两种轨道结构均可保证高速列车的安全运营。法国高速铁路和日本的山阳新干线全部或部分采用有砟轨道，列车运行速度达到300 km/h；德国则主要采用无砟轨道，运营速度300 km/h；近年来我国修建的时速250～350 km高速铁路主要采用无砟轨道结构型式。

由于两种轨道结构在技术经济性方面的差异，世界各国均根据自己的国情、铁路运营特点合理选用，以取得最佳的技术经济效益。

（一）有砟轨道

有砟轨道由钢轨、轨枕、扣件、道床和道岔等组成，是铁路传统的结构，具有弹性较好、初期建设成本低、更换与维修方便等优点。

钢轨是轨道结构最重要的组成部件。它的功用是：为车轮提供连续、平顺和阻力最小的滚动表面，引导列车运行方向；直接承受车轮的巨大压力，并将其分布传递到轨枕，同时，兼作轨道电路。

扣件将钢轨和轨枕联结起来形成轨排，同时将荷载传递给轨枕，并提供线路弹性、保持线路稳定。根据轨道电路的要求，扣件还应具有一定的绝缘性。

轨枕一方面承受来自钢轨的各向压力，并弹性地传布于道床，另一方面要有效地保持轨道的几何形位，特别是轨距和方向。轨枕应具有必要的坚固性、弹性和耐久性，并能便于固定钢轨，有抵抗纵向和横向位移的能力。

道床是轨枕的基础，道床的作用是固定轨枕的位置，防止轨枕纵、横向位移并把所承受的压力分布传递给路基或桥隧建筑物，同时道床还起到排水的作用。

道岔的作用主要是引导列车从一条线路转向另一条线路。道岔是机车车辆从一股轨道转入或越过另一股轨道时必不可少的线路设备，在铁路站场布置中应用极为广泛，是铁路轨道结构的一个重要组成部分，是影响高速铁路行车速度和安全的关键设备。

有砟轨道能够满足高速铁路的要求，但其道床易变形、粉化和板结，大修周期较短。

（二）无砟轨道

无砟轨道采用钢筋混凝土（或沥青混凝土）道床取代了碎石道床，是一种高稳定性、高平顺性、少维修的轨道结构。无砟轨道经数十年发展，已形成多种结构类型。不同结构型式的无砟轨道在功能实现上有所区别，主要表现为：

1. 是否保留轨枕：若有轨枕，轨枕与道床的关系可以分为埋入、支承或嵌入；若无轨枕，道床板是预制还是现浇；

2. 扣件支承方式：离散或连续；

3. 道床板材料：混凝土或沥青；

4. 道床纵向连续性：连续或单元。

根据这些结构方案的不同，可将无砟轨道进行如图 1－1－1 所示的分类。

有枕式无砟轨道继承和发展了有砟轨道成熟的“轨排”理念，根据“轨排”调整与固定方式的不同，发展成不同的无砟轨道结构型式。预制与现浇结合的方式和“轨排”灵活

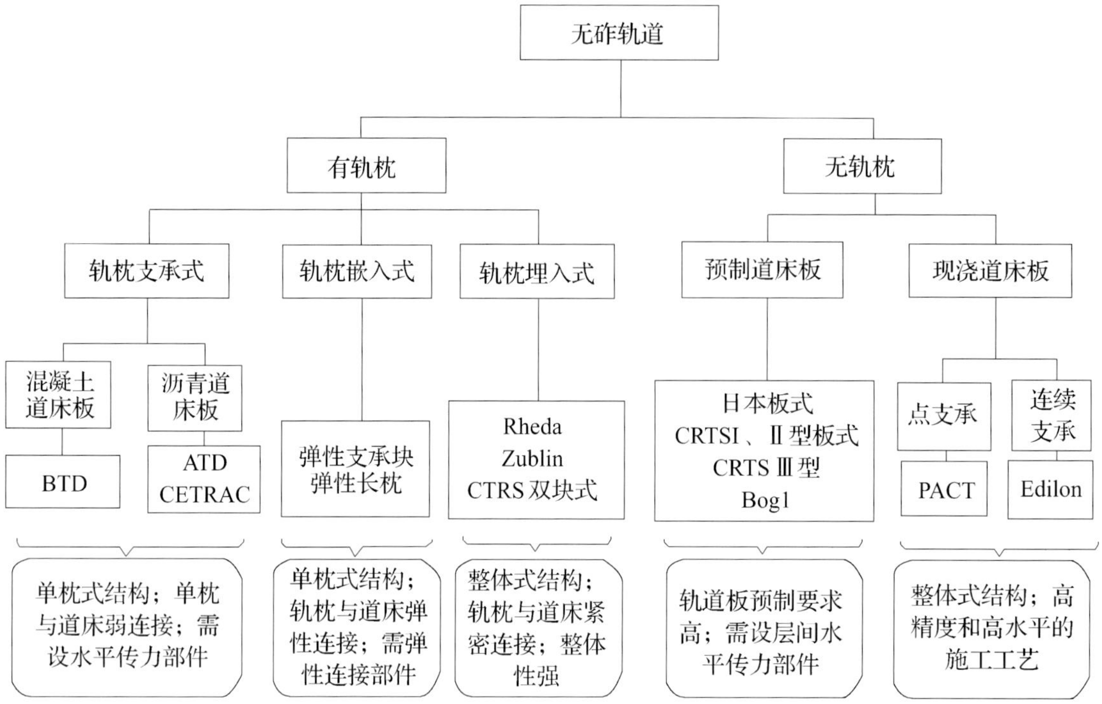

图1-1-1 无砟轨道结构分类与系统特征

的调整能力，保证了无砟轨道对曲线、岔区等特殊地段的广泛适用性。无枕式无砟轨道旨在消除轨枕与道床间的薄弱联结。采用预制轨道板可以实现快速机械化施工，但预制轨道板同时定位多个钢轨支点的空间位置，给灵活施工和广泛适用于曲线、道岔等特殊地段提出了更高的要求。

单元式结构使无砟轨道形成相对独立单元，基本消除了长大混凝土收缩及温度的影响，局部损坏对整体影响小，可方便实现轨道单元的维修或重建。但因水平力的传递需在单元内加以解决，使得水平传力部件数量较多，且较多的自由边界形成众多薄弱环节。单元式结构适合于轨道结构容易发生病害或破损的地段，如地震高发区或基础易变形地段。连续式较单元式结构减少了自由边界等薄弱环节，结构的整体性和均匀性强于单元式，水平力的传递可依靠其整体性解决，对道床板下支承结构的要求相对较低。但由于轨道结构连成一体，局部损坏对轨道整体影响较大，一旦出现病害维修代价较高。

我国幅员辽阔、地域特性和线路条件差异大，据此我国发展了不同的无砟轨道结构。我国的无砟轨道结构类型主要有 CRTS Ⅰ 型、Ⅱ 型板式和 CRTS Ⅰ 型、Ⅱ 型双块式和 CRTSⅢ型无砟轨道。

三、无砟轨道结构特点

无砟轨道在结构上应满足轨道结构受力合理、结构简明、施工便捷、美观协调等要求。除非结构功能上确有必要,应尽可能减少无砟轨道的结构分层。过多的分层会使设计复杂化,且因层间接触面增多而使薄弱环节增加,加大施工和维护难度。为达到水平力的传递和层间的可靠联结,无砟轨道可能会设计有各种形式的传力部件,应尽量集中各功能要求,合并结构部件,实现一个部件多种功能。此外,无砟轨道应尽可能减少结构高度,以节省工程造价;结构中各部件应方便施工、检查、维修和更换。

无砟轨道主要结构特点如下:

(1)无砟轨道具有均匀、连续支承的层状结构体系

有砟轨道层状结构体系很好地适应了带状线路工程的需要,实现了垂向荷载逐层传递和扩散,一定程度上保证了结构的经济合理。无砟轨道虽取消了道砟层,但仍延续了这一特征,且依靠其作为结构物的优势,具有更好的结构连续性和刚度均匀性。

(2)无砟轨道以扣件为轨道弹性和几何调整的主要解决方案

无砟轨道取消了道砟层,代之以刚性或半刚性道床,原来由道砟提供的弹性、方便调整轨道几何形位的功能需由扣件实现。轨道弹性由"扣件+道床"提供变成单由扣件提供,且高速行车对扣件弹性的要求更高;几何形位调整由"扣件+道床"调整变成单由扣件调整实现。因此要求扣件具有低刚度和大调整量,扣件成为无砟轨道最关键的部件之一。

(3)无砟轨道具有更为明确的承力传力路径和传力部件

与有砟轨道相比,无砟轨道对于垂向力、水平力的传递具有更为明确的路径。必要时须设计专门的传力部件,如:凸台、侧向挡块、销钉、锚梁等,以传递水平力,或进行水平限位。

(4)无砟轨道及其部件具有混凝土结构特征

无砟轨道作为长大混凝土结构物,必然具有混凝土所固有的一些特性,诸如温度影响、耐久性、裂缝、特殊环境下的腐蚀、水损或低温冻融等。无砟轨道结构各部件的使用寿命的合理匹配是设计中致力实现的一个重要目标。

(5)无砟轨道需要稳定的下部基础

无论是预制组装还是现浇无砟轨道主体结构,为保证其整体性、耐久性,均需要稳定的下部基础。基础薄弱地段需经特殊强化处理,保证其强度、变形及长期稳定性能够满足铺设要求。

(6)无砟轨道要求施工高精度、高质量

无砟轨道大多为钢筋混凝土结构，维修改造困难，且代价高昂、对行车影响很大，要求一次施工到位，施工缺陷所造成的病害将影响其整个寿命周期。

第二节 高速铁路无砟轨道发展现状

从19世纪60年代开始，无砟轨道结构在世界各国得到发展并逐步广泛应用。经过40多年的发展，无砟轨道经历了数量上由少到多、技术上由浅到深、类型上由单一到多种、铺设范围上由个别地段到全线铺设的发展历程。目前高速铁路比较发达的国家大都采用无砟轨道作为主要的轨道结构型式，具有代表性的有德国的Rheda、Züblin、Bögl，日本的板式轨道，中国的CRTS Ⅰ、Ⅱ型板式轨道、Ⅲ型轨道及CRTS Ⅰ、Ⅱ型双块式轨道等。此外，意大利、法国、奥地利、荷兰、瑞士等国均根据自己国家铁路特点选择无砟轨道的结构型式，在铁路上有不同程度的应用。

一、国外无砟轨道发展概况

日本是发展无砟轨道较早、较快的国家。早在20世纪60年代中期，日本就开始了无砟轨道的研究与试验，由轨道、材料、建筑物、土工、物理和有机化学研究人员共同构成"新型轨道结构的研究"技术课题组。考虑到预制轨道板精度容易保持、板下设置可用于调整的缓冲垫层以及方便施工与维修，最终选择了板式轨道。板式轨道已成为日本新干线的主要轨道结构型式。

此外，日本根据线路的实际运营情况，为了减小因温度变化而引起的轨道板翘曲、减少CA砂浆损坏、降低维修工作量，同时减少轨道板体积和自重及CA砂浆的用量、降低生产成本和运费、获得更好的经济性，又发展了框架型轨道板。为适应东北、上越新干线寒冷气候条件的要求，研制了双向预应力结构的轨道板，以防止混凝土裂纹的发生和发展。新干线预应力轨道板生产工艺为后张法，以确保预应力作用范围，特别是保证轨道板端部的应力水平。

德国也是世界上发展无砟轨道较早的国家之一。德国采用自主研发、统一管理的模式，即由德铁制定统一的设计基本要求，由公司、企业自行研制开发无砟轨道的研究体制。试铺的无砟轨道需经5年的运营考验并经EBA审定通过后方可正式使用。该研究体制大大激发了全社会参与研发无砟轨道的积极性。

自1959年开始研究至今，德国先后在土质路基、高架桥上及隧道内试铺了各种混凝土道床和沥青混凝土道床的无砟轨道。经过不断改进、优化和完善，形成了德国铁路的七大系列四十多种无砟轨道和比较成熟的技术规范和管理体系，研制了成套的施工机械设备和工程质量检测设备，为无砟轨道在德铁的推广应用创造了良好的条件。目前，应用较广的主要结构型式有Rheda、Züblin和Bögl。此外，Getrac、Sato、ATD、BTD、Walter等轨道结构也得到了一定的应用。

英国采用的PACT型无砟轨道为现场灌筑的钢筋混凝土道床板，钢轨直接与道床板连接，轨底与混凝土道床板之间设连续带状橡胶垫板，钢轨为连续支承，由于承轨部位现浇施工，精度保证较困难。1969年开始研究和试铺，到1973年正式推广，并在西班牙、南非、加拿大和荷兰等国重载和高速线的桥隧结构上应用，铺设总长度约80 km。

奥地利开发的ÖBB－PORR板式轨道，中间设有两矩形孔，便于充填砂浆和传递水平力。轨道板底部和矩形孔四周设有隔离层。充填砂浆的同时，可在矩形孔处形成一个锥形锚块，抵抗上拔力作用。

意大利的IPA板式轨道与新干线板式轨道类似。轨道板两端各有一个半圆柱，可插进混凝土底座的预留孔中。自1984年以来，在意大利铁路铺设98 km多，其中在Roma－Firenze高速铁路隧道和桥梁上铺设5 km。

法国高速铁路主要采用有砟轨道，运营速度能够达到300 km/h以上。但随着运营时间的增长，法国开始认识到无砟轨道的优越，开始了无砟轨道的研究与试验。在新建的地中海线，路基上铺设了2 km、隧道内铺设了8 km的双块式无砟轨道。

为克服钢轨点支承带来的轨道受力和变形不均匀问题，一种连续支承的钢轨埋入式轨道在荷兰和英国得了较快发展。钢轨无需通过扣件扣压在轨枕上，而是通过树脂或其他弹性材料将钢轨埋入到道床板混凝土凹槽中。常见的类型有Edilon型和Balfour Beatty型。由于钢轨连续支承，可解决pin－pin振动引起的钢轨受力和变形不均匀及由此引起的诸如波磨等问题，降低车轮滚动引起的轨枕盒或支承点频率、降低铁路运输的噪声。

二、我国无砟轨道发展现状

我国无砟轨道的研究起于20世纪60年代，与国外的研究几乎同步。初期曾试铺过支承块式、短枕式、整体灌筑式及沥青道床等，形成通用图并推广应用的仅有支承块式整体道床。在成昆线、京原线、京通线、南疆线等长度超过1 km的隧道内铺设，累计达

300 km。20 世纪 80 年代曾试铺过由沥青混凝土铺装层与宽枕组成的沥青混凝土整体道床，全部铺设在大型客站和隧道内，总长约 10 km，但并未大量推广。此外还铺设过由沥青灌注的固化道床；在京九线九江长江大桥引桥上还铺设过无砟无枕结构，长度约 7 km。

进入 90 年代以来，为适应我国铁路提速以及高速铁路发展的需求，我国无砟轨道的研制工作步入了一个新阶段。在铁道部科研项目基础上，选择了具有代表性的几种无砟轨道（板式、长枕埋入式和弹性支承块式无砟轨道），先后进行了试铺，取得了成功的经验。

我国 20 世纪 90 年代无砟轨道结构的应用情况见表 1－2－1。

表 1－2－1　20 世纪 90 年代无砟轨道结构的应用情况

试铺段		无砟轨道结构形式	铺设长度（m）	备　注
秦沈段	沙河桥	长枕埋入式	692	直线，24 m 简支箱梁
	狗河桥	板式	741	直线，24 m 简支箱梁
	双何桥	板式	740	曲线，32 m 简支箱梁
赣龙线	枫树排隧道	板式	719	直线
渝怀线	鱼嘴 2 号隧道	长枕埋入式	710	曲线
	圆梁山隧道	长枕埋入式	11 060	
西康线	秦岭隧道	弹性支承块式	36 800	
兰新线	乌鞘岭隧道	弹性支承块式	40 368	

板式轨道在我国开始研究的时间很早，1981 年在皖赣线溶口隧道铺设了板式轨道试验段，使用情况良好。1999 年完成“秦沈客运专线桥上无砟轨道设计、施工技术条件”的研究与编制，在秦沈客运专线选定了狗河特大桥和双何特大桥作为板式轨道的试铺段。2003 年在赣龙线枫树排隧道铺设了板式轨道试验段。

长枕埋入式无砟轨道采用预应力长轨枕，浇入钢筋混凝土道床板中，为了保证轨枕与道床的连接，在轨枕上设 5 个预留孔，道床板上层纵向钢筋穿过预留孔，增强轨道的整体性。在秦沈线沙河特大桥、渝怀线鱼嘴二号隧道和圆梁山隧道分别进行了试铺，使用情况良好。

为了研发具有自主知识产权的无砟轨道成套技术，积累成段铺设无砟轨道的经验，2004 年铁道部决定在遂渝线建设无砟轨道试验段，对板式轨道、双块式轨道、纵连式轨道以及岔区长枕埋入式无砟轨道进行试验研究。此后，在引进消化吸收再创新的基础上，通过武汉无砟轨道综合试验段试验研究以及京津、武广、郑西等高速铁路的建设，我国高速铁路无砟轨道进入了快速发展的时期。目前，京津高速铁路已开通运行，武广、郑西高速铁路即将开通运行,成灌铁路也将于2010年5月通车。下面对上述几条高速铁路进行简单介绍。

1. 遂渝线无砟轨道试验段

2006年,在遂渝线建成了我国首条无砟轨道综合试验段。在包括路基、桥梁和隧道及各种过渡段在内的不同线下基础上研究和试铺了双块式无砟轨道、轨枕埋入式无砟轨道、板式轨道(含平板型、框架型和减振型板式轨道)和纵连板式轨道等轨道结构。其中平板型板式轨道3 591 m,框架型板式轨道4 037 m,减振型板式轨道320 m,纵连板式轨道1 249 m,双块式轨道8 636 m,道岔区轨枕埋入式轨道746 m。2007年1月初,遂渝线无砟轨道试验段进行了实车综合试验,实车试验动车组最高试验速度232.2 km/h,货车141 km/h。实车综合试验表明:铺设在不同基础上的各种型式无砟轨道结构的动力性能满足200 km/h的动车组和120 km/h、25 t轴重的货物列车的运行安全性和平稳性等项设计要求。图1-2-1为遂渝线几种典型的无砟轨道结构。

图1-2-1 遂渝线无砟轨道

通过综合试验段工程建设和试验研究,在无砟轨道结构、无砟轨道绝缘处理措施和ZPW-2000轨道电路传输性能、路基沉降控制、测量控制、扣件、道岔、施工工艺、施工装备等方面取得了比较系统的研究成果,主要创新成果包括:

(1)自主研发了普通板式、框架型板式、纵连板式、双块式以及道岔区轨枕埋入式无砟轨道结构,基本掌握了不同结构物上无砟轨道的计算原理和设计方法。

(2)通过对各种无砟轨道不同绝缘处理方式的轨道电路一次参数测试分析,基本掌握了轨下金属导体距轨底的距离对钢轨参数的影响情况,并在无砟轨道条件下采用综合接地系统技术。

(3)研发了客运专线和客货共线铁路无砟轨道结构用扣件系统,试验结果证明各项性能指标满足无砟轨道扣件系统技术要求,绝缘性能良好。

(4)研发了用于无砟轨道的12号和18号可动心轨道岔及其配套的转换设备,解决了岔区无砟轨道及线下结构的关键技术问题,提出了岔区轨道刚度均匀化的设计原则及工程措施。

(5)首次在土质路基上铺设无砟轨道;路基工后沉降控制有效,路基过渡段效果显著。

(6)首次在结构主跨168 m,温度跨度178 m的大跨连续刚构及简支T形梁桥上铺设了全桥纵连板式无砟轨道,突破了大跨度桥上铺设无砟轨道的瓶颈,为96 m以上的大跨桥上铺设无砟轨道奠定了基础。

(7)研究建立了高精度测量控制网和沉降变形观测网,确保了无砟轨道施工和变形观测的精度要求。

(8)研发了板式、双块式和道岔区无砟轨道生产、施工技术及配套装备,100 m长定尺钢轨运输、吊装、铺设、单元轨焊接及集装箱式基地焊轨成套设备。

遂渝无砟轨道试验段的成功建设,为中国大规模客运专线建设提供了强有力的技术支撑。

2. 京津城际铁路

京津城际铁路从北京南站引出,经亦庄、永乐、武清到达天津站,线路全长120 km。该工程是环渤海京津冀地区城际轨道交通网的重要组成部分,是我国第一条时速300~350 km的铁路客运专线。

该线除天津站和中间站到发线采用有砟轨道外,区间正线全部采用CRTS Ⅱ型无砟轨道,长113.602 km。其中亦庄站、永乐站、武清站18号道岔铺设轨枕埋入式和岔区板式无砟轨道共2.462 km(单线),南仓39号道岔铺设轨枕埋入式无砟轨道0.405 km(单线),其余区段铺设Ⅱ型板式无砟轨道224.337 km(单线)。桥上轨道系统采用梁缝处不断开的连续轨道结构。

无砟轨道铺设段涉及桥梁地段长100.093 km,包含45 m+70 m+70 m+45 m连续梁、60 m+100 m+60 m连续梁、60 m+128 m+60 m连续梁、80 m+128 m+80 m连续梁等工点;路基地段长13.508 km。

动车组运行试验表明,轨道状态良好,车辆运行平稳,试验速度达到394 km/h,创造了中国铁路的最高速度,标志着我国铁路建设水平质的飞跃。该线已于2008年8月1日按照350 km/h的设计速度正式运营。图1-2-2为京津城际无砟轨道。

图 1－2－2 京津城际无砟轨道

京津城际轨道交通工程建设过程中，针对桥梁为主的线下工程条件，开展了桥上无砟轨道结构及站后工程接口的系统技术攻关。构建了以列车荷载、温度影响和基础变形为主线，充分考虑裂纹控制与耐久性(使用寿命 60 年)、刚度控制与动力特性等控制条件统一的无砟轨道技术理论体系及关键参数，形成了轨道几何计算、轨道板布板及预制件结构设计、不同地段轨道系统的力学计算及结构设计、不同轨道系统间过渡段设计等技术。解决了与无砟轨道紧密关联的测量、沉降控制、桥梁路基预留设施等综合系统问题，建立了无砟轨道铺设体系，形成了无砟轨道设计、制造、安装、运输及测量等一系列新技术。京津城际的成功建设，对加快铁路科技创新、深入推进铁路建设、充分发挥铁路在经济社会发展中的重要作用，具有重要示范意义。

3. 武广客运专线

武广高速铁路是《国家中长期铁路规划网》中“四纵四横”京广大通道的重要组成部分。武广高速铁路，北起武汉站，南至广州南站，全长 1 068.6 km，是目前全国最长，也是世界上第一条一次开通超过 1 000 km、运行时速 350 km 的长大高速铁路。武广高速铁路于 2005 年 6 月 23 日正式开工建设，2009 年年底正式开始运营。

武广高速铁路正线无砟轨道 955.7 双线公里，正线高速无砟道岔 169 组，其中枕式道岔 76 组，板式道岔 93 组，全线铺设了 10 组自主研发的钢轨伸缩调节器。正线路基总长 320.4 km，占线路总长的 33.3%；全线桥梁 674 座共 464.1 km，占线路总长的 48.2%；隧道及明洞工程 226 座共 178.1 km，占线路总长的 18.5%。图 1－2－3 为武广客运专线桥上无砟轨道。

武广高速铁路首次在设计时速 350 km 客运专线上规模应用 CRTS Ⅰ 型双块式、CRTS Ⅰ 型板式无砟轨道、岔区板式和轨枕埋入式无砟轨道等设计、制造、施工和检测成套技术。

图 1－2－3　武广客运专线无砟轨道

武广高速铁路雷大特大桥上首次应用了板式无砟道岔。汀泗河特大桥 140 m 钢箱系杆拱是目前世界上首次铺设无砟轨道的大跨度钢桥,也是相同类型桥梁中跨度最大的系杆拱桥,桥上采用了 CRTSⅠ型双块式无砟轨道,为适应桥梁变形对无砟轨道结构的影响,梁缝处设计了过渡板、限位板等特殊结构,过渡板底面设板式支座,板端部设限位结构。

武广高速铁路建设中,自主研发了时速 350 km18 号无砟高速道岔,首次铺设了 50 号大号码板式无砟道岔。自主研发了设计时速 350 km 无砟轨道 60 kg/m 钢轨伸缩调节器,填补了我国高速铁路轨道工程该技术领域的空白。

现场动态综合试验表明,无砟轨道安全可靠,高速道岔和钢轨伸缩调节器结构安全稳定、平顺性好;能够保证高速动车组安全性、舒适性和平稳性的运行要求。武广高速铁路工务工程领域的创新成果对于完善我国高速铁路技术体系、指导我国高速铁路工务工程建设和运营管理具有十分重要的意义。

4. 郑西客运专线

郑西客专全长 484 km,是我国“四纵四横”高速铁路网络中徐兰高速铁路的一个重要组成部分,全线铺设 CRTSⅡ型双块式无砟轨道。图 1－2－4 为郑西客运专线无砟轨道。

图 1－2－4　郑西客运专线 CRTS Ⅱ型双块式无砟轨道

郑西高速铁路是世界上首条修建在大面积湿陷性黄土地区的高速铁路。全线 80% 的地段处于湿陷性黄土地区，地质条件复杂，路基、桥隧、轨道等工程建设难度大。全线建立了精密工程控制测量网，监测控制路基沉降。

5. 成灌铁路

2008 年汶川地震后，铁道部和成都市政府正式签订协议，共同建设成都至都江堰铁路。成都至都江堰铁路全长 66.2 km，正线速度目标值 200 km/h，铺设 CRTS Ⅲ 型无砟轨道。图1-2-5为成灌铁路无砟轨道。

图 1-2-5 成灌铁路 CRTS Ⅲ 型无砟轨道

成灌铁路在总结再创新成果的基础上，开展了 CRTS Ⅲ 型无砟轨道研究，形成了适应时速 200 km 城际铁路的具有自主知识产权的新型无砟轨道结构。

第三节 高速铁路无砟轨道关键技术

为保证高速铁路列车运行的高速度和安全性、舒适性，同时保证高速铁路无砟轨道的稳定性和耐久性，无砟轨道刚度、基础变形控制、高速道岔、精密控制测量、轨道电路传输及综合接地等是必须解决的关键技术。

一、无砟轨道刚度

轨道合理刚度及均匀匹配是高速铁路安全、舒适的保证，同时影响到轨道结构受力及其养护维修、使用寿命等。轨道刚度越小，簧下质量引起的动态应力越小，对减小轨道部件损伤越有利；但轨道变形增大，增加养护维修工作量。轨道刚度越大，轨道变形小；但应力增大，钢轨伤损将增加。因此，轨道刚度应保持在一个合理的范围之内，即轨道最优刚度,如图1－3－1。

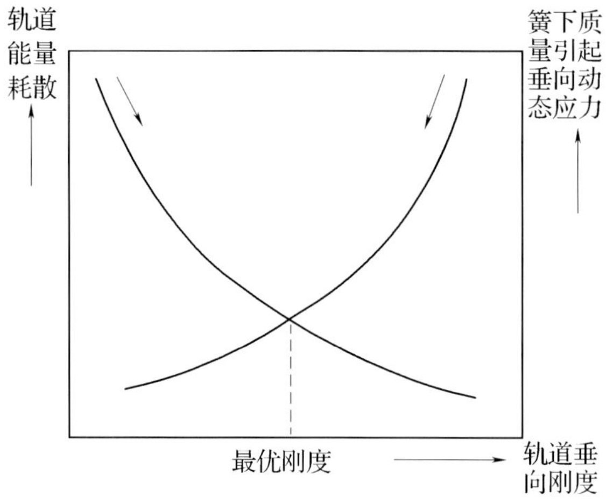

图1－3－1　轨道最优刚度

无砟轨道结构中取消了提供线路弹性的道砟层,轨道弹性完全由扣件提供。这要求无砟轨道扣件具有比有砟轨道更好的弹性,以最大限度地降低轨道的振动,减缓轮轨间的冲击。对于高速铁路无砟轨道来说,要求扣件各节点刚度一致,以减小动力不平顺。因此扣件系统技术是无砟轨道关键技术。

由于无砟轨道成段铺设,已不再是单一的下部基础结构,涉及到桥梁、隧道、路基等各种下部基础,对无砟轨道扣件的通用性等各种参数提出了更高的要求。要满足运营条件的要求,需要解决以下无砟轨道扣件系统主要技术关键问题:

(1)良好的减振性能;

(2)较高的绝缘性能,满足无砟轨道的轨道电路要求;

(3)桥上、隧道内和路基上无砟轨道扣件应具有通用性;

(4)各种无砟轨道结构上的扣件系统应具有通用性;

(5)采用较少备件且作业方便的模式实现钢轨高低和左右位置调整;

(6)弹条与轨下弹性垫层的动态跟随性;

(7)扣件系统与基础的可靠联结。

此外,在线下基础构筑物变化处,轨道下部基础刚度存在差异。轨道整体刚度不均匀,引起晃车,不仅影响到列车的舒适,而且增加轮轨相互作用,加剧轨道结构损伤。此时必须解决线路纵向刚度的均匀过渡,合理设置过渡段。过渡段设置的形式也是必须解决的关键问题。

二、基础变形控制

无砟轨道道床结构采用钢筋混凝土构件替代有砟轨道中具有轨道高低调整能力的道砟层,不具备轨道高低调整能力,一般要求铺设无砟轨道后的路基面工后沉降量不超过轨道扣件调整的范围,此外路基与桥涵、隧道等构筑物存在刚度和沉降变形差异,如何实现工后沉降的有效控制、过渡段刚度匹配和变形协调,是路基上铺设无砟轨道的关键。

我国地域广、地质条件复杂多样,这给高速铁路无砟轨道路基沉降控制提出了更高的要求。如:京津城际的软土路基、武广高铁的岩溶路基、郑西高铁的黄土湿陷性路基。路基工后沉降管理的重点主要是地基工后压密沉降、路堤压密沉降以及路基基床在长期动荷载作用下的累积变形。可通过采用强化基床,减小累计变形,一般不超过 5 mm。基床下的路堤通过采用优质填料(或改良非良质填料)并控制压实度,工后沉降较小,一般小于路堤高度的 1/1 000,且大部分在竣工后 6~12 月完成,通过合理安排无砟轨道施工时间,可减小或消除路堤压密沉降的影响。地基工后压密沉降,受地基岩土性质及相应地基处理措施影响较大,不确定因素多,是工程建设管理重点中的重点。

桥梁的变形控制也是高速铁路需要解决的关键问题。高速铁路列车运行速度高、动力荷载大,为了降低列车、无砟轨道和桥梁之间的动态相互作用,确保列车安全、平稳的通过桥梁,应对桥梁梁体的竖、横向变形、梁端转角、墩台刚度、梁体的自振频率的限值进行研究。

三、高速道岔

道岔是线路的薄弱环节,是线路影响列车行车速度和安全的关键设备之一,在铁路中占有十分重要的地位。对高速铁路而言,速度目标值的提高、线间距的加大,传统的道岔结构已经不能适应高速铁路的需要,需要在道岔平面线型、尖轨和新轨转换理论、转辙器和辙叉结构、电务转换安装装置、道岔动力学仿真分析、道岔的施工工艺装备等方面进行技术攻关。

列车过岔时,作用在一股道上的轮载通过岔枕、垫板传至另一股道钢轨上,使另一股道上的钢轨具有帮轨作用。同时,道岔区存在基本轨、尖轨、翼轨及心轨等多种钢轨型式,其抗弯刚度各不相同。加上间隔铁等因素的影响,使得道岔区轨道刚度沿线路纵向分布不均匀。高速铁路需要线路保持良好的平顺性,包括几何平顺性及刚度平顺性。因此高速道岔轨道刚度均匀化是高速道岔技术的关键。

随着高速铁路的发展，受环保要求和地形的限制，将有越来越多的无缝道岔设置在大桥、特大桥或高架结构上。桥上铺设无缝道岔，综合了桥上无缝线路、无缝道岔的技术特点和难点，不能单独用桥上无缝线路或者无缝道岔的理论来解决桥上无缝道岔问题。桥上无缝道岔是高速铁路发展中遇到的重大技术课题之一。

四、精密控制测量

为保证高速行车对线路平顺性的要求，线路必须具备准确的几何线形参数。无砟轨道铺设工艺复杂，一旦建成后将很难进行调整，若出现问题，将为整个工程的使用留下隐患，期间若想改善轨道几何参数将十分困难，必须花费高昂的代价进行弥补。因此，无砟轨道的施工质量是高速铁路建设能否成功的关键，其施工精度必须保持在毫米级的范围内。高精度的测量是无砟轨道施工质量的重要保证。

无砟轨道对测量精度要求高，其测量方法也有别于普通铁路测量，但并非仅仅通过高精度的测量仪器设备，采用高等级的测量方法来建立高速铁路测量控制网，便可一次性解决无砟轨道测量问题。我国传统铁路采用定测中线控制桩作为联系铁路勘测设计与施工的线路平面测量控制基准。中线控制桩在线路竣工后已不复存在，铁路平面控制基准已经失去，因而在竣工和运营阶段的线路复测只能通过相对测量的方式进行。这种方式只适合测量精度要求低的普通铁路测量。

无砟轨道的勘测、施工、竣工和运营管理的各个环节，需要建立统一的空间数据基础，这样才能在勘测、施工、竣工和运营使用过程中使轨道空间位置的测量数据基准统一，才有利于第三方的检测验收和测量数据的标准化和规范化。建设高速铁路无砟轨道，必须有一套完整、高效且非常精确的测量系统。

五、轨道电路传输及综合接地

为满足与既有铁路之间跨线列车列控系统的兼容性要求，我国高速铁路信号系统仍采用 ZPW－2000 谐振式无绝缘轨道电路；为保证高速铁路信号设备可靠工作和维护人员安全，需构建综合接地系统。因此，必须将无砟轨道技术、ZPW－2000 轨道电路技术以及综合接地技术三者相结合，以解决无砟轨道与 ZPW－2000 谐振式无绝缘轨道电路兼容性技术难题。

ZPW－2000轨道电路以钢轨作为信号通道，信号电流通过钢轨时，在钢轨周围产生电磁场。由于无砟轨道内存在大量钢筋，如果按传统的钢筋施工方法实施，则在无砟轨道内的钢筋网会形成闭合回路，钢轨内的信号电磁场会在钢筋网内产生感应电流，影响轨道电路信号的传输距离。无砟轨道条件下钢轨阻抗、电感、道床泄露电阻及分路灵敏度等轨道电路参数的合理取值，是高速铁路轨道电路设计及设备安装调试的基础参数，需要通过大量试验确定。为了满足ZPW－2000谐振式轨道电路的应用需求，无砟轨道道床板内部的钢筋需进行绝缘处理，从而削弱无砟轨道道床板内钢筋网与谐振式轨道电路存在的电磁感应，保证轨道电路传输长度要求。

我国普速铁路的接地系统采用的是铁路工程各相关专业的地线分别设置，相互隔离。这种接地体系由于缺乏统筹考虑，互相干扰，不仅成本高、接地效果差而且长大桥、隧以及石质路基地段等现场施工十分困难。相比而言，高速铁路电气化牵引电流更大，如果不采取措施，将危害设备和轨旁人员的安全。因此必须设置更为有效的接地系统来充分满足各系统设备防雷、电磁兼容的要求，减少对弱电系统的影响，保护轨旁人员的安全。

经过多年来尤其是近十余年来高速铁路的快速发展，结合遂渝无砟轨道试验段、京津城际、武广、郑西、成灌等铁路建设，通过广大科研工程技术人员集体攻关，上述关键技术得到了较好的解决。与此同时，我国在高速铁路无砟轨道理论、设计、施工等方面也取得长足的进步，无砟轨道技术标准与质量控制体系逐步完善。本书在对我国无砟轨道技术标准体系介绍的基础上，对无砟轨道设计理论、轨道结构设计标准、无砟轨道精密工程测量技术、无砟轨道质量控制进行总结，为高速铁路无砟轨道的设计、施工及建设管理提供指导。

第二章　无砟轨道技术标准体系

第一节　体 系 构 成

一、概　　述

铁路技术标准体系的建立有利于推动技术发展，保证工程质量，提高建设效率，控制工程投资，协调工程和专业接口，促进运营和维修管理，可以确保实现铁路工程的系统集成和整体功能，充分体现铁路工程功能性、系统性、先进性、文化性和经济性。因此，建立铁路技术标准体系对高效、经济、有序地推动铁路建设、运营管理和技术发展有相当重要的意义。

在中国高速铁路无砟轨道的发展过程中，在借鉴国外同行经验教训的同时，通过理论研究→仿真模拟→室内模型试验→无砟轨道综合试验线（段）建设→实车试验和现场测试→长期运营观测，取得了大量的无砟轨道设计、建设、运营的经验和实测数据，为制定和完善中国高速铁路无砟轨道的技术标准体系奠定了坚实的基础。

二、中国铁路技术标准体系构成

中国铁路技术标准体系主要由以下四个层次构成。

第一层次是《铁路主要技术政策》，它是铁路技术发展的纲要文件，指导铁路有关规划、规章、规程、规范、标准等的编制和修订。

第二层次是《铁路技术管理规程》，它是依据《中华人民共和国铁路法》、《铁路运输安全保护条例》等有关法律法规制定，是铁路技术管理的基本规章。铁路其他规章和规范性文件以及各部门、各单位制定的技术管理文件等都必须符合《铁路技术管理规程》的规定。

《铁路技术管理规程》规定了铁路的基本建设、产品制造、验收交接、使用管理及保养维修方面的基本要求和标准；规定了各部门、各单位、各工种在从事铁路运输生产时，必须遵循的基本原则、责任范围、工作方法、作业程序和相互关系；规定了信号的显示方式和执行要求；明确了铁路工作人员的主要职责和必须具备的基本条件。

第三层次是铁路工程建设标准和铁路运营管理标准，其中铁路工程建设标准包括综合标准和专业标准两部分；铁路运营管理标准包含运营标准和维修标准。

综合标准是涉及质量、安全、卫生、环保和公众利益等方面的目标要求或为达到这些目标而必需满足的技术要求及管理要求。它对所包含各专业的各层次标准具有制约和指导作用。当前，综合标准是指工程建设强制性条文中的铁道工程部分以及铁道部发布的建设管理制度。今后，我国将逐步建立技术法规与技术标准相结合的标准管理体制，从发展的眼光看，综合标准是指技术法规。

专业标准是铁路工程建设标准体系的主要内容，由基础标准、通用标准和专用标准三个层次构成。基础标准和通用标准对专用标准具有指导和约束作用，专用标准的部分内容应服从基础标准和通用标准。

基础标准是铁路工程建设技术标准的基础，对其他标准（通用标准和专用标准）具有普遍的指导意义。主要包括术语标准、分类标准、限界标准、制图标准、标志标准、符号标准、设计基础标准等。

通用标准是针对铁路工程某类标准化对象制定的覆盖面较大的共性标准，它可作为制定专用标准的依据。包括各专业通用的勘察、设计、施工、验收及管理要求。如《铁路基本设计规范》就属于设计通用标准，是铁路工程其他设计规范制定的依据和基础。是一般情况下铁路工程设计应满足的基本要求和应遵守的共性要求。

专用标准是针对某一具体标准化对象或作为通用标准的补充、延伸制定的专项标准，其内容较为具体，覆盖面一般不大。如某类等级铁路或某种工程的勘察、设计、施工、质量验收的具体要求或方法，某个范围的安全、卫生、环境保护要求，某项试验或检测方法等。

第四层次是对具体工点、铁路部件等在生产制造过程中的质量控制要求。主要包括铁路部件的技术条件或具体工程的施工技术条件或施工质量验收标准。

中国铁路技术标准框架见图 2－1－1。

各层次铁路技术标准既相互独立，又密切联系。同层次标准间相互独立，上层次标准内容是下层次标准内容的共性提升，下层次标准服从上层次标准。由多层次的技术标准构成了复杂的中国铁路技术标准体系，整个标准体系中的各类标准并不是一成不变的，随着国家法规、建设理念、科学技术、施工工艺、管理手段等的发展和进步技术标准应不断修改和完善。

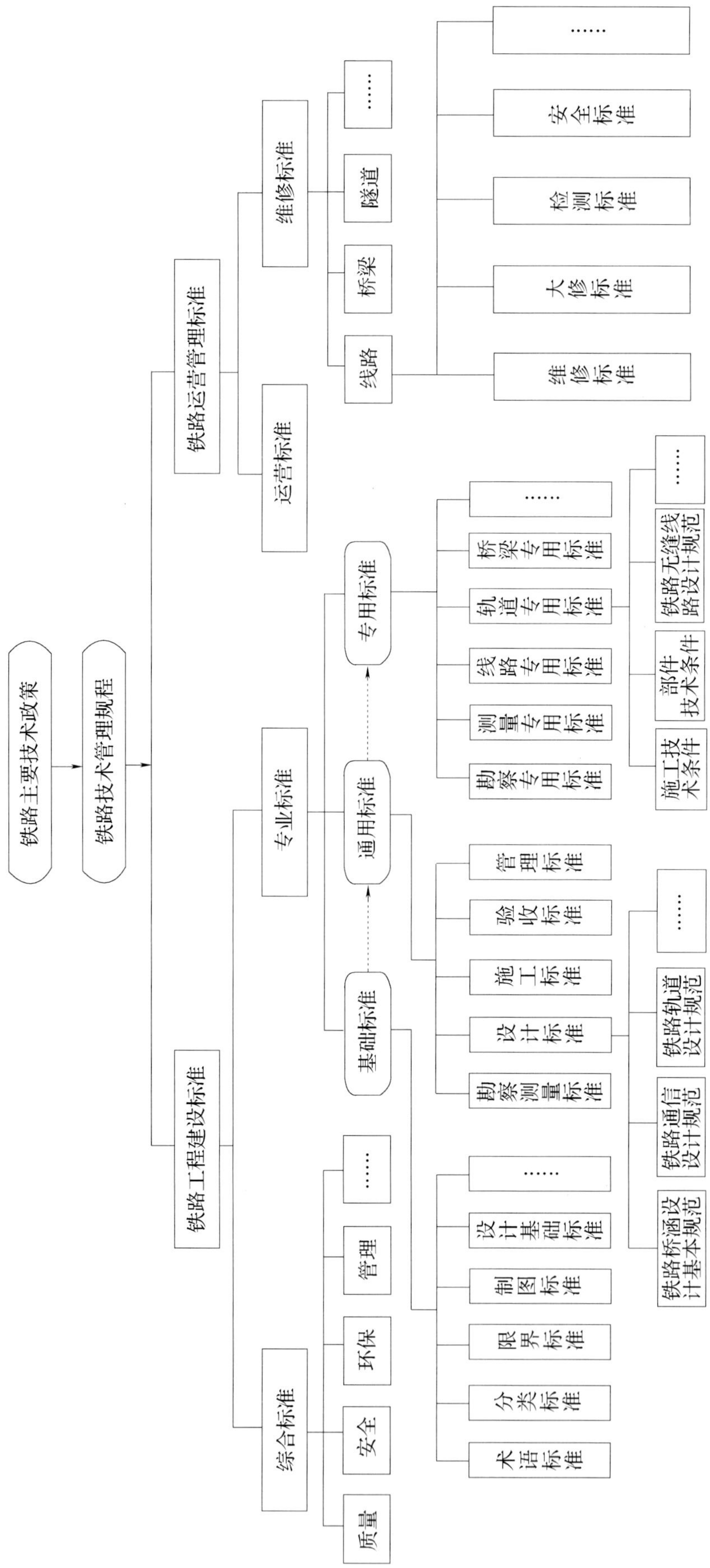

图2-1-1　中国铁路技术标准框架图

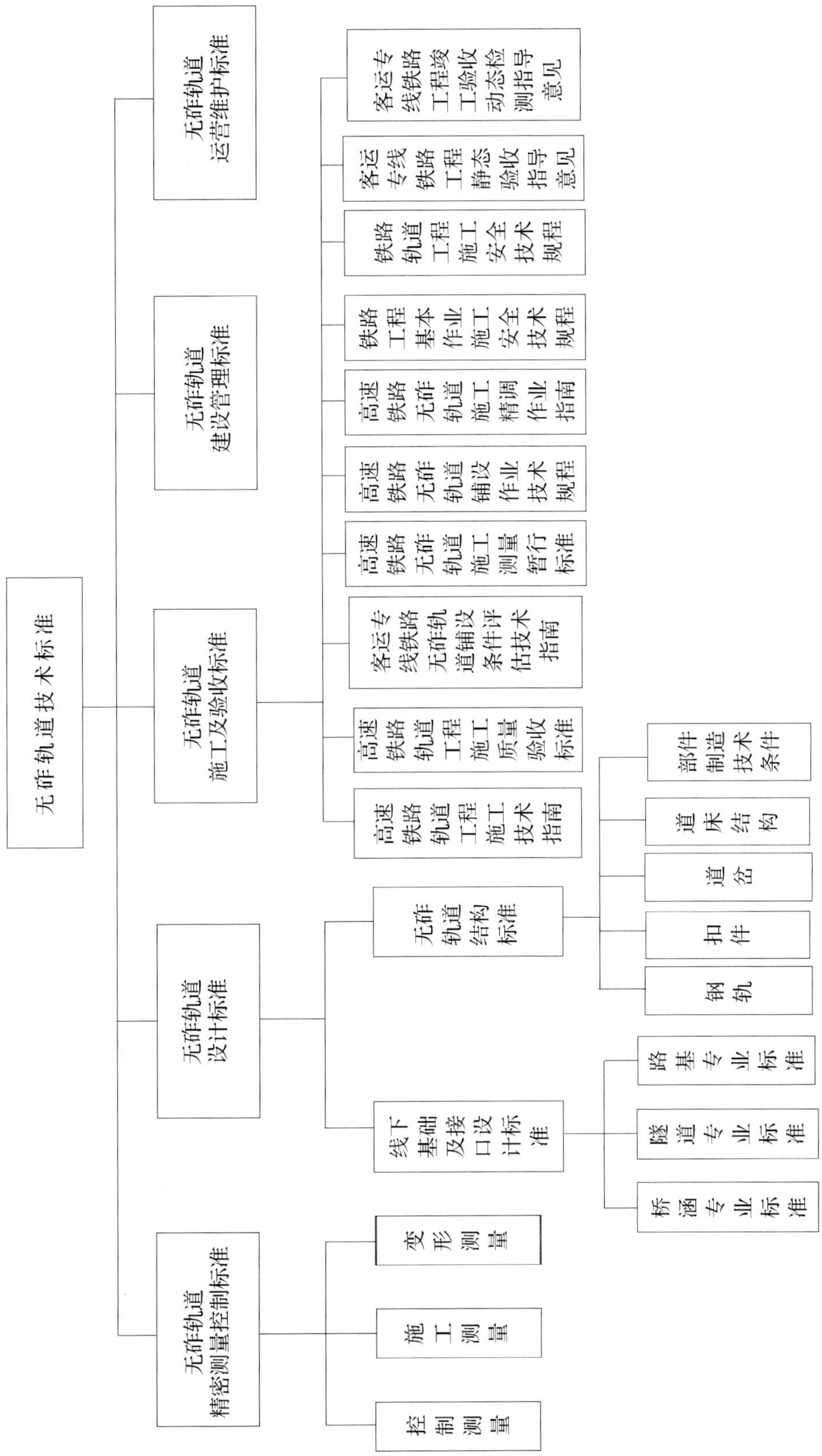

图2－1－2　中国高速铁路无砟轨道技术标准框图

三、无砟轨道技术标准

无砟轨道技术标准是中国铁路技术标准体系的组成部分之一。高速铁路无砟轨道建设标准高，技术要求高，质量目标高，专业协调性强，必须紧紧围绕高速铁路建设，建立起高速铁路无砟轨道标准框架。根据高速铁路无砟轨道工程建设管理和运营管理的流程，无砟轨道技术标准大致可以分为以下几类：无砟轨道工程设计标准、无砟轨道工程测量标准、无砟轨道施工及验收标准、无砟轨道建设管理标准、无砟轨道运营维护标准等，其技术标准框图如图2－1－2。

第二节　主要技术标准

一、无砟轨道设计标准

（一）无砟轨道结构设计技术标准

正在编制的《高速铁路设计规范》作为高速铁路设计的专用标准，涵盖了路基、桥梁、隧道、轨道、通信信号等各专业设计标准。是在《客运专线无砟轨道铁路设计指南》、《新建时速300～350公里客运专线铁路设计暂行规定》（铁建设［2007］47号）等规范的基础上，吸纳京津、武广、郑西、合宁、合武、石太等高速铁路的建设、运营经验以及京广、浙赣、胶济、郑徐等第六次大面积提速工作经验编制而成，目前已形成报批稿。

规范紧紧把握高速铁路总体技术路线，坚持高起点、高标准，通过原始创新、集成创新和引进消化吸收再创新，形成了符合我国国情、路情，具有自主知识产权的中国高速铁路设计规范。

规范轨道部分包括钢轨及配件、无砟轨道设计荷载、各种型式无砟轨道结构设计、轨道结构过渡段、钢轨伸缩调节器、接口设计等内容，对无砟轨道及道岔平顺度铺设精度标准进行了详细规定，明确了无砟轨道主体结构设计使用年限应不小于60年以及不同轨道结构与线下工程、站后工程的接口设计要求。

（二）轨道构配件技术标准

针对高速铁路无砟轨道钢轨、扣件、道岔及轨枕、轨道板等结构部件，制定了一系列的技术标准和技术条件。

1. 钢轨技术标准

（1）《350 km/h 客运专线 60 kg/m 钢轨暂行技术条件》（铁科技［2004］120 号）；

（2）《250 km/h 客运专线 60 kg/m 钢轨暂行技术条件》（铁科技［2005］298 号）；

（3）《250 km/h 和 350 km/h 客运专线钢轨检验及验收暂行标准》（铁建设函［2005］402 号），用于用户的钢轨检验及验收。

（4）客运专线 60AT 钢轨暂行技术条件（科技基［2005］101 号），用于客运专线道岔用 AT 钢轨。

（5）铁道部文件：关于印发《350 km/h 客运专线 60kg/m 钢轨暂行技术条件》等三个技术条件局部修订条文的通知（铁科技［2007］164 号）。

2. 扣件技术标准

（1）《WJ－7 型扣件暂行技术条件》（科技基［2007］207 号）；

（2）《WJ－8 型扣件暂行技术条件》（科技基［2007］207 号）。

3. 道岔及伸缩调节器技术标准

（1）《高速铁路道岔技术条件》；

（2）《时速 350 公里客运专线无砟轨道 60 kg/m 钢轨伸缩调节器暂行技术条件》（科技基［2008］166 号）。

4. CRTS Ⅰ 型板式无砟轨道技术标准

（1）《客运专线铁路 CRTS Ⅰ 型板式无砟轨道混凝土轨道板暂行技术条件》（科技基［2008］74 号）；

（2）《客运专线铁路 CRTS Ⅰ 型板式无砟轨道水泥乳化沥青砂浆暂行技术条件》（科技基［2008］74 号）；

（3）《客运专线铁路 CRTS Ⅰ 型板式无砟轨道水泥乳化沥青砂浆暂行技术条件－严寒地区补充规定》（科技基［2009］77 号）；

（4）《客运专线铁路 CRTS Ⅰ 型板式无砟轨道水泥乳化沥青砂浆和凸台树脂用灌注袋暂行技术条件》（科技基［2008］74 号）；

（5）《客运专线铁路 CRTS Ⅰ 型板式无砟轨道凸形挡台填充聚氨酯树脂（CPU）暂行技术条件》（科技基［2008］74 号）；

（6）《客运专线铁路无砟轨道充填式垫板暂行技术条件》（科技基［2008］74 号）。

5. CRTS Ⅱ 型板式无砟轨道技术标准

（1）《客运专线铁路 CRTS Ⅱ 型板式无砟轨道混凝土轨道板暂行技术条件》（科技基

[2008]74 号);

(2)《客运专线铁路 CRTSⅡ型板式无砟轨道混凝土轨道板(有挡肩)暂行技术条件》(科技基[2008]173 号);

(3)《客运专线铁路 CRTSⅡ型板式无砟轨道水泥乳化沥青砂浆暂行技术条件》(科技基[2008]74 号);

(4)《客运专线铁路 CRTSⅡ型板式无砟轨道高强度挤塑板暂行技术条件》(科技基[2009]88 号);

(5)《客运专线铁路 CRTSⅡ型板式无砟轨道滑动层暂行技术条件》(科技基[2009]88 号);

(6)《客运专线铁路无砟轨道支承层暂行技术条件》(科技基[2008]74 号)。

6. CRTSⅠ型双块式无砟轨道技术标准

《客运专线铁路双块式无砟轨道双块式混凝土轨枕暂行技术条件》(科技基[2008]74 号)。

7. 岔区无砟轨道技术标准

《客运专线铁路岔区无砟轨道混凝土道岔板暂行技术条件》(科技基[2008]173 号)。

(三)其他相关技术标准

除上述专用技术标准和构配件技术标准外,在无砟轨道结构设计中还必须执行以下规范:

1.《混凝土结构设计规范》(GB 50010—2002);

2.《客运专线高性能混凝土暂行技术条件》(科技基[2005]101 号);

3.《混凝土结构耐久性设计规范》(GB/T 50476—2008);

4.《铁路混凝土结构耐久性设计暂行规定》(铁建设[2005]157 号)。

二、无砟轨道线下基础及接口设计标准

由于无砟轨道的结构可调性很差,其轨道状态的调整只能通过扣件进行,仅能满足少量的调整需要,因此要求无砟轨道的线下基础必须稳定、坚实、可靠。为此提出铺设无砟轨道的线下基础及接口的相关要求。其相关内容主要分布在桥涵、隧道、路基等相关专业标准中。

下面分别介绍《高速铁路设计规范》中各线下基础与无砟轨道相关的内容及指标。

（一）桥涵

1. 桥梁设计应考虑桥梁和轨道的相互作用及构造协调，根据轨道形式进行系统设计；桥上伸缩调节器的设置应进行充分的经济和技术比较论证后慎重确定，当桥上设置伸缩调节器时应符合轨道技术要求。

2. 无砟桥面的竖向残余徐变变形应符合下列规定：

$L\leqslant50$ m 时，竖向变形不应大于 10 mm；

$L>50$ m 时，竖向变形不应大于 $L/5\ 000$ 且不大于 20 mm。

3. 对于设有纵向坡度的无砟轨道桥梁，应考虑梁体纵向伸缩引起的梁缝两侧钢轨支承点竖向相对位移对轨道结构的影响。

4. 无砟轨道桥梁相邻梁端两侧的钢轨支点横向相对位移不应大于 1mm。

5. 为保证桥梁梁端无砟轨道扣件系统的受力要求，在 ZK 竖向静活载作用下，桥梁梁端竖向转角不应大于表 2－2－1 限值。

表 2－2－1　梁端竖向转角限值

位　　置	限值（rad）	备　　注
桥台与桥梁之间	$\theta\leqslant1.5‰$	梁端悬出长度≤0.55 m
	$\theta\leqslant1.0‰$	0.55 m ＜梁端悬出长度≤0.75 m
相邻两孔梁之间	$\theta_1+\theta_2\leqslant3.0‰$	梁端悬出长度≤0.55 m
	$\theta_1+\theta_2\leqslant2.0‰$	0.55 m ＜梁端悬出长度≤0.75 m

6. 铺设无砟轨道的桥梁墩台基础的沉降应按恒载计算，其工后沉降量不应超过表 2－2－2限值。

表 2－2－2　桥梁墩台工后沉降限值

沉降类型	限　　值
墩台均匀沉降	20 mm
相邻墩台沉降差	5 mm

7. 无砟轨道桥涵变形及基础沉降应设立观测基准点进行系统观测与分析，其测点布置、观测频次、观测周期应符合《客运专线铁路无砟轨道铺设条件评估指南》的有关规定。

(二)路基

无砟轨道铁路路基工后沉降应符合下列规定:路基工后沉降应满足扣件调整能力和线路竖曲线圆顺的要求。工后沉降不宜超过 15 mm;沉降比较均匀并且调整轨面高程后的竖曲线半径满足下式的要求时,允许的工后沉降为 30 mm。

$$R_{sh} \geq 0.4V_{sj}^2$$

路基与桥梁、隧道或横向结构物交界处的差异沉降不应大于 5 mm,不均匀沉降造成的折角不应大于 1/1 000。

(三)隧道

隧道底板、仰拱填充应与无砟轨道底座结合设置;隧道施工完成后应对隧道结构的沉降与变形进行观测,并对隧道底部结构进行检测;无砟轨道铺设前应对隧道底部结构进行全面的综合评估,评估合格后方可铺设无砟轨道。预测的隧道基础工后沉降值不大于 15 mm。

三、无砟轨道精密测量控制标准

(一)我国的高速铁路工程测量技术体系的建立

高速铁路旅客列车行驶速度高(250~350 km/h),为了达到在高速行驶条件下,旅客列车的安全性和舒适性,要求高速铁路必须具有非常高的平顺性和精确的几何线性参数,精度要保持在毫米级的范围以内。传统的铁路测量方法和精度已不能满足高速铁路建设的要求。要实现高速铁路轨道的平顺性,必须建立一套与之相适应的精密工程测量体系和技术标准。

我国的高速铁路工程测量技术体系是伴随着我国铁路客运专线无砟轨道工程的建设而逐步建立完善的。2004 年,铁道部决定在遂渝线开展无砟轨道综合试验后,在施工过程中就发现原有的测量控制网精度及控制网布设不能满足无砟轨道的施工要求。为此,中铁二院与西南交大合作在遂渝线开展了无砟轨道铁路工程测量技术的研究,并建立了遂渝线无砟轨道综合试验段精密工程测量控制网。

2006 年随着京津城际、武广、郑西客运专线无砟轨道铁路的全面开工建设,原有的铁路测量体系和技术标准已不能适应客运专线无砟轨道建设的要求。为了适应我国客运专线无砟轨道建设的形势,开始编制《客运专线无砟轨道铁路工程测量暂行规定》。通过《无砟轨道测量技术的研究》、《无砟轨道控制测量理论和方法研究》及《客运专线无砟轨道铁路工程测量控制网精度标准的研究》，对无砟轨道施工控制网精度设计的有关问题，包括控制网设计的精度准则、精度阈值以及精度计算方法等进行了研究论证，为无砟轨道测量技术标准的制定提供了理论依据；根据客运专线无砟轨道铁路线下工程工后变形监测和无砟轨道平顺性施工要求，反演推算各级控制测量的精度要求，取得了一系列的成果。为《客运专线无砟轨道铁路工程测量暂行规定》的编制完成提供了依据，初步形成了我国高速铁路工程测量技术标准体系。

随着高速铁路建设大规模地开展，结合我国高速铁路建设特点和现代测绘技术的发展，开展了《高速铁路CPⅢ测量标准及软件研制》和《基于自由测站的高速铁路CPⅢ高程网测量及其标准的研究》，对京津、武广、郑西、京沪、哈大、合宁、合武、石太等高速铁路工程测量经验进行了系统地总结，按照原始创新、集成创新和引进消化吸收再创新的原则，对《客运专线无砟轨道铁路工程测量暂行规定》进行了进一步的完善，并编制《高速铁路工程测量规范》，以形成具有自主知识产权的我国高速铁路工程测量技术标准体系。

（二）编制原则

《高速铁路工程测量规范》认真总结京津、武广、郑西、哈大、京沪、广深等高速铁路客运专线工程测量的实践经验，结合科研成果，按照以下原则进行编制：

（1）按照建立高速铁路技术标准体系的指导思想和"三网合一"理念进行编制，其内容涵盖了高速铁路工程勘测设计、施工、竣工验收测量全过程。

（2）根据高速铁路路基、桥涵、隧道、站场、轨道等工程勘测、施工的精度要求，确定高速铁路测量的基本测量精度和测量方法。

（3）按照技术先进、方法合理可行、经济适用的原则，结合现代测绘技术的发展，吸收相关工程测量新技术及科研成果，总结近年来高速铁路工程测量的实践经验，制定出适合我国高速铁路建设要求的测量标准和技术规定，使规范具有一定的先进性和适用性。

（4）按照高速铁路工程测量通用技术标准的要求，规范规定的基本技术要求和精度等级标准力求与铁道部现行的相关测量规范协调统一。

（三）主要内容

《高速铁路工程测量规范》是高速铁路工程测量的通用技术标准，其目的是为了统一高速铁路工程测量的技术要求，保证测量成果质量满足勘测、施工、运营维护各个阶段测量的要求，适应高速铁路工程建设和运营管理的需要。

本规范分为11章，分别为：总则、术语和符号、平面控制测量、高程控制测量、线路测量、隧道测量、桥涵测量、构筑物变形测量、轨道施工测量、竣工测量和运营及养护维修测量。主要技术内容如下：

（1）总则：对规范的目的意义、适用范围、平面坐标系统、高程系统以及测量的基本原则和总体设计要求等进行了规定。适用范围为250～350 km/h高速铁路。

（2）术语和符号：规定了高速铁路工程测量中常用的20个专用术语。

（3）平面控制测量：规定了高速铁路各级平面控制网的布网原则、测量方法、测量精度，主要内容包括CP0、CPⅠ、CPⅡ、CPⅢ建网时机、控制网布设、测设精度、数据处理及标石埋设等技术要求。

（4）高程控制测量：规定了高速铁路高程控制测量的测量精度、测设方法、数据处理及水准点埋设等技术要求。

（5）线路测量：根据高速铁路轨道铺设高平顺性的要求，规定了初测、定测阶段的地形测量、中线测量、横断面测量和施工阶段的复测交桩、施工控制网加密、竣工后线路中线贯通测量等技术要求。

（6）隧道测量：明确了隧道初测、定测、洞外控制测量、洞内控制测量、施工测量、竣工测量的技术标准；规定了隧道独立控制网必须与CPⅠ控制网联测，隧道贯通后应进行CPⅡ贯通测量。

（7）桥涵测量：明确了桥涵初测、定测、桥梁施工控制测量、施工控制网复测、施工放样及竣工测量的技术要求，规定了复杂特大桥应建立独立的施工控制网。

（8）构筑物变形测量：明确了变形测量的等级和精度、变形监测网的建立和技术要求，对路基、桥涵、隧道变形测量和区域地表沉降监测方法和技术要求进行了规定。

（9）轨道施工测量：明确了无砟轨道混凝土底座及支承层施工、轨道基标测量、轨道安装测量、道岔安装测量、轨道精调测量的技术要求，规定了利用CPⅢ控制网进行自由设站的作业要求和精度指标。

（10）竣工测量：对控制网、轨道、线下工程及线路设备等的竣工测量以及竣工地形图、铁路用地界的测量做出了规定。

（11）运营及养护维修测量：规定了运营期间CP0、CPⅠ、CPⅡ、CPⅢ控制网和线路水准基点控制网的维护测量、构筑物变形监测以及轨道几何状态检测等技术要求。

（四）主要特点

我国高速铁路工程测量技术标准主要特点体现在以下几个方面:

1. “三网合一”的测量原则

高速铁路工程测量的平面、高程控制网,按施测阶段、施测目的及功能不同可分为勘测控制网、施工控制网、运营维护控制网。我们把客运专线无砟轨道铁路工程测量的这三个控制网,简称“三网”。

高速铁路的最大特点是列车运行速度高(250 ~ 350 km/h),为了达到在高速行驶条件下旅客列车的安全性和舒适性,要求高速铁路必须具有非常高的平顺性和精确的几何线性参数,工程施工工艺和精度要求高,精度要保持在毫米级的范围以内。为保证控制网的测量成果质量满足高速铁路勘测、施工、运营维护三个阶段测量的要求,适应高速铁路工程建设和运营管理的需要,三阶段的平面、高程控制测量必须采用统一的基准。即勘测控制网、施工控制网、运营维护控制网平面均采用 CPⅠ为基础平面控制网,高程以二等水准基点为基础高程控制网。简称为“三网合一”。

2. 平面坐标系统采用边长投影变形值≤10 mm/km 的工程独立坐标系

高速铁路工程测量精度要求高,施工中要求由坐标反算的边长值与现场实测值应一致,即所谓的尺度统一。由于地球面是个椭球曲面,地面上的测量数据需投影到施工平面上,曲面上的几何图形在投影到平面时,不可避免会产生变形。采用国家 3°带投影的坐标系统,在投影带边缘的边长投影变形值可达到 340 mm/km,这对无砟轨道的施工是很不利的,对工程施工的影响呈系统性。从理论上来说,边长投影变形值越小越有利。德国高速铁路采用 MKS 定义的特殊技术平面坐标系统。MKS 可根据需要把地球表面正形投影到设计和计算平面上,发生的(不可避免的)长度变形限定在 10 mm/km 的数量级上,即投影变形误差控制在 1/100 000 以内。在京津城际高速铁路工程测量中,博格公司要求基础控制网平面相对精度为 1/100 000。武广、郑西高速铁路无砟轨道 CPⅢ控制网的测量实践也表明,在满足边长投影长度变形值不大于 10 mm/km 的条件下,线下工程施工时,可不进行边长投影改正直接利用坐标反算距离进行施工放线,CPⅢ观测距离不需进行投影改化进行平差计算就可满足 CPⅢ控制网的精度要求。

3. 建立高速铁路框架控制网 CP0

高速铁路建立框架控制网 CP0,是在总结京津城际铁路、郑西、武广、哈大、京沪、石武高速铁路平面控制测量实践经验基础上提出的。由于高速铁路线路长、地区跨越幅度大且平面控制网沿高速铁路呈带状布设,为了控制带状控制网的横向摆动,沿线必须每隔一定间距联测高等级的平面控制点，但是由于沿线国家高级控制点之间的兼容性差，基础平面控制网 CPⅠ经国家点约束后使高精度的 CPⅠ控制网发生扭曲，大大降低了 CPⅠ控制点间的相对精度，个别地段经国家点约束后的 CPⅠ控制点间甚至不能满足规范要求的 CPⅠ控制点相对中误差≤1/180 000 的要求。在测量中不得不采用固定一个点和一个方向的约束方式进行 CPⅠ控制网平差，但这种平差方式给 CPⅠ控制网复测带来不便。为此在京津城际铁路、哈大、京沪、石武高速铁路平面控制测量中首先采用 GPS 精密定位测量方法建立高精度的框架控制网 CP0，作为高速铁路平面控制测量的起算基准，不仅提高了 CPⅠ控制网的精度，也为平面控制网复测提供了基准。

4. 平面控制网在框架控制网（CP0）基础上分三级布设

高速铁路工程测量平面控制网应在框架控制网（CP0）基础上分三级布设，是因为测量控制网的精度在满足线下工程施工控制测量要求的同时必须满足轨道铺设的精度要求，使轨道的几何参数与设计的目标位置之间的偏差保持在最小。而轨道的铺设施工和线下工程路基、桥梁、隧道、站台等工程的施工放样是通过各级平面高程控制网组成的测量系统来实现的。为了保证轨道与线下工程路基、桥梁、隧道、站台的空间位置坐标、高程相匹配协调，必须按分级控制的原则建立高速铁路工程测量平面控制网。第一级为基础平面控制网（CPⅠ），主要为勘测、施工、运营维护提供坐标基准；第二级为线路平面控制网（CPⅡ），主要为勘测和施工提供控制基准；第三级为轨道控制网（CPⅢ），主要为轨道铺设和运营维护提供控制基准。三级平面控制网之间的相互关系如图 2－2－1 所示。

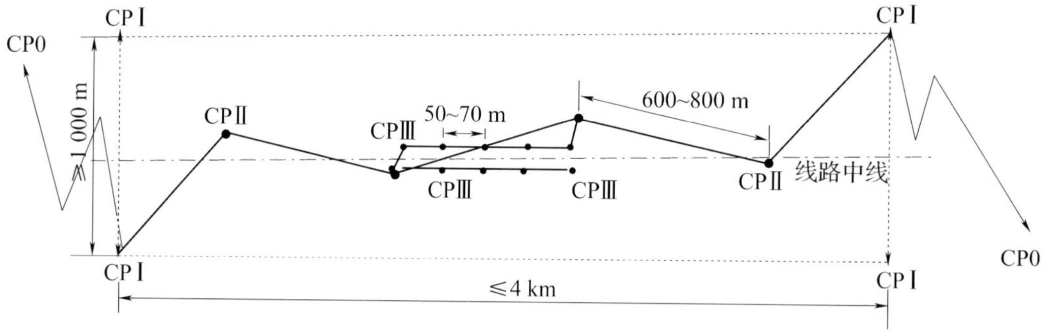

图 2－2－1　高速铁路三级平面控制网示意图

5. 高程控制网分二级布设的要求

高速铁路工程测量高程控制网分二级布设，第一级线路水准基点控制网，为高速铁路工程勘测设计、施工提供高程基准；第二级轨道控制网（CPⅢ），为高速铁路轨道施工、维护提供高程控制。

高速铁路高程控制测量的目的是为线下工程施工和轨道施工、营运维护提供高程控制基准。为了满足线下工程施工的要求，需建立全线统一的高程控制基准，即线路水准基点。在轨道施工和营运维护阶段，线路水准基点的密度不能满足轨道施工和营运维护的要求，因此在线路水准基点控制网基础上建立第二级永久性的轨道高程控制网CPⅢ。

6. CPⅢ自由测站边角交会网测量

"CPⅢ自由测站边角交会网"是随着我国高速铁路的兴建而从德国引进的一种全新的测量方法，其构网图形如图2-2-2所示。CPⅢ点成对地布设于线路两侧，各对CPⅢ点纵向间距为60 m，自由测站间距为120 m左右，每个自由测站需要测量的CPⅢ点为前后均匀对称的12个点，每个CPⅢ控制点有三个自由测站点的距离、方向交会。其特点是采用全站仪自由设站边角交会测量，通过相邻测站重叠观测多个CPⅢ点获得测站和CPⅢ点间的强相关性，从而实现CPⅢ控制点间极高的相对精度，最终达到精确控制无砟轨道板铺设的目的。

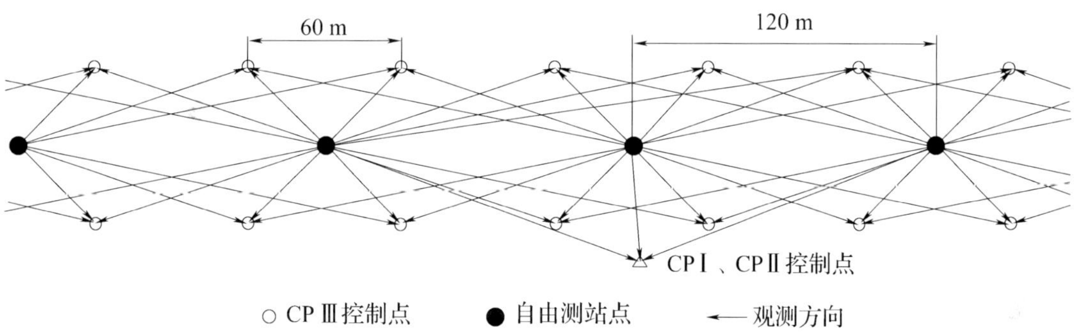

图2-2-2　CPⅢ平面网观测网形示意图

CPⅢ自由测站边角交会网测量与常规导线网测量比较具有以下优点：

(1)点位分布均匀，有利于铺轨加密基标和轨道精调作业精度的控制；

(2)网形均匀对称，图形强度高，每个CPⅢ控制点有三个方向交会，多余观测量多，有利于提高网的可靠性和测量精度；

(3)相邻点间相对精度高，兼容性好，能有效控制轨道的平顺性；

(4)控制点采用强制对中标志，自由测站没有对中误差，消除了点位对中误差对控制网精度的影响。

四、无砟轨道施工及验收标准

(一)施工及验收标准的构成

为了满足高速铁路高精度、高可靠性要求，加强高速铁路无砟轨道工程施工质量管理和过程控制，统一高速铁路无砟轨道工程施工技术要求及质量验收标准，保证高速铁路无砟轨道工程质量，我国制订了一系列高速铁路无砟轨道相关的施工及验收标准。

无砟轨道施工及验收标准主要有：《客运专线无砟轨道铁路工程施工技术指南》、《客运专线无砟轨道铁路工程施工质量验收暂行标准》、《客运专线铁路无砟轨道铺设条件评估技术指南》、《高速铁路无砟轨道铺设作业技术规程》、《高速铁路无砟轨道施工精调作业指南》、《铁路工程基本作业施工安全技术规程》、《铁路轨道工程施工安全技术规程》、《客运专线铁路工程静态验收指导意见》、《客运专线铁路工程竣工验收动态检测指导意见》。其中施工技术指南、验收标准及铺设作业技术规程正在制修订过程中，并已完成报批稿。

（二）施工及验收标准的编制原则和主要内容

1. 高速铁路轨道工程施工技术指南及验收标准

高速铁路轨道工程施工技术指南及验收标准属于高速铁路轨道的通用标准，是在客运专线无砟轨道铁路工程施工技术指南及质量验收暂行标准的基础上，依据高速铁路设计规范，充分吸纳我国京津、武广、郑西、合宁、合武、石太等高速铁路的建设、运营经验编制而成的。

高速铁路轨道工程施工技术指南重点对高速铁路轨道施工过程中的工艺要点、施工方法、质量控制措施和质量目标做出了规定，反映了高速铁路轨道施工的新技术、新材料、新工艺、新方法，突出了高速铁路轨道工程的技术特点和质量要求，是高速铁路轨道工程施工的指导性技术文件。技术指南充分体现了高速铁路施工的“机械化、工厂化、专业化、信息化”的技术手段。指南分为19章，主要内容包括：总则、术语、基本规定、施工准备、轨道施工测量、CRTS Ⅰ型板式无砟道床施工、CRTS Ⅱ型板式无砟道床施工、CRTS Ⅰ型双块式无砟道床施工、CRTS Ⅱ型双块式无砟道床施工、有砟道床施工、枕式无砟道岔施工、板式无砟道岔施工、有砟道岔铺设、钢轨伸缩调节器铺设、轨道过渡段施工、无缝线路施工、轨道精调整理及钢轨预打磨、线路标志及常备材料、竣工验收阶段工作。

高速铁路轨道工程施工质量验收标准的编制工作围绕质量、安全、工期、投资效益、环境保护、技术创新的总体要求，落实管理制度标准化、人员配备标准化、现场管理标准化、过程控制标准化的标准化管理工作。依据现行有关技术规范和相关设计资料，认真总结了我国高速铁路创新成果和工程实践经验，学习和借鉴了国际先进标准。标准共分为19章,主要内容包括:总则、术语、基本规定、与线下工程的交接、施工控制网、CRTSⅠ型板式无砟道床、CRTSⅡ型板式无砟道床、CRTSⅠ型双块式无砟道床、CRTSⅡ型双块式无砟道床、枕式无砟道岔、板式无砟道岔、有砟道床、有砟道岔、轨道过渡段、钢轨伸缩调节器、无缝线路、轨道精调整理及钢轨预打磨、线路及信号标志、单位工程综合质量评定等。

2. 客运专线铁路无砟轨道铺设条件评估技术指南

无砟轨道对线下基础沉降、差异沉降及弯折变形提出了更加严格的要求,在铺设无砟轨道前应对线下结构进行铺设条件评估。

该技术指南包括总则、术语、职责及要求、路基、桥梁、隧道、过渡段及综合评估与资料整理等8部分内容,明确了评估中建设各方的责任及各种类型线下结构沉降观测和评估的技术要求,对客运专线无砟轨道铺设条件的评估工作具有指导作用。该技术指南属于专用标准。

3. 高速铁路无砟轨道施工测量暂行标准

《高速铁路无砟轨道施工测量暂行标准》依据《高速铁路工程测量规范》及相关技术标准,结合秦沈客运专线、京津城际轨道交通工程以及武广、郑西客运专线试验段的施工经验,参考国外有关无砟轨道的测量规范及标准编制而成。该标准规范、统一了高速铁路无砟轨道施工测量方法,明确了轨道控制网的测设方法和精度要求及各种类型无砟轨道的安装测量的技术要求,属于高速铁路的专用标准。标准共分12章,内容包括总则、术语和符号、CPⅠ和CPⅡ平面控制网及高程控制网复测、轨道控制网CPⅢ测量、自由设站测量、CRTSⅠ型板式无砟轨道施工测量、CRTSⅡ型板式无砟轨道施工测量、CRTSⅠ型双块式无砟轨道施工测量、CRTSⅡ型双块式无砟轨道施工测量、枕式道岔施工测量、板式道岔施工测量、轨道精调测量。

4. 高速铁路无砟轨道铺设作业技术规程

高速铁路无砟轨道铺设作业技术规程围绕高速铁路无砟轨道施工特点进行编制,明确无砟轨道施工的技术组织、工艺设计、工装配备、作业程序等内容的基本原则和要求。体现了高速铁路无砟轨道的新技术、新工艺、新设备、新材料,是保证高速铁路无砟轨道施工精度,实现其高平顺性的指导性技术文件。技术规程共分14章,主要内容包括:总则、术语、施工准备、施工控制测量、CRTSⅠ型板式无砟轨道道床、CRTSⅡ型板式无砟轨道道床、CRTSⅠ型双块式无砟轨道道床、CRTSⅡ型双块式无砟轨道道床、枕式无砟道岔、板式无砟道岔、轨道过渡段、跨区间无缝线路、钢轨伸缩调节器、轨道精细调整等。该技术规程属于高速铁路的专用标准。

5. 高速铁路无砟轨道施工精调作业指南

高速铁路无砟轨道施工精调作业指南围绕高速铁路无砟轨道施工精调作业的特点编写，是高速铁路无砟轨道精调作业的指导性技术文件。该作业指南共分 10 章，主要内容包括：总则、术语、轨道控制网（CPⅢ）测设、CRTSⅠ型板式无砟轨道施工精调作业、CRTSⅡ型板式无砟轨道施工精调作业、CRTSⅠ型双块式无砟轨道施工精调作业、CRTSⅡ型双块式无砟轨道施工精调作业、长枕埋入式无砟道岔施工精调作业、板式无砟道岔施工精调作业、钢轨伸缩调节器施工精调作业等，属于高速铁路的专用标准。

6. 施工安全规程

施工安全是工程质量的保证，为了适应大规模高标准铁路建设安全生产的需要，全面落实质量、安全、工期、投资效益、环境保护、技术创新"六位一体"的建设管理要求，进一步规范铁路工程施工安全管理和施工作业行为，依据国家的安全法律及法规，在《铁路工程施工安全技术规程》的基础上编制了《铁路工程基本作业施工安全技术规程》和《铁路轨道工程施工安全技术规程》。

安全规程编制中坚持"安全第一，预防为主，以人为本，综合治理"的方针，并贯穿于施工生产各个环节，实行全员、全过程、全方位、全天候安全管理，实现人、机、物、环境本质安全，创造标准化安全工地。

《铁路工程基本作业施工安全技术规程》编制中，系统分析了铁路工程基本作业施工中的安全管理现状、典型事故案例和有效措施，全面总结了施工中成功经验。规程从技术、管理两个方面，并按管理层、技术层、作业层，分别规定了建设、勘察设计、施工、监理各方的工作内容和技术要求，具有系统性、针对性和可操作性，突出了对铁路工程基本作业施工安全的控制和指导作用。该规程共分为 19 章，主要内容包括：总则、基本规定、劳动安全卫生、施工用电、施工现场防火、材料储运、危险物品、施工机械、锅炉及压力容器、混凝土与砌体工程、起重吊装作业、高处作业、拆除工程、特殊场所作业、季节性施工、高原地区施工、临时工程和过渡工程、房屋建筑及其他、静态验收和联调联试。

《铁路轨道工程施工安全技术规程》编制中，认真贯彻了国家安全生产的法律法规，借鉴了国外有关施工安全的先进理念和方法，在深入开展专题调研的基础上，系统分析了铁路轨道工程施工中的安全管理现状、典型事故案例和有效措施，全面总结了铁路轨道工程施工安全的经验和教训，并广泛征求了各方面的意见。规程从技术、管理两个方面，并按管理层、技术层、作业层，规范了建设、勘察设计、施工、监理各方的工作内容和技术要求，具有系统性、针对性和可操作性，突出了对铁路轨道工程施工安全的控制和指导作用。规程共分11章，主要内容包括：总则、基本规定、轨道材料的堆放、装卸和搬运、有砟道床施工、无砟道床施工、无缝线路铺设、有缝线路铺设、道岔铺设、工程运输、营业线轨道施工等相关工程。

7. 静态验收

为规范新建客运专线铁路工程静态验收工作，编制了《客运专线铁路工程静态验收指导意见》。指导意见借鉴了国内外客运专线项目静态验收的实践经验，充分体现了客运专线铁路工程项目静态验收的特点和要求。指导意见共分19章，主要内容包括总则、基本规定、验收组织与职责、验收准备、轨道工程专业验收、路基工程专业验收、桥涵工程专业验收、隧道工程专业验收、精密工程控制测量专业验收、通信工程专业验收、信号工程专业验收、电力工程专业验收、电力牵引供电工程专业验收、房屋建筑工程专业验收、综合接地工程专业验收、质量问题整改、报告编制等。

8. 动态验收

动态检测是为检查工程在规定速度范围内的工作状态，确定其功能和性能是否达到设计要求和相关技术标准的规定，在检测车或实车运行条件下进行的检测工作。动态检测报告是工程验收依据之一。

《客运专线铁路工程竣工验收动态检测指导意见》借鉴国内外有关标准的规定，吸纳了铁路提速以来有关部门的实践经验，统一了客运专线铁路工程竣工验收动态检测程序、内容、技术标准和方法，充分体现了客运专线铁路工程项目动态验收的技术特点和要求。指导意见共分7章，主要内容包括总则、术语、检测及评价程序、基本规定、常规检测、专项检测、检测报告等。

常规检测是动态检测中一般应进行的检测项目，包括轨道状态、接触网、通信、信号等系统的检测。专项检测是对于铁路工程中某些特殊工点、特殊结构、新结构等特定工程设施以及运营条件变化时，为准确评价其功能和性能，根据需要进行的检测项目，包括轨道结构、路基、桥梁、噪声、振动及微气压波检测。

动态检测列车速度应由低向高逐级提速进行。实车最高检测速度应达到设计速度的110%。实车检测时，若某一速度级的安全指标超限，必须在采取整改措施、安全指标达标后方可继续试验，否则严禁进行更高速度级的检测。轨道状态检测中轨道几何状态检测评价指标的检测速度应符合相关检测项目的最低速度要求。车辆动态响应检测应按线路设计速度的110%进行评价。

(1)轨道状态动态检测

轨道状态动态检测包括轨道几何检测和车辆动力响应检测，检测项目应符合以下要求，未具体规定检测值的应符合设计要求及相关技术标准的规定：

1)轨道几何检测项目，包括高低、轨向、轨距、轨距变化率、超高、水平、三角坑(扭曲)、曲率、曲率变化率、钢轨断面磨耗、钢轨表面擦伤、钢轨顶面短波不平顺等。

2)车辆动力响应检测项目，包括车体纵向、横向和垂向加速度，转向架构架和轴箱的横向和垂向加速度，车体横向加速度变化率，轮轨垂向和横向作用力，脱轨系数、减载率和轮轴横向力等。相应检测结果应符合表2－2－3～表2－2－7的规定。

表2－2－3　轨道状态幅值评价允许偏差管理值

线路速度等级	200、250 km/h		300、350 km/h	
级别	Ⅰ级	Ⅱ级	Ⅰ级	Ⅱ级
轨距(mm)	$^{+4}_{-2}$	$^{+4}_{-3}$	$^{+3}_{-2}$	$^{+4}_{-3}$
水平(mm)	4	5	3	5
基长2.5 m三角坑(mm)	4	4	3	4
高低(mm)	4	5	3	5
轨向(mm)	4	5	3	5
车体垂向加速度(m/s^2)	1.0		1.0	
车体横向加速度(m/s^2)	0.6		0.6	
* 基长18 m的曲率变化率($1/m^2 \times 10^{-6}$)	1.2		1.0	
* 基长18 m的车体横向加速度变化率(m/s^3)	0.8		0.8	
* 基长2.5 m的轨距变化率(‰)	0.8	1.0	0.8	1.0

注：① 高低和轨向偏差为1.5～42 m波长范围空间曲线计算零线到波峰的幅值；

② 水平限值不包含曲线按规定设置的超高值及超高顺坡量；

③ 三角坑限值包含缓和曲线超高顺坡造成的扭曲量；

④ 车体垂向加速度幅值评价采用20 Hz低通滤波，车体横向加速度幅值评价采用10 Hz低通滤波；

⑤ 避免出现连续多波不平顺和轨向、水平逆向复合不平顺。

⑥ 速度等级200 km/h的线路在部分限速区段按200、250 km/h区段指标评价。

⑦ *内容为参考项目，用于辅助分析评价。

表 2－2－4　动力学运行安全性（稳定性）指标评判标准

项　目	标　准
脱轨系数	$Q/P\leqslant 0.80$
轮重减载率	准静态 $\Delta P/\overline{P}\leqslant 0.65$
	动态 $\Delta P/\overline{P}\leqslant 0.80$
轮轴横向力 H（kN）	$H\leqslant 10+P_0/3$
构架横向加速度	采用 10 Hz 滤波处理，峰值连续振动 6 次以上大于等于 10 m/s^2 为不合格

注：Q 为轮轨横向力；P 为轮轨垂向力；$\overline{P}$ 为平均静轮重；P_0 为静轴重；ΔP 为轮轨垂向力相对平均静轮重减载量；H 为轮轴横向力。

表 2－2－5　动力学运行平稳性指标评判标准

优	良　好	合　格
≤2.5	2.5～2.75	2.75～3.0

表 2－2－6　长波高低和轨向不平顺允许偏差管理值

项　目	200～250 km/h 1.5～70 m 空间曲线的零/峰值		300～350 km/h 1.5～150 m 空间曲线的零/峰值	
	Ⅰ级	Ⅱ级	Ⅰ级	Ⅱ级
高低（mm）	5	6	5	6
轨向（mm）	5	6	5	6

表 2－2－7　钢轨顶面短波不平顺允许偏差管理值

项　目 ＼ 检测波长范围（mm）		10～30	30～100	100～300	300～1 000
分析窗长（mm）		150	500	1 500	5 000
滑动平均 RMS 值（mm）		0.004	0.004	0.012	0.04
滑动平均峰峰值（mm）		0.01	0.01	0.03	0.1
（RMS）和峰峰值偏差百分比验收标准	Ⅰ级	5%	5%	5%	10%
	Ⅱ级	—	10%	10%	—
峰峰值 100 m 偏差个数验收标准	Ⅰ级	250	100	25	10
	Ⅱ级	—	200	50	—

轨道状态动态检测评价方法可采用局部幅值评价和区段状态评价。区段状态评价包括轨道几何标准差、轨道质量指数(TQI)、轨道不平顺谱、列车安全性和平稳性指标。

轨道几何幅值评价指标不应出现Ⅱ级偏差和每千米出现Ⅰ级偏差个数不应大于5处;钢轨顶面短波不平顺应小于Ⅰ级;动力学安全性指标达标、平稳性指标合格。

(2)轨道结构动态检测

轨道结构动态检测可根据实际情况选择下列检测项目:

1)轮轨垂直力、轮轨横向力、列车运行安全性指标(脱轨系数 Q/P、轮重减载率 $\Delta P/P$ 及轮对横向力);

2)钢轨、轨枕横向位移、动态轨距扩大量;

3)钢轨、轨枕垂向位移、钢轨支点压力;

4)钢轨、轨枕弯曲应力、轨枕弯矩、轨道板和道床板的纵、横向应变;

5)钢轨侧倾;

6)轨道板与底座间垂向相对位移(CA 砂浆变形量);

7)道床应变、无砟轨道底座和混凝土支承层的纵向拉应变;

8)钢轨、轨枕、轨道板、道床或道床板振动加速度;

9)CA 砂浆、级配碎石表面以及基床底层表面压应力;

10)扣件变形量;

11)扣件轨下垫板的垂向动态变形;

12)扣件横向力;

13)锚固螺栓的附加上拔力;

14)道岔尖轨、心轨开口量;

15)道岔护轨横向位移、作用于护轨的车轮背面横向力;

16)道岔尖轨、心轨、翼轨薄弱断面弯曲应力;

17)道岔铁垫板弯曲应力、扣件应力;

18)道岔转换设备主要部件应力、转换阻力;

19)伸缩调节器。

轨道结构动态检测指标应符合下列要求,未具体规定检测值的应符合设计要求和相关技术标准的规定:

1)列车运行安全性指标按照《铁道车辆动力学性能评定和试验鉴定规范》(GB

5599）的相关规定评判；

2）道岔尖轨、心轨开口量不得大于4 mm；

3）护轨横向位移不得大于3 mm；

4）钢轨、扣件、垫板、道床及无砟轨道的轨道板、道床板等轨道部件的应力不应大于容许应力；

5）道岔的钢轨件、铁垫板、扣件、转换设备的应力不得大于容许应力；

6）混凝土枕的弯矩不得大于设计承载能力；

7）作用于护轨的车轮背面横向力不得大于90 kN；

8）过渡段及相连两端沿线路方向的垂向基础刚度应均匀变化。

对检测出的不合格项目，应分析原因，提出整改建议，整改完成后进行相应项目的复测，并在检测报告中如实记录复测结果。

动态检测完成后，承担动态检测的单位应提交检测报告，检测报告应明确检测内容、方法、结果，并对结果进行分析、评价，涉及安全指标的项目要明确是否满足安全要求。动态检测报告的内容应全面、完整，评价结论应明确、清晰，是工程验收依据之一。

五、无砟轨道建设管理标准

为全面贯彻落实"质量、安全、工期、投资效益、环境保护和技术创新"六位一体和"高标准、讲科学、不懈怠"的要求，加快推进铁路建设标准化管理工作，努力建设精品工程和安全工程，高标准、高质量、高效率地完成大规模铁路建设任务，推进铁路建设标准化管理，铁道部制定并发布了一系列建设管理标准。

（一）《关于推进铁路建设标准化管理的实施意见》（铁建设[2009]154号）

大力推行铁路建设标准化管理，有效提高铁路建设管理水平，高标准、高质量、高效率地完成大规模铁路建设任务，是铁路建设落实科学发展观的重要内容。

推进铁路建设标准化管理要按照铁路建设标准化管理体系框图，以机械化、工厂化、专业化、信息化为支撑，与企业贯标紧密结合，进一步健全完善管理制度，实现管理制度标准化，在此基础上，全面落实人员配备、现场管理和过程控制标准化要求，努力提高铁路建设管理水平。

（1）管理制度标准化

管理制度涵盖技术、管理、作业三大标准和铁路建设工作的方方面面，是全面推行标准化管理的基础。

建设单位要严格执行铁道部颁布的管理办法，结合项目实际，依据国家和铁道部相关规定，以《铁路建设项目管理指南》（铁建设［2007］72 号）为蓝本，完善内部管理、勘察设计、招标及合同、计划财务、工程管理、质量安全管理、物资设备管理等各项管理制度，细化各项管理工作流程。

勘察设计单位要严格遵守铁路建设项目勘察设计管理办法及相关规定，依据铁道部《铁路建设项目施工现场设计配合管理暂行办法》（铁建设［2009］47 号），完善项目管理制度和勘察设计工作流程及责任制，制订设计交底、配合施工管理实施办法、变更设计实施细则、配合人员责任和工作守则、配合施工考核办法等规章制度。

施工单位要严格遵守铁路建设项目施工管理规定及施工技术标准，组织项目部按照建设项目要求，建立起全过程、全方位、全覆盖的施工现场管理、技术管理、质量管理、安全管理、物资设备管理等管理制度，制订切实可行的考核标准，编制施工作业指导书、施工作业要点卡片等作业标准，并结合采用"四新"成果和现场实际，不断完善和更新。

监理单位要组织现场监理机构根据铁道部规定、建设项目特点、建设单位管理制度和企业内部管理制度，制订现场监理机构的工作制度，明确工作内容、工作权限和岗位职责，建立考核激励机制；根据批准的实施性施工组织设计和施工作业指导书，编制监理实施细则；按标准化管理要求将监理工作进行分解，对检查内容、检查方法、检查程序进行细化，并纳入监理人员工作手册。

（2）人员配备标准化

建设单位管理机构设置和人员配置是决定项目建设水平的关键，建设单位要严格按规定组建项目管理机构，根据项目管理需要，选择有责任心、懂业务的建设管理人员，通过培训提高建设管理人员素质与业务能力并进行考核。要督促各参建单位严格按照投标承诺和合同约定设置现场管理机构，配齐配强现场管理人员。

勘察设计单位要按规定及时组建建设项目勘察设计团队，组建现场设计配合机构，选派主持或参与该项目施工图设计的主要技术人员常驻现场配合施工；要通过岗前培训提高设计配合人员素质，对配合人员的工作成效进行考核。

施工单位要根据工程类型、规模、特点和施工难易程度等，按照精干高效原则和扁平化管理要求设置项目部、配备管理人员，按照架子队模式组建作业队，加强对技术人员、作业人员的岗前培训，并按照考核办法对员工进行考核。

监理单位要按照监理管理标准化实施方案和监理合同约定设置现场监理机构，配备具有良好的职业道德和专业技术水平、具备一定的组织协调能力、能独立解决现场问题的专业监理工程师及其他监理人员，并根据监理规划和工程进展情况适时调整。

(3)现场管理标准化

建设单位要加强与地方及有关部门的协调，落实资金到位、征地拆迁、三电和管线迁改、重要建筑材料调查等问题。做好现场布局、施工组织编制等项目组织管理工作，组织确定项目总体生产布局，检查制(存)梁场、铺轨基地、轨道板(枕)场、拌和站、施工便道等大临设施设计、建设是否满足生产需要并做到经济、合理；编制指导性施工组织设计并实行动态管理，对实施性施工组织设计进行审查。加强现场监督检查，对设计单位做好施工图交付、设计技术交底、现场地质资料核对确认，依据设计配合工作细则实施现场配合工作进行检查；提出现场管理和文明工地的管理要求，对施工单位现场布置、施工设备配置、物资材料采购使用、技术工作、试验室工作、质量工作、安全生产、环境保护、文明施工等现场管理情况进行监督检查；督促监理单位按检查标准实施检查并验证各项问题的整改情况，保证现场管理标准化的实现。

勘察设计单位要按照程序进行地质勘探、检验、审核现场调查资料，对设计方案进行比选、论证；按照合同约定完成勘察设计工作，根据设计图纸供应协议约定的时间和批次交付施工图，做好施工图技术交底、现场地质资料核对确认、测量控制网维护等现场设计配合工作；协助建设单位落实外部协议签订，做好征地拆迁、管线迁改、交叉跨越等外部协调工作。

施工单位要将现场管理标准化作为标准化管理的重点工作之一。要按照《铁路建设项目现场管理规范》，以人为本、因地制宜、节约用地、满足施工需要，做好施工现场布置工作；要做好现场安全防护设施、警示标志的设置和安全防护用品的配备，确保现场作业安全、用电安全、危险爆破品使用安全；要做到现场各种质量数据、原始记录真实完整，对质量现状进行分析，及时总结改进；要加强现场环境保护工作，合理设置取弃土场地，及时处理现场废物垃圾，整治道路污染。要规范管理机械设备，按照生产需要配置机械设备，加强机械设备维护，使机械设备处于良好状态；要加强物资材料管理，严把物资材料进场质量关，规范物资材料保管工作；要加强技术管理，组织做好施工图现场核对、施工技术调查、施工技术交底和工程测量等工作；要按照《工地试验室建设标准》和施工需要，建立工地试验室，规范试验程序，实现专业化管理，保证抽样的规范性和试验结果的准确性；要完善文明施工管理制度，建立文明施工的行为标准，实现文明施工目标。

监理单位要按照监理管理标准化实施方案，将现场质量安全监理作为监理工作的核心，严格按规定建立监理试验室，做好原材料、构配件、设备进场质量检验、验收，按规定频次数量进行质量检测；要加强对大临工程和施工单位试验室的检查，监督检查施工单位现场标准化管理制度及实施情况，检查施工现场及文明工地建设，并督促整改；要对施工复测进行监督审核，对工艺试验进行监督；要按照《监理规划》、《监理实施细则》实施巡查和旁站监理工作。

(4)过程控制标准化

过程控制是建设单位管理的重要内容，建设单位要按工作流程办事。办事要符合法律法规和标准的要求，每一件事都要有责任人，都要形成闭环管理。要组织勘察设计、用地预审申报、环境评价报批等前期工作。要以指导性施工组织设计为基础，将“六位一体”管理要求分解为具体要求，通过合同转化为参建单位的实施目标，并对目标实施进行监督；要对施工作业指导书、设计配合工作细则、监理细则实施情况进行监督；要加强对实施性施工组织设计、施工方案和施工工艺的管理，加强对变更设计过程管理，加强质量、安全、投资等过程控制。

勘察设计单位要将建设单位确定并纳入勘察设计合同的质量目标、安全目标等过程控制目标贯彻到勘察设计工作中；要根据现场变化及时完善勘察设计工作；要规范现场设计配合工作流程，实现设计配合工作程序标准化、规范化，并及时完成变更设计；要参加建设单位指导性施工组织设计的编制和调整，参与重大施工技术方案研究，协助解决有关问题，提出优化建议，并根据确定的施工组织设计和施工技术方案优化施工图设计；要参与或配合质量、安全事故调查，按规定参加分部、分项工程验收和竣工验收。

施工单位要将过程控制作为重点工作之一，要将建设单位确定并纳入施工合同的质量目标、安全目标等过程控制目标进行细化，贯彻到整个施工过程，落实到每项工作、每道工序。要根据建设单位指导性施工组织设计编制实施性施工组织设计，根据批准的实施性施工组织设计编制现场施工组织进度计划和施工作业计划，优化资源配置，按计划组织实施；要落实质量责任制和程序性文件，实现全员质量管理，对影响质量的要素实行重点管理；要落实安全管理责任制和应急预案，分析影响安全的要素，配备安全设施，严格执行安全作业程序；要严格按照施工图和作业标准进行施工，推广符合现场实际、作业人员易记好用的应知应会卡片，真正将各种管理要求和措施融入到作业标准中，落实到作业人员的操作中；要严格施工过程考核、评定工作，做好工程自验，做好工艺工法的过程控制和创新等工作。

监理单位要将建设单位确定并纳入监理合同的质量目标、安全目标等过程控制目标进行细化，分解到各个监理工作阶段、各个监理环节和每个监理人员，按照持续改进和闭环管理的方式进行管理，实现每一项监理工作、每一个监理程序的标准化。要审核实施性施工组织设计、关键施工技术方案和专项施工方案，对验工计价工程数量进行审核；要监督和检查施工单位质量、安全保证体系运行情况，对施工行为进行监控、督导和评价，对工程实体质量实施监控，组织检验批、分项、分部工程质量检查验收，参与单位工程质量检查验收，使施工行为符合规程规范，工程质量符合验收标准。

（二）《关于印发客运专线铁路无砟轨道施工和高速道岔铺设标准化管理要点的通知》（铁工管〔2009〕206 号）

无砟轨道和高速道岔是客运专线铁路重要工程结构，是核心建造技术之一，工程质量直接决定客运专线铁路的安全性、舒适性和耐久性。无砟轨道和高速道岔的制造与施工铺设技术复杂，精度要求高，无砟轨道和高速道岔的建设必须推行标准化管理，按照工厂化、机械化、专业化、信息化的要求组织实施。

（1）客运专线铁路无砟轨道施工标准化管理要点

1）完善标准，推进“四化”

① 加强技术管理。建设单位要结合无砟轨道的技术特点，对施工图审核、技术交底、作业指导书、技术培训、测量复测、沉降变形观测评估、专用材料准入、试验检验、技术资料管理、专项技术咨询等技术管理制度重新进行梳理和完善，重点抓好轨道板（枕）制造、主要机械设备选型、乳化沥青砂浆灌注、轨道精调、专业接口等关键技术方案审查。施工和监理单位要落实技术管理相关要求，细化工程技术措施和监理细则，确保落实到位。

② 统一作业标准。施工单位要根据铁道部颁布的无砟轨道施工标准、规范、验标和工管中心组织编制的《客运专线铁路无砟轨道施工手册》，结合项目特点形成作业指导书、施工作业要点卡片等技术文件。建设单位要组织有关单位按照定量化、标准化的原则进行审查，统一项目无砟轨道作业标准。

③ 建设标准化工厂。建设单位要按照部有关规定和工管中心编制的《客运专线铁路预制轨道板（枕）场建设手册》，根据无砟轨道施组要求，组织对轨道板（枕）预制场的

建场规划和设计进行审查。工厂建设要做到工艺先进,流程顺畅,设备配置齐全,能力匹配,试验检测设备、量具、专用检具校定合格。施工单位要按审查后的设计组织实施,监理单位要对工厂建设实施监理。

④ 实行专业化施工。无砟轨道应按专业化的要求组织施工,施工单位要整合资源,组建相对稳定的专业化施工队伍,固定专业技术人员,配齐技术工人,配置专业施工设备,建立专业质量检验体系。建设单位要对无砟轨道施工队伍进行审查,满足要求后方可批准施工。

⑤ 提高机械化水平。无砟轨道制造中桁架钢筋加工、混凝土灌注、养护温度控制、预应力张拉、打磨及施工中散枕、粗铺、精调、灌浆等关键工序必须采用数控化、自动化的成套机械设备,有效提高作业精度和工作效率。

⑥ 推进信息化管理。无砟轨道施工要在建设管理、施工组织、制造、铺设、成品检验和验收等方面实现信息化。建设单位要在无砟轨道施工前对信息化管理工作做出规划,统一相关软件,统一数据库管理。设计单位要提供轨道设计数据,施工、监理单位要及时收集、整理全过程的施工数据,做好数据库维护,确保无砟轨道施工质量和责任可追溯。

2)落实责任,严格管理

① 落实质量责任。无砟轨道施工要明确质量责任,落实质量终身负责制。建设单位是无砟轨道建设管理的责任主体,全面负责无砟轨道施工组织、技术质量管理。设计单位是无砟轨道设计质量的责任主体,全面负责无砟轨道设计及施工技术支持。施工单位是无砟轨道施工质量的责任主体,全面负责无砟轨道的实施和质量控制。监理单位对无砟轨道施工质量承担监理责任。专项技术咨询单位对无砟轨道专项技术进行审核、指导,对咨询工作的质量负责。

② 严格质量管理。建设单位要建立严格的质量检查和考核制度,及时发现整治现场质量问题,形成闭环管理。施工单位要建立质量自控体系,按照验标、技术条件和作业指导书进行工序质量控制。监理单位要编制无砟轨道质量监理细则。质量自控体系和监理细则经过建设单位审查后实施。建设单位要督促施工和监理单位确保其质量自控体系正常运行。

③ 配足配强技术、管理人员。建设单位要明确无砟轨道工程的分管领导,工程管理部和安全质量部分别为无砟轨道技术和质量管理的责任部门,两个部门各应配备不少于1名无砟轨道专业管理人员。

施工单位要明确专职领导负责无砟轨道施工，配足配强无砟轨道施工专业技术人员和管理人员。每个工作面配备轨道和测量专业工程师各不少于2人，质检和试验专业工程师各不少于1人，领班人员不少于2人，并将人员详细情况书面报送监理和建设单位备案。

监理单位应派驻轨道、测量、试验等专业监理工程师，负责无砟轨道质量监理工作。人员配置数量应能保证每个工作面都有见证或旁站监理工程师。轨道板（枕）预制场驻场监理工程师不少于2人。监理人员详细情况应书面报送建设单位备案。

设计单位要派出无砟轨道设计人员配合施工，及时处理现场技术问题。设计单位派出人员应向建设单位备案。

施工、监理和设计单位的备案人员发生变动时，应提前向建设单位说明情况并报送替换人员的详细情况。

建设单位应全面检查、掌握各单位各工作面上无砟轨道主要作业人员的情况，并将检查情况与考核挂钩，确保现场作业人员及时到位。

④ 做好施工组织设计。建设单位要按照批准的项目指导性施工组织设计编制无砟轨道专项指导性施工组织设计。施工单位要编制无砟轨道专项实施性施工组织设计，经监理单位审查，报建设单位审批后实施。专项指导性和实施性施工组织设计要根据工程进展情况适时优化、动态管理。

⑤ 推行工艺试验。无砟轨道制造和施工要推行“试验先行、样板引路”的管理方法。轨道板（枕）预制场要有试生产期，试生产期内要完成预制工艺验证和设备匹配验证等工作，在试生产和上道审查通过后全面展开轨道板（枕）的预制。乳化沥青砂浆配制灌注、精密测量、铺设、精调等关键工序要在线路外进行模拟施工，经建设和监理单位审查通过后方可进行先导段施工。每个工程项目都要安排先导段施工，先导段施工的长度原则上不小于2 km。先导段通过铁道部工程管理中心组织的评估验收、建设单位对修改完善的作业指导书进行审查后，才能展开全线的无砟轨道施工。

⑥ 严格审查制度。无砟轨道施工中应用新工艺、新设备、新技术、新软件和新材料，必须严格履行审查程序。属于科研课题的，按科研管理办法进行审查；部件及产品按上道认证程序进行审查；计量器具按规定进行许可、检验和标定；其他对相关设备、工艺、材料的改进应经建设单位批准。

⑦ 做好开工前的评估及验收。无砟轨道开工前，建设单位要组织对线下工程的沉

降变形观测和 CPⅢ测量网的测设进行评估，组织对路基、桥梁、隧道与无砟轨道接口工序进行验收，组织对无砟轨道施工准备情况进行全面检查，具备条件后方可开工。

⑧ 加强人员培训。无砟轨道施工必须实行全员培训、持证上岗制度。建设单位要组织对施工、监理等单位的无砟轨道技术、管理人员进行专项技术培训，考试合格后方可上岗。施工单位要组织对精密测量、轨道板（枕）制造、底座（支承层）施工、乳化沥青砂浆灌注、轨道板铺设与调整、道床板混凝土浇筑、轨道精调等关键工序的操作和质检人员进行深化培训，理论和实作考核合格后持证上岗。

⑨ 加大技术攻关。建设单位要组织有关单位继续开展无砟轨道施工制造和施工技术创新。整合开发无砟轨道施工软件，形成系统的无砟轨道施工计算和管理软件；研发轨道板（枕）成品检验的专用检具等装备。

3）加强现场管理和过程控制

① 试验室建设。必须按照无砟轨道施工要求建设试验室，试验制度要健全，试验仪器要齐全并检校合格，检测规程要明确，人员的资质和数量要满足要求。乳化沥青砂浆试验室必须按照部有关规定和《板式无砟轨道水泥乳化沥青砂浆标准试验室建设方案》（工管技［2009］13 号）进行建设。试验数据应实现计算机管理。

② 原材料控制。建立严格的原材料采购、运输、存放和使用管理制度。所有原材料要按验标和技术条件的要求进行进场质量检验，不合格批次产品要清除出场。要分类存放，标识齐全，散装材料存放场的基础要进行硬化处理。乳化沥青砂浆充填层主要材料必须按照部有关规定和《板式无砟轨道水泥乳化沥青砂浆施工材料储存管理办法》（工管技［2009］12 号）的要求进行存储，保证材料质量。

③ 轨道板生产。严格按照技术条件要求进行轨道板（枕）的生产，做好模板和预埋套管定位精度控制，钢筋网片绝缘及成品板（枕）绝缘测试必须达标，混凝土浇筑、振捣、养护等工序应在工艺试验后实施，预应力张拉应准确同步，扣件组装、成品检验和存放要满足技术条件和设计要求。

④ 精密测量。无砟轨道施工测量必须应用 CPⅢ控制网，采用精密测量方法。建设单位要统筹部署全线 CPⅢ网测设工作，统一数据格式、平差软件、仪器精度和基桩设置。施工单位要对 CPⅢ网的基桩做好保护，保证无砟轨道铺设的精确定位。

⑤ 物流管理。建设单位要将无砟轨道物流管理作为施组审查的重要内容，统筹协调好相关单位的便道、通道使用和维护工作。施工单位要提前做好施工调查，统筹安排

原材料、轨道板(枕)运输和存放,统一规划各种施工机械的运行通道。长大隧道和跨江、跨河长大桥梁无砟轨道施工的物流组织方案需经监理单位审查批准。

⑥ 底座(支承层)施工。底座使用的混凝土或水硬性材料要按照设计要求进行配合比设计,并报监理单位审批。严格控制混凝土或水硬性材料的入模温度、坍落度、切缝时机和养护工艺。底座(支承层)的顶面高程误差必须满足验标要求。要严格控制CRTS Ⅰ型板式无砟轨道凸形挡台的定位精度。CRTS Ⅱ型板式无砟轨道底座板的临时端刺划分、后浇带位置、张拉工艺和后浇带灌注顺序要经设计单位认可。

⑦ 轨道板(道床板)施工。轨道板铺设必须采用精调系统和先进的软件进行精调,精调不合格不予存盘或打印,不得进行下道工序。CRTS Ⅱ型轨道板的纵向连接方案必须经过设计单位认可。轨道板(道床板)的钢筋绝缘和接地端子必须符合设计要求。

现浇道床板支撑体系的强度、刚度、稳定性必须满足要求,曲线和路基地段应适当加强。采用轨道几何状态测量仪检查确认轨排调整精度,合格后方可浇筑混凝土。道床板平整度应满足验标要求。

⑧ 乳化沥青砂浆充填层施工。乳化沥青砂浆施工必须严格按照技术条件要求进行。配合比在上道前必须经过型式试验和工艺性试验,建设单位组织审查认可。施工过程中不得随意变更乳化沥青砂浆施工配合比和搅拌、灌注工艺,确需变更的,应重新履行型式试验、工艺性试验和建设单位审批手续。乳化沥青砂浆灌注前必须对轨道板定位精度进行复核。砂浆搅拌车要逐台进行砂浆工艺性试验。

⑨ 轨道精调。建设单位要组织对轨道精调进行系统研究,确定采用的相关软件和方法。长钢轨锁定后,施工单位采用轨道几何状态测量仪对轨道几何状态进行初始测量,依据验标和设计值,系统分析确定轨道精调量。精调时应在锁定轨温范围内进行,扣件调高使用量不应超过调整能力的一半。

⑩ 成品保护。无砟轨道施工要建立严格的成品保护制度。施工单位要明确预制件生产、运输、存放、铺设等环节的保护措施。施工作业指导书中要对防止成品伤损、扣件污染、套管堵塞等问题提出明确要求。做好工序移交记录,明确成品保护责任,实现责任可追溯。

⑪ 内业资料管理。建立健全无砟轨道内业资料标准化管理体系。建设单位要根据验标、技术条件统一全线无砟轨道预制件制造、原材料检验和施工检验批、分项、分部工程质量检验相关表格,规范填写、申报、签署、归档、移交等内容和程序;要组织施工单位

制定施工过程控制相关记录表格,建立规范的沉降变形观测、布板、调板、轨道精调数据库,认真做好电子文档和影像资料的管理工作。

⑫ 环境保护和安全、文明施工。建设单位要组织完善无砟轨道施工环境保护和安全、文明施工制度,明确环境保护和安全、文明施工的行为标准,加大检查与查处力度。施工单位必须建立无砟轨道施工环境保护和安全、文明施工的自控体系,对预制轨道板(枕)场生产的废水、废油、遗弃物进行预处理,采用专用车辆运到指定的处理厂或存放场,对乳化沥青砂浆和填充树脂施工产生的废液、清洗灌注设备产生的废水和废弃的砂浆不得随意排放,及时收集交由当地环保部门集中处理,认真执行《铁路轨道工程施工安全技术规程》(TB 10305—2009)和文明施工制度,落实安全、文明施工各项措施,确保施工人员和机械设备的人身财产安全。监理单位要加强无砟轨道施工环境保护和安全、文明施工的监理。

(2)客运专线铁路高速道岔铺设标准化管理要点

1)完善标准,落实责任

① 加强技术与质量管理。建设单位要根据高速道岔铺设施工组织特点,健全高速道岔铺设技术与质量管理制度;掌握高速道岔设计和技术标准情况,完善高速道岔铺设技术和质量的管理标准。施工单位要依据《客运专线铁路道岔铺设手册》,结合项目特点形成高速道岔铺设作业指导书、作业要点卡片等技术文件,建设单位要组织有关单位按照定量化、标准化的原则进行审查,统一高速道岔作业标准。监理单位要编制高速道岔铺设监理细则,经建设单位审查后实施。

② 落实质量责任。建设单位是高速道岔铺设管理的责任主体,全面负责高速道岔铺设施工组织、技术质量管理。道岔制造单位按照制造技术条件和供货合同供应道岔,提供道岔铺设手册、技术培训和现场技术服务,对道岔产品生产质量负责。施工单位是高速道岔铺设质量的责任主体,全面负责高速道岔铺设和质量控制。监理单位对高速道岔铺设质量承担监理责任。

③ 配足配强技术、管理人员。建设单位要明确分管领导负责高速道岔铺设组织管理工作,配备 1 名轨道或道岔专业工程师专职负责高速道岔铺设实施工作。施工单位要组建高速道岔铺设项目部和作业队,项目部应配备轨道(或道岔)、测量、电务等专业工程师,作业队应配齐技术、施作、测量、检测等人员。每个作业队要确保技术和质检各 1 人,测量 2 人,领班人员 2 人。监理单位明确每个车站的道岔监理人员。设计和制造单位应

派出专业工程师，人员数量应满足技术指导的需要。设计、监理和制造单位的上述人员应书面报建设单位备案，当发生变更时，应提前向建设单位说明情况并报告替换人员的详细情况；建设单位应动态掌握每个车站主要作业人员的情况，督促检查现场作业人员的实际情况，并将检查情况与考核制度挂钩。

④ 做好施工组织设计。建设单位要在指导性施工组织设计中明确高速道岔铺设的总体部署和相关要求。施工单位要逐站编制高速道岔铺设专项施工组织方案，经建设单位组织审查后实施。

⑤ 严格开工前的评估及验收。高速道岔铺设前，建设单位要组织对线下工程的沉降变形观测和CPⅢ测量网的测设进行评估，组织对路基、桥梁与高速道岔接口工程进行验收，对高速道岔铺设准备情况进行全面检查，具备条件后方可开工。

⑥ 建立试铺设与验收制度。高速道岔铺设应推行"试验先行、样板引路"的管理方法。施工单位按照拟定的施工技术方案进行首组高速道岔铺设，建设单位组织对铺设质量进行预验收，合格后报铁道部工程管理中心。铁道部工程管理中心组织对首组高速道岔铺设质量和全线高速道岔铺设准备工作进行检查与验收，合格后方可展开全面施工。

⑦ 加强人员培训。高速道岔铺设必须建立全员培训、持证上岗制度。建设单位要组织对施工、监理等单位的高速道岔铺设技术、管理人员进行道岔测量、组装、精细调整、焊接、锁定等全过程的专项技术培训，考试合格后方可上岗。施工单位对操作和质检人员进行深化培训，理论和实作考核合格后持证上岗。

⑧ 推进专业化施工。施工单位要组建相对稳定的高速道岔铺设专业化队伍，在人员配置、施工技术、工装设备和量测仪器配置、组织管理等方面达到专业化水平。主要管理、技术人员和主要技术工人要经过专项技术培训并考核通过，焊接、探伤及吊卸等特殊工种人员资质须符合国家和铁道部有关规定。建设单位对专业化施工队伍进行审查，满足要求后方可批准施工。

⑨ 提高机械化配置水平。建设单位要在指导性施工组织设计中对机械设备配置提出要求，并在招标文件中予以明确。施工单位要按照投标承诺配置各种机械设备并满足施工技术要求，采用轨道几何状态测量仪、电动扳手及扭矩扳手等必要的仪器工装，有效提高作业精度和工作效率。

⑩ 推进信息化管理。建设单位要在高速道岔铺设前对信息化管理工作做出规划，统一相关软件，统一数据库管理。设计单位要提供道岔设计数据，施工、监理单位要及时

收集、整理全过程的施工数据,做好数据库维护,确保高速道岔铺设质量和责任可追溯。

⑪ 加强使用、维护管理。建设单位要参照运营线的做法,编制高速道岔铺设完成至竣工验收阶段的使用、维护管理制度,明确管理单位、管理要求、开通条件和工程列车通过高速道岔的有关要求和程序。施工单位要建立高速道岔专人看守、日常检查和及时维护的制度。

2)加强现场管理和过程控制

① 吊卸、运输与存放。施工单位要根据高速道岔铺设方案和相关技术要求,统筹考虑、合理安排道岔部件现场存放场地,监理单位要对存放场地进行确认。施工单位要严格按照技术条件要求进行转辙器、辙叉及钢轨件的现场吊卸、运输与存放作业,监理单位要全过程进行监理,制造单位要现场确认。

② 无砟道岔铺设。施工单位要严格按照技术条件进行长枕埋入式无砟道岔铺设的组装、精调、转换设备预安装和转换试验、支撑系统固定、混凝土浇筑,采用轨道几何状态测量仪对道岔及前后过渡段进行测量与调整,严格控制混凝土浇筑时机和入模温度,做好钢轨件保护等工作。板式无砟道岔铺设要重点做好道岔板的制造、铺设、量测和自流平混凝土浇筑;桥上无砟道岔要重点做好物流组织、底座标高控制、凸台(凹槽)精确定位和弹性橡胶板粘贴等工作。监理单位按照高速道岔铺设监理细则进行监理。制造单位对组装与调整进行现场技术指导。

③ 调整与焊接。道岔几何状态满足技术标准后,施工单位按要求依次安装外锁闭装置、转辙机、密贴检查器等部件,并进行转换试验和道岔状态调整。钢轨焊接型式试验要提前完成。钢轨焊接要按照设计顺序和焊接工艺技术要求进行,并严格执行无缝线路作业轨温要求。道岔与区间轨道焊连后,按要求进行钢轨位移观测。

④ 质量检验。高速道岔铺设每一道工序完成后,施工单位要严格按照规定的检验方法、检验频率对所有检验项点进行自检,自检合格后报监理单位检验。未进行检验或检验不合格,不得进入下一道工序。必要时关键工序应留取检验的音像资料。

⑤ 成品保护。高速道岔铺设要建立严格的成品保护制度,实现铺设优质,保护优良,使用无损。施工单位编制的作业指导书和作业要点卡片要明确各工序的成品保护措施,并严格执行。有砟道岔铺设要防止大机捣镐对钢轨的伤损;无砟道岔铺设要防止混凝土浇筑对钢轨件的污染;道岔铺设完成后要立即做好尖轨、心轨的保护,防止工程列车对钢轨的擦伤。

⑥ 安全管理。各参建单位要正确处理高速道岔铺设工期与安全质量的关系，严格执行施工安全的各项规定，细化高速道岔铺设安全管理制度。施工单位要严格执行施工组织方案、作业指导书和作业要点卡片等明确的安全措施，严格按照技术要求和安全规程进行操作，要加强轨件吊卸、工程列车通过、联调联试等重点工序的安全监管，建立包保责任状，严格实行责任到人，实时监控，确保高速道岔铺设和行车安全。

⑦ 内业资料管理。建设单位要根据技术标准统一全线高速道岔铺设质量检验相关表格，规范填写、申报、签署、归档、移交等内容和程序；要组织施工单位制定铺设过程控制的相关记录表格，做好电子文档和影像资料的管理工作。

（三）客运专线铁路无砟轨道先导段评估

无砟轨道首个先导段是在铺设无砟轨道的工程项目中，由建设单位按照部批指导性施组设计选定的不小于2 km长度的无砟轨道施工段落，该段落宜选择距离铺轨基地或交通便利的标段，方便铺轨施工；应包含曲线地段，宜包含路基及桥梁地段；应统筹考虑CPⅢ精测网段落划分及搭接处理；轨道结构工程完成后铺设不小于100 m长单线轨道（可选用25 m钢轨）并完成精调，且应在指导性施组无砟轨道全线开工前一个月完成。

无砟轨道首段通过铁道部工程管理中心评估后方可展开全线无砟轨道施工。中心评估工作一般在无砟轨道首段全部完工后进行。建设单位可根据无砟轨道首段及全线进度情况，分两阶段申请中心评估。

（四）客运专线铁路高速道岔首组铺设质量评估

高速道岔首组铺设质量评估以建设单位、建设项目和高速道岔类型划分。不同建设单位或不同建设项目范围或不同类型的高速道岔首组铺设质量应分别进行评估。

长枕埋入式无砟高速道岔在完成岔区道床板混凝土浇筑、钢轨焊接和工电联调后进行首组铺设质量评估；板式无砟高速道岔在完成自密实混凝土浇筑、道岔现场组装、钢轨焊接和工电联调后进行首组铺设质量评估。

根据铺设施工工艺需要，组成渡线的或夹直线较短的两组或多组高速道岔应同时铺设施工，且全部作为首组高速道岔铺设质量评估范围一并进行评估；特殊情况下经批准，高速道岔首组铺设质量评估也可分阶段进行。

高速道岔首组铺设质量评估包括现场评估、预评估确认两种方式。

没有进行或者通过高速道岔首组铺设质量评估，不得进行全线高速道岔的铺设施工。

六、无砟轨道运营维护标准

(一)轨道静态几何尺寸容许偏差管理值

线路轨道静态几何尺寸容许偏差管理值按见表2－2－8。

表2－2－8　线路轨道静态几何尺寸容许偏差管理值

项　　目	作业验收	计划维修	临时补修	限速200 km/h
轨距(mm)	+1、-1	+4、-2	+5、-3	+6、-4
高低(mm)	2	4	7	8
轨向(mm)	2	3	5	6
水平(mm)	2	4	6	7
扭曲(mm/6.25 m)	2	4	5	6

注:高低、轨向偏差为10 m及以下弦测量的最大矢度值。

道岔轨道静态几何尺寸容许偏差管理值见表2－2－9。

表2－2－9　道岔静态几何尺寸容许偏差管理值

<table>
<tr><th colspan="2">项　　目</th><th>作业验收</th><th>计划维修</th><th>临时补修</th><th>限速200 km/h</th></tr>
<tr><td rowspan="2">轨　距
(mm)</td><td>岔区</td><td>+1，-1</td><td>+4，-2</td><td>+5，-2</td><td rowspan="2">+6，-4</td></tr>
<tr><td>尖轨尖</td><td>+1，-1</td><td>+2，-2</td><td>+3，-2</td></tr>
<tr><td colspan="2">高低(mm)</td><td>2</td><td>4</td><td>7</td><td>8</td></tr>
<tr><td rowspan="2">轨　向
(mm)</td><td>直线</td><td>2</td><td>3</td><td>5</td><td>6</td></tr>
<tr><td>支距</td><td>2</td><td>3</td><td>4</td><td>—</td></tr>
<tr><td colspan="2">水平(mm)</td><td>1</td><td>4</td><td>6</td><td>7</td></tr>
<tr><td colspan="2">扭曲(mm/6.25m)</td><td>2</td><td>4</td><td>5</td><td>6</td></tr>
</table>

注:① 支距偏差为实际支距与计算支距之差;

② 导曲线下股高于上股限值,作业验收为0,计划维修为2 mm,临时补修为3 mm。

(二)轨道动态不平顺管理值

线路动态不平顺是线路不平顺的动态质量反映,主要通过轨道检查车进行检测。

轨道检查车对轨道动态局部不平顺(峰值管理)检查的项目为轨距、水平、高低、轨向、扭曲、车体垂直加速度、车体水平加速度共七项。各项偏差等级划分五级:－为作业验收标准,Ⅰ级为计划维修标准,Ⅱ级为舒适度标准,Ⅲ级为临时补修标准,Ⅳ级为限速标准。各级容许偏差管理值见表2－2－10。

表 2－2－10　轨道不平顺动态管理值

项　　目		作业验收	计划维修	舒适度	临时补修	限速 200 km/h
偏差等级		—	Ⅰ	Ⅱ	Ⅲ	Ⅳ
42 m 波长	高低(mm)	3	5	8	10	11
	轨向(mm)	3	4	5	6	7
120 m 波长	高低(mm)	4	7	9	12	15
	轨向(mm)	4	6	8	10	12
轨距(mm)		+3，－2	+4，－3	+6，－4	+7，－5	+8，－6
水平(mm)		3	5	6	7	8
扭曲(mm)		3	4	6	7	8
车体垂直加速度(m/s^2)		–	1.0	1.5	2.0	2.5
车体水平加速度(m/s^2)		–	0.6	0.9	1.5	2.0

注：① 表中管理值为轨道不平顺实际幅值的半峰值。

② 高低、轨向不平顺偏差管理值按照轨道实际情况评定。

③ 水平偏差管理值不包含曲线按照设计规定设置的超高量及超高顺坡量。

④ 曲基长为 2.5 m，偏差管理值包含缓和曲线超高顺坡造成的扭曲量。

轨道检查车检查线路区段整体不平顺(均值管理)的动态质量用轨道质量指数(TQI)评定，其管理值见表 2－2－11。

表 2－2－11　轨道质量指数 TQI 管理值

项　　目	高低	轨向	轨距	水平	扭曲	TQI
波长 1.5～42 m	0.8×2	0.7×2	0.6	0.7	0.7	5.0
波长 42～120 m	2.0×2	1.5×2				

注：① 波长为 1.5～42 m 的单元区段长度为 200 m；

② 波长为 42～120 m 的单元区段长度为 500 m。

第三章　无砟轨道设计理论

无砟轨道中采用整体性较好的混凝土或沥青材料代替有砟轨道中散体的道砟结构，可有效减少轨下基础的变形，减少轨道结构的养护维修工作量，可持久地保持轨道结构的高平顺性。

无砟轨道应作为一种结构物进行设计，由于各国不同时期的无砟轨道结构型式与下部基础不同，影响结构设计的主要因素也不尽相同，曾形成了针对不同轨道结构采用不同设计理论的现状。在无砟轨道再创新工作中，在前期无砟轨道结构研究的基础上建立了相对统一的无砟轨道设计理论，将列车荷载、温度荷载以及基础变形的影响纳入到无砟轨道结构设计中，建立了相应的计算方法和基于容许应力法的结构设计方法。

第一节　设计理论演变

日本板式轨道结构设计中，对轨道板的设计主要考虑列车荷载，包括列车设计轮载、疲劳检算轮载、异常检算轮载、设计横压及疲劳横压，并充分考虑了制作、吊装以及施工过程中的安全性，按弹性设计法进行设计。

根据轨道板的设计寿命和轨道板材料的 $S-N$ 曲线确定轨道板材料的疲劳检算容许应力。对钢筋混凝土轨道板，在疲劳检算轮重作用下，钢筋应力应低于疲劳检算容许应力值；对预应力钢筋混凝土轨道板，在疲劳检算轮重作用下，混凝土不应出现拉应力。

运营过程中发现板角处 CA 砂浆破损严重，并实测到轨道板在温度梯度作用下的翘曲现象，在分析中逐渐考虑了翘曲引起的支承不均匀现象。对底座板的设计主要考虑了列车荷载和路基的不均匀沉降，充分考虑气候条件、混凝土收缩以及施工的影响，按极限状态法进行设计。底座端部设置传力杆，设计时主要考虑列车荷载与折角的影响。凸型挡台的设计则主要考虑温度荷载、制动以及列车横向力影响。

德国无砟轨道的设计充分借鉴了公路路面工程的设计理念与方法，由于大都为纵向连续结构,温度荷载和混凝土收缩是其主要考虑的因素,连续混凝土道床板纵向配筋就是考虑温度变化和混凝土收缩而设置的,钢筋配置于中面附近,不承受列车荷载,列车荷载与温度梯度的影响依靠混凝土自身的抗折强度抵抗。

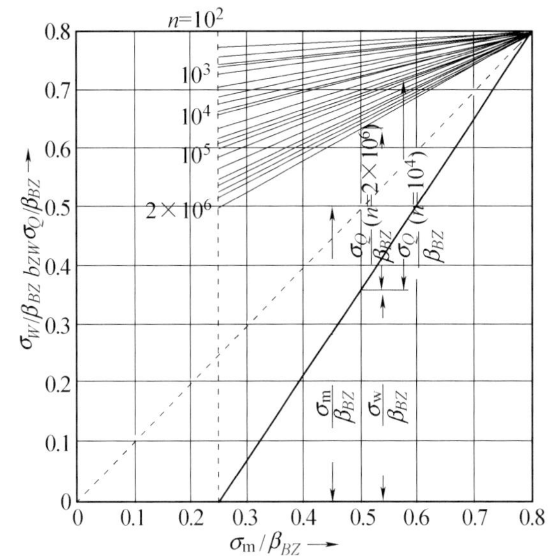

图 3－1－1　Smith－混凝土抗弯承载力

德国无砟轨道设计遵循 DIN1045 规范,规范中规定承重的结构部件在承受应力变化较大时,应进行疲劳检算。疲劳检算应对混凝土和钢筋分别进行。对结构中的钢筋求取疲劳损伤时,采用 Pal mgren－Miner 定律。如果在构件中产生了诸如不均匀受热而引起的弯曲应力,那么结构对于动荷载的承载能力就会下降,可按图 3－1－1 给出的 S mith－抗弯承载力分布图选用。德国铁路路基秉承的是“零”沉降设计理念,因而在其无砟轨道的结构设计中不考虑基础变形的影响。德国无砟轨道设计规范规定,对于连续配筋道床板,配筋率达到 0.8% ~0.9% ,裂缝宽度即可控制在0.5 mm以内。

我国早期的整体道床主要应用于隧道内,基础条件较好,温度变化小,主要采用列车荷载弯矩进行结构设计,以 3 倍静轮载作为设计轮载,在遂渝线无砟轨道试验段设计中逐渐考虑了基础不均匀变形以及温度荷载的影响。在客运专线无砟轨道再创新研究中,考虑到无砟轨道成区段铺设地需要,将列车荷载、温度荷载以及基础变形纳入到结构设计中,推荐了弹性地基上的梁板模型、弹性地基上的无限大板模型以及刚性基础法分别简化计算上述荷载引起的无砟轨道受力特性,考虑混凝土结构开裂引起的弹性模量折减、刚度折减等因素建议了相应的计算参数等,以结构系数反映开裂后所引起的无砟轨道荷载效应的变化,建立了相对统一的无砟轨道设计理论。

一、荷载应力计算方法

(一)列车荷载应力计算方法

轨道是承受列车荷载的结构物。承受列车荷载并引导机车车辆运行永远是铁路轨道的主要任务,列车荷载应力的计算是各国无砟轨道设计中均需考虑的。

1. 计算模型

日本在其板式轨道的研发过程中曾采用了弹性地基双层叠合梁模型,但弹性地基梁模型无法计算板端复杂形状处的应力分布,并且存在钢轨支承间距加大而其计算应力反而下降等与实际相矛盾的问题;弹性地基上的梁板有限元模型后来得到发展,且已成为板式轨道结构设计的标准计算方法。

德国在计算列车荷载作用的轨道结构应力时则采用 Eisen mann 理论。首先视钢轨为弹性地基上的无限长梁计算扣件支点压力,同时利用 Eisen mann 多层理论根据无砟轨道结构层之间的层间连接状态将多层结构转化为单层结构,再利用弹性地基上的无限长梁或 Westgaard 应力计算公式计算换算单层结构的内力和位移,作用于其上的荷载为前述计算得到的枕上压力。德国采用该种计算方法同其连续浇筑的无砟轨道结构形式是分不开的。

传统的轨道结构荷载应力计算主要采用弹性地基梁模型,视钢轨为弹性地基上的长梁,轨下基础的弹性以 Winkler 地基模型予以模拟。根据轨道结构的复杂程度及分析要求可以采用弹性地基上多层叠合梁理论进行求解。随着计算技术的不断发展,为了得到无砟轨道结构内部详细的应力状态,可采用实体有限元模型进行研究分析。

对于无砟轨道结构而言,作为其主要承载结构的轨道板(或道床板)、底座板(或支承层)在厚度方向上的尺寸远小于其平面方向上的长度,且荷载作用下的挠度远小于其厚度,符合弹性薄板的结构特点,因此对于无砟轨道主要承载结构的计算分析多采用弹性薄板进行模拟,可以通过在钢轨上施加竖向列车荷载同时得到轨道板(或道床板)、底座板(或支承层)沿纵向和横向的荷载应力情况,避免了应用多重弹性地基梁时需在纵向、横向分开计算的麻烦,计算精度较叠合梁模型或交叉梁模型高,较实体有限元模型又减少了计算工作量。

2. 荷载取值

日本板式轨道的设计中考虑了以下荷载:设计轮重考虑了车轮表面损伤引起的轮重

变动，当擦伤长度70 mm时，轮重为静轮重的3倍，由此确定设计轮重。轮重变动系数在3倍标准差时为45%，疲劳检算轮重由此确定。实测最大异常轮重为静轮重的4倍。根据脱轨系数容许值确定设计横压值，疲劳检算时取一半。

德国铁路在考虑设计动荷载与静荷载的关系时，还顾及了列车荷载的正态分布规律、轨道状态及列车类型，是在大量试验研究基础上考虑较为全面的计算公式：

$$P_d = P_j(1 + t \cdot \bar{s}\phi)$$

式中　P_d——轨道设计动荷载；

P_j——轨道设计静荷载；

t——与概率 p 有关的置信度，按表3-1-1取值；

$\bar{s}$——与轨道状态、行车速度和列车类型有关的表示荷载离散程度的均方差，在新老规定中有不同的规定，如表3-1-2所列。

ϕ——速度系数：

$v \leqslant 60$ km/h 时，　$\phi = 1$

$v > 60$ km/h 时，　$\phi = 1 + \dfrac{v-60}{380}$（客车），　$\phi = 1 + \dfrac{v-60}{180}$（货车）

表3-1-1　置信度 p 与 t 的关系

$t=0$	1	1.28	1.65	1.96	2	2.33	3
$p=0$	68.3%	80%	90%	95%	95.5%	98%	99.7%

表3-1-2　荷载离散程度与速度系数的关系

轨道状态	老规定	新规定
轨道状态良好	$\bar{s}=0.1\phi$	$\bar{s}=0.15\phi$
轨道状态一般	$\bar{s}=0.2\phi$	$\bar{s}=0.20\phi$
轨道状态差	$\bar{s}=0.3\phi$	$\bar{s}=0.25\phi$

一般情况下，由于钢轨伤损会带来严重后果，取 $t=3$（$p=99.7\%$）时对应的动力系数；而对于路基或枕下基础而言，动力响应带来的风险较小，动力系数取 $t=1$（$p=67\%$）时对应的动力系数。

对高速铁路来说，曲线荷载系数一般取1.2。

我国轮载动力系数根据无砟轨道动力测试结果及仿真结果确定，一般情况下动力系数取2，运量较大或速度较高时取3。考虑到无砟轨道在运营中一旦出现损坏修复相当困难,从偏于安全出发,采用2~3倍的动载系数。秦沈客运专线和遂渝线垂向设计荷载均取300 kN。我国《高速铁路设计规范》中规定对于设计时速300 km及以上线路,取3.0倍静轮载,设计时速250 km线路,取2.5倍静轮载,横向设计活载取0.8倍静轮载。竖向、横向疲劳检算活载分别取1.5倍和0.4倍静轮载。

3. 基础弹性

日本在进行列车荷载计算时考虑动态地基反作用系数,根据过去的试验结果 $K_v = \frac{1}{2.2} \cdot K_{30}$。在日本北陆新干线上进行的列车运行试验和樫山路基的专门动态荷载试验结果,得出 $K_v = 120\ \text{MN/m}^3$ 以上的数值。鉴于此,在其后对新干线进行整备设计开始,就一直采用将充分考虑安全性的动态地基反作用力系数设定为 $K_v = 110\ \text{MN/m}^3$ 这一数值。

德国将无砟轨道各承载层视为具有不同弹性模量的地基层,根据刚度相等原理将地基上的多重梁换算为不同厚度地基层的单一弹性体,然后利用半无限弹性体原理进行计算,设道床板弹性模量为 E_1,厚度为 h_1,支承层弹性模量为 E_2,厚度为 h_2,地基弹性模量 E_u,则道床板与支承层的换算地基层厚度为:

$$h^* = c \cdot h_1 \sqrt[3]{\frac{E_2}{E_u}} + c \cdot h_2 \sqrt[3]{\frac{E_2}{E_u}}$$

根据道床系数的基本概念,无砟轨道下的假想道床系数为:

$$k = \frac{E_u}{h^*}$$

在路基施工过程中,通常通过现场静态平板载荷试验获得 K_{30} 和变形模量 E_{v2} 等反映路基的压实质量的力学检测指标,但它们都不是直接用于路基设计计算的参数。

在无砟轨道列车荷载弯矩的计算中可根据 K_{30} 或 E_{v2} 测试值进行换算。

(二)温度应力计算方法

由于混凝土为体积敏感性材料,温度变化时容易产生伸缩变形,当变形受约束时将会产生温度应力,当温度应力超过混凝土抗拉强度时将产生裂缝。

德国根据多年的统计资料得到了温度以及温度梯度的变化资料,对温度梯度作用下的道床板受力进行了研究。对于横向尺寸较小的道床板,其翘曲变形并未受到完全约束,采用道床板支承不连续的计算模型计算得到自重与温度梯度共同作用下的道床板翘曲应力,并计算了道床板温度力作用下的屈曲稳定性。

德国Rheda、Züblin无砟轨道在纵向上可视为无限长板,温度变化时将在板内产生约束应力。为控制温度裂缝宽度在容许范围内，道床板配筋率应达到0.8%～0.9%，以保证裂缝型式为不完全裂缝。

在横向上无砟轨道可视为“短板”，收缩时可自由变形，没有约束应力产生，但在温度梯度作用下轨道板向上翘曲的趋势受到轨道自重的影响而产生翘曲应力，翘曲应力采用下式进行计算：

$$\sigma_{\Delta T} = \frac{1}{1-\mu} \cdot \frac{h \cdot \Delta T}{2} \cdot \alpha \cdot E_c \left[\frac{W - \frac{2}{3}a'}{0.9l} \right]$$

式中　$\sigma_{\Delta T}$——由于温度梯度引起的道床板翘曲应力；

μ——泊松比；

h——道床板厚度；

α——混凝土线膨胀系数；

E_c——混凝土弹性模量；

W——无砟轨道宽度；

a'——承载层长度；

ΔT——温度梯度；

l——弹性长度。

日本板式轨道采用单元式结构设计，温度的均匀变化对轨道板的影响较小，且日本板式轨道凸形挡台设置于轨道板两端，温度升高时，轨道板受温度压力作用，温度降低时，不会产生温度拉力，因而其轨道板的设计中未考虑温度的影响。日本在路基地段底座板的设计中对水化热、日温差、季节性温差与干燥收缩的热应力的分析采用了二维有限元模型。

日本的测试资料表明，日温差在10 ℃以上时，温度上升时轨道板呈凸状，温度下降时，呈凹状，使轨道板产生应力，加上列车荷载产生的位移和应力变动是不可忽视的。设计中须考虑翘曲使应力增加的安全概率问题，在计算中改变模型支承条件，改全面支承为部分支承。

我国前期铺设的无砟轨道采用单元式轨道的设计理念，无砟轨道伸缩应力问题不突出，在无砟轨道配筋设计中考虑了较高的安全系数，虽未考虑温度梯度的影响，结构安全性仍可保证。在再创新研究工作中，结合国外无砟轨道和混凝土路面研究成果，提出了伸缩应力与翘曲应力的计算方法。

(三)基础变形影响计算方法

路基在荷载及环境影响下出现不均匀变形时,将对刚度较大的无砟轨道产生影响,日本在底座板的设计中考虑了路基不均匀沉降的影响,正常使用状态下为 20 mm/20 m,极限状态下为 30 mm/20 m,分别以半波正弦和 1/4 正弦的形式设置在 60 m 板长的板中和板端。根据变形相随性,按 5 m 一个区段计算沉降区域不同位置处的刚度值,使底座板在自重作用下的沉降值达到设定的不均匀沉降值,由此计算底座板由于基础变形引起的附加弯矩。

德国秉承“零”沉降的设计理念,认为不会发生不均匀沉降,因而不考虑不均匀沉降的影响。在 Heitka mp 为武广试验段所做的双块式无砟轨道结构设计中,也考虑了路基不均匀沉降的影响,但其沉降限值较小,为 13 mm/50 m,相当于由于不均匀沉降引起的折角为 1/1 000,由不均匀沉降引起的道床板附加弯矩为沉降曲率与道床板抗弯刚度的乘积,即假设道床板发生与沉降曲线一致的变形。在桥上无砟轨道的设计中需检算梁端转角对扣件系统的影响。

由于前期无砟轨道主要铺设于隧道内,基础条件较好,在我国早期无砟轨道设计中并没有考虑基础变形的影响。在遂渝线道岔区无砟轨道的结构设计中,考虑了基础不均匀沉降的影响,考虑两种沉降曲线,分别为圆形和正弦形曲线。通过分析可以知道,不均匀沉降对道床板的受力影响较大,应适当提高不均匀沉降的限值。在遂渝线新北碚嘉陵江特大桥上纵连板式轨道的设计中考虑了桥梁挠曲对纵连板纵向受力的影响。

二、无砟轨道结构设计方法

根据不同的基础形式无砟轨道主要承载结构有素混凝土结构、钢筋混凝土结构和预应力钢筋混凝土结构等多种形式。素混凝土结构主要应用于基础形式非常好的隧道区间,由于基础条件好、温度变化幅度小,荷载与环境作用下的道床板应力小于混凝土的抗拉强度,道床板不会开裂。在一般的基础条件下,由于基础变形、列车荷载及环境因素的共同影响,道床板容易开裂,需在道床板中配置钢筋以限制裂缝的开展。道床板中弯矩较小时,由于板厚较薄,在中性轴附近配置一定数量的钢筋即可限制轨道板的裂缝宽度和裂缝间距,特别是对于连续配筋混凝土道床板,温度力成为控制配筋的主要因素。在基础条件较差的区段,道床板中弯矩较大,为了限制裂缝宽度需要加厚道床板或对基础进行处理,成本较高,可采用上下两层配筋的设计以增大轨道板承受弯矩的能力,限制裂缝宽度。为提高结构的耐久性，钢纤维混凝土也逐渐应用于无砟轨道结构中。在寒冷地区，为减小冻害的危险，采用了预应力钢筋混凝土结构。

混凝土结构的设计主要应用容许应力法和极限状态法，对轨道板而言，最初是按钢筋混凝土结构设计的，采用的是容许应力法，假设轨道板混凝土在弯矩作用下符合平截面假定，忽略受拉区混凝土的拉应力。对于不同的设计轮重和结构类型，钢筋的容许应力不同，钢筋的容许应力由重复荷载作用次数确定。严寒地区应用时，需要有防冻措施，考虑到制造和经济等方面因素，采用引入了部分限界状态设计法的预应力混凝土结构。

无砟轨道一般都由多层结构构成，在不同的无砟轨道结构中，结构层之间存在着多种水平力传递方式，如凸台、连接钢筋或销钉，这些不仅影响着水平力的传递和轨道结构的稳定性，也影响着轨道结构的竖向受力。日本板式轨道凸形挡台按悬臂梁采用容许应力法进行设计，德国桥上无砟轨道的凸台则按照“牛腿”或“拉压杆”进行设计，桥上纵连式无砟轨道的横向限位装置按弹性地基上的无限长梁计算各支点反力，综合考虑风力、离心力等进行设计。采用销钉限位时，销钉应设计为纵向允许伸缩，横向固定的型式，销钉的承载能力和破坏形式多由实体有限元法计算或试验确定。

三、无砟轨道设计理论中需进一步研究的问题

无砟轨道的铺设应用至今已有四十多年的历史，其设计多参照有砟轨道的铺设经验和路面工程的设计方法进行。有关无砟轨道疲劳伤损的研究目前国内基本处于空白。目前的设计理论中采用的各种荷载分别计算、线性叠加的设计方法无法体现无砟轨道承受反复荷载的工作特性，60 年使用寿命的要求也无法体现在设计中，有必要对无砟轨道的疲劳伤损特性进行研究，研究其疲劳裂纹的扩展、疲劳刚度的变化及疲劳寿命的预测，以便于在设计阶段采取措施防止产生疲劳破坏。对无砟轨道疲劳伤损特性的研究不仅仅局限于列车荷载的疲劳作用，60 年内反复作用的温度荷载也会产生疲劳伤损，而二者又常常是同时发生作用的，需研究二者耦合作用下无砟轨道的疲劳伤损特性，进而提出无砟轨道的疲劳设计方法，完善无砟轨道设计理论。无砟轨道建筑材料的选择也应充分考虑耐久性的要求，无砟轨道疲劳与耐久性的研究为无砟轨道的一个重要研究方向。

无砟轨道功能的最终实现是一项涉及下部基础、轨道结构、机车车辆多系统，同设计、施工、运营各阶段均相关的系统工程，无砟轨道本身也是由多种不同材料、不同功能的轨道部件构成的系统，因此应用系统的观点对无砟轨道进行研究。

第二节　设计理论体系

无砟轨道是一种由多个部件组成的结构物，需要有足够的承载能力、抵抗变形能力和耐久性。结构服务于功能，功能决定了结构。从结构功能开始认识结构的部件构成、设计目标、设计理论、计算方法和材料要求等，符合结构设计的一般过程。将无砟轨道设计分成功能分析和结构设计两个部分来进行，如图 3－2－1 所示。

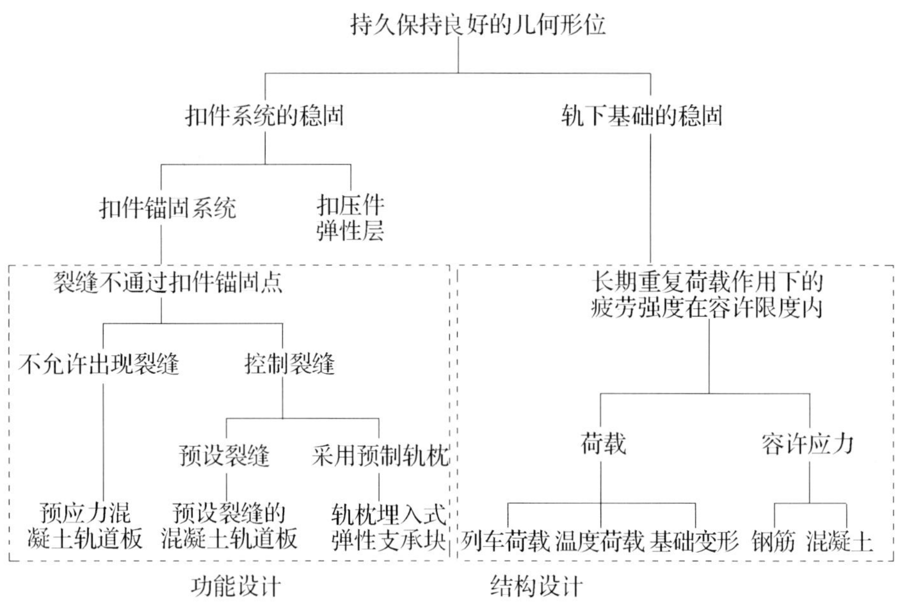

图 3－2－1　无砟轨道设计任务

无砟轨道结构功能分析就是分析和定义无砟轨道系统和各部件的作用，研究结构的合理性与性能要求，为结构设计和选材提供支持。无砟轨道结构是一种长期反复承受列车荷载、环境变化的铺设于弹性地基上的带状结构物，与桥梁、房屋等结构物相比有其独特性，为保证轨道结构的高精度和高稳定性，要求在列车和环境共同作用下轨道结构均处于弹性工作状态，因此无砟轨道结构设计应采用容许应力法进行，对于不同的无砟轨道荷载应建立相应的计算方法。

一、无砟轨道的功能设计

在进行无砟轨道具体结构设计之前，应预先进行无砟轨道结构功能分析，以明确系统设计的理念，防止结构选型与设计中出现功能不协调甚至冲突。结构功能分析的主要内涵与方法如下：

（一）统一设计理念，明确设计条件

在无砟轨道设计之初，应首先统一对无砟轨道典型结构功能的认识，明确设计理念与总体设计原则，如轨道合理刚度、结构耐久性及可维修性、结构的地域适应性等问题，明确各相关的应用条件与接口条件。

（二）界定及划分功能模块

在确定无砟轨道主体结构时，应根据轨道部件在轨道系统中所起的作用划分功能模块，确定哪些模块主要承受纵向力、垂向力和横向力，哪些模块来协调基础变形等。

（三）明细部件的功能定位

根据轨道系统中大的功能模块划分，针对不同模块中的具体部件进行功能定位，明确各部件在系统中的作用和受力条件，并尽可能将各功能合理集成于同一部件，以减少部件或结构数量。

（四）选择和优化结构与材料参数

根据系统各部件的功能定位，优化结构参数，对某些承担功能较多的部件进行合理加强，对某些功能单一的部件进行适当优化，并根据部件的作用及使用寿命合理选择材料。

（五）结构选型及选材

根据系统结构功能分析，确定或选择轨道的合理结构型式，并选择合理的材料与之匹配。

二、无砟轨道荷载及荷载组合

在容许应力法中，将荷载按性质和发生的几率分为主力、附加力、特殊荷载。根据各种荷载不同的发生几率，设计时遇到三种荷载组合情况：(1)仅计算主力；(2)主力和附加力同时作用；(3)考虑特殊荷载。

考虑到不同荷载同时发生的几率不同，因此不同荷载组合时结构物应有不同的安全储备，采用的安全系数应该有所区别，反映在设计上的材料容许应力也应不同。

（一）荷载分类

无砟轨道在施工和运营过程中承受的荷载分类如下。

1. 结构自重

结构构件及附属设备自重主要包括钢轨、轨道板、支承层（底座）等结构构件的自重。

自重属于恒载,作为主力。

2. 混凝土收缩和徐变的影响

由钢筋混凝土结构或构件为主构成的无砟轨道,混凝土的收缩和徐变是其不可避免且长期承受的荷载。可将混凝土收缩和徐变的影响归类为恒载,作为主力。

3. 列车荷载

列车荷载是无砟轨道承受的最基本的活载之一,作为主力。

4. 制动力或牵引力

由于列车的制动和牵引力发生的几率较列车竖向荷载小,但又较施工临时荷载发生的几率大,故将制动力和牵引力作为附加力。

5. 温度荷载

温度荷载包括纵向温度荷载和垂向温度梯度荷载。温度荷载随着时间的改变而变化,但长期存在于无砟轨道结构之中。因此,将温度荷载归类为活载,作为主力。

6. 基础变形

基础变形主要包括路基不均匀沉降和桥梁的挠曲变形。当无砟轨道位于桥梁上时,桥梁在列车荷载作用下发生挠曲,致使无砟轨道产生附加力;当无砟轨道位于路基上时,路基的不均匀沉降也将导致无砟轨道产生附加力。考虑到桥梁挠曲发生的几率和列车荷载相等,故将桥梁挠曲归类为活载,作为主力;由于无砟轨道对路基的要求较高,路基不均匀沉降几率相对较小,可将路基不均匀沉降作为附加力。

7. 临时施工荷载

临时施工荷载包括无砟轨道预制件的吊装、运输、堆放等临时荷载。由于此荷载仅在施工阶段暂时出现,且还可采取临时措施保证安全,因此将施工荷载作为特殊荷载。

根据上述荷载的特点,无砟轨道的荷载分类如表 3－2－1 所示。

表 3－2－1　无砟轨道荷载分类

荷载分类		荷载名称	荷载分类	荷载名称
主力	恒载	结构自重 混凝土收缩和徐变	附加力	制动力或牵引力 路基不均匀沉降
	活载	列车荷载 温度荷载 桥梁挠曲	特殊荷载	施工临时荷载

在无砟轨道主体结构设计中,应包括列车荷载、温度荷载、牵引/制动荷载等影响,同

时应考虑下部基础变形对轨道结构的影响。

（二）列车荷载

根据《高速铁路设计规范》，竖向设计活载取值采用如下：

$$P_d = \alpha \cdot P_j$$

式中　P_d——动轮载；

α——动载系数，对于设计时速300 km及以上线路，取3.0；设计时速250 km线路，取2.5；

P_j——静轮载。

横向设计活载：

$$Q = 0.8 \cdot P_j$$

竖向疲劳检算活载：

$$P_f = 1.5 \cdot P_j$$

横向疲劳检算活载：

$$Q_f = 0.4 \cdot P_j$$

（三）温度荷载

对无砟轨道影响较大的环境温度变化主要有三种，即年温度变化、寒潮和日温度变化，另外，混凝土的收缩特性也使得混凝土产生收缩变形，相当于对混凝土施加了降温荷载。

1. 年温度变化

年温度变化是指气温随季节发生周期性的变化，冬冷夏热。混凝土结构物随年气温变化而变化，在考虑年温变化对结构物的影响时，以结构物的平均温度为依据。一般规定以最高与最低月平均温度的变化值作为年温度变化幅度，年温度变化可以年为周期的余弦函数表示。

由于年温度变化是长期的、缓慢的作用，使得结构物在温度应力的作用下发生徐变，考虑年温度变化引起的结构物温度应力时应考虑徐变弹性模量。

2. 寒潮

寒潮是在数日（2～6天）内气温急剧下降（降温幅度超过5 ℃）。寒潮使混凝土来不及发生徐变，是引起混凝土表面裂缝的重要原因。

3. 气温日变化是指一天为周期的气温变化，主要是由太阳辐射热的变化引起，晴天变幅大，阴天变幅小。一年之中的变幅也有所变化，气温的日变化通常也可以用余弦函数表示。

4. 混凝土收缩荷载

混凝土收缩主要与混凝土的材料性质有关，影响因素比较复杂，主要与混凝土的配合比、施工方法、大气环境、养护水平等有关。我国的《铁路桥涵设计基本规范》（TB 10002.1—2005）规定：对于刚架、拱等超静定结构、预应力混凝土结构、结合梁等，应考虑混凝土收缩的影响。混凝土收缩的影响，可按降低温度的方法来计算。降温幅度可根据结构类型取值，见表 3 –2 –2。

表 3 –2 –2 混凝土结构收缩降温幅度表

结 构 类 型	收缩降温幅度（℃）
整体灌筑的混凝土结构	20
整体灌筑的钢筋混凝土结构	15
分段灌筑的混凝土或钢筋混凝土结构	10
装配式钢筋混凝土结构	5 ~ 10

5. 温度梯度

道床板在太阳照射下，其上表面温度高，下表面温度低，由于混凝土的热传导性能差导致道床板在厚度方向上存在温度梯度，道床板在不均匀温度作用下的热胀冷缩致使道床板发生翘曲变形和翘曲应力。

骤然降温的温度应力是强冷空气的侵袭作用或突然的降雨或突然的冰雹等作用造成道床板面的温度骤然降低而引起的。它跟日照温度荷载相反，道床板呈现板面温度低板底温度高的状况。同样它也使轨道板产生翘曲变形和翘曲应力。

按照我国地理、气候条件，可将我国分为严寒地区、寒冷地区和温暖地区，参照公路路面工程中关于温度梯度的建议值，充分考虑无砟轨道结构特点，建议我国的无砟轨道最上层结构的最大正温度梯度取值如表 3 –2 –3 所列，常用温度梯度取其一半，简化考虑温度梯度可取 45 ℃/m。温度梯度沿厚度呈线性分布，下层结构不考虑温度梯度的作用。

表 3 –2 –3 无砟轨道最大温度梯度推荐值（℃/m）

地 区	温暖地区	寒冷地区	严寒地区
最大温度梯度	80 ~ 85	85 ~ 90	90 ~ 95

（四）基础变形

基础变形分为桥梁挠曲和路基不均匀沉降两部分。

对等截面简支梁桥受载变形的计算表明，桥梁挠曲形状可模拟为下凹半波正弦曲线。对于连续梁桥，由于在中间支座处梁高增加较多，其受载挠曲曲线线形难以准确确定，但因支座处存在反弯，同样跨度和跨中挠度情况下跨中曲率显然比简支梁小。因此，为方便计算，假设：(1)连续梁单跨中的变形曲线与简支梁相同仍为半波正弦曲线；(2)中间支座处梁高很大，支座处反弯造成的无砟轨道附加弯矩很小，设计中不予考虑。

路基不均匀沉降形状取为半波下凹正弦型曲线。因路基不均匀沉降属偶然现象，由其引起的轨道附加弯矩应视为出现概率较小的偶然荷载。

路基不均匀沉降，如有明确的设计控制值，则按设计控制值选用；如无明确的设计控制值，建议按 15 mm/20 m 取值或 1/1 000 轨面转角限值。

在一般路基上只考虑纵向不均匀沉降，在道岔区还需要同时考虑横向路基不均匀沉降。

（五）荷载组合

列车荷载是无砟结构经常承受的荷载，作为主力进行检算，单独作为一种荷载检算时，取 3 倍静轮载，与其他荷载组合检算时，取常用轮载，即 1.5 倍静轮载进行计算。

每天的温度变化均可视为一个循环，且基本符合正弦函数变化，从而使得温度力和翘曲应力每天也都发生着循环变化。但最大温度梯度和最大温度力的发生却不是每天都可能发生的。特别是对于连续式无砟轨道，最大温度拉力仅出现在新裂缝出现的临界状态，待裂缝稳定后，温度力大都在最大温度拉力之下，因此对于连续式无砟轨道，最大温度拉力出现的机会很小，可单独作为一种荷载组合进行检算。

桥梁挠曲在每次列车通过时均存在，其变化幅度较轮轨力的变动要小得多。路基不均匀沉降一般不容易出现，一旦出现即成为永久荷载，因此基础变形应作为附加力或偶然荷载进行考虑。

对于单元式无砟轨道，荷载弯矩是配筋的主要依据，温度力对配筋的影响很小，可忽略不计，建议的荷载组合包括以下几种：

主力组合：

(1)3 倍列车荷载。

(2)1.5 倍列车荷载 + 温度梯度（路基上）。

(3)1.5 倍列车荷载 + 温度梯度 + 桥梁挠曲(桥梁上)。

主力 + 附加力:

(4)1.5 倍列车荷载 + 温度梯度 + 路基不均匀沉降(路基上)。

对于隧道内无砟轨道,由于温度变化幅度不大,暂不考虑温度梯度的影响。

对于连续式无砟轨道,混凝土收缩与降温是影响配筋的主要因素,建议的荷载组合包括以下几种:

主力:

(5)3 倍列车荷载。

(6)最大温度力。

(7)1.5 倍列车荷载 + 温度梯度 + 温度力(使用条件下)(路基上)。

(8)1.5 倍列车荷载 + 温度梯度 + 桥梁挠曲 + 温度力(桥梁上)。

(9)1.5 倍列车荷载 + 温度力(使用条件下)(隧道内)。

主力 + 附加力:

(10)1.5 倍列车荷载 + 温度梯度 + 路基不均匀沉降 + 温度力(使用条件下)(路基上)。

(11)1.5 倍列车荷载 + 温度梯度 + 桥梁挠曲 + 温度力 + 制动力(桥梁上)。

不同基础上无砟轨道采用的荷载组合见表 3-2-4。

表 3-2-4 建议的无砟轨道荷载组合

类别		路基上	桥梁上	隧道内
单元式	主力	$3M_{\text{Train}}$	$3M_{\text{Train}}$	$3M_{\text{Train}}$
		$1.5M_{\text{Train}}+M_{\Delta T}$	$1.5M_{\text{Train}}+M_{\Delta T}+M_u$	–
	主 + 附	$1.5M_{\text{Train}}+M_{\Delta T}+M_u$	–	–
连续式	主力	$3M_{\text{Train}}$	$3M_{\text{Train}}$	$3M_{\text{Train}}$
		$F_{\text{T, max}}$	$F_{\text{T, max}}$	$F_{\text{T, max}}$
		$1.5M_{\text{Train}}+M_{\Delta T}+F_T$	$1.5M_{\text{Train}}+M_{\Delta T}+M_u+F_T+F_u$	$1.5M_{\text{Train}}+F_T$
	主 + 附	$1.5M_{\text{Train}}+M_{\Delta T}+M_u+F_T$	$1.5M_{\text{Train}}+M_{\Delta T}+M_u+F_T+F_B+F_u$	–

桥梁上连续式无砟轨道的受力状况与路基上有所不同,除需承受同路基上一样的温度力、列车荷载以及温度梯度影响外,还承受着桥梁挠曲引起的附加弯矩以及单侧桥梁挠曲引起的拉力 F_u 作用。另外桥梁上列车的牵引制动力传递至轨道板和底座板时,由于底座板与桥梁之间为滑动层,当滑动层所提供的摩擦力低于上部结构传下的牵引制动

力时，底座板与桥梁之间将产生相对滑动，使底座板内承受着附加的制动拉力 F_B。

三、列车荷载应力计算方法

列车竖向荷载是作用在无砟轨道上的主要荷载，目前国内外各种无砟轨道设计中均须加以考虑，无砟轨道的主体结构（如轨道板、道床板、底座板等）的设计，首先应考虑列车荷载作用。

作为无砟轨道主要承载结构的轨道板（或道床板）、底座板（或支承层），其厚度方向的尺寸远小于平面尺寸，且荷载作用下的挠曲变形远小于其厚度，符合弹性薄板的结构特点，因此，对于无砟轨道主要承载结构的计算分析，宜采用弹性地基梁板模型。

（一）无砟轨道弹性地基梁板模型

无砟轨道中各承载层在厚度方向上的尺寸远小于长度和宽度方向上的尺寸，且荷载作用下的挠度远小于其厚度，适合于采用板壳模型模拟，钢轨属于细长结构，适合于采用梁模型模拟，扣件、中间弹性层以及下部基础弹性则宜采用不同的弹簧进行模拟，共同构成无砟轨道弹性地基梁板模型。

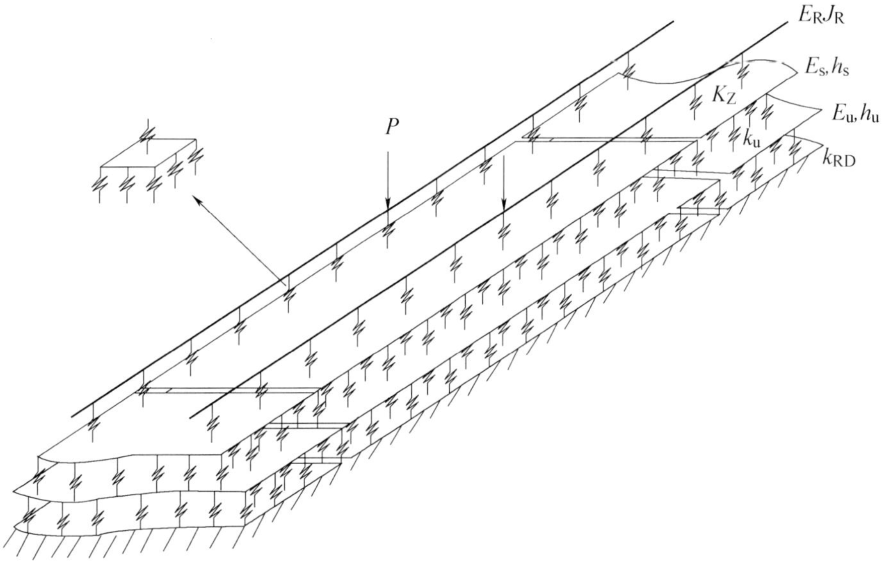

图 3－2－2　无砟轨道弹性地基梁板模型

图 3－2－2 为无砟轨道弹性地基梁板模型，模型中钢轨采用弹性点支承梁模拟；扣件采用双层弹性模拟，铁垫板以刚度较大的板壳模拟，铁垫板上与钢轨之间连接以模拟轨下胶垫的单个线性点支承弹簧，铁垫板下与轨道板（或道床板）之间连接模拟板下胶垫的线性弹簧，板下胶垫的刚度由多个平行的线性弹簧模拟；轨道板（或道床板）与底座板

(或支承层)根据其结构特点,采用板壳单元进行模拟。当两结构层之间设有夹层时,两层的变形相互独立,可视为两层板,当两结构层间无夹层时,视两层间的连接状态,可分为结合式或分离式双层结构,并将其折合为单层板进行计算;对于分离式结构也可直接视为两层板进行计算。CA 砂浆层及下部基础的竖向支承作用采用连续均匀的线性弹簧模拟,采用 Winkler 地基假设。

(二)弹性地基梁板模型参数取值

在无砟轨道弹性地基梁板模型中涉及到的轨道部件有钢轨、扣件、轨道板、底座板、CA 砂浆和基础,其计算参数的取值应遵循以下原则进行:

钢轨作为弹性点支承的梁,其抗弯刚度为 $E_R J_R$,设计时可取 60 kg/m 新轨进行计算,支点间距取为扣件间距 a;

由于无砟轨道所承受的为列车的动荷载,扣件支承弹簧的刚度应取为扣件的动刚度,无动刚度时可近似取为静刚度的 1.5 倍;

轨道板(或道床板)、底座板(或支承层)为具有弹性模量 E_i 和泊松比 v_i 的等厚度 h_i 的弹性体;

无砟轨道承载层中有预应力混凝土结构、钢筋混凝土结构、素混凝土结构和水泥稳定材料结构等,其对裂缝的要求不同。预应力混凝土结构一般不允许出现裂缝,钢筋混凝土结构容易出现裂缝但其宽度靠钢筋进行限制,而素混凝土结构以及水泥稳定材料更易出现裂缝且裂缝宽度不受控制,一旦开裂则在开裂位置处无法继续传递弯矩,表现为整体刚度和弹性模量的折减,计算时若仍采用原来的弹性模量,将使得上部结构强度不足,需采用折减弹性模量进行计算。

两层板壳之间弹性体的支承作用以连续均匀的线性弹簧模拟,弹簧的面支承刚度按如下原则计算:对两层板壳之间各层弹性体连同下层板壳,分别按 $k_i = E_i/h_i$ 计算各层弹性体的面支承刚度,然后按照各层面弹簧之间为串联关系计算两板壳间弹性体面支承刚度,$1/k = \sum 1/k_i$。

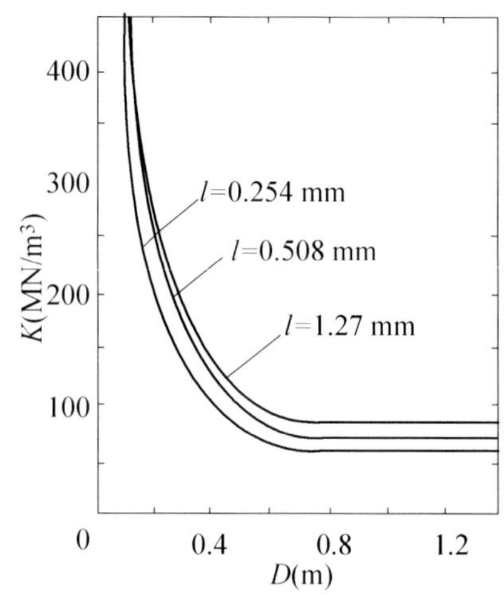

图 3-2-3　地基系数与承载板直径 D 的关系

由于地基系数受承载板直径影响较大,承载板直径越小,地基系数越大。但当直径 $D \geq 76$ cm 时,D 的变化对地基系数影响较小,如图 3-2-3 所示。对于无砟轨道而言，轨道板及道床板（混凝土支承层）的支承面积较大，简便起见，可取 76 cm 直径的荷载板试验值进行计算，即 k_{76}。

四、温度应力计算方法

温度变化对无砟轨道受力的影响十分显著，在连续式无砟轨道中，温度影响是设计中需考虑的关键因素。

对无砟轨道温度影响的考虑主要包括两个方面：(1)全断面温度升降（含混凝土收缩的折算降温）引起的伸缩应力；(2)断面上因温度梯度引起的翘曲应力。

（一）连续式无砟轨道伸缩应力计算方法

在轴向受拉的钢筋混凝土构件中，裂缝将呈现出两种不同形式，即不稳定裂缝和稳定裂缝形式。不稳定裂缝是指随着荷载的增大，最大裂缝宽度保持不变，裂缝数量随之增多、间距随之减小的裂缝形式；而稳定裂缝则是指随着荷载的增大，裂缝数量保持不变，裂缝宽度不断增大的裂缝形式。为了控制连续道床板的裂缝宽度，一般要求将道床板的裂缝控制为不稳定裂缝形式。

混凝土开裂前，钢筋与混凝土共同变形，符合平截面假定，钢筋与混凝土的应力随应变成比例增大。

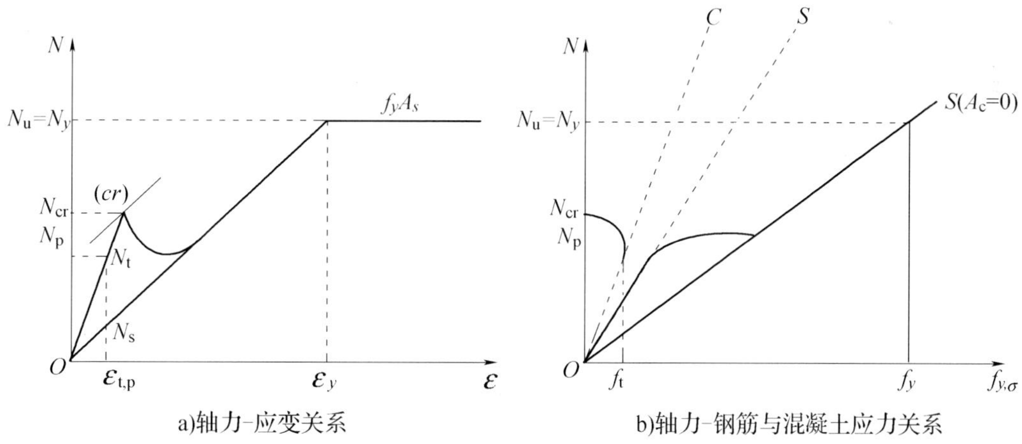

图 3－2－4　道床板受拉时的应力与变形

当混凝土拉应力达到其抗拉强度时，混凝土开裂退出工作，裂纹附近局部粘结破坏，平截面假定不再适应，开裂处钢筋承受全部轴力，钢筋应力仍继续增大，但混凝土拉应力和承载力迅速下降，在轴力－应变关系图（图 3－2－4）上形成一个尖峰。

轴力继续增大至钢筋屈服时，混凝土已严重开裂，已不再承受拉力，全部轴力由钢筋承受，则钢筋的屈服就成为道床板受拉的极限状态。

以上分析可知，连续道床板开裂轴力主要取决于混凝土的抗拉强度与道床板断面积，配筋量大小影响很小，但极限承载力则完全取决于钢筋的屈服强度与配筋量。若配筋率过小，将出现极限轴力小于开裂轴力的情况，这样混凝土开裂后，因轴力过大，钢筋将立即屈服，裂纹宽度变得无法控制，工程中应尽量避免。

连续板温度力计算方法类似于铁路轨道无缝线路设计中钢轨温度力计算方法。但因混凝土结构受温度拉力后出现裂纹，截面抗拉刚度大幅度下降，由此引起温度拉力的下降，计算中应考虑截面抗拉刚度的降低。

（二）单元式无砟轨道伸缩应力计算方法

对于单元式无砟轨道，当层间连接不强时，板中纵向力受板底当量摩阻力、扣件纵向阻力及凸台受力控制，如图 3－2－5 所示，温度力计算公式可表示为：

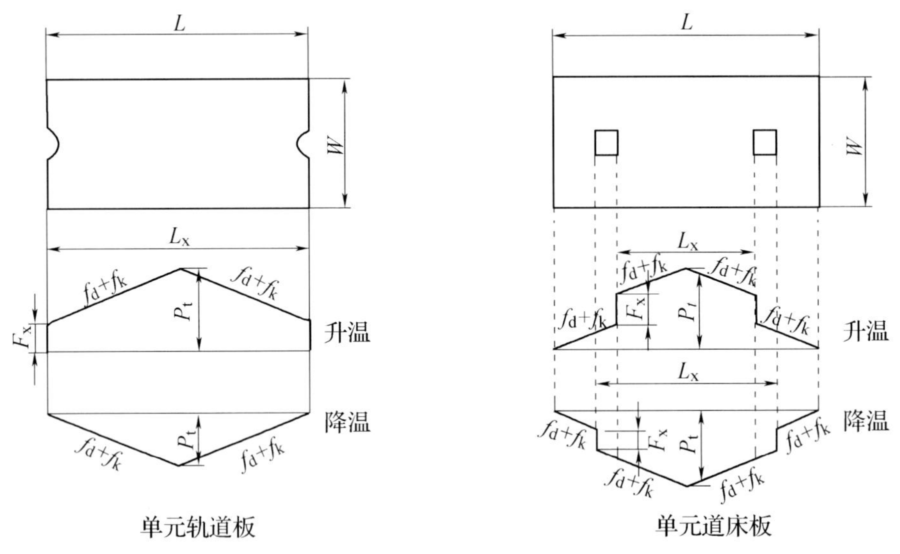

图 3－2－5　单元板的轴向温度力分布

$$P_t = \frac{(f_k + f_d)L}{2} + F_x$$

式中　L——单元板长度；

f_d——下部基础当量摩阻力；

f_k——扣件纵向阻力；

F_x——凸台限位所引起的约束力；

$$F_x = \frac{k_x \alpha_t L_x \Delta T}{2}$$

其中　k_x——凸台周围弹性系数，升温时为凸台外侧弹性材料弹性系数，降温时为凸台内侧弹性材料弹性系数，当凸台设置于板端时降温时弹性系数为0；

α_t——混凝土线膨胀系数；

L_x——两凸台间距离，对于不同的轨道结构型式，L_x 的取值如图3-2-5所示；

ΔT——轨道板（道床板）与底座板间温差。

板底摩阻力与板底层间连接形式有关，其值为

$$f_d = \mu \gamma A_c$$

式中　γ——板的容重；

A_c——道床板断面积；

μ——当量摩阻系数。

需要注意的是，按单元板计算公式所计算的温度力超过混凝土抗拉强度时，说明在该温度力作用下，道床板也会出现全断面开裂，对于该单元板温度力的计算应按连续式无砟轨道进行。一般情况下，凸台周围弹性层材料的选取应保证温度力作用下道床板不出现全断面开裂。

（三）无砟轨道翘曲应力计算方法

由于混凝土为体积敏感性材料，混凝土道床板直接受外界温度和湿度变化的影响而发生温度和湿度状态的日变化和年变化，大气变化的影响随距表面深度的增加而逐渐减弱。温度和湿度状态随时间和深度的变化，使道床板出现伸缩和翘曲变形，这些变形受到板底摩擦力、自重、限位装置以及列车荷载的约束作用时，就会产生翘曲应力。

无砟轨道最上层的轨道板或道床板的翘曲变形受钢轨连续性、轨道自重以及列车荷载等约束，轨道板上的约束越强，其翘曲变形受阻的情况越严重，其翘曲应力就越接近于无限大板时的翘曲应力。在轨道自重、板上连续钢轨以及列车荷载约束的情况下，轨道板翘曲变形基本完全被约束，轨道板翘曲应力接近无限大板时的翘曲应力。由于无砟轨道支承体系支承系数较高，其所受的荷载约束又受荷载大小与作用位置的限制而表现出较大的不同，为方便计算，对于无砟轨道，不管是单元式还是连续式，其纵横向翘曲应力和弯矩按无限大板威氏翘曲应力公式进行计算。

当温度梯度与自重作用下的轨道板存在脱空现象时，每次列车的通过都将使轨道板产生同号疲劳应力，疲劳应力幅值为自重约束与列车荷载约束之间的差值，加载频率同车轮通过频率，为避免此种现象的发生，需保证轨道自重作用下的无脱空现象。

五、基础变形计算方法

因无砟轨道的轨道板或道床板刚度较大，一旦基础发生不均匀变形，将对无砟轨道受力产生显著影响。基础变形主要包括路基不均匀沉降，桥梁挠曲变形、梁端转角与墩台沉降等。

（一）基础变形形式

基础不均匀沉降可分为三种形式，即正（余）弦型、错台和折角，如图 3－2－6 所示。正（余）弦型主要发生在路基上，桥梁在列车荷载作用下的挠曲也属于此种类型。错台和折角则一般发生在结构物与结构物或结构物与土工物之间的过渡段上。而结构物上的无砟道床多为分块式结构，特别是在结构缝处必须断开，因此考虑不均匀沉降对无砟轨道的影响将主要针对正（余）弦型不平顺进行。若采用纵连式无砟轨道结构，设计检算内容还应包括墩台沉降差及梁端转角。

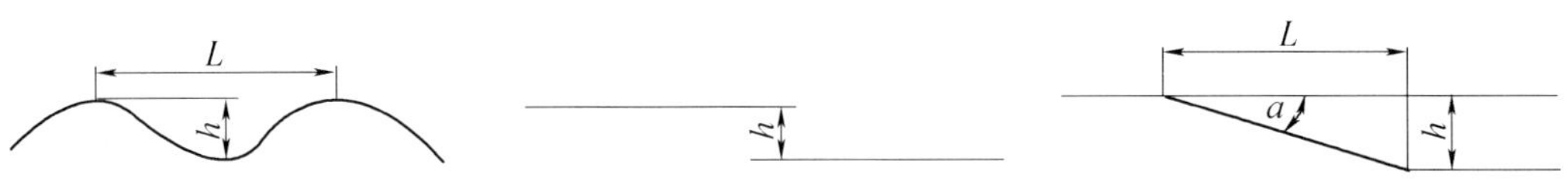

a)正(余)弦型　　b)错台　　c)折角

图 3－2－6　不均匀沉降形式

（二）正弦型基础变形

对于正弦型基础变形的影响可应用刚性基础法或梁板有限元法进行计算。刚性基础法假设无砟轨道承载层发生与基础沉降相同的变形，由此引起的承载层弯矩为道床板抗弯刚度与变形曲率的乘积。梁板有限元法采用前述建立的弹性地基梁板模型，在发生不均匀沉降的区域修改支承为非线性支承，不同的轨道板长度、沉降范围以及沉降与轨道结构缝的相对位置所得的计算结果将不同，应用梁板有限元模型详细计算所有荷载与沉降曲线位置以求沉降引起的附加弯矩最大值是非常复杂的一个过程，在设计计算过程中应采用刚性基础法进行计算。

高速铁路要求路基按“零”沉降的理念进行设计与施工，但实际上难以保证路基不发生沉降或不均匀沉降，特别是路基与桥、隧、涵等结构物的过渡段上，而一般地段出现较短范围的不均匀沉降的概率则很低，因此应将路基作为一种发生概率较低的偶然荷载进行组合，这样既可以保证一旦发生不均匀沉降时的轨道强度，又不至引起太大的浪费。

桥梁承受列车荷载之后即会发生挠曲变形，挠曲变形与列车荷载总是同时发生的，因此桥梁挠曲变形应作为与列车荷载一样的主力进行组合，挠曲变形值宜取桥梁实际变形值进行计算，若无实际变形值，则根据相关规范挠跨比或梁端转角限值进行取值。

隧道内由于基础较好，一般不会发生不均匀沉降，在仰拱接缝处可能会发生错台。当该处错台值较大时，一般采用将道床板在接缝处断开的措施，接缝错台不会对道床板产生不利影响，仅对扣件系统有一定影响。当接缝处错台值较小时，也可采用连续道床板，但在接缝处需设置硬质泡沫塑料，将基础的位移突变转化为渐变以减小错台的影响，因此在隧道内暂不考虑基础变形的影响。

（三）突变型基础变形

桥梁受荷载作用后将引起梁端位移，包括竖向位移和转角，这种位移的存在将对轨道结构产生影响，特别是扣件系统。

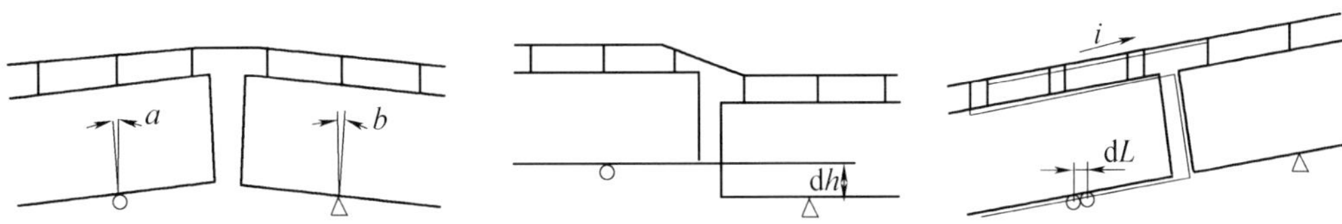

图 3－2－7　不同形式梁端位移对轨道结构的影响示意图

图 3－2－7 为不同形式的梁端位移对轨道结构的影响示意图，由于道床板等下部结构与桥梁连接较为牢固，下部基础连同桥梁可视为一刚体，梁端发生刚体位移后相当于对扣件系统的支座施加了不同的支座位移，基于此建立梁端位移对扣件系统受力影响的分析模型，如图 3－2－8 所示，模型中采用如下假设：

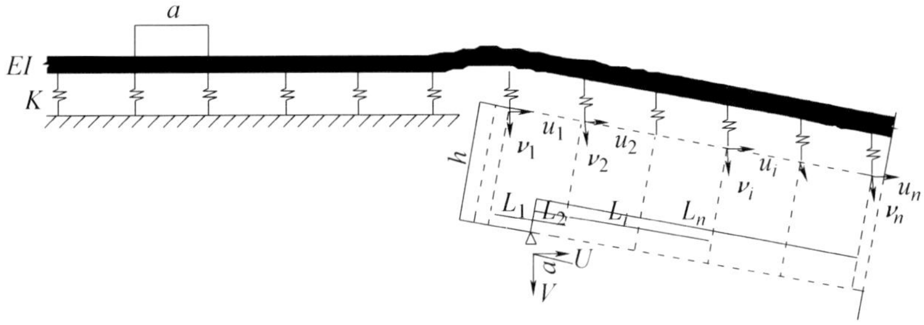

图 3－2－8　梁端位移对轨道结构的影响分析计算模型

1. 在端部一定长度范围内，认为梁为一刚性体，仅发生刚体位移，考虑到扣件在纵向上有一定的抗滑移能力，当梁轨相对位移小于 2 mm 时，可认为对扣件间距无影响，当大于 2 mm 时则需要考虑梁轨相对位移对扣件间距的影响；

2. 假设在无砟轨道承载层与梁体之间无相对位移；

3. 仅考虑扣件系统的竖向约束能力,并将其简化为一分段线性弹簧。

其中由于梁端转角引起的扣件支座位移为:

$$\begin{cases} u_i = \varphi h \\ v_i = \varphi L_i \end{cases}$$

式中 u_i, v_i——扣件支座水平位移和垂直位移(mm);

h——桥梁支座至扣件支座高度(mm);

L_i——扣件支座至桥梁支座的水平距离(mm);

φ——梁端转角(rad)。

由于错台和水平桥梁伸缩引起的扣件支座位移为:

$$\begin{cases} u_i = U \\ v_i = V \end{cases}$$

式中 U、V——桥梁水平位移与垂直位移(mm)。

坡道上桥梁由于温度变化引起伸缩时相当于在活动端支座上引起了大小为 u 的水平位移和 φ 的转角,由此引起的扣件支座位移为:

$$\begin{cases} u_i = u + \varphi h \\ v_i = \varphi L_i \end{cases}$$

式中 u——坡道桥梁伸缩时的活动支座水平位移, $u = \alpha L \Delta T$;

φ——坡道桥梁伸缩时的活动支座转角, $\varphi = \beta - \arcsin \dfrac{\sin\beta}{1 + \alpha \Delta T}$;

α——桥梁的线膨胀系数;

L——桥梁跨度(mm);

ΔT——温差(℃);

β——坡角(rad)。

若同时存在错台、转角以及水平移动等情况,则进行叠加计算。

六、无砟轨道结构设计方法

(一)无砟轨道主体结构设计方法

无砟轨道结构是一种长期反复承受列车荷载、环境变化的铺设于弹性地基上的带状结构物,受力与变形有其独特性:(1)直接承受频率复杂的列车振动荷载;(2)主体结构

60 年寿命周期内反复承受列车及温度影响等重复荷载；(3)高速行车要求轨道结构的高平顺和高稳定。

由此可见，无砟轨道要求在正常使用条件下，轨道结构始终处于弹性工作状态，因此无砟轨道主体结构设计应采用容许应力法。

1. 设计流程

无砟轨道设计以容许应力法为基础进行结构设计，在弯矩作用下，其正截面应力按下列基本假定进行计算：

(1)截面应变保持平面；

(2)受压区混凝土的法向应力图形取为三角形；

(3)对钢筋混凝土构件，不考虑受拉区混凝土的抗拉强度，拉力全部由纵向钢筋承受；对要求不出现裂缝的预应力混凝土构件，受拉区混凝土的法向应力图形取为三角形。

在轴力作用下，对于单元式无砟轨道(温度力不足以引起开裂)，截面应变仍保持平截面假定，而对于连续式无砟轨道(温度力引起开裂)，假设温度力作用下混凝土完全退出工作，平截面假定不再符合，全部轴力由钢筋承受。

由于在计算荷载作用和设计过程中所采用的计算模型不同，特别是弯矩作用时的不同，应引入结构系数以消除这种不同所引起的差别。具体的无砟轨道结构设计流程如图 3－2－9 所示。

对于不同的荷载组合，应检算钢筋、混凝土应力和裂缝宽度，即 $\sigma_s<[\sigma_s]$、$\sigma_c<[\sigma_c]$、$\omega_{max}<[\omega]$，其主要检算内容与限值参考《铁路桥涵钢筋混凝土和预应力钢筋混凝土结构设计规范》(TB 10002.3—2005)中相关限值选取。其中对于裂纹宽度，根据《铁路混凝土结构耐久性设计暂行规定》(铁建设[2005]157 号)依据保护层厚度 h 为 30 mm 时，裂纹宽度容许值 0.2 mm，当保护层厚度变化时，裂纹宽度容许值按 $0.2\times h/30$ 进行换算。

2. 裂缝的判断与影响

根据表 3－2－4 的荷载组合，首先判断无砟轨道承载层是否需要配筋。素混凝土承载层的临开裂时的边缘容许拉应力为：

$$[\sigma_{cr}]=\gamma f_t$$

式中　γ——混凝土构件的截面抵抗矩塑性影响系数，$\gamma=\left(0.7-\dfrac{120}{h}\right)\gamma_m$；

h——承载层厚度；

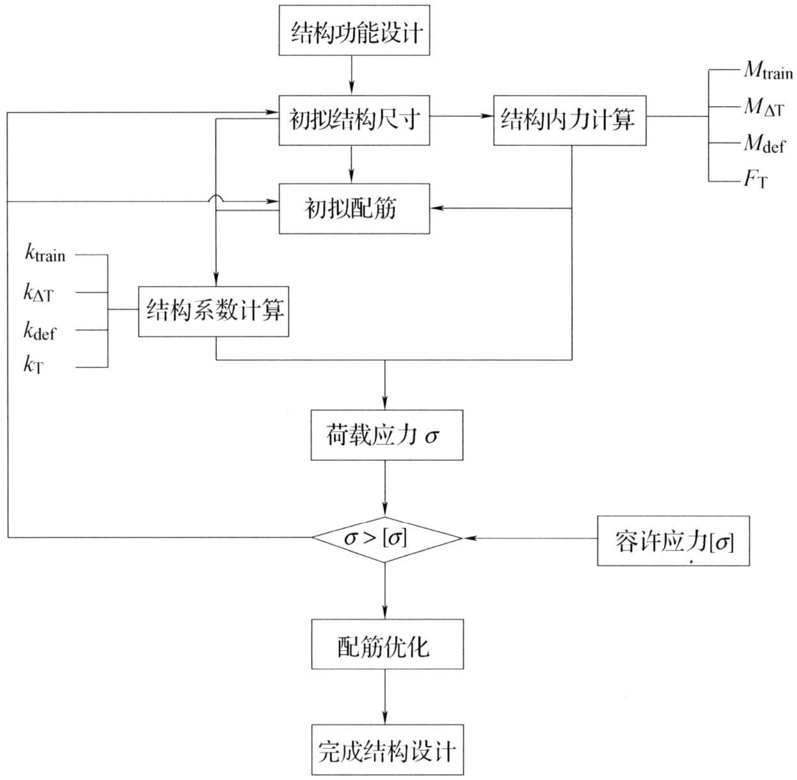

图 3－2－9 无砟轨道结构设计流程

γ_m——混凝土构件的截面抵抗矩塑性影响系数基本值；

f_t——混凝土抗拉强度设计值。

而素混凝土承载层内由于弯矩和轴力引起的混凝土边缘拉应力为：

$$\sigma = \frac{6M}{bh^2} + \frac{N}{bh}$$

式中 M——由于列车荷载、温度梯度、基础变形等引起的承载层弯矩；

N——由于温度变化和收缩引起的承载层内温度拉力；

b——承载层宽度；

h——承载层厚度。

若 $\sigma < [\sigma_{cr}]$，则表明在上述荷载组合作用下，承载层不会开裂，无需配筋或根据构造配置钢筋。

若 $\sigma \geqslant [\sigma_{cr}]$，则表明混凝土承载层将出现开裂，特别是对于连续式无砟轨道结构，将出现全断面开裂。在弯矩作用下，裂缝处拉区混凝土全部退出工作，全部拉力仅由钢筋承受；而在两裂缝中间拉区混凝土仍参与工作，由此将引起截面抗弯刚度和中性轴的变化。

道床板开裂后抗弯刚度降低较多。配筋率越低，开裂后截面抗弯刚度折减越高，折减率基本上与配筋率成反比。在通常的0.6% ~1.5%配筋率情况下，开裂后的道床板抗弯刚度约为开裂前的0.13~0.42倍。道床板厚度及混凝土强度对开裂后抗弯刚度折减影响不明显。

3. 结构系数的计算

根据弹性地基梁理论，列车荷载弯矩与道床板（或底座板）截面抗弯刚度的1/4次方成正比：

$$k_c = \sqrt[4]{\frac{\overline{D}_c}{\psi D_0}}$$

式中　k_c——列车荷载弯矩结构系数；

D_0——未开裂条件下道床板截面抗弯刚度；

$\overline{D}_c$——开裂条件下道床板平均截面抗弯刚度；

ψ——开裂条件下钢筋应变不均匀系数，平均应变与最大应变的比值。

温度梯度和基础变形引起的道床板附加弯矩均与其截面抗弯刚度成正比，因此结构系数计算公式为：

$$k_T = k_u = \frac{\overline{D}_c}{\psi D_0}$$

式中　k_T——温度梯度翘曲弯矩结构系数；

k_u——基础变形弯矩结构系数。

4. 连续式无砟轨道

对于连续道床板结构，道床板在拉力作用下容易形成贯穿全断面的裂缝，在弯矩作用下，只有当裂缝一侧开始接触到另一侧时（即裂缝表面闭合），裂缝间混凝土开始传递压力才能在截面上建立起抗弯刚度，在裂缝闭合之前仅钢筋起作用，其抗弯刚度可忽略不计，即裂缝闭合之前的弯曲不会引起道床板弯矩。图3-2-10为不同配筋方式下开裂道床板转动情况，设裂缝闭合时的转角为θ，而由于温度梯度和不均匀沉降引起的裂缝间的转角为：

$$\theta_0 = \sum \kappa l_m$$

式中　κ——由于温度梯度和不均匀沉降引起的变形曲率；

l_m——温度裂缝间距，$l_m = l_{cr,min}$。

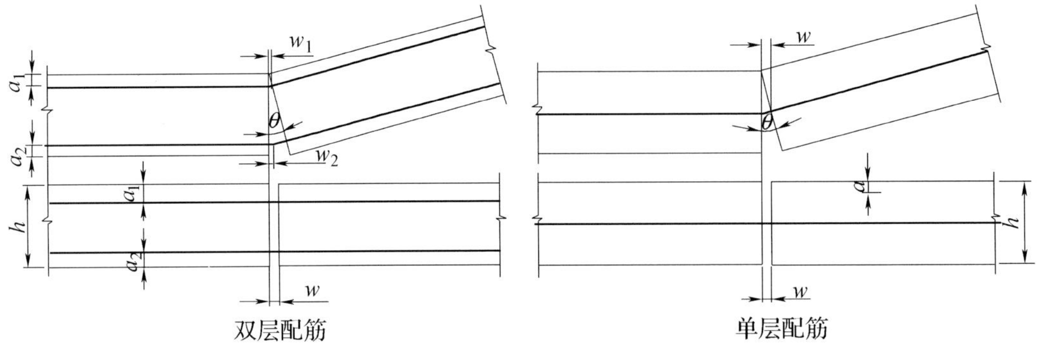

图 3－2－10　温度拉力影响下的开裂道床板转动情况

则由于温度梯度和不均匀变形引起的弯矩为

$$M = kEI(\theta_0 - \theta)/l_m$$

显然，当 $\theta_0 < \theta$ 时，弯曲作用下不会引起弯矩。

对于桥梁上纵连板式轨道，仍然是温度应力控制结构设计，此外还需考虑由于单侧活载引起的底座板和轨道板拉力以及制动引起的附加拉力，由于制动并非经常作用的荷载，制动力作为附加力进行组合。

（二）无砟轨道附属结构设计方法

无砟轨道的附属结构是指板间连接、层间连接、限位凸台、限位凹槽、连接销钉、侧向挡块、隔离层、滑动层、限位台座、固结机构等传力与限位结构或部件。

1. 设计寿命周期

无砟轨道附属结构中，如果在无砟轨道使用寿命周期中不便中途更换的结构，原则上应当按与主体结构寿命周期 60 年进行考虑。如限位凸台、滑动层、硬泡沫塑料板、固结机构、限位台座等。如果在无砟轨道使用寿命周期中可以比较方便地进行更换的结构，应尽量使其寿命周期为 60 年，也可视情况将设计寿命周期定为 60 年的分数倍，如 20 年或 30 年。但为了使无砟轨道附属结构的维修与更换不至过于频繁而影响其经济效益，附属结构的设计寿命周期宜不短于换轨大修周期 15 年。

2. 设计方法

无砟轨道附属结构的设计仍以容许应力法为基础，必要时考虑裂纹宽度检算、疲劳强度检算、基于耐久性考虑的选型与选材设计、基于动力学设计方法的评估与检算。

无砟轨道附属结构，如需进行疲劳检算，则按 60 年内通过轮载次数的估计，参照《混凝土结构设计规范》（GB 500010—2002）中的计算方法与限值，对列车荷载脉冲疲劳进行检算。

无砟轨道附属结构的选型与选材、混凝土配合比、轨道施工及防腐措施等，需考虑该结构的设计寿命周期或60年，依据我国《铁路混凝土结构耐久性设计暂行规定》中的相关规定进行。

3. 设计荷载

附属结构的设计荷载，应根据附属结构的受力特性，考虑列车竖向、横向、纵向设计荷载、温度影响及梁端位移等，多数情况下需依据具体承力情况经计算确定。

层间连接检算荷载，应考虑约束板段上的所有扣件纵向阻力之和、上下板层温差引起的纵横向温度应力和翘曲应力以及列车设计横向荷载。

凸台纵向荷载应考虑所限位的板段上所有扣件纵向阻力之和，当凸台设于端部或采用多个凸台限位对板段伸缩有约束时，纵向荷载还应考虑温度力。凸台横向荷载考虑列车横向设计荷载。

销钉纵向荷载应考虑所限位的板段上所有扣件纵向阻力之和，如果限制板纵向伸缩，还应考虑其约束板段内的温度力。销钉横向荷载考虑列车横向设计荷载。销钉竖向荷载应考虑约束板的翘曲应力。

侧向限位挡块横向荷载考虑列车横向设计荷载。

滑动层荷载考虑列车竖向荷载及其上部轨道自重。

固结机构纵向荷载主要考虑其固结范围内的列车启动制动力，横向荷载考虑列车横向设计荷载。

限位台座纵向荷载考虑底座板中最大的温度拉压力，以及纵连底座板中因桥梁伸缩产生的伸缩力或桥梁挠曲产生的挠曲力。

4. 单元式无砟轨道水平限位装置

对于单元式无砟轨道，为保证轨道结构纵、横向稳定性，需设置限位装置，如板式轨道凸形挡台、桥上双块式轨道凸凹槽等。限位装置主要作用在于承受大部位作用于轨道板（或道床板）上的水平荷载，保证轨道结构的稳定性。

扣件纵向阻力。主要水平荷载包括牵引制动力、无缝线路温度力以及由于限位装置约束引起的温度力。牵引制动力、无缝线路温度力等均需通过扣件作用于轨道板上，因此可取轨道板上扣件纵向阻力总和作为钢轨传下的最大荷载，根据限位装置的数量和弹性进行纵向荷载分配。

约束温度力。温度变化时，轨道板长度将发生变化，但由于限位装置的作用，伸缩受到限制，将在轨道板内产生温度力。

桥梁挠曲附加力。列车荷载作用下，桥梁发生挠曲，由于限位装置处于桥梁中性轴之上，桥梁发生挠曲时会引起相邻限位装置间距离的变化从而产生约束内力，应根据桥梁高度、限位装置间的距离、桥梁挠曲量等计算限位装置约束力。

横向力。作用在无砟轨道上的横向荷载主要包括轮轨横向力、离心力、横向风力、静止时竖向荷载的横向分力和曲线上无缝钢轨的横向分力等。未被平衡离心力和横向风力作用于车辆重心处，可按《铁路桥涵设计基本规范》(TB 10002. 1—2005)中有关计算公式计算。曲线上无缝钢轨还存在横向的分力。轮轨横向力作用于钢轨上，可按脱轨系数容许值确定。

根据作用于限位装置上的纵、横向荷载，即可建立计算模型，进行限位装置的结构设计计算。

5. 连续式无砟轨道端部锚梁结构

连续无砟轨道内容易产生较大温度力，在自由端部为平衡该作用力，需设置锚梁结构(或称限位台座、端刺)。连续道床板内温度力的分布如图 3－2－11 所示，由于锚梁能够提供一定的抵抗纵向力的能力(相当于无缝线路的接头阻力)，路基上所需的摩擦板长度较不设锚梁时短。锚梁抵抗纵向力能力越大，所需摩擦板长度越短，连续道床板的板端纵向位移也就越小。

板端位移可由图 3－2－11 中隐影面积计算，即

$$\lambda = \frac{S}{EA} = \frac{(F_0 - F_j)^2}{2EAr}$$

式中 F_0——连续道床板内温度力，升、降温时的计算方法不同；

F_j——锚梁所能提供的抵抗纵向力的能力；

EA——道床板拉伸刚度，受拉时考虑开裂引起的折减；

r——道床板与摩擦板或路基之间的摩擦力，$r = \mu G$；

μ——道床板与摩擦板或路基之间的摩擦系数；

G——上部结构重力。

在摩擦板范围内，支承层改为混凝土并设置加强联结措施，可有效地提高摩擦板范围内的摩擦系数，减小温度力作用下的板端位移。

当锚梁设置于土体中且前后无其他附加措施时，锚梁承载能力可按被动土压力理论进行计算。锚梁尺寸越大，其承载能力就越大，所引起的道床板中附加弯矩越大，道床板

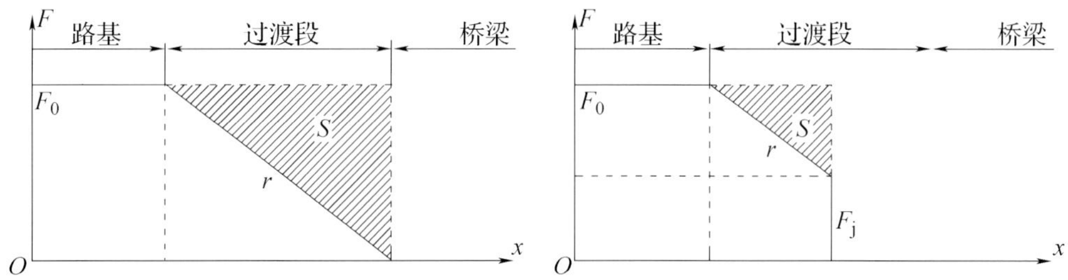

a)不设置锚梁　　b)设置锚梁

图 3-2-11　道床板内温度力的分布

上翘位移就越大。为保证轨道的平顺性，应限制道床板转角在1‰以内，以此确定锚梁的承载能力和结构尺寸上限。

当一组锚梁无法满足使用要求时，需设置多组锚梁，为了充分发挥各锚梁的作用，锚梁应尽可能地靠近板端设置，但不能侵入路桥过渡段的楔形体内。

6. 连接锚件

在连续道床板端部锚梁前后，需增设锚件以增强结构的整体性。对于桥上连续结合式无砟轨道，在桥梁端部也需设置锚件结构。对于分离式双层结构，也可通过设置锚件结构进行道床板的纵、横向限位。不同轨道结构中的锚件具有不同作用，应区别设计。

在道床板的自由端，由于温度梯度的作用，道床板将发生翘曲变形，在道床板与支承层之间设置锚件使之形成整体结构，则可有效降低翘曲位移。梁端转角亦会引起桥台上道床板上翘，带动道床板转动。为保证结构的整体性，应在道床板可能发生上翘的区段设置锚件，锚件的设置与道床板和支承层间的允许裂隙宽度有关，锚件设置的范围根据道床板发生上翘位移的范围确定。

锚件上拔承载力主要受两个因素控制，即锚件的抗拉强度和锚件与混凝土之间的粘结强度。

一般情况下锚件上拔力限值由钢筋与混凝土之间的粘结强度控制，当采用植筋胶并对锚件周围混凝土采取加强措施时可大幅度提高其粘结强度，提高锚件上拔力限值。

锚件还需承受包括轮轨横向力、未被平衡离心力、横向风力等横向力作用，其构成和作用方式同限位装置。对于桥梁上连续结合式无砟轨道，锚件还需承受桥梁挠曲所产生的层间剪力。

锚件的破坏形式主要有三种，即锚件的剪切破坏、锚件后方混凝土被拉裂以及锚件前方混凝土被压碎。在三种破坏形式中，最易发生的是拉裂破坏，主要同其连接的混凝土有关，而与锚件本身关系不大。通过在锚件周围设置箍筋等措施可以提高混凝土的抗拉强度和抗压强度从而有效提高锚件的拉裂承载力。

七、无砟轨道动力学理论

无砟轨道设计完成后,应进行动力学方面的评估。研究无砟轨道的动力性能问题必须和行车条件相结合,采用耦合动力学的研究方法。列车—无砟轨道耦合动力学以车辆动力学、无砟轨道动力学为基础,以轮轨关系为联系纽带,将列车、无砟轨道作为一个相互作用的大系统,应用计算机数值仿真方法分析高速行车条件下轨道结构的动力性能、行车的安全性和舒适性,为无砟轨道结构设计评估、参数优化提供理论依据。

在列车—无砟轨道耦合动力学模型中,将车辆视为由车体、构架及轮对组成的多刚体系统,考虑车体、前后构架及轮对的垂向、横向、沉浮、点头、侧滚、摇头自由度以及车辆悬挂系统中的非线性因素。轮轨间法向作用力由赫兹非线性弹性接触理论确定,切向蠕滑力由蠕滑理论确定。将钢轨视为弹性点支承基础上的 Bernoulli - Euler 梁,分别考虑左、右股钢轨的垂向、横向及转动自由度,钢轨支承点间隔为扣件间距。轨道板(道床板)垂向视为弹性基础上的弹性薄板,轨道板(道床板)的横向视为刚体运动,考虑平动和转动自由度;凸形挡台及 CA 砂浆对轨道板(道床板)提供横向弹性约束。板式轨道的混凝土底座视为弹性地基上的弹性薄板(图 3 - 2 - 12)。

图 3 - 2 - 12　列车—无砟轨道空间耦合动力学模型示意图

第三节　设计理论研究

一、无砟轨道结构参数研究

无砟轨道的主要结构参数,包括各部件的主要尺寸及刚度等,应该有一个大致合理的取值范围,此处专门就列车荷载作用下轨道结构的受力进行计算分析,对主要结构参数的合理取值进行研究,为结构设计提供理论依据。

(一)板式轨道荷载应力分析

以 CRTS Ⅰ型板式轨道为例进行无砟轨道荷载应力分析,其中钢轨采用 CHN60 轨,扣件竖向刚度取 50 kN/mm,扣件间距 0.625 m,轨道板采用 C60 混凝土,结构尺寸为 4 950 mm×2 400 mm×190 mm,底座板采用 C40 混凝土,结构尺寸为 15 000 mm×3 000 mm×300 mm。CA 砂浆弹性模量 100 MPa,厚度 50 mm,路基支承面刚度76 MPa/m。

1. 轨道板厚度

轨道板纵横向弯矩随轨道板厚度的增加而增大,尤其是轨道板纵向弯矩,轨道板厚度由 0.16 m 增加至 0.26 m 时,轨道板纵向弯矩增加了 1 倍,轨道板弯矩对轨道板厚度敏感,而底座弯矩对轨道板厚度不敏感。

虽然轨道板厚度增加会引起轨道板弯矩的增大,但由于其截面增大,其边缘应力反而降低(图 3-3-1),轨道板横向应力的降低幅度较纵向应力大。

当轨道板厚度为 0.16~0.19 m 时,轨道板最大位移发生在轨下部位,而随着轨道板厚度的增加,轨道板最大位移点逐渐移至轨道板的边角处,如图 3-3-2 所示。即 CA 砂浆最大压应力点由轨下部位移至角部,而板角部位的轨道板翘曲位移最大,是 CA 砂浆最容易破坏的地方,从保证 CA 砂浆使用寿命的角度考虑,轨道板厚度不宜过大,CA 砂浆弹性模量为 100 MPa 时,轨道板厚度不宜超过 0.3 m。

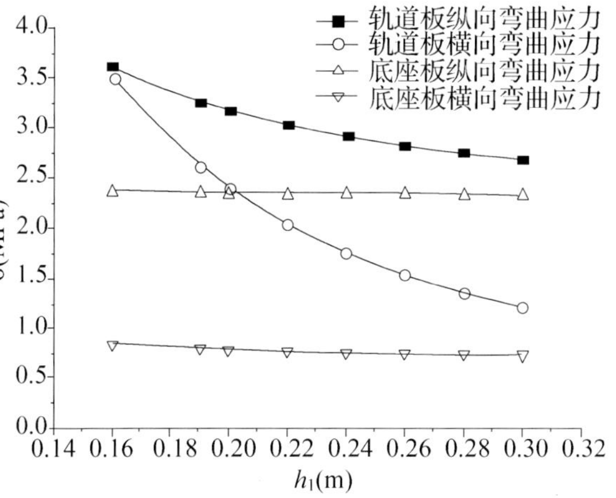

图 3-3-1　轨道板厚度对轨道应力的影响

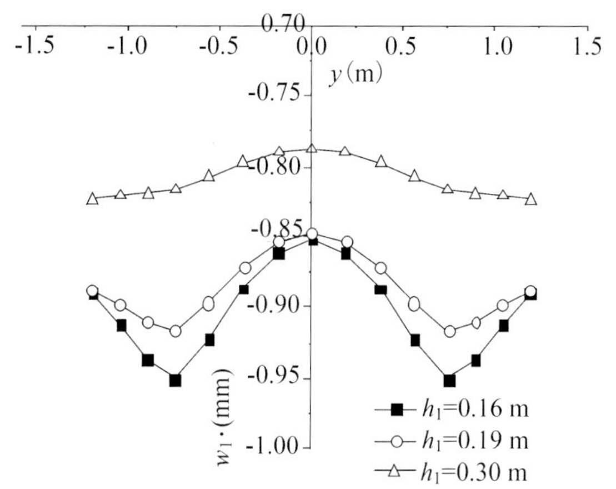

图 3-3-2　不同轨道板厚度时的轨道板位移分布

2. 轨道板宽度

随着轨道板宽度的增加,轨道板、底座板横向弯矩随之增大,而纵向弯矩随之减小,但变化幅度均不大。CA 砂浆所受的拉压应力及路基面压应力随轨道板宽度的增加而减小,当轨道板宽度增至 2.6 m 以上时,CA 砂浆压应力及路基面压应力已基本无变化。在此基础上继续增加轨道板宽度对改善板式轨道受力没有明显好处,因此轨道板宽度不宜超过 2.6 m。为保证材料的充分利用,应在保证路基面和 CA 砂浆受力的基础上尽量减小轨道板宽度。

3. 底座板厚度

随着底座板厚度的增加,轨道板、底座板的纵横向弯曲应力均随之减小,其中轨道板横向弯曲应力的变化幅度较小,底座板纵横向弯曲应力和轨道板的纵向弯曲应力变化较为明显。

底座板横向弯矩随底座板厚度的增加而增大,底座板厚度为 0.2 ~0.4 m 时,板中横向未出现负弯矩,轨道板横向正弯矩随底座板厚度的增加而减小,横向负弯矩则随之增大,但变化幅度非常小,轨道板横向弯矩对底座板厚度不敏感。

从结构设计角度考虑,增加底座板厚度可以降低轨道板纵向钢筋和底座板纵横向钢筋用量,在板式轨道的经济优化过程中,应着重从减小轨道板厚度、增加底座板厚度的措施上进行。

此外,底座板厚度的增加也可降低 CA 砂浆与路基面受力。从改善 CA 砂浆和路基面受力条件的角度出发可以适当增加底座板厚度。

4. 底座板宽度

随着底座板宽度的增加,轨道板、底座板的横向弯矩随之增大,而纵向弯矩随之减

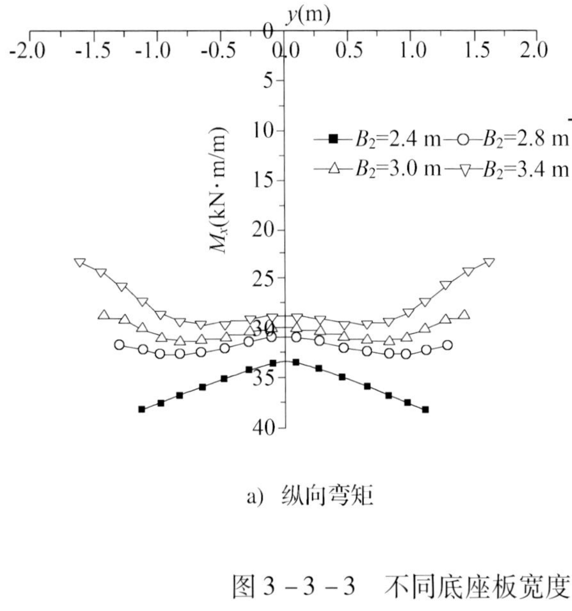

a) 纵向弯矩

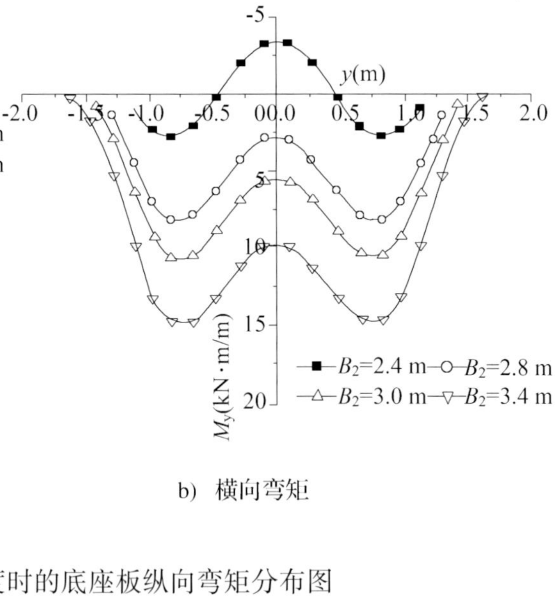

b) 横向弯矩

图 3-3-3 不同底座板宽度时的底座板纵向弯矩分布图

小,底座板弯矩的变化幅度大于轨道板。

图3-3-3为不同底座板宽度时的底座板弯矩分布图,可以看出,底座板宽度与轨道板同宽(2.4 m)时,纵向弯矩最大点位于底座板边缘处,板中截面弯矩较小,这样的弯矩分布对于底座板受力和配筋不利,因此路基上的板式轨道不宜采取底座板与轨道板同宽的处理方式。随着底座板宽度的增加,纵向弯矩最大点逐渐移至轨下部位,板中及板边截面弯矩逐渐减小,断面内的最大弯矩及平均弯矩逐渐减小。底座板宽度为2.8 m和3.0 m时,整个断面内的弯矩分布较为均匀。当板宽增大至3.4 m时,板边弯矩小于轨下及板中,底座板宽出轨道板的部分对承受纵向弯矩的贡献率降低,因此底座板宽度不宜过大,以荷载扩散角45°确定的底座板宽度(3.0 m)为宜。

从图3-3-3b)可以看出,由于轨道板和底座板的空间弯曲,横向弯矩的最大正负弯矩并非出现在同一断面上,当底座板与轨道板同宽时,底座板的横向负弯矩大于正弯矩,随着底座板宽度的增加,横向正弯矩逐渐增大,而负弯矩逐渐减小,直至可以忽略不计。横向弯矩图整体向正弯矩方向平移,底座板宽度太大只会引起更大的横向弯矩,引起横向配筋量的增加,因此在保证必要的荷载扩散角前提下,不宜采用过大的底座板宽度。

5. 底座设置方式

为避免连续结构中存在的巨大温度力作用,轨道板采用单元式结构,长度约为5 m。在底座板中,由于温度变化幅度小于轨道板,可采用相对较长的结构,形成分段连续的底座结构。底座连续与否对板式轨道的受力影响较大,特别是当荷载作用于板端位置时会产生较大的位移差,形成动力型不平顺,此外底座断开处的路基面的压应力也会增加很多,加上雨水等环境影响,容易引起板端处路基面的下沉,进一步加重不平顺的发展。

应用弹性地基上梁板模型对不同底座设置方式的板式轨道进行分析,结果表明当底座板缝与轨道板缝对齐设置时,荷载作用于板端的各部件位移均有较大增加,钢轨位移差达0.237 mm,对应的钢轨挠度变化率为0.094 8 mm/m,而底座连续时的钢轨挠度变化率仅为0.007 2 mm/m。轨道板、底座板位移较连续底座时增大很多,荷载作用于板端时的底座板位移增加了0.73 mm,增幅87%,路基面压应力也大幅增大,荷载作用于板端时的压应力为119 kPa,板中时为66.7 kPa,板端较板中高52.5 kPa,板缝处的路基容易在高压应力下破坏,为此应尽量减少底座板接缝,采用较长的分段连续底座板设置,在底座板的接缝处应设置传力杆,以减小作用于基床表层的压应力和板端位移。

6. CA 砂浆弹性模量

采用低弹模 CA 砂浆时的轨道板弯曲程度较高弹模 CA 砂浆时大，而底座板恰好相反，反映出不同弹性模量 CA 砂浆的荷载分散程度不同，低弹模 CA 砂浆变形大于高弹模 CA 砂浆，故而低弹模 CA 砂浆时的轨道板弯矩较大，CA 砂浆变形程度大同时也使得荷载分散的范围更大，分散至底座板上的荷载更为均匀，底座板弯曲程度更小。

从图 3－3－4 轨道板横向正负弯矩与 CA 砂浆弹性模量 E_{CA} 的关系中可以看出，轨道板横向负弯矩（板中）在 E_{CA} < 1 000 MPa 时大致成对数线性递减关系，在 1 000 ~ 10 000 MPa时继续减小，其量值对结构设计可忽略不计。横向正弯矩（轨下）在 100 MPa 以下时基本保持不变，在 100 ~ 10 000 MPa 时大致成对数线性递减关系。

图 3－3－5 为不同 E_{CA}时 CA 砂浆的最大拉压应力的变化情况，随着 E_{CA} 的增加，CA 砂浆所受的拉压应力随之增大。高弹模 CA 砂浆所受的拉压应力循环较低弹模 CA 砂浆大，应注意检算 CA 砂浆拉压应力。

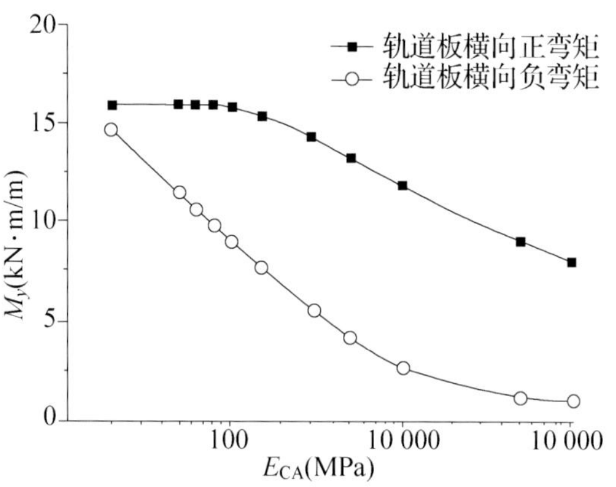

图 3－3－4　轨道板横向正负弯矩随 E_{CA} 的变化

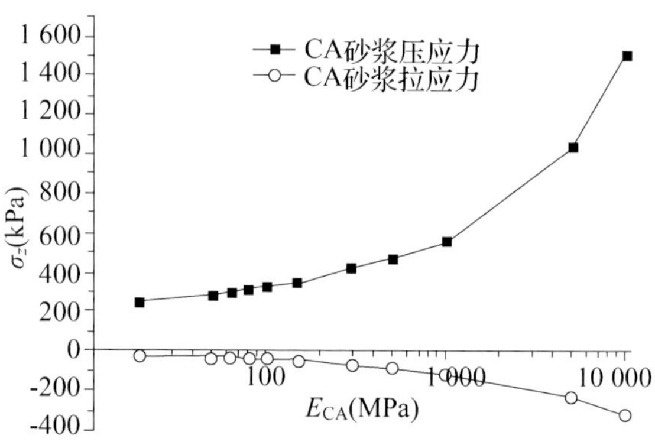

图 3－3－5　CA 砂浆拉压应力随 E_{CA} 的变化

7. 路基面支承刚度

路基面支承刚度对荷载弯矩的影响如图 3－3－6 所示。随着路基面支承刚度的增加，轨道板纵向弯矩、底座板纵向弯矩和横向弯矩均随之减小。路基面支承刚度对底座板纵向弯矩的影响较为明显，轨道板横向弯矩对路基面支承刚度的变化不敏感。

由于刚性基础上的轨道板、底座板弯矩降低很多，刚性基础上板式轨道的底座板可酌情减薄、变窄。

（二）双块式轨道荷载应力分析

1. 道床板与支承层的连接状态

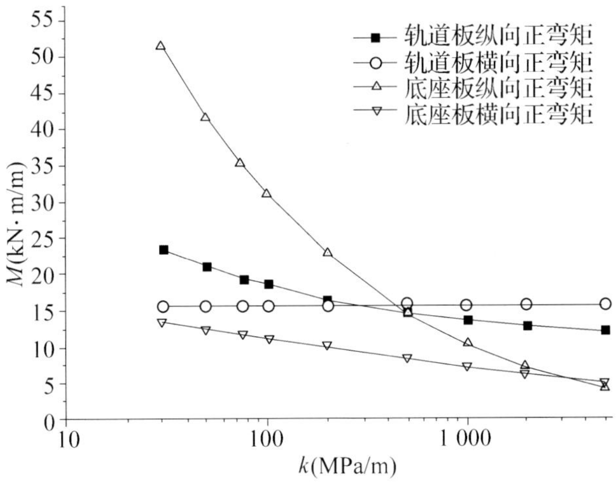

图3－3－6　不同路基面支承刚度时的轨道板、底座板弯矩

当采用单元道床板时，在列车荷载与温度的共同影响下，道床板与支承层之间的粘结难以保持，最终将形成分离式双层结构。对于单元道床板结构，不管其最初的状态如何，均应按分离式双层结构进行计算。对于连续双块式轨道，道床板与支承层之间无相对位移，其间的连接可视为结合状态，计算时可将其折算为单层板。对双块式轨道分别按分离式和结合式双层结构进行对比分析可以看出，结合式道床板顶面应力小于分离式，支承层底面的应力则大于分离式，道床板底面和支承层顶面应力则明显低于分离式。从减小各结构层应力水平的角度出发应采用结合式双层结构，同时宜采用连续式轨道结构，否则为保证单元式轨道结构的良好层间连接，需提高支承层弹性模量并在支承层和道床板之间设置额外的加强连接措施。

2. 支承层弹性模量与结构型式

以单元道床板（长度5 m）的双块式轨道为例，研究支承层弹性模量和结构型式对荷载应力的影响。由于道床板为单元式结构，道床板与支承层按分离式双层结构考虑。支承层弹性模量分别取2、5、8、10、15、20、25、30和32.5 GPa，分三种结构型式，分别为连续支承层、与道床板同长度的单元支承层以及支承层分块但板端设置剪力传递装置的结构（分别记为连续式、单元式和铰接式）。

随支承层弹性模量的增大，道床板弯矩减小、支承层弯矩增大。相比而言，支承层纵向弯矩增大的速度较道床板弯矩减小的速度快。

道床板与支承层最大弯曲应力与支承层弹性模量的关系如图3－3－7所示，可以看出，对于连续式支承层，当弹性模量增至15.0 GPa和27.0 GPa时，支承层纵向应力将依次超过道床板横向应力和纵向应力；对于单元式支承层，当弹性模量增至

22. 0 GPa时,支承层纵向应力将超过道床板横向应力;对铰接式支承层,当弹模超过20. 5 GPa 时,支承层纵向应力将超过道床板横向应力。为控制裂缝宽度,道床板内两个方向均需配置钢筋,而支承层内则无配筋,因此,支承层弯曲应力不宜大于道床板弯曲应力,从这一角度出发,支承层弹性模量不宜过大。对于连续式支承层,弹性模量不宜大于15. 0 GPa,对于单元式支承层,该数值为 22. 0 GPa,而对于铰接式,该数值为20. 5 GPa。

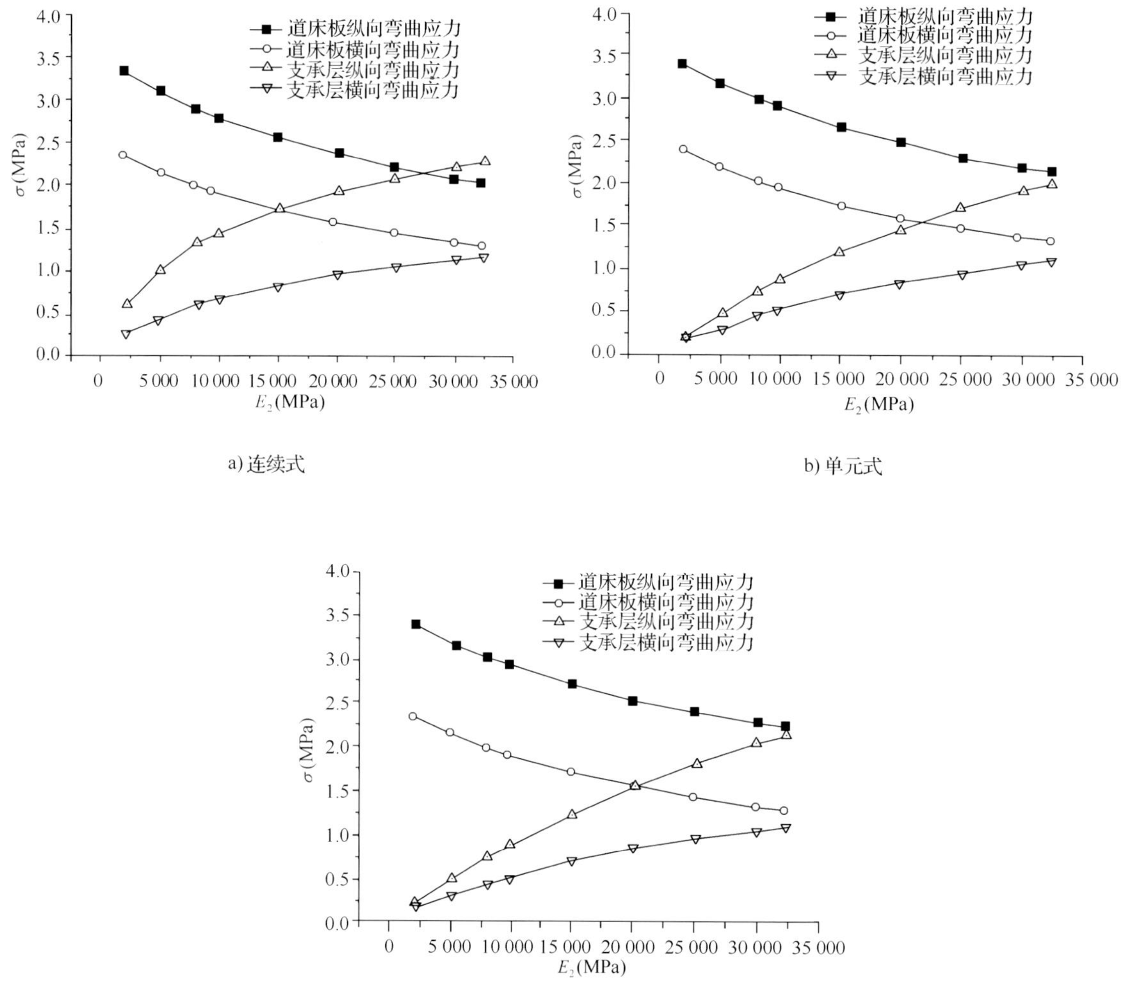

图 3－3－7　道床板与支承层最大弯曲应力与支承层弹模的关系

当采用连续道床板时,支承层一般也做成连续式,道床板与支承层之间的连接可视为结合状态,弯曲时可视为单层板绕同一中性轴弯曲。随着支承层弹性模量的提高,中性轴逐渐下移,道床板顶面纵横向应力随之降低,而支承层底面应力则随之增大。支承层在 5 GPa 时的拉应力即已超过了道床板,从支承层应力不超过道床板应力的角度出发,支承层弹性模量不宜超过 5 GPa。

3. 道床板厚度和宽度

当道床板与支承层为分离式双层结构时,道床板纵横向弯曲应力随道床板厚度的增加而降低,道床板横向应力减小的速度较纵向应力快。支承层纵横向应力随道床板厚度的增加有所减小,但变化幅度很小。当道床板厚度增加到 0.4 m 以上时,道床板横向弯曲应力已接近于支承层纵向弯曲应力。

当道床板与支承层为结合式双层结构时,道床板与支承层纵横向应力与道床板的关系类似于分离式双层结构。在满足受力的情况下,道床板厚度应从经济性和配筋的方便性方面进行考虑。

在道床板宽度增加的过程中相应增加支承层的宽度,道床板宽度对道床板纵向弯曲和支承层的纵横向弯曲影响不大,对道床板横向弯曲的影响较大,道床板越宽,其横向弯曲应力越大,须增加配筋,经济上和受力上均不利,在满足双块式轨枕埋置宽度的基础上应尽量采用较窄的道床板宽度。

4. 支承层厚度及宽度

随着支承层厚度的增加,道床板与支承层应力逐渐减小,但由于支承层弹性模量较小,支承层抗弯刚度较道床板小,支承层厚度对荷载应力的影响不如道床板厚度的影响。

道床板、支承层的纵向应力随支承层宽度的增加而减小,但变化幅度不大。支承层宽度越大,道床板横向正弯矩越大,横向负弯矩越小,当支承层宽度增大至 3.6 m 以上时,支承层内已无负弯矩,支承层横向正弯矩随支承层宽度的增加而稍微增大,横向负弯矩基本保持不变,主要出现在道床板缝位置处。道床板横向弯矩增大的速度快于其他力学指标。

二、无砟轨道合理刚度研究

运用车辆 - 无砟轨道耦合动力学理论,研究分析无砟轨道的轨下基础刚度对轮轨系统动力性能的影响。轨下基础刚度的动力学评价指标主要有:轮轨垂向力、钢轨支点压力、钢轨动弯应力、钢轨位移、轮重减载率、轮轨磨耗指数等。其中,轮轨垂向力、钢轨支点压力、钢轨动弯应力用于评定轮轨之间动作用力;钢轨位移用于评定钢轨的动态变形;轮重减载率用于评定行车的安全性;轮轨磨耗指数用来评估轮轨磨耗率。

计算结果表明,随着轨下基础刚度的增大,轮轨垂向力、钢轨支点压力、轮重减载率、轮轨磨耗指数增大，钢轨动弯应力、轨道变形减小。因此，从动力学的角度来看，在降低轮轨动作用力满足轨道变形要求、降低轮轨磨耗、提高行车的安全性方面应该有一个平衡点，也就是轨道刚度有一个合理的范围。

将轨下基础刚度对轮轨垂向力、钢轨支点压力、钢轨动弯应力、轮重减载率、轮轨磨耗指数、轨道变形等轮轨动力学性能指标的计算结果进行归一化处理（图 3 - 3 - 8）。可以看出，高速铁路无砟轨道轨下基础合理刚度范围在 20 ~ 30 kN/mm，此时钢轨垂向变形范围为 1.3 ~ 1.7 mm。

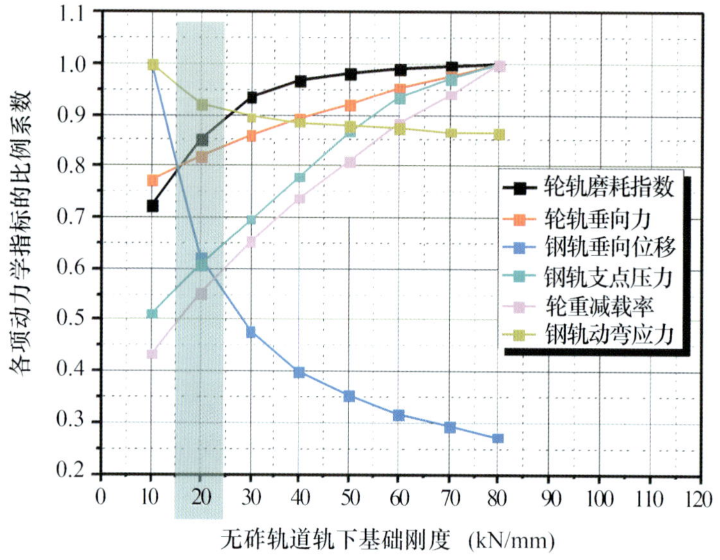

图 3 - 3 - 8　高速铁路无砟轨道轨下基础刚度的合理范围

三、无砟轨道过渡段合理设置研究

过渡段因刚度差和沉降差导致附加轮轨动力作用、影响行车的安全性和舒适性、影响线路设备的使用寿命，这种动力作用随着行车速度的提高而急剧增大。通过国内外对过渡段问题长期的研究与试验，认为在路基与桥台连接处、路基与隧道连接处、路堤与路堑连接处、路堤与横向结构物（立交框构、箱涵等）、道岔前后等地段应设置过渡段。一般运用车辆 - 轨道耦合动力学理论对过渡段进行动力学设计。

（一）轨道刚度过渡段动力学性能评价

轨下基础刚度差将导致轮轨动力冲击作用并激起车辆的振动。在两种轨道刚度的连接处，枕上压力变化非常剧烈，在长期列车荷载作用下容易产生扣件失效、轨枕空吊或破损、道床下沉等线路病害。

轨下基础的刚度差属于动力不平顺，采用动力学的方法进行轨道刚度过渡段的设计和评估更为合理。当车辆通过轨道过渡段时，应满足行车安全性和舒适性的要求，同时应尽可能减轻轨道结构的动力作用水平。动力学分析表明"钢轨挠度变化率"可作为有效评价轨下基础刚度差引起的轮轨动力作用以及过渡段长度影响的综合指标。

为保证高速铁路轨道结构的高平顺性，由轨下基础刚度差引起的钢轨挠度变化率应控制在0.3 mm/m以下。当刚度差较大时，可采取分级过渡的方法，控制每一级刚度差的钢轨挠度变化率。

（二）轨面变形折角限值的动力学分析

通过动力学仿真计算可知，高速车辆的车体垂向振动加速度随轨面变形折角的增加而增大（图3-3-9）。对于设计速度300 km/h以上的高速铁路，轨面变形折角的限值应控制在1.5‰，线下基础过渡段的合理长度根据路基沉降限值及轨面变形折角限值确定。

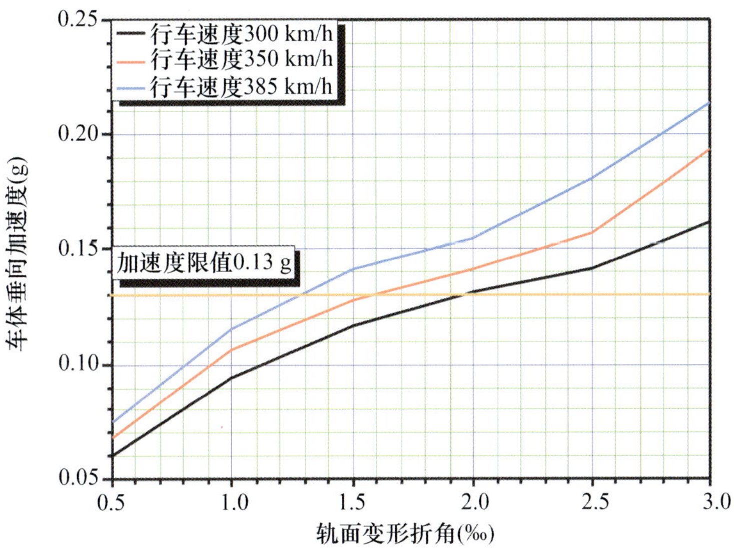

图3-3-9　线下基础变形折角对车体加速度的影响

（三）无砟轨道过渡段路基合理刚度的动力学分析

当路基支承刚度较小时，道床板在列车荷载作用下将发生"翘翘板"现象，路基支承刚度越小这种现象越严重，对轨道结构及路基本身的受力和变形非常不利。当路基面支承刚度超过1 000 MPa/m后对轮轨系统已经基本没有影响。从轮轨作用力、枕上压力、钢轨挠度以及钢轨挠度变化率（图3-3-10）的计算结果看，无砟轨道路桥（隧）过渡段的路基面刚度经济合理值为500～1 000 MPa/m。从遂渝线无砟轨道路基过渡段支承刚度的测试结果看，级配碎石路基面支承刚度为200～500 MPa/m，3%～10%水泥稳定级配碎石路基面支承刚度为800～2 000 MPa/m。因此，无砟轨道路桥（隧）连接处路基应采用水泥稳定级配碎石填筑。

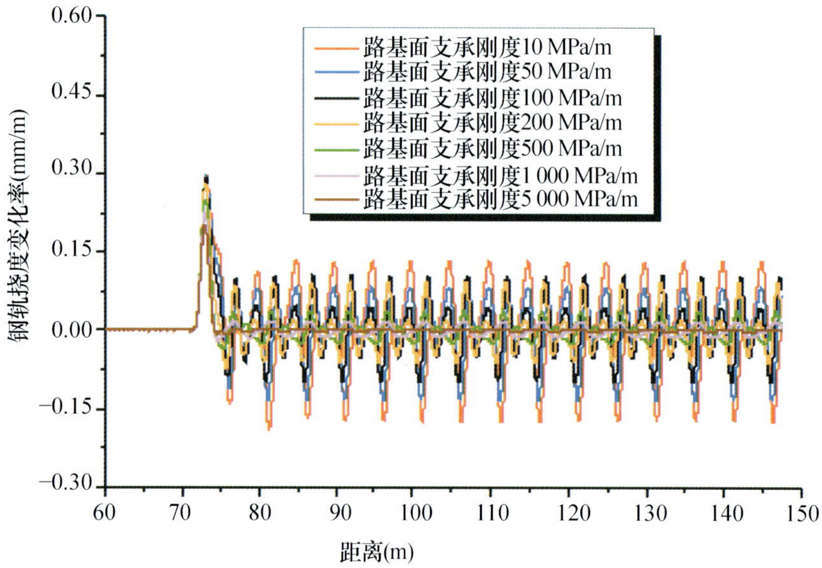

图 3－3－10 无砟轨道路桥(隧)过渡段钢轨挠度变化率

四、路基沉降控制标准研究

假定路基不均匀沉降波形为余弦曲线,通过对不同波长、不同幅值组合的路基不均匀沉降进行动力学分析,从行车舒适性的角度可确定路基不均匀沉降的限值。

波长分析范围为 20～40 m,沉降幅值分析范围为 10～40 mm。运行车辆 CRH2,行车

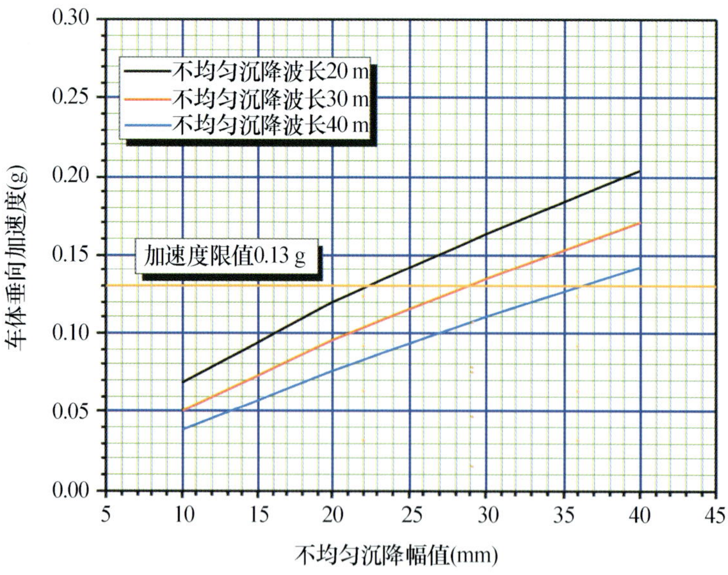

图 3－3－11　路基不均匀沉降对车体垂向加速度的影响

速度 350 km/h。

从图 3－3－11 的动力仿真结果可以看出，对于 0.13 g 的车体加速度舒适度标准，20 m波长的路基不均匀沉降限值为 22 mm，30 m 波长的路基不均匀沉降限值为 29 mm，40 m波长的路基不均匀沉降限值为 36 mm，分别相当于 *L*/909、*L*/1 034、*L*/1 111。因此，从保证行车舒适性的角度出发，应该将路基的不均匀沉降幅值限制在 *L*/1 000 以下。

第四章　无砟轨道结构及接口设计标准

第一节　钢轨及扣件

钢轨是铁路轨道的重要部件之一,承担着引导车轮、传递载荷的功能。对高速铁路无砟轨道而言,钢轨轮轨踏面和内侧工作边的平顺性要求要比普通铁路高得多。为保证列车运行平稳,线路下部基础、轨道上部结构以及轨道各部件,都要为钢轨的正常工作提供良好条件。而钢轨本身,其内在质量、材质性能、断面公差、平直程度等都是十分重要的特性。钢轨在技术条件上要能保证足够的强度、韧性、耐磨性、稳定性和平顺性,在经济上要能保证合理的大修周期,减少养护维修工作量。

扣件系统是轨道不可或缺的组成部分,在保证轨道稳定性、可靠性方面起着重要作用。高速铁路无砟轨道扣件除了起到传统扣件传递荷载保持轨距的作用,还应具有许多特殊的功能。

一、钢　　轨

高速铁路具有曲线半径大、列车运行速度高等特点,在满足钢轨铺设跨区间无缝线路一般要求的基础上还在钢轨纯净度、钢轨的内在和表面质量、几何尺寸精度和外观质量方面有严格的要求。

对钢轨的一般要求包括:较高的强度和抗磨耗性能,达到较高的承载能力和使用寿命;较高的抗疲劳伤损的安全可靠性,防止轨头内侧剥离及可能由此引发的钢轨横向断裂;较强的抗不均匀磨耗性能和钢轨全长范围内硬度的均匀性,避免引起波纹、波浪等不均匀磨耗;良好的焊接性能,以便铺设跨区间无缝线路;化学成分便于进行热处理,以提高钢轨的强韧性;严格的尺寸公差及钢轨工作边平顺性,减少轨道周期性不平顺。

高速铁路对钢轨的特殊要求还包括:保证材质高纯净、提高钢轨可靠性;保证轧制高精度，提高钢轨质量；钢轨应在具有足够的强度和刚度的同时，硬度应与车辆和运营条件相匹配。

（一）高速铁路钢轨主要参数

1. 钢轨的断面尺寸和定尺长度

随着铁路的发展，列车运行速度和轴重不断增加，钢轨断面形状不断得到改进，尺寸也随之不断增大。世界多数国家钢轨的定尺长度约为12.5～36 m。铁路铺设无缝线路要求对钢轨进行焊接，希望钢轨端部平直度高，内部质量好。而在标准长度（12.5～25 m）钢轨的生产中，往往在钢轨端部存在矫直和探伤盲区。为适应铁路的发展要求，国外许多钢厂纷纷进行钢轨长尺化生产的技术改造。钢轨长尺生产不仅有利于提高生产效率和成材率，更重要的是由于采用长尺矫直后钢轨两端可以锯掉0.8～1.5 m，这样也就锯掉了钢轨端部存在的矫直和探伤盲区。另外，长定尺钢轨可以减少钢轨焊接接头，提高钢轨使用的安全性及平顺性。

目前，我国为了高速铁路的行车需要，钢轨定尺长采用100 m、60 kg/m钢轨，60 kg/m钢轨的断面形状见图4－1－1，断面几何参数见表4－1－1，质量和金属分配见表4－1－2。

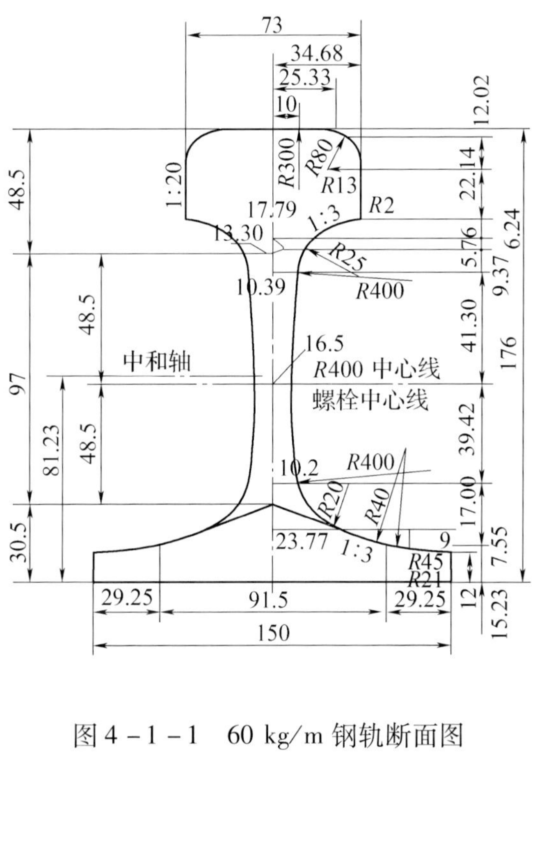

图4－1－1　60 kg/m 钢轨断面图

表 4－1－1　钢轨几何参数

钢　轨断面类型(kg/m)	横断面积(cm^2)	重心距轨底距离(cm)	重心距轨头距离(cm)	对水平轴线的惯性力矩(cm^4)	对垂直轴线的惯性力矩(cm^4)	下部断面系数(cm^3)	上部断面系数(cm^3)	底侧边断面系数(cm^3)
60	77.45	8.12	9.48	3 217	524	396.0	339.4	69.9

表 4－1－2　钢轨的理论质量及金属分配

钢轨断面类型(kg/m)		60
理论质量(kg)	每米质量	60.643
钢轨的金属分配（各部分占总面积的百分比）	轨头	37.43
	轨腰	25.29
	轨底	37.24

2. 钢轨的强度

高速铁路要求钢轨安全使用性能好，几何尺寸精度高、平直度好。为此国外高速铁路较为发达的国家均采用强度等级为 800～880 MPa 的碳素热轧钢轨，并采用炉外精炼、真空脱气、大方坯连铸等先进技术进行轨钢的冶炼，保证轨钢的纯净性；采用万能法轧制技术轧制钢轨，使之具有高的几何尺寸精度和平顺性。

我国新建的高速铁路均采用强度等级为 880 MPa 级 U71Mn(k)钢轨。

3. 钢轨的化学成分

质量优良的钢轨应该具有足够的强度，良好的耐磨性，高的抗剥离能力和抗疲劳能力，以及良好的可焊性。钢轨的这些性能，除断面尺寸设计必须合理外，主要通过调整钢材的纯净度及冶炼质量来实现。因此，钢轨化学成分是表征钢轨质量的第一特征。

我国高速铁路钢轨化学成分及夹杂物的要求应符合表 4－1－3 及表 4－1－4 的规定。

表 4－1－3　化学成分(%)

钢牌号	C	Si	Mn	P	S	V	Al
U71Mn(k)	0.65～0.75	0.10～0.50	0.80～1.30	≤0.025	0.008～0.025	≤0.03	≤0.004
U75 V	0.70～0.78	0.50～0.70	0.75～1.05	≤0.025	0.008～0.025	0.04～0.08	≤0.004

表4－1－3中所列成分范围与其他标准规定的相同钢号的成分范围稍有不同。

表4－1－4　轨钢中非金属夹杂物要求(级)

标准	A类(硫化物)	B类(氧化铝)	C类(硅酸盐)	D类(球状氧化物)
250 km/h技术条件	≤2.5	≤1.5	≤1.5	≤1.5
350 km/h技术条件	≤2.0	≤1.0	≤1.0	≤1.0

(二)钢轨主要技术标准

1. 现行钢轨系列技术条件

为了满足铁路建设需要,我国铁路借鉴国外先进标准,结合我国的实际,铁道部科技司组织中国铁道科学研究院等单位,先后主持起草了多个钢轨技术条件,涵盖了250 km/h和350 km/h客运专线、时速200～250 km提速线路以及160 km/h以下线路钢轨及道岔用轨,其中高速铁路钢轨主要有以下技术条件:

(1)《250 km/h客运专线60 kg/m钢轨暂行技术条件》(铁科技函〔2005〕298号):适用于新建250 km/h客运专线。

(2)《350 km/h客运专线60 kg/m钢轨暂行技术条件》(铁科技〔2004〕120号):适用于新建350 km/h客运专线。

(3)《250 km/h和350 km/h客运专线钢轨检验及验收暂行标准》(铁建设函〔2005〕402号):用于用户的钢轨检验及验收。

(4)《客运专线60AT钢轨暂行技术条件》(科技〔2005〕101号):用于客运专线道岔用AT钢轨。

(5)铁道部文件:关于印发《350 km/h客运专线60 kg/m钢轨暂行技术条件》等三个技术条件局部修订条文的通知(铁科技〔2007〕164号),在该文件中主要修订了硫的含量以及成品轨氢的含量。

以上技术条件规定了钢轨的断面、型式尺寸及允许偏差、技术要求、试验方法、检验规则、标志及质量证明书和质量保证等内容,同时规定了技术条件的适用范围。

2. 钢轨应满足的技术指标

(1)尺寸允许偏差

钢轨的几何尺寸偏差要求见表4－1－5。从表中可以看出,客运专线钢轨暂行技术条件比普速铁路钢轨在部分尺寸偏差上提出了更高的要求,尤其对轨冠尺寸以及轨底凹陷的要求不同。

表 4－1－5　尺寸允许偏差对比（mm）

项　　目	250 km/h 技术条件	350 km/h 技术条件
钢轨高度	±0.6	±0.6
轨头宽度	±0.5	±0.5
轨头顶部断面	±0.6	+0.6，－0.3
轨底宽度	±1.0	±1.0
轨腰厚度	+1.0，－0.5	+1.0，－0.5
轨底边缘厚度	+0.75，－0.5	+0.75，－0.5
接头夹板安装面斜度	+1.0，－0.5	±0.35
接头夹板安装面高度	+0.6，－0.5	+0.6，－0.5
轨底凹陷 *a*	≤0.3	≤0.3
端面斜度	≤0.6	≤0.6
断面不对称	±1.2	±1.2
长度	±6.0	±30
	双方协商	100 m ±30
螺栓孔直径	±0.7	±0.7
螺栓孔位置	±0.7	±0.7

注：标 *a* 者为对铁标轨（TB/T 2344—2003）规定轨底可以凸或凹，但对客运专线钢轨不得凸。

（2）平直度

不同速度等级铁路钢轨技术条件规定的平直度要求见表 4－1－6。

表 4－1－6　钢轨平直度要求（mm）

部　位	项　目	允　许　偏　差	
		250 km/h 客运专线	350 km/h 客运专线
轨端	垂直（向上）	≤0.5/1.5 m	≤0.3/1 m；≤0.4/2 m
	垂直（向下）	≤0.2/1.5 m	≤0.2/2 m
	水平（左右）	≤0.7/1.5 m	≤0.6/2 m
轨端与轨身重叠区	垂直	距轨端 1～2.5 m≤0.4/1.5 m	距轨端 1～3 m≤0.3/2 m
	水平	距轨端 1～2.5 m≤0.6/1.5 m	距轨端 1～3 m≤0.6/2 m
轨身	部位	除轨端各 1.5 m 的其他部分	除轨端各 2 m 的其他部分
	垂直	≤0.4/3 m，≤0.3/1 m	≤0.3/3 m，≤0.2/1 m
	水平	≤0.6/1.5 m	≤0.45/1.5 m
全长	扭曲	全长≤2.5 mm	全长≤2.5 mm
		轨端 1 m 内≤0.45 mm	轨端 1 m 内≤0.45 mm
	上、下弯曲	≤10 mm	≤10 mm
	侧弯曲	弯曲半径 *R*＞1 500 m	弯曲半径 *R*＞1 500 m

(3)非金属夹杂物

按 GB/T 10561 中方法 A 和 ASTM 评级图评定,A(硫化物)类夹杂物不应超过 2 级,B(氧化铝)、C(硅酸盐)、D(球状氧化物)类夹杂物均不应超过 1 级。

(4)落锤

钢轨应进行落锤试验,试样经打击一次后不应有断裂现象。应在质量证明书内给出挠度值,以供参考。

(5)断裂韧性

在温度 -20 ℃下测得断裂韧性 K_{IC} 的最小值及平均值应符合表 4-1-7 规定。

表 4-1-7　断裂韧性 K_{IC}

K_{IC} 单个最小值(MPa · $m^{1/2}$)	K_{IC} 最小平均值(MPa · $m^{1/2}$)
26	29

(6)疲劳裂纹扩展速率

疲劳裂纹扩展速率 da/dN 应符合表 4-1-8 的规定。

表 4-1-8　疲劳裂纹扩展速率 da/dN

$\Delta K = 10$ MPa · $m^{1/2}$	$da/dN \leqslant 17$ m/Gc
$\Delta K = 13.5$ MPa · $m^{1/2}$	$da/dN \leqslant 55$ m/Gc

(7)疲劳

总应变幅为 1 350 $\mu\varepsilon$ 时,每个试样的疲劳寿命(即试样完全断裂时的循环次数)应大于 5×10^6 次。

二、扣　　件

(一)无砟轨道扣件系统的技术要求

高速铁路列车运行速度高、行车密度大,是无砟轨道中提供弹性的主要部件,比一般线路有更高的技术要求。

1. 保持轨距能力

钢轨扣件应保持由钢轨和混凝土轨枕(或混凝土轨道板)组成的轨道框架几何特征稳定,即保持轨距和防止轨距变化,同时增强轨道框架的弯曲和扭转刚度。

2. 防爬阻力

钢轨扣件应防止钢轨相对于轨枕的纵向位移,即防止钢轨爬行,这就需要扣压件有足够和稳定的扣压力。

桥上无砟轨道结构的设计必须要考虑桥上无缝线路由于温度变化或列车荷载等作用梁轨间发生相对位移而产生的相互作用力。梁轨间相互作用力的大小与线路纵向阻力值密切相关。线路纵向阻力如果太大,将会相应增加线路传递到桥梁墩台的纵向力和钢轨本身的应力;如果太小,可能导致钢轨爬行或在冬季发生断轨时断缝过大而影响行车安全。对于无砟桥,由于扣件直接将长钢轨与桥面轨道结构连接,线路的纵向阻力按扣件阻力取值。为减小无砟轨道桥梁与焊接长钢轨之间的相互作用力,比较有效的方法是减小扣件的纵向阻力。而扣件纵向阻力的大小与扣压件的扣压力、轨底与轨下垫层的摩擦系数密切相关。同时为保证扣件受力均匀,桥上扣件的布置不应采用松紧相间的形式,而应根据桥上无缝线路设计要求的线路纵向阻力,调整扣件的扣压力值,以保证在全桥一定范围内扣件螺栓扭矩松紧程度一致。

另外对于 CRTS Ⅰ 型板式无砟轨道,扣件系统防爬阻力还应满足板式无砟轨道凸形挡台的受力要求。

3. 零部件和维修工作量

高速铁路轨道维修只能在很短的封锁点内进行,因而要求钢轨扣件零部件少和养护维修工作量小。这就要求扣件各部件有足够的强度,在期望的使用寿命周期内扣件各部件不产生疲劳伤损和显著的残余变形;同时要求扣件有更好的性能,当扣压件和轨下弹性垫层产生磨耗和残余变形时,扣件阻力减小不大,扣件螺栓无需经常进行复拧。

4. 平顺性

钢轨扣件应保证钢轨具有良好的平顺性。良好的平顺性可以降低由于轨道不平顺引起的激振,减小列车通过时的振动,从而提高乘客舒适度。

5. 减振性能

与有砟轨道相比,无砟轨道结构中取消了提供线路弹性的道砟层,这样就要求无砟轨道的扣件具有比有砟轨道更好的弹性,以最大限度地降低轨道的振动,减缓轮轨间的冲击。对于无砟轨道来说,要求扣件各节点刚度一致,以减小动力不平顺。

6. 绝缘性能

为保证行车绝对安全,要求钢轨扣件有良好的绝缘性能,保证轨道电路的正常工作,满足信号系统要求。

7. 钢轨高低与左右位置调整能力

无砟轨道结构中的扣件直接将钢轨与混凝土道床联接在一起，与传统的有砟轨道相比，可大大减少线路的养护维修工作量，但由于轨道结构中取消了道砟层，受施工误差和混凝土基础变化等因素的影响，钢轨高低和轨向的变化不能像有砟轨道那样进行起道和拨道作业，只能通过扣件进行调整，因此，无砟轨道结构要求所用扣件具有一定的高度和轨距调整能力。

对于桥上无砟轨道来说，受梁体收缩徐变上拱、墩台沉降等因素的影响，钢轨高低的变化更大，因此要求所用扣件具有更大的钢轨高低调整能力。

（二）无砟轨道扣件系统

目前，我国高速铁路无砟轨道主要采用 WJ－7 和 WJ－8 型扣件。

1. WJ－7型扣件

（1）结构组成

WJ－7 型扣件是在总结秦沈客运专线铺设 WJ－2 型扣件的成功实践基础上进行优化设计的，适应无砟轨道的铺设要求，结构如图 4－1－2 所示，主要由弹条、绝缘块、铁垫板、T 形螺栓、螺母、平垫圈、轨下垫板、绝缘缓冲垫板、锚固螺栓、重型弹簧垫圈、平垫块以及预埋于混凝土枕或轨道板的绝缘套管等部件组成。

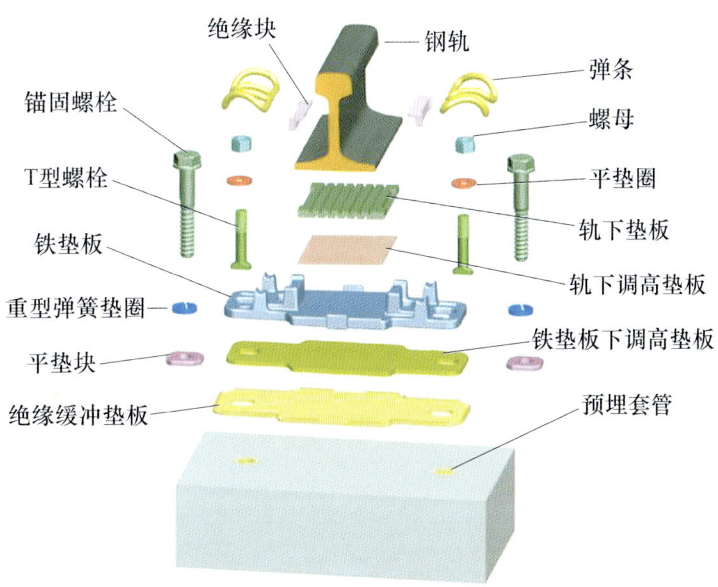

图 4－1－2　WJ－7 型扣件结构组成

（2）主要结构特征

1）扣件适用于铺设 60 kg/m 钢轨的无砟轨道，并满足铺设无缝线路的要求。

2）扣件结构为带铁垫板的弹性分开式扣件。

3）混凝土轨枕或轨道板承轨槽不设混凝土挡肩。

4）铁垫板上设置1∶40轨底坡，混凝土轨枕或轨道板承轨面为平坡。

5）铁垫板上设有T型螺栓插入座和钢轨挡肩，通过拧紧T型螺栓螺母紧固弹条。

6）铁垫板上钢轨挡肩与钢轨间设有绝缘块，可有效地提高扣件系统的绝缘性能。

7）铁垫板与钢轨轨底间设减振垫层，实现系统的弹性。

8）钢轨左右位置调整通过移动带有长圆孔的铁垫板来实现，为连续无级调整。

9）钢轨高低位置调整量大，满足无砟轨道的使用要求，在轨下垫板下垫入充填式垫板可实现高低的无级调整。

（3）主要技术标准

扣件系统要求按《WJ－7型扣件暂行技术条件》（科技基〔2007〕207号）执行，零部件技术要求按《WJ－7型扣件零部件制造验收技术条件》执行。

主要技术标准：

1）适应钢轨类型

扣件系统按铺设60 kg/m钢轨设计。

2）轨底坡

铁垫板上设置1∶40轨底坡。

3）钢轨纵向阻力

一般地段，每组扣件钢轨纵向阻力应大于9 kN；小阻力地段，每组扣件钢轨纵向阻力为4 kN。

4）节点静刚度

采用A型轨下垫板时，扣件节点静刚度为50 kN/mm ± 15 kN/mm；采用B型轨下垫板时，扣件节点静刚度为35 kN/mm ± 10 kN/mm。

5）绝缘电阻

两轨间绝缘电阻大于3 Ω·km，并满足轨道电路对其绝缘电阻的要求。

6）钢轨左右位置调整

单股钢轨左右位置调整量：－6～＋6 mm。

轨距调整量：－12～＋12 mm。

7）钢轨高低位置调整：30 mm。

2. WJ－8型扣件

(1)结构组成

WJ－8 型扣件是为适应有挡肩无砟轨道,满足高速铁路扣件系统的技术要求而研发的一种无砟轨道扣件系统,结构如图 4－1－3 所示,扣件系统由螺旋道钉、平垫圈、弹条、绝缘块、轨距挡板、轨下垫板、铁垫板、铁垫板下弹性垫板和定位于混凝土轨枕或轨道板的预埋套管组成。采用调高垫板(分轨下调高垫板和铁垫板下调高垫板)实现钢轨高低调整。

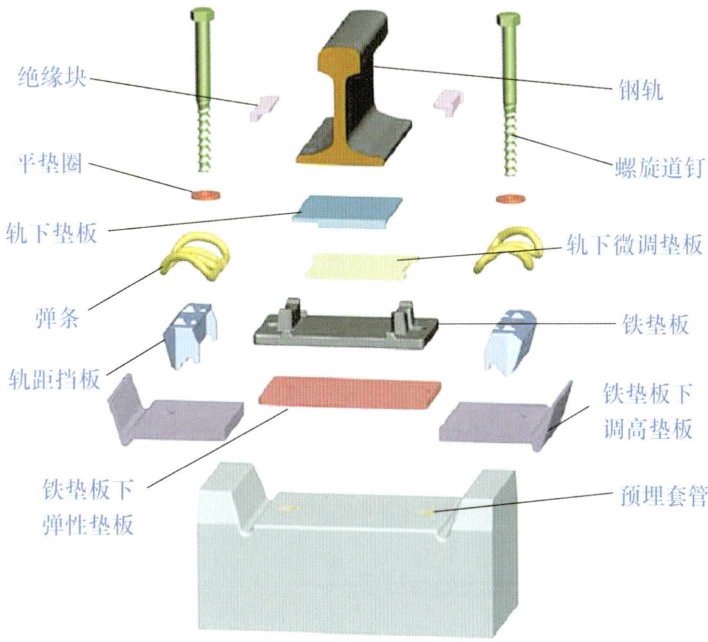

图 4－1－3　WJ－8 型扣件结构组成

(2)主要结构特征

1)扣件系统为带铁垫板的弹性不分开式扣件,混凝土轨枕或轨道板承轨槽设混凝土挡肩。

2)铁垫板上设挡肩,挡肩与钢轨之间设置工程塑料制成的绝缘块,不仅可以缓冲钢轨对铁垫板的冲击,而且可大幅提高扣件系统的绝缘性能。

3)铁垫板与混凝土挡肩间设置工程塑料制成的轨距挡板,用以保持和调整轨距,同时起绝缘作用。

4)扣件组装紧固螺旋道钉时,以弹条中肢前端接触轨底为准,避免了在钢轨与铁垫板间垫入调高垫板时弹条扣压力不足或弹条应力过大。

5)配套设计的弹条结构上作了优化,弹条弹程增大,提高了疲劳强度。

6)铁垫板下设弹性垫层,扣件系统具有良好的弹性。

(3)主要技术标准

扣件系统要求按《WJ－8 型扣件暂行技术条件》(科技基〔2007〕207 号)执行,零部件技术要求按《WJ－8 型扣件零部件制造验收技术条件》执行,扣件铺设养护维修按《WJ－8 型扣件铺设和养护维修说明》执行。

主要技术标准:

1)适应钢轨类型

扣件系统按铺设 60 kg/m 钢轨设计。

2)轨底坡

铁垫板上设置 1∶40 轨底坡。

3)钢轨纵向阻力

一般地段,每组扣件钢轨纵向阻力应大于 9 kN;小阻力地段,每组扣件钢轨纵向阻力为 4 kN。

4)节点静刚度

采用 A 型轨下垫板时,扣件节点静刚度为 50 kN/mm ± 15 kN/mm;采用 B 型轨下垫板时,扣件节点静刚度为 30 kN/mm ± 10 kN/mm。

5)绝缘电阻

两轨间绝缘电阻大于 3 Ω · km,并满足轨道电路对绝缘电阻的要求。

6)钢轨左右位置调整

单股钢轨左右位置调整量:－5 ～ ＋5 mm。

轨距调整量:－10 ～ ＋10 mm。

7)钢轨高低位置调整:30 mm。

第二节　道　　岔

道岔是实现机车车辆转线运行的轨道设备。道岔结构复杂,技术难度大,是线路中的薄弱环节,是影响列车速度和行车安全的关键设施之一。

一、关键设计理论

(一)动力学设计理论

将列车与道岔视为相互耦合的振动系统,研究列车直向或侧向通过道岔时的行车安全性、平稳性以及道岔结构的动力行为。道岔动力学主要包括车辆模型、道岔模型、岔区轮轨接触关系三个方面。

车辆模型中,车体考虑横摆、浮沉、侧滚、点头和摇头振动5个自由度;每个转向架考虑横摆、浮沉、侧滚、点头和摇头振动5个自由度;每个轮对考虑横摆、浮沉、侧滚和摇头振动4个自由度;车辆模型共31个自由度。车轮为锥形或磨耗形踏面。

道岔模型模型中所采用的基本假定及主要特点为:

(1)考虑了每一根钢轨的参振。以岔枕支承点为节点,将钢轨结构离散化,钢轨视为在竖向和横向平面内双向可弯的欧拉梁,尖轨、可动心轨及翼轨视为变截面梁,其他钢轨视为等截面梁。每一钢轨节点有4个自由度,即竖向位移、竖向偏角、横向位移、横向偏角。

(2)岔枕的偏心受载和弯曲变形。以钢轨作用点为节点,将岔枕结构离散化,岔枕在竖向平面内视为单向可弯的欧拉梁,在横向平面内视为刚体质量块。每一岔枕节点有3个自由度,即竖向位移、竖向偏角及横向位移。考虑钢岔枕的参振。

(3)钢轨与岔枕的联结视为弹簧阻尼装置,其弹性和阻尼视支承情况不同而变化。岔枕与道床的联结也视为弹簧阻尼装置,在岔枕纵向上道床的支承弹性和阻尼视为均匀分布。

道岔区内特殊的轮轨接触情况,决定列车－道岔系统动力学问题必须考虑动态的轮轨接触关系。轮轨垂向力采用赫兹接触理论求解,轮轨横向力采用Kaller线性接触理论求解,并采用沈氏理论作非线性修正。

道岔动力学理论在道岔设计中有如下应用:

(1)平面线型设计:分析列车侧向过岔时的平稳性,指导道岔平面线型设计。

(2)轨道刚度设计:指导道岔扣件系统竖向刚度的合理取值、轨下及板下弹性垫层的合理匹配、道岔各部位整体刚度均匀化设计、道岔及前后轨道刚度过渡设计等。

(3)轮轨关系设计:指导尖轨及可动心轨合理降低值、轨底坡、导曲线超高、尖轨及心轨跳动限值等设计。

(4)部件动力强度设计:指导各关键零部件强度检算及结构设计。

(5)动力学设计评估:仿真分析列车直侧向通过路基、桥梁上的过岔时行车安全性、平稳性及舒适性,评估道岔结构设计是否达到设计目的。

(6)制造组装及养护维修偏差的制订:分析各种几何形位偏差、密贴状态等对行车安全性、平稳性的影响,确定制造及养护维修相关偏差限值。

(二)道岔转换计算理论

将尖轨及心轨视为具有非线性摩擦阻力的变截面悬臂梁,研究尖轨及心轨在转换过程中的受力与变形行为。

高速道岔尖轨及心转换分析模型分别如图 4 - 2 - 1 和图 4 - 2 - 2 所示。考虑特殊结构外形和关键性细节部位,如尖轨与心轨的截面特性、牵引点位置、动程等,考虑到转换过程中的线性和非线性因素,如摩擦力、密贴反力、顶铁反力、扣件阻力等。密贴段的密贴作用、顶铁反力作用及扣件支撑采用非线性弹簧单元模拟。尖轨与心轨采用非线性变截面梁单元模拟。扣件采用非线性弹簧单元进行模拟,跟端以前长、短心轨之间的间隔铁结构采用弹簧单元进行模拟,跟端间隔铁采用等截面梁单元进行模拟。

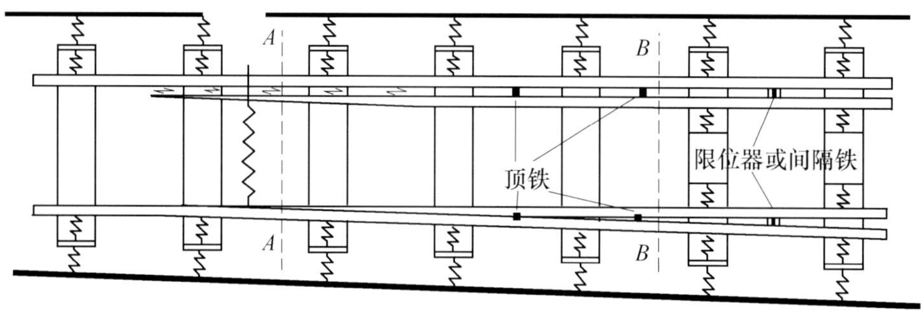

图 4 - 2 - 1 尖轨转换分析模型平面图

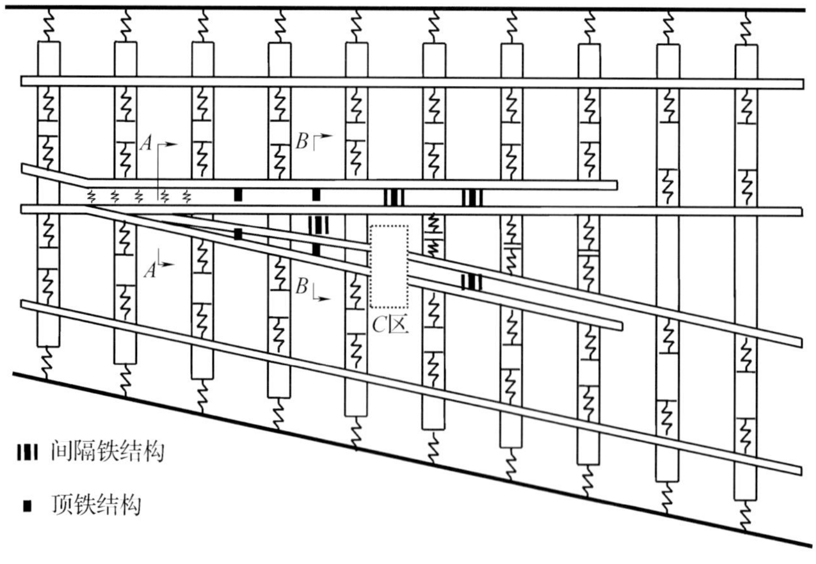

图 4 - 2 - 2 心轨转换分析模型平面图

道岔转换计算理论可在如下设计或计算中应用：

1. 转换牵引点的布置设计：指导尖轨及心轨上牵引点布置的位置、转换动程等设计。

2. 辊轮的布置设计：指导尖轨下辊轮的设置数量、位置等设计。

3. 转换力的检算：检算各牵引点转换力能否满足转辙机功率要求。

4. 转换不足位移或钢轨转换线型检算：检算尖轨及心轨转换后的线型能否满足道岔几何平顺性的要求。

5. 最小轮缘槽检算：检算尖轨转换后最小轮缘槽是否满足设计要求。

（三）无缝道岔设计理论

将路基或桥梁上的道岔、道岔群及前后线路视为跨区间无缝线路中相连接的单元轨节，研究在温度力作用下道岔各部件的受力与变形。

路基上无缝道岔计算模型，从无缝线路中取出无缝道岔（直侧股全部焊接）隔离体后，温度力在道岔中的传递途径如图4－2－3所示。可以看出，岔后长短心轨温度力通过辙叉跟端结构传递至翼轨、导轨（即连接直曲尖轨的导向轨），又通过转辙器跟端结构传递至基本轨；导轨在伸缩过程中还要带动岔枕发生纵移，将部分温度力由导轨传向基本轨。可见，岔内传力结构设计是保证无缝道岔受力及变形合理，实现跨区间无缝线路的关键技术之一。

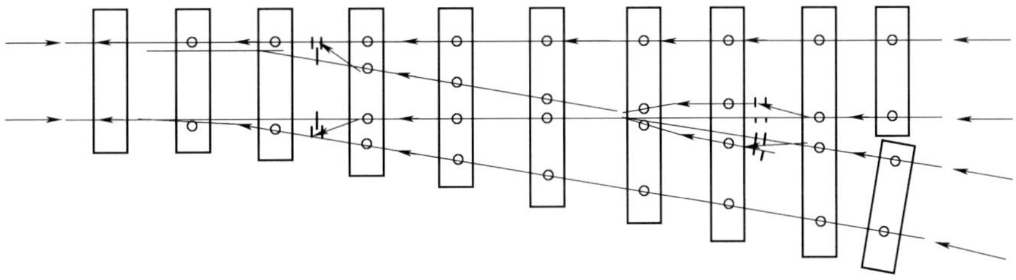

图4－2－3　无缝道岔中温度力传递途径（箭头表示温度力方向）

无缝道岔计算理论可在如下设计中应用：

（1）传力部件的设计：指导尖轨及心轨跟端传力结构的选型及结构设计。

（2）转换锁闭机构的设计：确定转换锁闭机构容许尖轨及心轨伸缩位移限值，指导其结构设计。

（3）容许轨温变化范围设计：确定道岔在路基、桥梁上容许铺设轨温变化范围，道岔与道岔间容许插入直线段的长度等。

（4）各接头焊接顺序设计：确定道岔内及前后接头焊接顺序。

二、道岔种类及使用条件

我国高速铁路道岔按直向容许通过速度可分为 250 km/h、350 km/h 两种类型，按侧向容许通过速度可分为 80 km/h、160 km/h、220 km/h 三种类型，按道岔功能可分为正线道岔、渡线道岔和联络线道岔三种类型，按轨下基础可分为有砟轨道及无砟轨道两种类型。表 4-2-1 为我国高速道岔的种类。

表 4-2-1 我国高速道岔种类

客运专线	直向过岔速度(km/h)	侧向过岔速度(km/h)			轨下基础
		正线道岔	渡线道岔	联络线道岔	
时速 250 km 客货共线铁路	250	80	120 或 160	/	有砟为主
时速 250 km 无货运城际铁路	250	80	120 或 160	/	无砟为主
时速 350 km 客运专线	350	80	160	220	无砟

高速铁路正线使用道岔的一般原则：

(1) 正线与到发线连接用道岔应采用 18 号道岔；

(2) 车站咽喉区两正线间的渡线道岔按功能需要选用 18 号或 42 号道岔；

(3) 正线与联络线连接的转线道岔应采用 42 号道岔；

(4) 到发线与到发线连接采用 18 号道岔。改、扩建大型站特别困难条件下，可采用 12 号可动心轨辙叉单开道岔。

三、主要技术参数

(1)道岔适用于轨距 1 435 mm 的铁路。

(2)设计轴重：客运专线(最高速度 350 km/h)小于等于 170 kN；客货混跑(客车最高速度 250 km/h，货车最高速度 120 km/h)小于等于 230 kN。

(3)道岔轨底坡与区间轨道一致，不一致时应在道岔前后均匀过渡。

(4)轨下基础分无砟、有砟两种类型。

(5)线间距：最高速度 350 km/h 线路为 5 m，最高速度 250 km/h 线路为 4.6 m。

(6)年最大轨温差 100 ℃。

(7)道岔线型、结构、转换设计应有试验、研究或运营实践支持。

(8)轨道电路的两钢轨绝缘应对齐安装，当不能实现此要求时，其错开的距离(死区段）不得大于2.5 m。

(9)道岔整体使用寿命不少于20年，或通过总重6亿t以上。

(10)道岔试运营前，在道岔直向容许通过速度+10%、侧向容许速度+10 km/h的条件下，要通过列车运行安全性与平稳性动力学试验确认。

四、平面线型

中国高速道岔的设计参数采用如下标准：

(1)未被平衡的离心加速度 $a \leqslant 0.5\ m/s^2$。

(2)未被平衡的离心加速度时变率 $\psi \leqslant 0.4\ m/s^3$，圆曲线尖轨尖端除外。

(3)夹直线长度 $L \geqslant 0.4\ V$，车站到发线道岔及渡线道岔间的夹直线长度不应小于20 m。采用两支反向缓和曲线时起点可直接连接。

以上标准中(1)和(2)，分别相当于欠超高75 mm和欠超高时变率60 mm/s，也符合UIC规程规定的道岔在侧向速度120～220 km/h时，标准欠超高为60 mm，最大为80 mm的规定。

应当说明，上列未被平衡的离心加速度及其时变率为迄今国内外普遍采用的道岔设计参数，仅基于质点运动理论，车辆进入或驶出导曲线时动力性能考虑了车辆转向架中心距的影响。道岔区轮轨相互作用动力学性能还需结合所走行的车辆结构、性能根据动力响应计算及测试结果评价。图4－2－4为我国客运专线18号单渡线道岔平面主要尺寸及动力性能，表4－2－2为我国高速道岔平面线型的主要尺寸。

表4－2－2　客运专线正线道岔平面线型主要参数

道岔号数	60－18	60－42
平面线型	圆曲线(相离12 mm)	圆曲线＋抛物线
导曲线半径	1 100	5 000
道岔前长	31.748	60.573
道岔后长	37.252	96.627
道岔总长	69	157.2
尖 轨 长	21.45	40.04
尖轨轨头刨切段长	10.97	23.778
尖轨牵引点数量	4	6
心轨牵引点数量	2	3

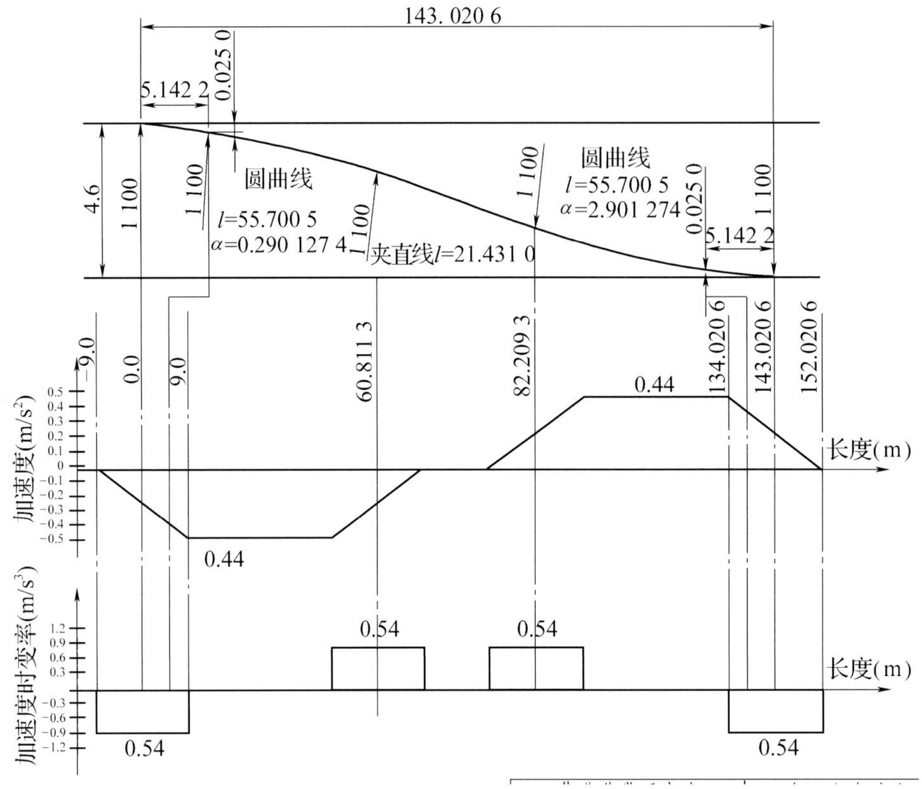

图 4 - 2 - 4　18 号道岔的渡线平面主要尺寸及动力性能

五、结构特点

(一) 转辙器部分

转辙器部分基本轨采用 CHN60 轨制造，设 1∶40 轨底坡。尖轨采用 60D40 钢轨制造，其优点是高度较小，便于滑床板的结构设计，横向刚度较小，有利于减小扳动力，尖轨可动部分用整根钢轨制造，不焊接，顶面加工 1∶40 轨顶坡，跟端按 1∶40 扭转。尖轨材质与线路钢轨相同，轨头表面不淬火。

采用道岔动力学仿真分析理论，以提高行车舒适性和确保尖轨强度作为尖轨顶面降低值设计依据。时速 250 km 道岔尖轨顶面纵坡采用如下降低值：顶宽 0 mm，降低 23 mm；顶宽 5 mm，降低 14 mm；顶宽 20 mm，降低 4 mm；顶宽 50 mm，降低 0 mm。时速 350 km 道岔直尖轨降低值采用了缩短轮载过渡范围和轮轨转移点来提高行车舒适性；曲尖轨与时速 250 km 道岔一样，以确保尖轨强度和适当提高行车舒适性为设计前提。

滑床板范围内的基本轨内侧均采用弹性夹扣压，结构如图 4 - 2 - 5 所示，其优点是扣压力大，安装和拆卸均较为方便。

图4-2-5　滑床台弹性扣压

图4-2-6　间隔铁结构

尖轨跟端成型段长度为450 mm,过渡段长为150 mm。尖轨跟端的传力机构有三种方式:一种是设间隔铁(见图4-2-6);一种是设限位器(见图4-2-7);还有一种是不设任何传力机构,只用扣件固定。尖轨跟端传力机构的具体设置方式,需根据道岔号码、轨温范围和尖轨尖端容许伸缩量综合确定。间隔铁跟端传力机构的优点是尖轨的固定比较牢固,尖轨的位移最小,也有利于保持尖轨的线型。缺点是基本轨承受的附加力最大,间隔铁本身的受力也较大。限位器跟端传力机构的优点是传力较为明确,基本轨所受的附加力较小,但尖轨的位移较大,缺点是限位器受力时容易造成尖轨的方向不好,且多个限位器也很难同时受力。不设任何传力机构:尖轨跟端只用扣件固定,结构较为简单,但尖轨的位移较大且难以控制,国内较少使用。

图4-2-7　限位器结构

图4-2-8　滑动斜接头

(二)导曲线部分

导曲线部分钢轨采用CHN60钢轨制造,设1:40轨底坡,侧股曲导轨上不设超高,采用弹性扣件扣压。

（三）辙叉部分

道岔心轨采用与尖轨相同材质的60D40钢轨栓结而成，18号道岔为单肢弹性可弯心轨结构，侧向为滑动斜接头（图4－2－8）。42号道岔为双肢弹性可弯心轨结构；翼轨为轧制特种断面翼轨，前端机加工后与普通钢轨焊接，后端通过机加工形成普通断面，外侧采用弹条扣压。道岔心轨尖端设有防跳间隔铁、密贴段设有防跳卡铁、后端设有防跳顶铁来防止心轨的跳动。

图4－2－9　水平藏尖结构

图4－2－10　护轨内侧弹性夹扣压

时速250 km道岔心轨采用垂直藏尖结构，顶面纵坡采用如下降低值：顶宽0 mm，降低23 mm；顶宽5 mm，降低14 mm；顶宽20 mm，降低4 mm；顶宽50 mm，降低0 mm。时速350 km道岔心轨采用水平藏尖结构，心轨尖端水平藏尖量10 mm，结构如图4－2－9所示。

采用33 kg/m护轨，用槽形钢制造，侧面工作边作淬火处理，护轨内侧采用弹性夹扣压（图4－2－10）。心轨材质与线路钢轨相同，轨头表面不淬火。

图4－2－11　辙叉跟端结构

辙叉跟端采用两个双孔间隔铁将翼轨与心轨胶结的结构，辙叉后端两心轨间也采用长大间隔铁进行联结，可较好地传递岔后区间无缝线路的温度力、保持辙叉的横向稳定性和防止心轨卡阻，结构型式如图4－2－11所示。

六、轨道刚度设计

高速道岔刚度是影响列车运行品质、道岔振动与变形、道岔部件使用寿命以及养护维修工作量的重要参数。轨道刚度过小，簧下质量引起的动态应力越小，对减少轨道部件伤损是有利的，但轨道变形增大，道岔几何状态难以保持，从而带来较大的维修工作量；相反，轨道刚度过大，轨道变形小，但应力增大，钢轨、扣件和轨枕等部件的伤损将增加，因此，高速道岔轨道刚度存在合理取值及部件刚度合理匹配问题。

高速道岔轨道刚度合理取值应从列车运行品质、道岔振动强度、应力水平、变形大小、部件刚度匹配关系 5 个方面综合考虑。运用车辆－道岔耦合动力学分析可确定我国高速铁路道岔轨道刚度合理值为：时速 250 km 有砟道岔扣件系统静刚度设计值为 50 ±5 kN/mm，动静刚度比不大于 1. 8；时速 250 km 和时速 350 km 无砟道岔扣件系统静刚度设计值为 25 ±2. 5 kN/mm，动静刚度比不大于 1. 5。

高速道岔中，作用在一根钢轨上的轮载通过岔枕、垫板和间隔铁等部件传至另一根钢轨上，使另一根钢轨起到帮轨作用，相应地也就改变了轮载直接作用钢轨的整体刚度。另外道岔区存在基本轨、尖轨、翼轨和心轨等多种钢轨型式，其抗弯刚度各不相同，加上间隔铁、扣件和道床等因素的影响，使得高速道岔的轨道刚度呈很强的突变特性（图 4－2－12），列车过岔时轮下轨道下沉位移不等，影响过岔舒适性，为保证列车过岔时轨道下沉位移量尽可能相等，实现轨道整体刚度的均匀化，不同部位处的扣件系统采取了不同的设计刚度，通过板下橡胶垫层的不同分块设计予以实现，图 4－2－13。在道岔前后需设置 0. 5 s 列车距离的轨道刚度过渡段，实现与区间线路的均匀过渡。

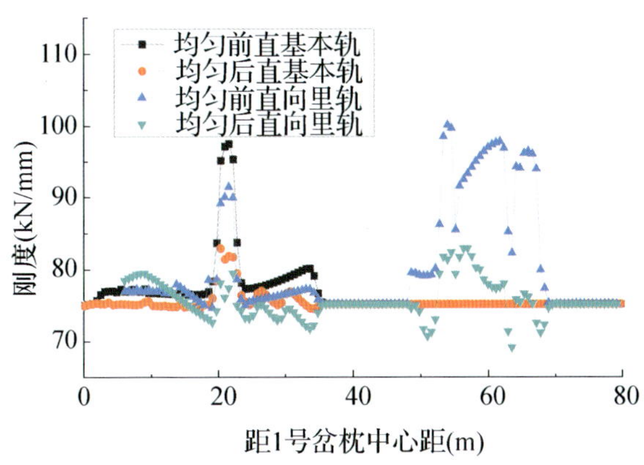

图 4－2－12　道岔均匀前后刚度对比

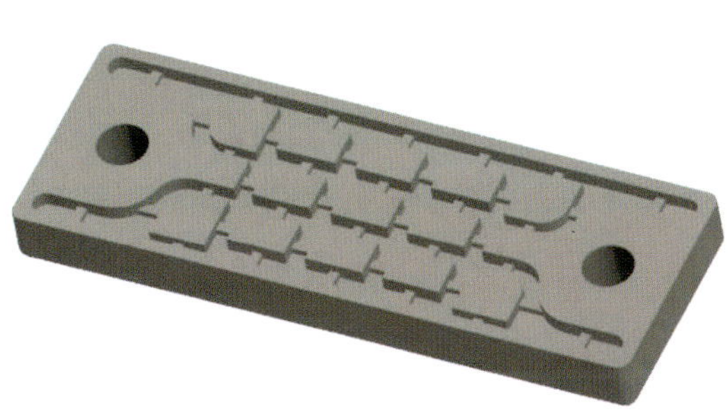

图 4－2－13　分块式橡胶垫层

七、扣件系统

道岔扣件系统结构如图 4－2－14，采用Ⅱ型弹条和硫化铁垫板结构，轨下设 5 mm 橡胶垫层，板下设 20 mm 橡胶垫层与铁垫板硫化在一起，铁垫板与岔枕的联结采用 $\phi 30$ 高强螺栓及带缓冲偏心套的结构，可降低锚固螺栓的受力点和保证垫板弹性。板下垫层设置调高垫板，可实现 0～26 mm 调高量。弹条座与轨底间设置轨距块，与偏心套相结合，可实现 －8～＋4 mm 的调距量，调距精度为 1 mm。扣件其他主要技术参数为：弹条扣压力＞10 kN；防爬阻力＞12 kN；疲劳性能符合 EN 13481－7 性能要求；绝缘性能要求干态下两走行轨间绝缘电阻大于 $10^6\ \Omega$；预埋件在混凝土轨枕中抗拔力大于 10 kN；轨底坡为 1∶40。

(a)组装图　　(b)散件图

图 4－2－14　扣件系统结构

扣件系统主要特点可归纳为：

(1)结构为带铁垫板的弹性分开式结构；

(2)弹性铁垫板上部结构考虑无螺栓扣件系统和有螺栓扣件系统两种方案；

(3)挡肩与钢轨轨底间设轨距块可用于调整和保持轨距；

(4)钢轨与弹性铁垫板间设轨下橡胶垫板，主要起缓冲作用；

(5)弹性铁垫板下部的弹性垫层起弹性作用；

(6)弹性铁垫板与混凝土岔枕采用螺栓与预埋套管配合紧固方式联结；

(7)弹性铁垫板与螺栓间设置缓冲调距块，既缓冲铁垫板对螺栓的横向冲击又可调整铁垫板的位置进而调整轨距；

（8）垫板螺栓通过盖板扣压弹性铁垫板，盖板上附有弹性较好的橡胶垫圈，既不对弹性铁垫板产生较大压力也可防止垫板倾翻。

八、转换设备

转换牵引方式采用多机多点牵引方式（图 4－2－15），转换设备使用寿命 100 万次以上且不少于 20 年，电气接点应符合中国铁路车站的联锁电路要求，转辙机应具有手动装置，手动时应可靠切断电机电源，采用三相 380V 交流电源，室外不设置控制及转接设备，尖轨、心轨的第一牵引点采用动作杆和锁闭杆双锁闭。

图 4－2－15　多机多点牵引

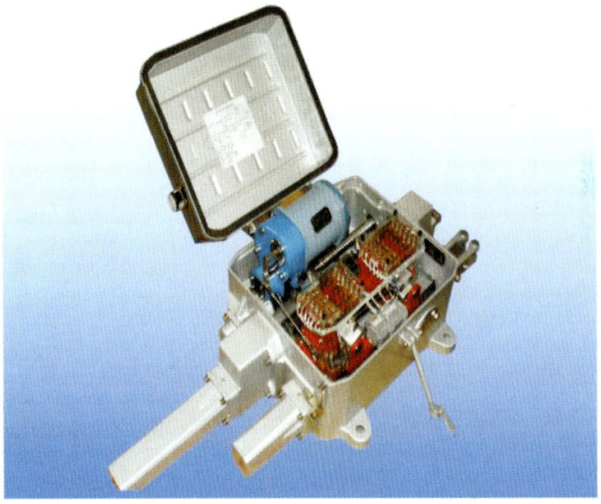

图 4－2－16　ZDJ9 型电动转辙机

道岔可配置 ZDJ9 型电动转辙机（图 4－2－16）、S700K 型电动转辙机和 ZYJ7 型电液转辙机。转辙机应在下列条件下可靠地工作：大气压不低于 70 kPa（海拔高度不超过 3 000 m）；周围空气温度为 －40 ℃ ~ ＋70 ℃；空气相对湿度不大于 90%（25 ℃）；振动按 TB/T 2846《铁路地面信号产品振动试验方法》中规定的第三种方法执行；周围无引起爆炸危险的有害气体。

转辙机电气参数：电源电压：三相交流 380V（单线允许电阻≥54 Ω），50 Hz；动作时间不大于 8 s；转辙机内应有控制电路配线并配有相应的标牌。

道岔尖轨宜采用分动外锁闭装置。外锁闭装置牵引杆件的布置应有利于道岔的捣固和维修。

第三节 无砟轨道道床结构

一、CRTS Ⅰ型板式无砟轨道

(一)结构组成及特点

CRTS Ⅰ型板式无砟轨道是将预制轨道板通过水泥沥青砂浆调整层,铺设在现场浇注的具有凸形挡台的钢筋混凝土底座上,并适应 ZPW－2000 轨道电路的单元轨道板无砟轨道结构型式。

1. 结构组成

CRTS Ⅰ型板式无砟轨道由钢轨、扣件系统、充填式垫板、轨道板、水泥乳化沥青砂浆调整层、混凝土底座、凸形挡台及周围填充树脂等组成。其中,扣件采用无挡肩弹性分开式扣件,扣件节点间距一般为 629 mm,不宜大于 650 mm,特殊情况下间距大于 650 mm 时应进行特殊检算,结构组成如图 4－3－1。

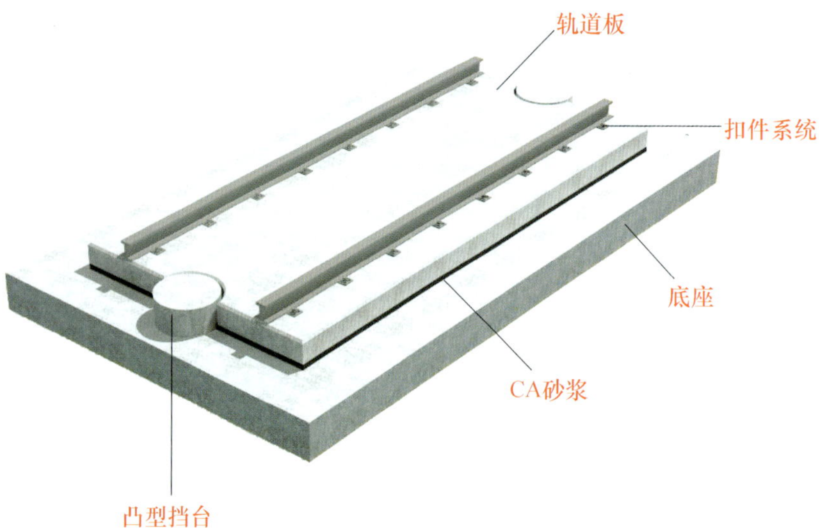

图 4－3－1 板式无砟轨道结构示意图

板式无砟轨道分为平板型无砟轨道和框架板式无砟轨道,如图 4－3－2 所示。

2. 结构特点

轨道板采用工厂化生产,并提前预制存储。在线下基础沉降稳定,通过无砟轨道铺设条件评估达到轨道施工要求后,进行底座混凝土及凸型挡台的灌筑,利用运板车及龙门吊将轨道板运输并铺设至线路上,再对轨道板进行精确调整后灌注 CA 砂浆,铺设无缝线路。

平板

框架板

图4－3－2　板式无砟轨道

CRTS Ⅰ型板式无砟轨道具有以下技术特点：

（1）将预制好的轨道板直接“放置”在混凝土底座上，通过轨道板与底座之间充填水泥乳化沥青砂浆调整轨道板，确保铺设精度。

（2）具有良好的施工性能，轨道板采用工厂高精度批量生产，现场组装铺设，施工简便快速，可最大限度地减少现场工作量，提高机械化作业水平，加快施工进度。

（3）具有良好的可修复性，轨道几何形位不仅可以通过扣件调整，也可以通过调整水泥沥青砂浆和凸形挡台树脂厚度适应线下基础垂向和横向变形，可调整性强。采用单元板式结构，在轨道板发生损坏或线下基础发生变形时，可通过更换轨道板及重新灌注砂浆来进行快速修复，对线路运营的干扰相对较小。

（4）具有较好的弹性，同时具有良好的减振降噪能力和抗震性能。

（5）轨道板预制必须配备专用制造设备和运输机具，施工中要配备水泥乳化沥青砂浆现场配置、运输和灌注等成套设施，施工机械化程度要求较高，初期投资大。

（二）主要结构设计标准

1. 轨道板

轨道板有三种型式：预应力混凝土平板（P）、预应力混凝土框架板（PF）和钢筋混凝土框架板（RF），轨道板类型根据环境条件和下部基础合理选用，见表4－3－1。板长主要有4 962 mm、3 685 mm、4 856 mm等，板宽为2 400 mm，板厚为190 mm。轨道板两端设半圆形缺口，半径为300 mm。轨道板在制造、运输、铺设和运营期间均要对外形尺寸偏差和质量进行严格的精度控制，除对长度、宽度、厚度、平顺度及预埋件等进行精度控制外，还对表面缺陷和破损等提出了严格质量要求。

表 4－3－1　不同类型轨道板适用范围

下部基础＼气候环境		温暖地区	寒冷、严寒地区	高盐、酸雨环境
路　基		PF4962、P4962	P4962	PF4962、P4962
桥梁	24 m 梁	KJ4856、KJ4856A(梁端) PF4856、PF4856A(梁端) P4856、P4856A(梁端)	P4856、P4856A(梁端)	PF4856、PF4856A(梁端) P4856、P4856A(梁端)
	32 m 梁	KJ4962、KJ3685(梁端) PF4962、PF3685(梁端) P4962、P3685(梁端)	P4962、P3685(梁端)	PF4962、PF3685(梁端) P4962、P3685(梁端)
隧　道		KJ4962、PF4962、P4962	KJ4962、PF4962、P4962	KJ4962、PF4962、P4962

2. 水泥乳化沥青砂浆调整层

水泥乳化沥青砂浆(CA 砂浆)主要由水泥、砂、乳化沥青等材料经特殊工艺制配而成,作为板式无砟轨道轨道板和基础之间的填充调整垫层,为板式无砟轨道提供一定的弹性。CA 砂浆厚度为 50 mm,对于减振型板式轨道,厚度为 40 mm,弹性模量为 100 ~ 300 MPa。

为了保证其良好的工作性能,对砂浆的流动度、强度、膨胀率、抗冻性能等均有严格的要求,同时对严寒地区采用的 CA 砂浆有专门的技术要求。CA 砂浆采用袋装灌注法施工。

3. 混凝土底座

底座结构设计应根据列车荷载、温度荷载及混凝土收缩等的共同作用,进行强度和裂缝宽度检算,同时应考虑下部基础变形的影响,进行结构强度检算。

底座采用钢筋混凝土结构,混凝土强度等级为 C40。底座的外形尺寸根据设计荷载计算确定,曲线地段底座内侧厚度不应小于 100 mm。

宽度:路基上为 3 000 mm;隧道和桥上为 2 800 mm。

厚度:路基上为 300 mm;隧道和桥上为 200 mm。

混凝土底座原则上为分段结构,每隔一定间距,对应凸形挡台中心位置,设置 20 mm 宽横向伸缩缝。轨道板外侧的底座顶面设置横向排水坡。

4. 凸形挡台及周围填充树脂

凸形挡台按固定于混凝土底座上的悬臂构件设计,形状分圆形和半圆形,凸形挡台

半径 $R=260$ mm，高度为 250 mm，按每单元板间隔设置。

凸形挡台和轨道板之间填充树脂材料，设计厚度为 40 mm，树脂砂浆采用袋装灌注法施工，其性能应该满足相关技术条件的要求。

5. 超高设置

曲线超高在底座上设置。超高设置以内轨顶面为基准，采用外轨抬高方式，并在缓和曲线范围内线性过渡。

6. 路基地段 CRTS Ⅰ 型板式无砟轨道

路基地段底座在基床表层上分段设置，每 4 块轨道板长度底座设置 20 mm 伸缩缝，伸缩缝对应凸形挡台中心并绕过凸形挡台。线间排水应结合线路纵坡、桥涵等线路条件和环境条件具体设计。采用集水井方式时，集水井设置间隔应根据汇水面积和当地气象条件计算确定。严寒地区线间排水设计应考虑防冻措施。线路两侧及线间路基面应进行防水处理。

路基地段 CRTS Ⅰ 型板式无砟轨道如图 4－3－3 所示。

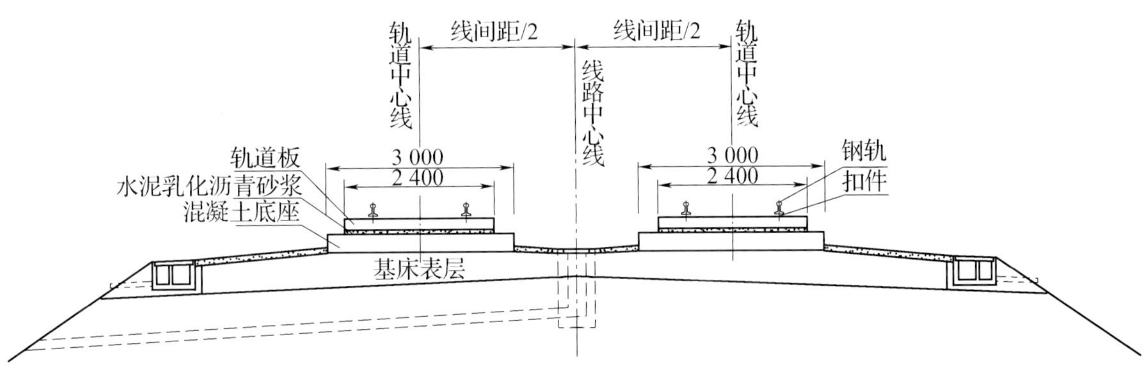

图 4－3－3　路基地段 CRTS Ⅰ 型板式无砟轨道标准横断面示意图（单位：mm）

7. 桥梁地段 CRTS Ⅰ 型板式无砟轨道

桥梁地段底座在梁面构筑并分段设置，每块轨道板长度底座设置 20 mm 横向伸缩缝，伸缩缝对应凸形挡台中心并绕过凸形挡台。桥上扣件纵向阻力及梁端扣件结构型式应根据计算确定。

底座范围内梁面不设防水层和保护层，轨道中心线 2.8 m 范围内梁面应进行拉毛处理，梁体预埋套筒植筋或预埋钢筋方式与底座连接。桥面采用三列排水方式。

路基地段 CRTS Ⅰ 型板式无砟轨道如图 4－3－4 所示。

8. 隧道地段 CRTS Ⅰ 型板式无砟轨道

有仰拱隧道内，底座在仰拱回填层上构筑。沿线路纵向，底座每两块轨道板长，对应凸形挡台中心位置,应设置横向伸缩缝。底座在隧道沉降缝位置,应设置伸缩缝。底座宽度范围内,仰拱回填层表面应进行拉毛或凿毛处理。

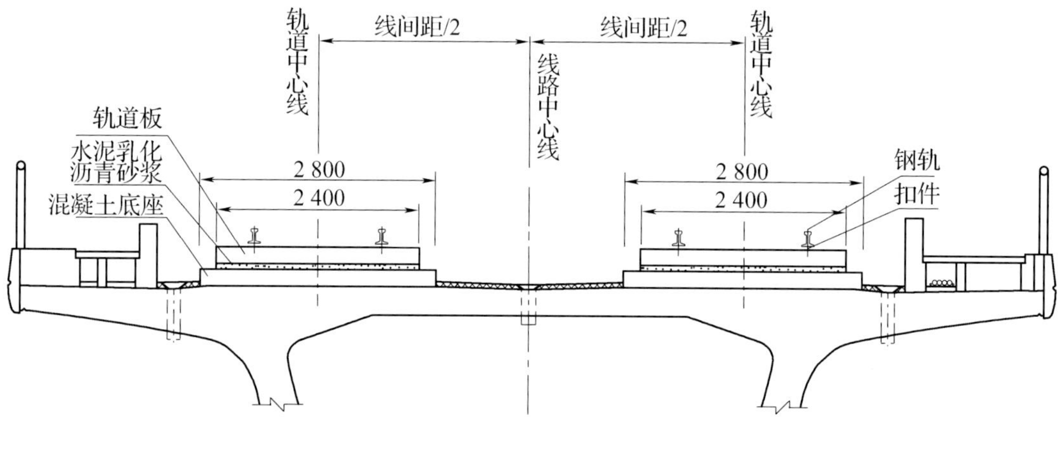

图 4-3-4 桥梁地段 CRTS Ⅰ型板式无砟轨道标准横断面示意图(单位:mm)

无仰拱隧道内,底座与隧道底板应合并设置并连续铺设。当位于曲线地段时,超高一般在底座面上设置。

距隧道洞口 100 m 范围,仰拱回填层应设置钢筋与底座连接。

隧道地段 CRTS Ⅰ型板式无砟轨道结构如图 4-3-5、图 4-3-6 所示。

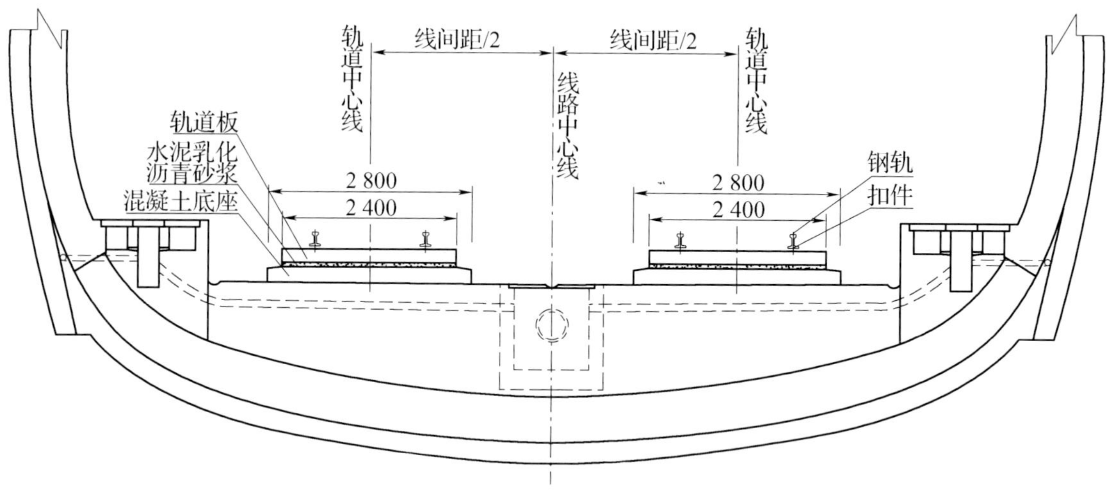

图 4-3-5 有仰拱隧道 CRTS Ⅰ型板式无砟轨道标准横断面示意图(单位:mm)

9. 过渡段设计

在路桥、路隧等线下基础过渡处应设置无砟轨道过渡段,宜在桥台处设置搭板结构,保持轨道结构的连续性。

无砟轨道与有砟轨道应在同一线下基础上过渡,并设置辅助轨,过渡段无砟轨道应采用过渡段专用板,有砟轨道道砟应采用分级粘结。

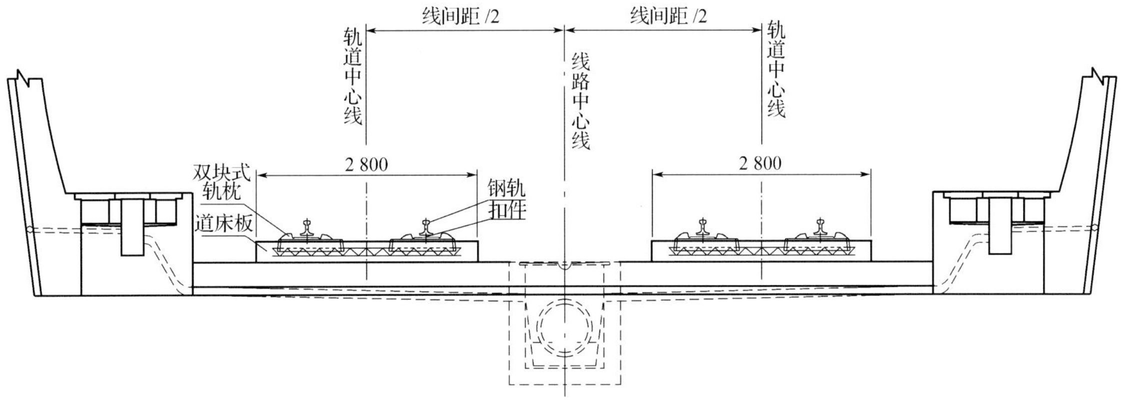

图4－3－6　无仰拱隧道地段CRTS Ⅰ型板式无砟轨道标准横断面示意图(单位:mm)

(三)标准制定依据

1. 扣件

CRTS Ⅰ型板式无砟轨道配套采用无挡肩弹性分开式扣件,轨道板铺设完成后的轨道状态主要通过扣件系统进行精细调整,为保证高速铁路线路的高平顺性和钢轨支承刚度的均匀性,钢轨左右位置通过移动铁垫板进行无备件、无级调整,钢轨的高低位置通过在铁垫板与轨下胶垫之间采用树脂充填式垫板进行无级调整,充填式垫板是保证高速运行条件下配套采用分开式扣件系统的CRTS Ⅰ型板式轨道动态平顺性的重要组成部分。

2. 轨道板

轨道板的形式尺寸既要考虑轨道受力均匀,又要兼顾轨道板在制造、装载运输及施工时的可操作性。

轨道板宽度设计需满足结构设计及制造工艺要求,同时考虑传递列车荷载的有效范围,尽可能减少传递到板下结构的荷载应力及作用在板上的弯矩。轨道板宽度减少,大板横向正弯矩减小,纵向弯矩及横向负弯矩将增大。通过力学计算分析,轨道板设计宽度取为2 400 mm。

轨道板厚度主要由结构强度及配筋要求决定。在结构强度允许的范围内,考虑温度荷载的影响,通过对不同厚度情况下的对比计算分析,轨道板的设计厚度190 mm。但针对特殊环境气候条件下(如严寒地区),考虑提高其抗冻性和耐久性,可适当增大轨道板厚度。

有限元计算分析结果表明轨道板长度在3～6 m范围内,轨道纵、横向的外荷载弯矩变化较小。我国高速铁路桥梁所占比例较高,且主型为32 m简支箱梁,为了减少轨道板类型,轨道板长度设计以此为基础,单孔32 m箱梁设计布置2种长度的轨道板,即

4 962 mm和3 685 mm，可实现桥上扣件节点间距的均匀性（629 mm）。对于数量较少的24 m简支箱梁，布置一种长度的轨道板，即4 856 mm，扣件节点间距617 mm。为统一轨道板长度，降低制造成本，路基和隧道区段轨道板的标准长度为4 962 mm，相邻轨道板的间隙为70 mm。对于其他桥梁结构（如连续梁等）上的轨道板长度，可在标准长度的轨道板基础上，以尽可能减少轨道板类型为原则合理配置，考虑结构设计、制造和施工等因素，轨道板长度宜在3.5～5.5 m范围内。

配合设在底座上的圆形或半圆形凸形挡台，轨道板两端设置半圆形缺口。为统一轨道板的制造，保证产品质量，发布了《客运专线CRTS Ⅰ型板式无砟轨道混凝土轨道板暂行技术条件》。

3. 水泥乳化沥青砂浆

水泥乳化沥青砂浆充填层是CRTS Ⅰ型板式无砟轨道的关键组成部分，其性能的好坏直接影响轨道系统的耐久性和今后的养护维修工作量。CRTS Ⅰ型板式无砟轨道水泥乳化沥青砂浆充填层的主要功能是施工调整、协调板端翘曲变形、阻断底座反射裂纹、缓和轨道振动冲击。轨道系统要求充填层砂浆材料应具有良好的力学性能、施工性和耐久性，并采用袋装灌注法进行施工。我国在秦沈、遂渝线无砟轨道试验段相关研究成果的基础上，结合“板式无砟轨道水泥乳化沥青砂浆的试验研究”开展了大量的试验研究工作，编制了《客运专线CRTS Ⅰ型板式无砟轨道水泥乳化沥青砂浆暂行技术条件》和《客运专线铁路CRTS Ⅰ型板式无砟轨道水泥乳化沥青砂浆和凸台树脂用灌注袋暂行技术条件》，可依照执行。

4. 混凝土底座

混凝土底座是板式轨道的支承基础，其主要功能一方面修正在无砟轨道施工前下部基础（如桥梁上拱、路基沉降）的变形与施工偏差，另一方面实现曲线地段板式轨道的超高设置。底座宽度的设计应在保证结构强度的前提下，考虑板式轨道的施工设备和机具的使用；其厚度和配筋应根据下部基础的支承条件和预测变形（如桥梁的跨中挠度、路基承载力及不均匀沉降等）条件计算确定。由于缓和曲线地段的超高是逐渐变化的，底座高度应根据超高变化情况合理设置。

5. 凸形挡台

凸形挡台作为板式轨道的一个重要组成部分，其主要功能是限制轨道板的纵、横向位移，同时可为轨道板铺设提供测量基准。凸形挡台结构按悬臂受弯构件设计，其悬臂梁的固定端固定于下部混凝土底座中，其受力图式如图 4－3－7 所示。

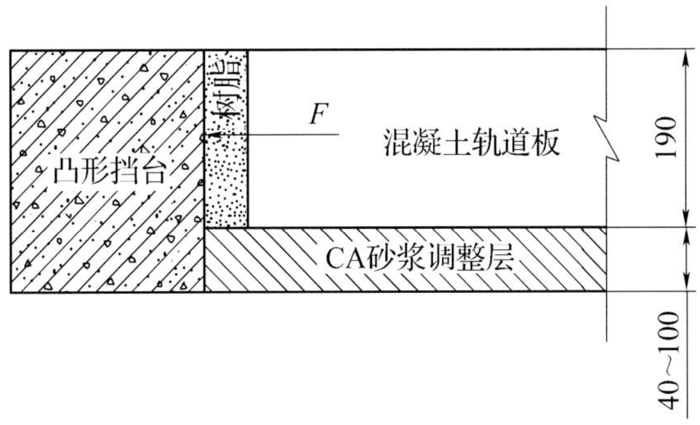

图 4－3－7　凸形挡台受力图式（单位：mm）

作用于凸形挡台上的力包括温度力（长钢轨纵向力、轨道板伸缩产生的纵向力）、轨道抵抗钢轨压屈的横向抗力、制动或牵引力、轮轨横向力等，其中温度力与轨道横向抗力作为主力考虑，其余作为附加力考虑，容许应力分别考虑不同的附加系数。

凸形挡台分圆形和半圆形，半圆形挡台一般设在桥梁的端部或板式轨道的末端。

凸形挡台与轨道板半圆形缺口相匹配，间隙一般为 40 mm，应充填弹性好、强度高的树脂材料，以缓冲轨道对凸形挡台的作用。树脂材料的性能及要求执行《客运专线铁路 CRTS Ⅰ型板式无砟轨道凸形挡台填充聚氨酯树脂（CPU）暂行技术条件》和《客运专线铁路 CRTS Ⅰ型板式无砟轨道水泥乳化沥青砂浆和凸台树脂用灌注袋暂行技术条件》。

6. 与桥梁的连接方式

为保证无砟轨道结构与梁体的可靠连接，实现梁体与无砟轨道结构的变形协调，在混凝土底座范围内的桥面应预埋一定数量的连接套筒或预埋钢筋，其数量应根据无缝线路纵向力的大小计算确定。

二、CRTS Ⅱ型板式无砟轨道

（一）结构组成及特点

CRTS Ⅱ型板式无砟轨道是将预制轨道板通过水泥沥青砂浆调整层，铺设在现场摊铺的混凝土支承层或现场浇筑的钢筋混凝土底座（桥梁）上，适应 ZPW－2000 轨道电路的连续轨道板无砟轨道结构型式。

1. 结构组成

路基、隧道地段 CRTS Ⅱ型板式无砟轨道主要由钢轨、弹性扣件、预制轨道板、水泥乳化沥青砂浆充填层及支承层等部分组成。桥上轨道结构与路基地段有所不同，轨道板仍进行纵向联结，下部设连续浇筑的钢筋混凝土底座，并在底座与梁面保护层之间设置滑动层，底座板两侧设置侧向限位挡块。路基地段结构组成如图4－3－8。

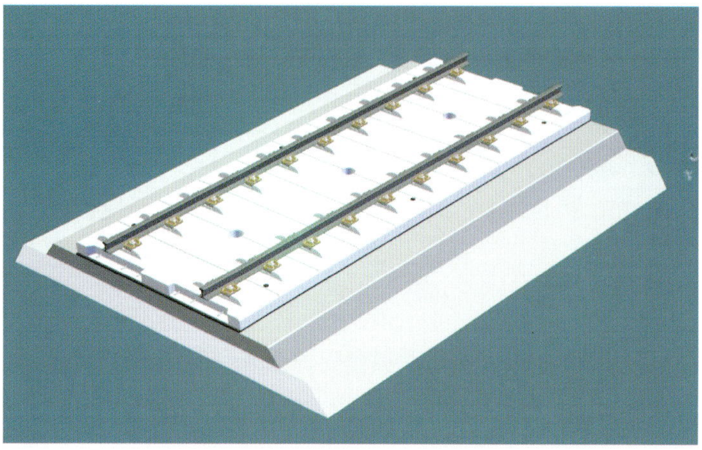

图4－3－8　路基地段CRTS Ⅱ型板式无砟轨道结构示意图

2. 结构特点

2008年，CRTS Ⅱ型板式无砟轨道在京津城际铁路建成通车，如图4－3－9。目前，京沪高铁也采用了该种轨道结构，其主要结构特点如下：

图4－3－9　运营中的京津城际铁路

（1）轨道板采用工厂化预制，通过布板软件计算出轨道板布设、制作、打磨、铺设等工序所需的全部轨道几何数据，实现了设计、制造和施工的数据共享；

（2）轨道板相互之间通过纵向精轧螺纹钢筋紧密联接，较好地解决了板端变形问题，改善了轨道板对下面结构的受力，提高了行车舒适度；

（3）轨道板采用数控机床打磨工艺，打磨精度可达0.1 mm，通过高精度的测量和精调系统，轨道板铺设后即可获得高精度的轨道几何尺寸，最大限度降低铺轨精调工作，大幅度提高综合施工进度；

（4）桥上底座板不受桥跨的限制，为跨越梁缝的纵向连续结构，桥上的轨道板与路

基、隧道内的一致,均为预制轨道板,利于工厂化、标准化生产,便于质量控制,同时简化轨道板的安装和铺设;

(5)摩擦板、端刺结构是桥上 CRTSⅡ型板式无砟轨道系统的锚固体系,通过摩擦板和端刺将温度力和制动力传递到路基;

(6)梁面设置滑动层,隔离桥梁与轨道间的相互作用,以减小桥梁伸缩引起的钢轨和板内纵向附加力,实现大跨连续梁上取消伸缩调节器;

(7)一般情况下,在桥梁固定支座上方,桥梁和底座板间设置剪力齿槽、预埋件,将制动力和温度力及时向墩台上传递;

(8)在梁缝处设置高强度挤塑板,减小梁端转角对无砟轨道结构的影响;

(9)在底座板两侧设置侧向挡块进行横向、竖向限位;

(10)支承层采用水硬性材料或素混凝土,不需要配筋,结构简单,施工方便,同时可减少工程投资。

(二)主要结构设计标准

1. 路基地段标准

路基地段 CRTSⅡ型板式无砟轨道轨道板纵向连接,设置支承层,其结构如图 4-3-10 所示。

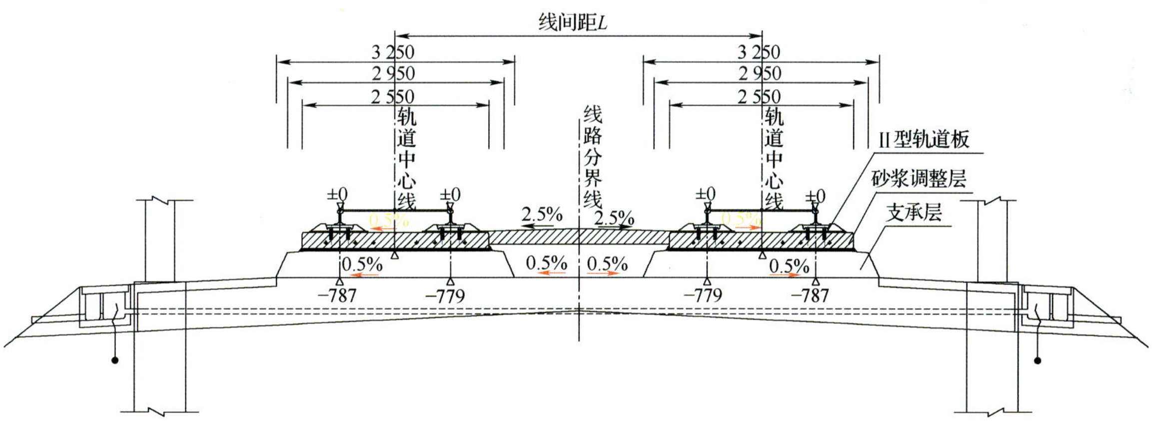

图 4-3-10 直线路基地段 CRTSⅡ型板式无砟轨道设计横断面(单位:mm)

轨道结构高度 779 mm,曲线超高在路基表层上设置;标准轨道板长度为 6 450 mm,宽度为 2 550 mm,厚度为 200 mm;异型轨道板(补偿板)长度根据具体铺设段落合理配置。

水泥乳化沥青砂浆调整层理论厚度为 30 mm,相关技术条件应符合《客运专线铁路 CRTSⅡ型板式无砟轨道水泥乳化沥青砂浆暂行技术条件》(科技基〔2008〕74 号)的有关规定。

支承层在路基基床表面上设置,顶面宽度为 2 950 mm,底面宽度为 3 250 mm,厚度为 300 mm。支承层沿线路纵向每隔适当距离切一横向预裂缝,缝深为厚度的 1/3。

左右线支承层间填筑矿物混和料,其顶面采用 C25 混凝土封闭。线间 C25 混凝土封闭层最小厚度为 150 mm,线路两侧及线间路基面应进行防水处理。

轨道外侧支承层表面采用乳化沥青进行表面处理。

直线地段利用线间 C25 混凝土封层上的人字坡向线路两侧排水;曲线地段利用线间集水井进行排水。

2. 桥梁地段标准

桥梁上 CRTS Ⅱ型板式无砟轨道轨道板纵向连接,铺设连续底座板,一般在梁的固定支座上方设置剪力齿槽,梁缝处设置高强度挤塑板,台后路基上设置摩擦板、端刺及过渡板等结构,如图 4-3-11。

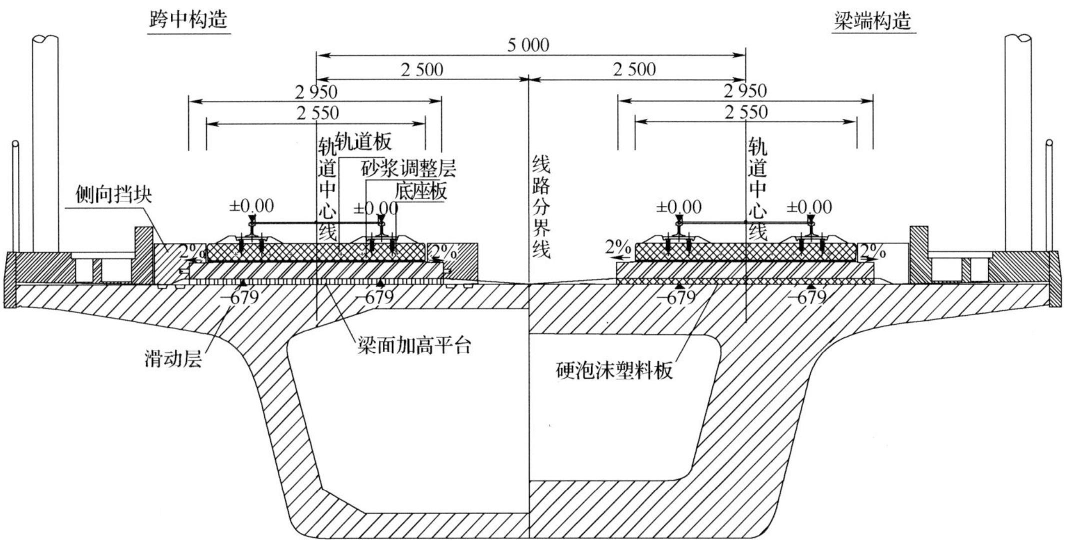

图 4-3-11 直线桥梁地段Ⅱ型板式无砟轨道设计横断面图(单位:mm)

轨道结构高度:直线地段为 679 mm(内轨轨顶面至底座板底面);曲线超高 180 mm 地段轨道结构高度为 753 mm;其余超高地段,轨道结构高度按线性内插计算确定。

轨道板尺寸与路基地段相同。砂浆调整层设计厚度为 30 mm。

底座板采用纵向连续的钢筋混凝土结构,底座板宽度宜为 2 950 mm,直线区段底座板厚度不宜小于 190 mm;曲线超高在底座板上设置,曲线内侧底座板厚度不应小于 175 mm,底座板结构中可设置一定数量的混凝土后浇带及钢板连接器。

底座板宽度范围内,梁面设置滑动层,滑动层结构及性能应符合相关规定。

底座板两侧每隔一定距离设置侧向挡块，侧向挡块长度为 800 mm，顶面宽度为 590 mm，底面宽度为 400 mm，高度根据计算确定。梁体相应位置设置钢筋连接套筒。侧向挡块与底座板间应设置弹性限位板，其性能应符合相关规定。

距梁端一定范围，梁面设置高强度挤塑板，设计厚度为 50 mm，其性能应符合相关规定。

3. 隧道地段标准

隧道内 CRTS Ⅱ 型板式无砟轨道结构与路基地段相似，轨道结构高度和结构组成相同，如图 4－3－12 所示。超高设置方式有差异：曲线超高可根据实际在支承层或底座上设置，也可根据要求在隧道基础部分实现。

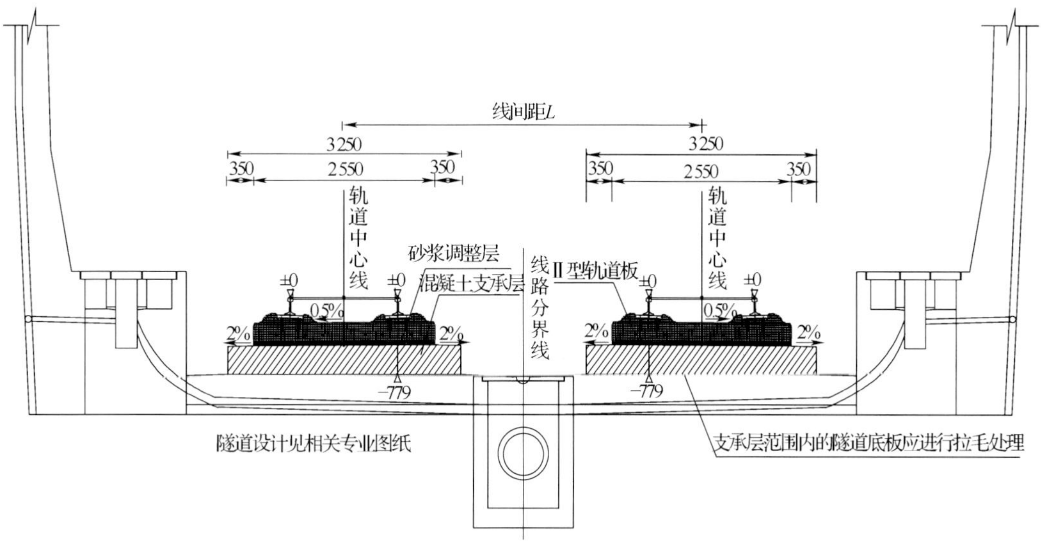

图 4－3－12　隧道地段 CRTS Ⅱ 型板式无砟轨道（单位：mm）

隧道内轨道结构高度为 779 mm（内轨轨顶面至支承层或底座板底面），混凝土支承层宽 3.25 m，混凝土支承层范围内的隧道结构需要进行拉毛处理。

轨道板、砂浆调整层同路基、桥梁地段标准。

（三）标准制定依据

CRTS Ⅱ 型板式无砟轨道其轨道板承受钢轨传递下来的荷载，且将荷载均匀传递到下面结构；砂浆调整层可以起到很好的隔离和调整高度作用，还可以提供部分弹性；底座板和支承层也都是连续结构，承受砂浆调整层传递的荷载。

轨道板、底座板和支承层连续结构，可降低翘曲变形，改善其下部结构受力条件。连续结构需要依据活载、温度变化荷载和温度梯度荷载组合进行检算。

支承层材料的物理力学性能及施工工艺等性能指标应符合《客运专线铁路无砟轨道

支承层暂行技术条件》(科技基〔2008〕74 号)的相关规定。

混凝土结构对材料的选定、施工工艺及耐久性措施参照《铁路混凝土结构耐久性设计暂行规定》(铁建设〔2005〕157 号)等规范执行。

水泥乳化沥青砂浆调整层设计厚度为 30 mm;相关技术条件应符合《客运专线铁路CRTSⅡ型板式无砟轨道水泥乳化沥青砂浆暂行技术条件》(科技基〔2008〕74 号)的有关规定。

土工布采用白色聚丙烯,滑动膜采用 PE-HD 聚乙烯高密度薄膜,厚度为 1 mm;土工布、滑动膜及相关材料性能应符合《客运专线铁路 CRTSⅡ型板式无砟轨道滑动层暂行技术条件》(科技基〔2009〕88 号)的有关规定。

梁缝处和过渡板下设置高强度挤塑板,其性能应符合《客运专线铁路 CRTSⅡ型板式无砟轨道高强度挤塑板暂行技术条件》(科技基〔2009〕88 号)的有关规定。

三、CRTSⅢ型无砟轨道

(一)结构组成及特点

CRTSⅢ型无砟轨道是将预制轨道板通过自密实混凝土层"放置"在底座或支承层上的无砟轨道结构,采用了"桥上单元、路基纵连"的总体设计思路。

1. 结构组成

CRTSⅢ型无砟轨道主要由钢轨、扣件、轨道板、自密实混凝土填充层、钢筋混凝土底座或支承层等部分组成。其中,扣件采用有挡肩弹性扣件,承轨面设置 1∶40 轨底坡,扣件节点间距根据运营条件确定。曲线地段为了保证轨道结构的高平顺性,扣件应预留设置充填式垫板的条件。结构组成如图 4-3-13。

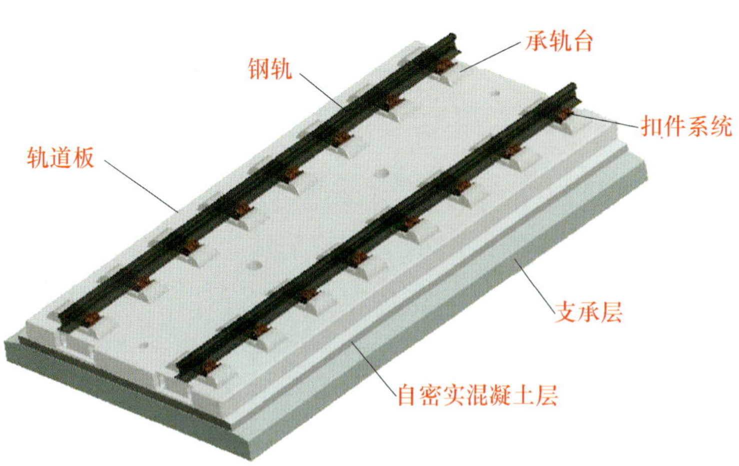

图 4-3-13　CRTSⅢ型无砟轨道结构示意图

路基地段、桥梁地段 CRTSⅢ型无砟轨道如图 4－3－14。

路基地段

桥梁地段

图 4－3－14　CRTSⅢ型无砟轨道

2. 结构特点

Ⅲ型无砟轨道结构简单、技术先进，是一种新型无砟轨道结构，具有以下技术特点：

(1)桥梁上采用单元板式无砟轨道，方便施工和维修。路基地段铺设纵连板式无砟轨道，提高线路平顺性。

(2)轨道板按照配套有挡肩扣件、双向预应力设计。通过调整模型承轨台位置实现曲线地段轨道空间线形。

(3)采用自密实混凝土作为板下施工调整层。

(4)轨道板下预留“门”形钢筋，与板下自密实混凝土可靠连接形成复合结构。

(5)桥梁地段自密实混凝土与底座之间设置了土工布隔离层。

(二)主要结构设计标准

1. 轨道板

CRTSⅢ型无砟轨道轨道板为双向预应力钢筋混凝土结构，混凝土结构的耐久性按照 60 年设计，板上设置配套的承轨槽结构，板下设置 U 形连接钢筋。小半径曲线地段需要调整承轨槽空间位置。板长有 5 350 mm 和 4 856 mm 两种，板宽 2 500 mm，板厚 190 mm。

2. 自密实混凝土

轨道板下灌注自密实混凝土，强度等级为 C40，直线地段宽 2 700 m，曲线地段宽 2 600 mm，厚 100 mm，长度与轨道板相同。

3. 支承层

路基地段铺设支承层,沿线路纵向连续铺设。支承层在板缝处设置横向伸缩假缝,支承层施工完成后应进行拉毛处理。

支承层材料分为水硬性混和料和低塑性水泥混凝土,为提高支承层抗弯及抗裂等性能,无砟轨道支承层应优先采用水硬性混和料。

4. 底座

桥梁、隧道地段设置 C40 钢筋混凝土底座,底座宽 2 700 mm,其上设置两个 600 mm × 400 mm凹槽,深度与底座相同。底座顶面设 4 mm 厚土工布隔离层,凹槽四周设置10 mm厚复合弹性橡胶垫层;桥梁地段底座与梁面之间通过预埋套管和预埋钢筋进行连接。

5. 板端纵向连接

为了减小温度降低对纵连轨道板的影响,采用连接器将轨道板纵向连接,同时在板间填筑树脂砂浆使轨道板形成整体结构。由于树脂砂浆弹性模量较小,板缝处结构较弱,为了防止列车荷载作用下两板相错,在板端设置剪力板结构,用于传递板间剪力。

6. 曲线地段承轨槽调整设计

在圆曲线和缓和曲线上的轨道板承轨槽需根据曲线线形进行平面调整,在缓和曲线地段通过调高曲线外侧承轨槽满足超高变化引起的外轨抬高,满足曲线地段线形要求。承轨槽调整量较小时主要通过现场扣件调整,小半径曲线地段轨道板则通过制板完成。

7. 路基地段 CRTSⅢ型无砟轨道

路基地段采用纵连板式轨道结构,在基床表层上铺支承层,支承层上铺设轨道板,轨道板与支承层之间设置 100 mm 厚自密实混凝土层,自密实混凝土通过板下预埋的两列门型钢筋,与预制轨道板形成复合板结构。

路基地段 CRTSⅢ型无砟轨道如图 4 - 3 - 15 所示。

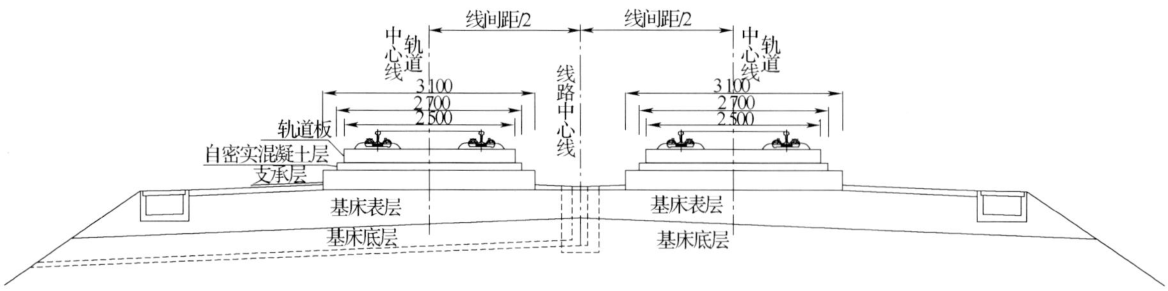

图 4 - 3 - 15 路基地段 CRTSⅢ型无砟轨道横断面图(单位:mm)

8. 桥梁地段 CRTSⅢ型无砟轨道

桥上采用单元式轨道结构,轨道板采用与路基相同外型尺寸。在桥面上设置钢筋混凝土底座，底座通过梁面预埋钢筋与梁连接在一起。底座上设置两个限位凹槽，限制轨道的纵、横向位移。底座隔离层与轨道板间灌注自密实混凝土作为调整层，并形成复合板结构。同时为了方便养护维修，在底座与自密实混凝土层之间设置隔离层。

桥梁地段 CRTSⅢ型无砟轨道如图 4－3－16 所示。

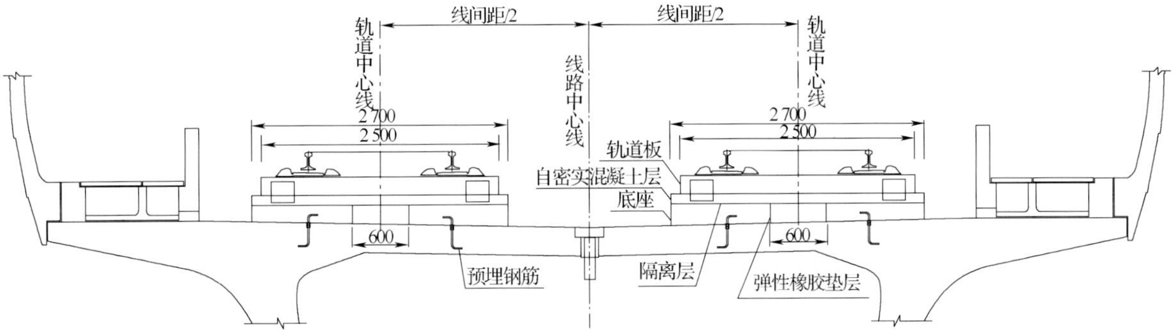

图 4－3－16　桥梁地段 CRTSⅢ型无砟轨道横断面图（单位：mm）

9. 隧道地段 CRTSⅢ型无砟轨道

隧道地段与桥梁地段相比，基础刚度相近，因此采用与桥梁地段相近的结构，轨道结构高度、轨道部件布置、超高设置均相同。由于隧道内温差较小，因此除隧道洞口 200 m 范围内设置底座与隧道底部连接钢筋外，隧道内其余地段不设预埋钢筋。

隧道地段 CRTSⅢ型无砟轨道如图 4－3－17 所示。

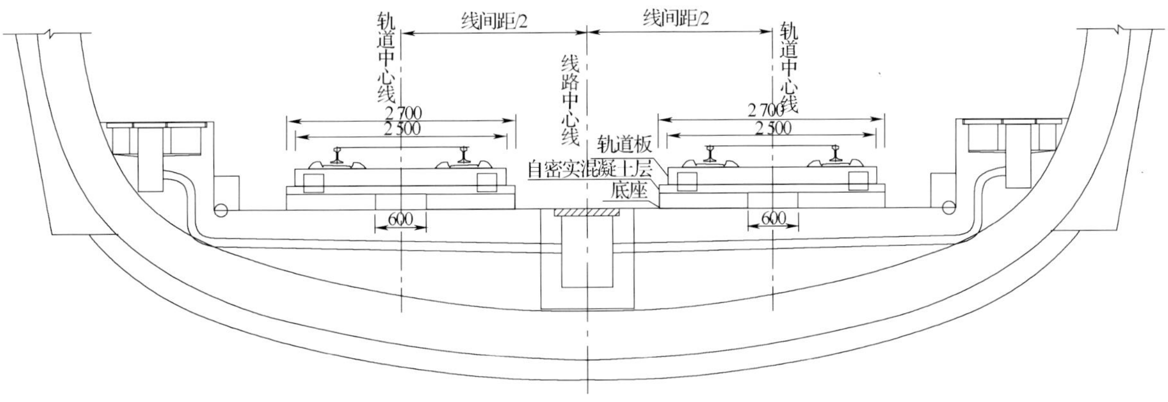

图 4－3－17　隧道地段 CRTSⅢ型无砟轨道横断面图（单位：mm）

10. 过渡段设计

在路桥或路隧无砟轨道过渡段处，底座应向路基地段延伸不小于 10 m，底座应设置端梁，桥台后宜设置搭板，底座与自密实混凝土层之间应设置连接钢筋，底座伸缩缝用泡沫板填充，并用聚氨酯密封胶封面。

无砟轨道与有砟轨道应在同一线下基础上过渡，并设置辅助轨，过渡段无砟轨道应采用过渡段专用板，有砟轨道道砟应采用分级粘结。

（三）标准制定依据

1. 轨道板

轨道板长度和扣件间距是相互关联的。结合国内外工程实践和无砟轨道再创新研究成果，为了降低工程造价，根据行车条件确定扣件间距。

根据简支梁桥上轨道板布置方案，确定 32 m 梁上配置 6 块板长为 5 350 mm 的标准板，在主要梁型 32 m 梁上消除了非标板，保证了扣件间距的均匀一致以及行车的动力平顺性。24 m 梁上轨道板采用 5 块 4 856 mm 板的配置方案。

随着轨道板厚度的不断增大，轨道板内的应力水平降低，因此，轨道板保持一定厚度对其受力是有利的。结合理论分析和前期工程实践经验，参考 CRTS Ⅰ 型板式无砟轨道轨道板设计，并综合考虑其经济性，轨道板厚度取为 190 mm。由此确定轨道板型式尺寸为 5 350 mm × 2 500 mm × 190 mm。

2. 自密实混凝土

自密实混凝土具有高流动度、不离析、均匀性和稳定性，浇筑时依靠其自重流动，无需振捣就能达到密实。混凝土各组成材料包括固、气、液三相，有体积加和性；石子的空隙由干砂浆填充；干砂浆的空隙由水填充；干砂浆由水泥、细掺料、砂和空隙组成。

自密实混凝土流动性能主要通过以下方法进行控制：

（1）采用高效、质量稳定、减水率大、适量引气的聚羧酸系高效减水剂；

（2）采用细度模数为 2.6～3.0 的中级粗砂；

（3）采用针、片状含量低的碎石（或碎卵石）；

（4）采用粗、细骨料的含泥量必须较低，其中细骨料含泥量≤2.0%，粗骨料≤1.0%；

（5）自密实混凝土需有足够的浆体含量。

3. 支承层

水硬性混和料相对于普通混凝土，具有以下优点：

（1）含水量小，减小了开裂的几率。

（2）提高生产效率；摊铺机摊铺、压路机碾压加快了施工速度。

（3）降低了运输过程中的要求，自卸车覆盖运输。

（4）降低了水泥用量，节约成本。

(5)提高施工速度、减少人工,易保证质量。

根据实际使用的集料,分别进行筛分,按颗粒组成进行计算,确定各种集料的组成比例为9.5~31.5 mm∶4.75~9.5 mm∶0~4.75 mm=45∶12∶43。根据确定的最佳含水量,拌制水硬性混和料试件,按相关规范进行强度试验。

4. 底座

借鉴桥梁地段双块式无砟轨道和CRTSⅠ型板式无砟轨道的结构特点,在梁面上设置C40钢筋混凝土底座。底座与自密实混凝土层之间设置隔离层有利于养护维修,隔离层采用4 mm的土工布。底座上设置凹槽限制道床板纵、横向位移,灌注自密实混凝土时在自密实混凝土上形成两个凸台和底座的凹槽对轨道板限位。底座的使用年限应不小于60年。混凝土应采取措施预防碱-骨料反应,并符合相关规范的要求。

四、CRTSⅠ型双块式无砟轨道

(一)结构组成及特点

CRTSⅠ型双块式无砟轨道是直接将双块式轨枕浇注在混凝土道床中,并适应ZPW-2000轨道电路的无砟轨道结构型式。

1. 结构组成

CRTSⅠ型双块式无砟轨道由钢轨、弹性扣件、双块式轨枕、道床板、底座板/支承层等组成,结构示意如图4-3-18所示。

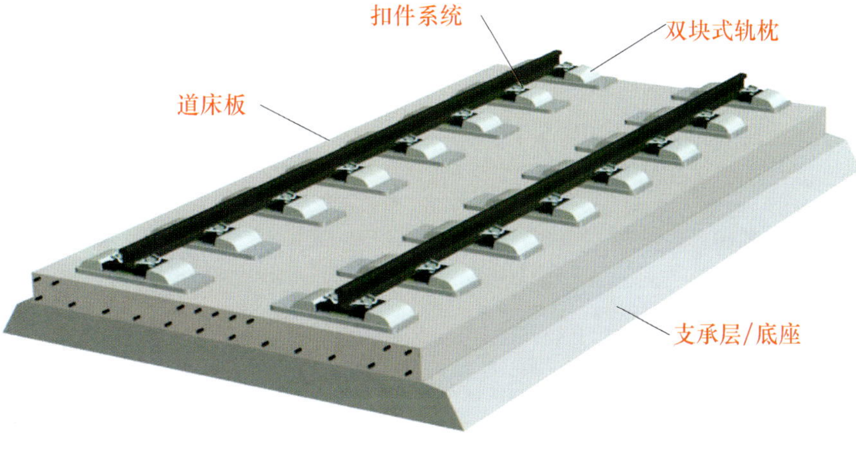

图4-3-18　双块式无砟轨道结构图

2. 结构特点

① 路基上CRTS Ⅰ型双块式无砟轨道为连续结构，结构整体性及横向稳定性强，结构整体平顺性较好；

② 轨道结构分层设计，受力明确；

③ 道床板、支承层或底座采用现场浇筑，施工灵活，适应性强；

④ 双块式轨枕采用桁架钢筋连接，工厂化生产，精度高；

⑤ 路基上采用水硬性支承层结构，轨道结构刚度从上至下逐层递减；

⑥ 隧道地段 CRTS Ⅰ 型双块式无砟轨道，道床板采用连续结构，轨道结构整体性强；

⑦ 桥上 CRTS Ⅰ 型双块式无砟轨道，道床板为单元分块结构，道床板与底座间设置中间隔离层，并采用凸台限位；

⑧ 轨道结构只包含道床板与底座/支承层二层，造价相对较低。

（二）主要结构设计标准

1. 双块式轨枕

双块式轨枕分与 WJ－7 扣件相匹配的 SK－1 轨枕和 WJ－8 扣件相匹配的 SK－2 轨枕，其外形结构如图 4－2－19、20 所示。

图 4－3－19　SK－1 轨枕

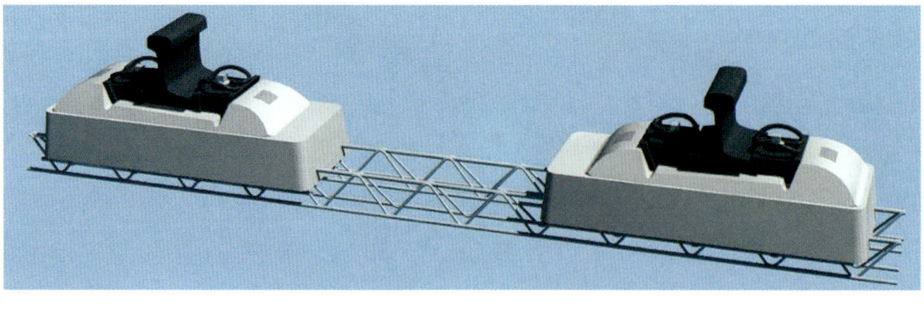

图 4－3－20　SK－2 轨枕

轨枕块混凝土强度应达到 C60 等级要求，混凝土抗冻性应满足 F250 的要求。

两混凝土轨枕块用两组桁架钢筋联结，轨枕块内设置箍筋或钢筋网片，箍筋与桁架钢筋采用箍筋固定件定位。

钢筋桁架应采用钢筋网焊接成型机械加工，桁架钢筋连接采用电阻点焊。箍筋可采用钢筋网焊接成型机械加工。钢筋网片可采用绑扎连接。

桁架钢筋、箍筋和钢筋网片采用 CRB 550 级钢筋，其技术标准应符合《冷轧带肋钢筋》(GB 13788)中的相关规定。箍筋固定件采用低碳钢冷拔钢丝，其技术标准应符合《一般用途低碳钢丝》(GB/T 343)的规定。

轨枕块内预埋套管周围设置螺旋筋，螺旋筋定位于套管上采用低碳钢冷拔钢丝，其技术标准应符合《一般用途低碳钢丝》(GB/T 343)的规定。

2. 道床板

道床板采用 C40 钢筋混凝土现场浇注。

① 道床排水

一般直线地段，线间填充采用两面排水系统，道床板顶部设 0.7% 的排水横坡向路边排水；在曲线设置超高地段，线间不填充采用三面排水系统，在道床板顶部采用单面排水坡。

② 道床板配筋

路基上、桥上与隧道内道床板均采用双层配筋。上层纵向钢筋搁在双块枕的轨枕桁架钢筋上，下层纵向钢筋的保护层厚度为 40 mm，纵向钢筋与横向钢筋（包括桁架钢筋）交叉处及纵向钢筋搭接处设置绝缘卡，并用塑料带绑扎牢固。

隧道内的道床板配筋有两种：即分距隧道洞口 200 m 范围内的多筋结构和距隧道洞口 200 m 范围外的少筋结构。但对于溶岩隧道应根据实际情况进行特殊设计。

③ 道床板与板下结构连接

路基上连续道床板浇注在支承层上，支承层表面进行拉毛处理。

隧道内连续道床板浇注在隧道仰拱回填层或钢筋混凝土底座上，仰拱回填层或钢筋混凝土底座表面进行拉毛或凿毛处理。

3. 支承层

路基上双块式无砟轨道，在道床板与路基面间设置支承层。

支承层的强度和刚度要求在道床板与路基之间。过高的强度和刚度对路基不利，难以适应路基的变形且易对路基形成局部应力集中；过低的强度和刚度对道床板不利，需要更强大的道床板。为防止纵向力作用下出现过大的自由裂缝，水硬性支承层连续施工，每隔 5 m 左右设置深度为 1/3 厚度的假缝。

支承层宽 3 400 mm，厚度 300 mm。一般情况下，在土质路基基床表层铺设水泥胶接混和料支承层，不便于机械化施工的地段可采用低塑性混凝土支承层。

4. 桥上混凝土底座

桥上无砟轨道的混凝土底座直接浇注在桥面上，并与桥面用预置套筒植筋连接。桥上混凝土底座采用分块式结构，底座长度与宽度跟道床板的长度与宽度相同，高度为210 mm。

桥上每块底座板上设置两个抗剪凹槽，凹槽内侧铺设弹性缓冲垫层。

道床板与底座之间设置中间隔离层，中间隔离层应满足相应的技术条件要求。

5. 路基地段 CRTS Ⅰ 型双块式无砟轨道

路基上 CRTS Ⅰ 型双块式无砟轨道结构，道床板连续浇注在支承层上，采用双层配筋。直线路基地段，线间用级配碎石和 C25 混凝土进行填充封闭，向两侧设排水坡；曲线路基地段，线间设集水井，并用级配碎石和 C25 混凝土进行填充封闭。路基地段线路两侧路基面上，采用沥青混凝土填充。

路基地段 CRTS Ⅰ 型双块式无砟轨道如图 4－3－21 所示。

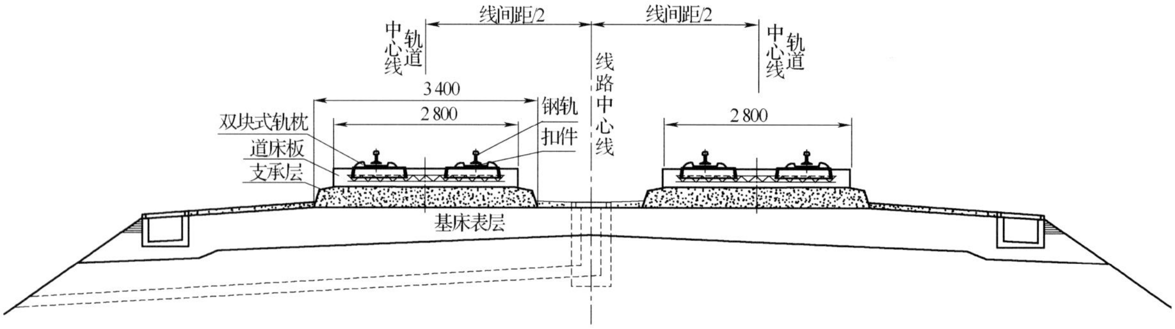

图 4－3－21 路基地段CRTS Ⅰ 型双块式无砟轨道横断面图(单位:mm)

6. 桥梁地段双块式无砟轨道

桥梁地段 CRTS Ⅰ 型双块式无砟轨道结构，一般道床板为分块浇筑单元结构，长度为 5～7.5 m。桥梁地段道床板构筑于桥面钢筋混凝土保护层上，分块单元道床板间缝宽为 100 mm，桥面线间水通过板缝向桥梁两侧排至泄水孔。在道床板与桥面钢筋混凝土保护层间设置中间隔离层，每块道床板下设 2 个限位挡台(抗剪凸台)，传递道床板的纵横向力至下部结构。

曲线地段轨道结构超高在道床板上实现。桥梁地段双块式无砟轨道横断面如图 4－

3－22 所示。

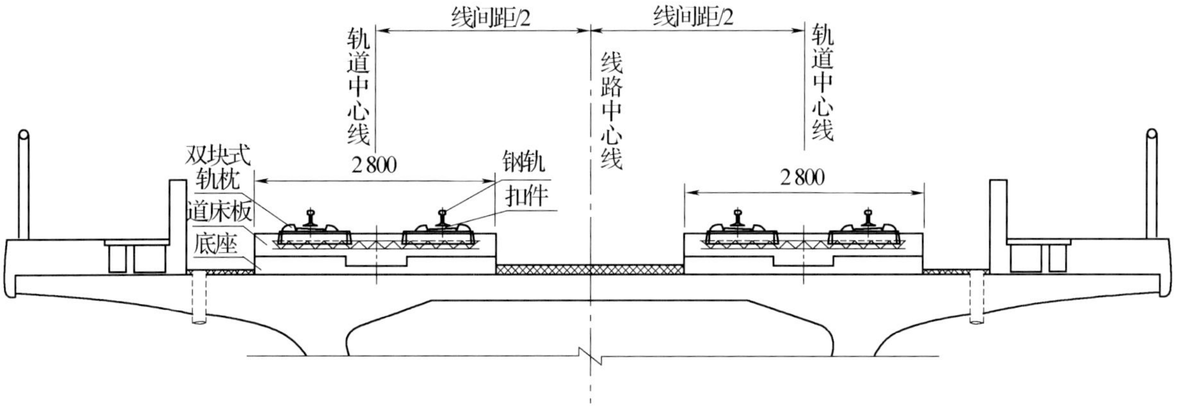

图 4－3－22　桥梁地段CRTS Ⅰ型双块式无砟轨道横断面图(单位:mm)

7. 隧道地段 CRTS Ⅰ型双块式无砟轨道

隧道地段 CRTS Ⅰ型双块式无砟轨道结构,道床板直接在隧道的仰拱回填层或钢筋混凝土底板的混凝土垫层上采用连续浇筑。

在隧道的洞口处,道床板与隧道的仰拱回填层或钢筋混凝土底板采用连接钢筋连接。

道床板的配筋分两种情况:在隧道洞口处,由于道床受整体温度荷载的影响比较大,采用多筋结构,此外在岩溶隧道的全长范围内采用多筋结构;在隧道内除洞口处外,由于道床受整体温度荷载的影响比较小,采用少筋结构。

隧道地段无砟轨道超高在道床板上实现。隧道地段双块式无砟轨道横断面如图 4－3－23 所示。

8. 过渡段无砟轨道结构设计

在路桥或路隧无砟轨道过渡段处,应在路基地段设置端梁结构,端梁与道床板浇注成一整体。在路基段道床板的两端距路基起终点位置 5～10 处设置端梁结构。端梁的结构尺寸如图 4－3－24 所示,端梁采用 C40 混凝土与道床板浇筑成一个整体。

在不同线下基础连接处,道床板设置横向伸缩缝;伸缩缝用泡沫板填充,并用聚氨酯密封胶封面。

无砟轨道与有砟轨道应在同一线下基础上进行过渡。无砟轨道与有砟轨道过渡通过设置辅助轨、粘结道砟等方式进行过渡。

(三)标准制定依据

1. 采用分层设计、刚度逐层递变设计

CRTS Ⅰ型双块式无砟轨道采用钢筋混凝土结构现场浇筑而成,由于钢筋混凝土结构

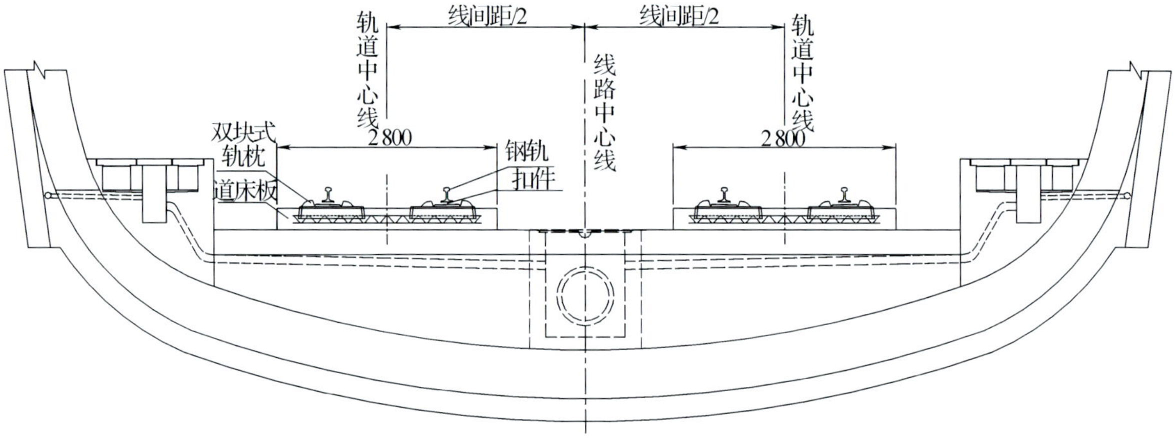

(a)有仰拱隧道

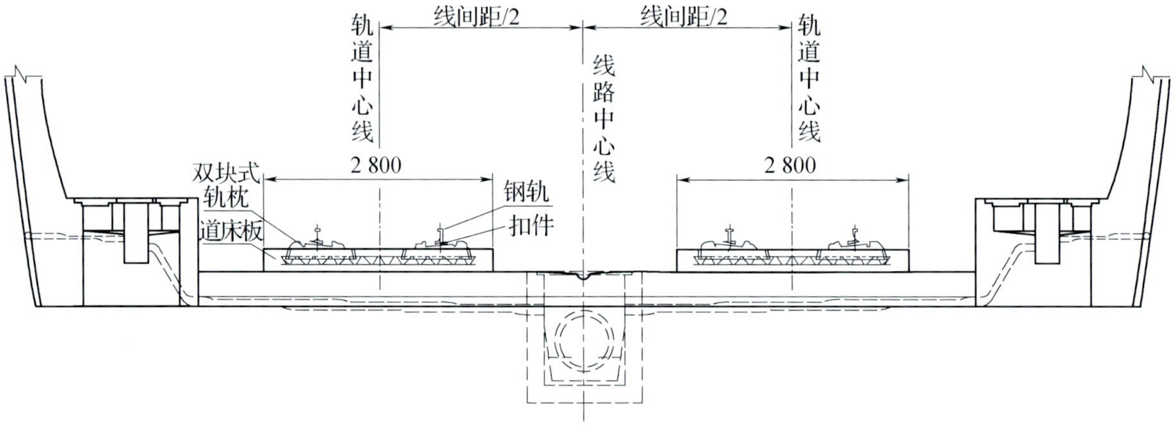

(b)无仰拱隧道

图 4 - 3 - 23　隧道地段双块式无砟轨道横断面图(单位:mm)

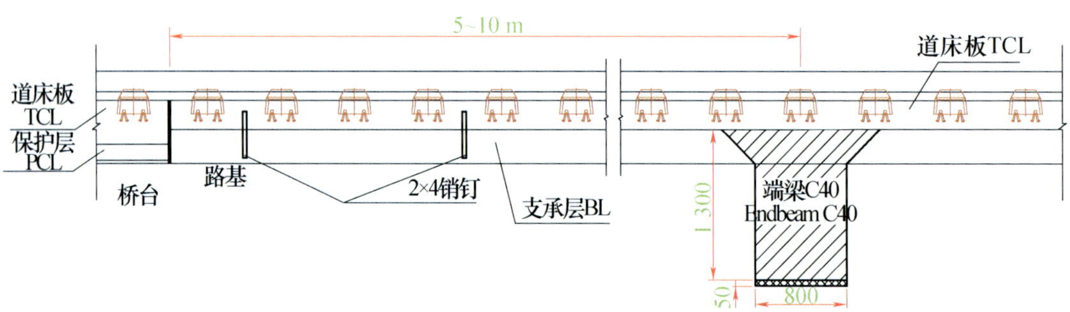

图 4 - 3 - 24　路基两端设置端梁图示(单位:mm)

刚度要远大于路基刚度,所以 CRTS Ⅰ 型双块式无砟轨道宜采用分层设计、刚度分层递减。

CRTS Ⅰ 型双块式无砟轨道道床主要承载层分为两层:道床板、水硬性支承层或混凝土底座。

路基与隧道地段道床板为连续浇筑式钢筋混凝土结构,桥梁地段道床板为分块式钢筋混凝土结构。道床板是轨道主要的承载和传力层,将预制混凝土枕的一部分埋入现浇混凝土道床板中，保证由轨枕传来的力可靠地传递给道床板。道床板是承力结构又是传力结构，承受列车荷载及温度荷载同时又传递列车垂向荷载到下部结构。

道床板作为主要的承载层，其主要功能为：①承受轨枕传来的荷载，并将荷载扩散传递至水硬性承载层；②在荷载作用下产生较小的变形，为钢轨支点提供稳定的支承平台；③通过合理的配筋和截面设计，克服长大钢筋混凝土结构的稳定性问题（包括裂缝问题、温度力问题等）；④承受支承层传来的基础变形的作用，尽可能减少对结构稳定和可靠性的影响；⑤作为连续结构，自平衡其内部纵向力，保证水硬支承层与道床板之间的良好连接。

要求道床板具有较强的承载能力，具有可靠性、耐久性，能持久地承受作用在轨道上的各种荷载的共同作用。

水硬性支承层的主要功用为：①路基与道床间的过渡层，强度、弹性均应处于两者之间；②协调道床板与路基间的变形差异；③吸收路基变形，将其转化为支承层中均匀细微的裂纹，不至形成大的裂纹甚至向道床板上反射；④保证温度影响下的结构稳定性和完整性。

要求水硬性支承层的强度、刚度在道床板与路基之间。过高的强度和刚度对路基不利，难以适应路基的变形且易对路基形成局部应力集中；过低的强度和刚度对道床板不利，需要更强大的道床板。为防止纵向力作用下出现过大的自由裂缝，水硬性支承层连续施工，每隔一定距离设置深度为1/3厚度的假缝。

桥上道床板下的钢筋混凝土底座，为适应分块式道床板以及凸型挡台的传力需要设置成分块的形式。

2. 采用有枕式设计

有枕式的无砟轨道，继承了有砟轨道的传统思路。荷载通过扣件系统传递给轨枕，由轨枕传递给道床，再由道床将荷载扩散分布到路基或其他结构物上。为加强新老混凝土的粘结，采取了如下措施：①采用轨枕嵌入式结构；②双块式的轨枕配置外露的桁架筋加强与现浇混凝土道床的联结。

轨枕均采用带桁架钢筋的双块式预制结构，其功能为：①在整个寿命周期内，承受由扣件系统传来的垂向力和水平力；②通过与道床板的有效联结，将其承受的荷载传递给道床板；③在施工期，保证轨道的几何状态。

双块式轨枕须有足够的承受疲劳荷载的能力，轨枕与现浇道床板间的联结必须可靠、耐久，须通过制造工艺保证满足轨道的几何精度要求。

双块式轨枕的设计应匹配相应的扣件，同时考虑双块式轨枕的模具制造、轨枕脱模工艺、轨枕堆放运输、与无砟道床板的兼容性和无砟轨道的耐久性等。

此外，双块式轨枕设计应满足以下要求：

(1)混凝土轨枕块与桁架钢筋的连接紧固，桁架具有较高的抗弯、扭刚度；

(2)新老混凝土的结合面积小；

(3)轻量化设计；

(4)双块式轨枕的外形美观；

(5)双块式轨枕易脱模；

(6)较强的形位保持能力；

(7)缓和轨枕棱角处道床板裂缝的产生与发展。

3. 采用现场浇筑道床结构

预制混凝土枕现场浇筑于道床板内，并通过纵向钢筋和双块式轨枕的桁架筋确保轨枕与道板的可靠联结。现浇道床板较好地保证了结构的整体性，不需要设置专门的调整层，随着道床的施工完成，轨道空间几何状态也就调整就位。预制混凝土枕便于轨道空间的定位和调节，施工灵活，能广泛适应于曲线等各种地段。

4. 路基上采用连续道床板结构

采用目前国内外相对成熟的连续道床板结构，连续道床板结构具有如下的优点：

① 无砟轨道的整体连续性强。对比单元道床板结构，连续道床板结构由于没有板缝，所以结构的整体平顺性较好。

② 无砟轨道的横向稳定性较单元道床板更强。连续道床板具有更大的轨道结构横向力的传递能力。

5. 桥上采用单元道床板设计

CRTS Ⅰ型双块式无砟轨道对于长桥等特殊地段采用单元板式结构，以适应桥梁的变形；设置隔离层便于更换维修，匹配桥梁的使用寿命；利用板下凸台限位，传递水平力。短桥地段采用侧向限位块限位，设置滑动层减小线桥纵向相互作用。

五、道岔区轨枕埋入式无砟轨道

(一)结构组成及特点

1. 结构组成

道岔区轨枕埋入式无砟轨道结构由钢轨、扣件系统、岔枕、道床板、底座等部分组成，如图 4－3－25、图 4－3－26 所示。

图 4－3－25　路基上道岔区长枕埋入式无砟轨道

图 4－3－26　桥上道岔区长枕埋入式无砟轨道

2. 结构设计特点

（1）道岔区轨枕埋入式无砟轨道由道岔钢轨件、弹性扣件、岔枕、道床板及底座等组成，桥上在道床板与底座间设一层中间隔离层，并且在道床板与底座间设置限位装置。

（2）道岔区扣件间距一般为 600 mm，特殊位置的扣件间距应根据道岔结构确定。

（3）道床板采用钢筋混凝土结构，混凝土强度等级为 C40，现场浇注。

（4）底座采用钢筋混凝土结构，混凝土强度等级为 C30。底座厚度一般为 300 mm，宽度根据道岔结构尺寸确定。对应转辙器及辙叉区段，底座应设置与道床板的连接钢筋。

（5）道床板表面应设置横向排水坡。

（6）道岔区范围内的轨道刚度设计应均匀，并与区间轨道刚度相匹配。

（7）无砟轨道结构设计应满足道岔电务设备的安装要求。

（二）主要结构设计标准

1. 道床板设计

道床板混凝土强度采用C40，为钢筋混凝土结构，道床板内纵向钢筋与横向钢筋、岔枕桁架钢筋交点处及纵向钢筋搭接处均设置绝缘。各段道床板以道床中心线向两侧设置1%的横向排水坡。岔区道床板为单元结构，单元道床板之间设横向伸缩缝。道床板与混凝土底座间，路基地段设置“门”形钢筋竖向连接，桥梁地段设置限位挡台并铺设中间隔离层。

道床板采用分块设计，分块长度一般不宜超过20 m，道岔尖轨和辙岔部分宜在一块道床板上，图4－3－27是18号道岔的分块图示。

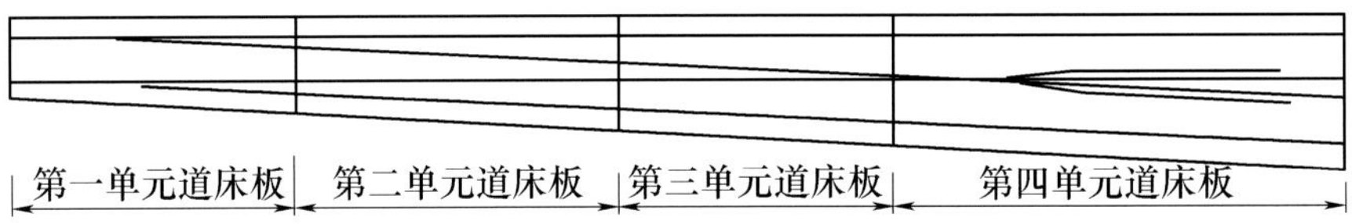

图4－3－27　道床板的分块布置设计示意图

2. 混凝土底座设计

岔区道床板下设置混凝土强度等级为C25的钢筋混凝土底座。路基上底座板每隔一定间距设置横向伸缩假缝，其位置与道床板伸缩缝或伸缩假缝位置对齐；桥上底座板上设置限位挡台。

3. 转辙机坑处设计

转辙机坑处应匹配转辙器长度和高度进行设计，并考虑排水要求，在转辙机坑表面设置一定的排水坡。

4. 路基上线间及线路两侧的加固设计

岔区在浇注完钢筋混凝土底座后，应在线间及线路两侧填充混凝土，确保工装设备的稳固，从而保证道岔精调的精度，如图4－3－28所示。

（三）标准制定依据

1. 道床板分段长度

道岔区道床的宽度和厚度沿着道床是变化的，特别是道床宽度决定于道岔的上部结构的布置，变化较大，不利于配筋。分段数越多（大部分道床长度不可能相等），则配筋越复杂、施工工作量和模板投入越大，因此，应合理确定道床板分段长度。另外，由于道岔区受力复杂，加上扣件支点间的距离比正线轨枕的间距小，在留出同样宽度的排水槽后，最外边轨枕的混凝土保护层会变得很小,从而变成薄弱环节,在间距更小的地方,更是不利。

图 4－3－28　道岔区两侧的加固措施

由于每一分段道床表面积较大,故排水措施应稍作加强,表面排水坡度应根据道床板在道岔区的具体位置确定。

2. 转辙机区段设置要求

转辙机区段的道床板由于转辙机拉杆净空的要求,必须在道床设计时预留出相应的空间。预留坑的宽度、该处的轨枕间距、轨枕宽度、最外层钢筋混凝土保护块层的厚度等,根据转辙机拉杆的需要而定,同时还要满足相关规范的要求。

3. 排水要求

道岔区无砟轨道由于道床板较正线更宽,同时长轨枕使道床板表面的排水不能够沿着纵向排出,所以道床板表面需设横向排水坡。同时要做好单开道岔、渡线道岔的总体排水设计。

4. 道岔的加固设计

在岔区进行结构设计、施工时必须考虑到加固措施,保证在浇注道床板混凝土时,已经精调完的道岔不产生形位变化。

对路基上的道岔,除了工装足够稳固外,路基面最好采用混凝土进行强化,以使道岔的工装设备定位稳固。

道岔的设计和施工一定要贯彻“道岔施工零位移”的理念,“道岔施工零位移”是道岔施工的最高境界,我们必须去努力实现。

5. 桥上设置限位挡台

桥上道床板为了适应梁体位移和变形,道床板与底座宜分离设置,即两者间设置中间隔离层。同时为了保证道床板与底座的受力传递,道床板与底座间设置限位挡台结构。

第四节 相 关 工 程

一、无缝线路设计标准

（一）设计标准

高速铁路正线及到发线轨道应按一次铺设跨区间无缝线路设计。钢轨标准长度采用无螺栓孔 100 m 定尺长钢轨，道岔、钢轨伸缩调节器及胶接绝缘接头钢轨宜与相连轨道钢轨同轨厂、同轨型、同钢种。

无缝线路设计锁定轨温根据当地轨温资料和无缝线路的允许温升、允许温降，并考虑一定的修正量计算确定，一定范围内的无缝线路设计锁定轨温应一致。

铺设无缝线路的桥梁应考虑无缝线路纵向力的影响，进行桥梁及轨道结构检算。桥梁墩台纵向水平线刚度应满足铺设无缝线路的限值要求，且相邻墩台纵向水平线刚度应均匀变化。

无缝道岔应进行轨道强度和稳定性检算，并应满足道岔限位器、间隔铁连接螺栓强度及转辙机械性能的要求。

无缝线路设计应该尽量少用或不用钢轨伸缩调节器。当必须设置钢轨伸缩调节器时，应根据设计条件选用单向或双向钢轨伸缩调节器，伸缩调节器的数量、位置通过计算确定。

钢轨焊接应优先在工厂焊接，特殊情况下可在工厂化基地焊接，钢轨焊接应优先采用闪光焊，工厂焊接长钢轨长度宜为 500 m。

（二）标准制定依据

1.《铁路客运专线技术管理办法》（试行）（300 ~ 350 km/h 部分）及《高速铁路设计规范（试行）》（TB/T 10621—2009）等有关无缝线路设计标准中均规定“正线及到发线轨道应按一次铺设跨区间无缝线路设计。”

2.《新建铁路桥上无缝线路设计暂行规定》（铁建函〔2003〕205 号）。

为统一新建铁路桥上无缝线路的设计技术标准，特制定该暂行规定。该暂行规定适用于新建标准轨距铁路桥上铺设或预留无缝线路的设计。规定对桥上无缝线路纵向力计算（伸缩力、断轨力、挠曲力）、纵向力组合及墩台检算、桥上无缝线路结构设计进行了详细的说明，提出了明确的要求。

铺设或预留无缝线路的新建铁路桥梁设计应考虑无缝线路纵向力的作用，桥梁纵向水平线刚度不得小于刚度限值。

对于需设置钢轨伸缩调节器的桥梁，应合理地确定钢轨伸缩调节器的设置位置及伸缩区长度。

桥上无缝线路设计锁定轨温的上、下限宜与桥梁两端路基无缝线路的设计锁定轨温上、下限一致。

新建铁路铺设或预留无缝线路的桥梁墩台设计除应符合该规定外，尚应符合《铁路桥涵设计规范》(TB 10002.1～5—99)及国家现行强制性标准的有关规定。

3.《时速350公里客运专线无砟轨道60 kg/m钢轨伸缩调节器暂行技术条件》(科技基〔2008〕166号)。

该技术条件对高速铁路用钢轨伸缩调节器总体要求、各零部件的技术要求、厂内组装技术要求、产品质量技术要求、试验方法和检验规则及标志、包装、运输、储存等进行了详细规定。

(1)组装技术要求

1)调节器的钢轨件、轨撑、垫板及相关紧固件应在厂内组装，整体出厂。

2)调节器应在零伸缩量位置组装。

3)在尖轨顶面降低值范围内，尖轨顶面不得高于基本轨顶面。各尖轨断面降低值偏差为$^{+1}_{-0}$ mm。在尖轨的轨头刨切范围内，尖轨与基本轨顶面衔接应平顺，直线度不得大于0.2 mm/1 m。

4)尖轨、基本轨密贴边应圆顺无硬弯，在尖轨的轨头刨切范围内与基本轨的密贴规定为：尖轨尖端至其后400 mm范围缝隙不得大于0.2 mm；其余部位不得大于0.5 mm。

5)调节器工作边的轨距线应成一直线，用与调节器全长相等的弦线测量，每隔1 m检查1处，允许有2 mm的空线，不允许抗线。

6)基本轨轨撑与轨底间应留有0～0.3 mm间隙，尖轨与轨撑、台板间应牢固联结，并满足伸缩量试验要求。

7)钢垫板间距允许偏差为±5 mm，尖轨尖端至第一块钢垫板间距允许偏差为±3 mm。两最远钢垫板间距允许偏差为±10 mm。

8)两股钢轨水平允许偏差为2 mm。

9)高低整体目视平顺，用10 m弦线测量，允许偏差为2 mm。

10)调节器自尖轨尖端至5 mm断面范围内最大构造轨距不得大于1 439 mm，其余范围的轨距均为标准轨距、允许偏差均为 ±1 mm。

11）钢垫板范围内最大轨距调整量不小于 $^{+15}_{-10}$ mm。

12）在钢垫板上与基本轨轨底的接触面需涂润滑剂。

13）零部件齐全有效，安装正确。

（2）产品质量技术要求

调节器组装后，应进行伸缩量检验，检验伸缩量应不小于 ±500 mm。检验过程中，调节器各部位轨距应保持不变。伸缩阻力应符合以下要求：

基本轨：≯ 50 kN；

尖轨阻力：≮ 100 kN。

调节器除应符合组装技术要求外，还应依据表 4－4－1 的基本项点进行产品检验。

表 4－4－1　调节器基本项目检验表

序号	检　测　项　目		允许偏差（mm）	特性分类
1	铺设水平高低		水平≤2 用 10 m 弦量，高低≤2	C
2	方向		目视成直线，用与调节器全长相等的弦量，方向≤2	B
3	尖轨尖端至 5 mm 断面构造轨距		构造轨距≤1 439	A
4	除尖轨尖端至 5 mm 断面外的轨距		±1	C
5	尖轨与基本轨密贴	尖轨尖端至其后 400 mm 密贴	缝隙≤0.2	A
6		其他部分密贴	缝隙≤0.5	B
7	基本轨轨撑与轨底缝隙		0≤缝隙≤0.3	B

项点分类	判定规则	项点总数	合格项点数	合格率
A 类项点	合格率 100%			
B 类项点	合格率 90%			
C 类项点	合格率 80%			

注：计算合格率时，检查项点中某一项点若含有多处时，按多个项点计。

二、接口工程设计标准

（一）设计标准

无砟轨道设计应考虑与相关工程的接口技术要求，统筹规划，系统设计。

1. 轨道结构与路基、桥梁、隧道等土建工程的接口设计应符合下列规定：

（1）轨道设计应提出路基、桥梁和隧道等工程结构物预埋件、平整度及高程等相关要求。

(2)桥梁地段的梁面排水方式除有砟轨道、CRTS Ⅰ型双块式无砟轨道为两列排水外,其他轨道结构均为三列排水方式。轨道结构排水设计应与路基、桥梁和隧道等土建工程的排水系统统筹考虑。

(3)桥上道岔区轨道结构应与桥梁、道岔结构进行系统设计。

2. 轨道与信号系统的接口设计应符合下列规定:

(1)轨道结构设计应考虑信号设备的安装要求。

(2)无砟轨道的道床漏泄电阻不应小于3.0 Ω·km。

3. 无砟轨道绝缘处理设计应符合下列规定:

为避免无砟轨道的钢筋网与轨道电路产生感应,使通信信号设备有效距离减小(信号传输距离减小时需增加信号设备),无砟轨道道床内的纵横向钢筋相交处须进行绝缘处理。在混凝土浇注前应进行轨道电路传输距离的测试检查。

无砟轨道中的接地钢筋利用道床板(轨道板)内结构钢筋,每线轨道设三根纵向接地钢筋,采用上层轨道中心和最外侧两根钢筋。对于单元板每块板内设一根横向接地钢筋,对于连续道床板不超过100 m设置一条横向接地钢筋。纵横向接地钢筋交叉点应焊接,接地钢筋不得构成电气环路。接地钢筋与其他钢筋交叉时应进行绝缘处理。

道床板接地每100 m形成一个接地单元,接地单元中部与"贯通地线"单点"T"形可靠连接,接地单元之间的接地端子不连接。

各种无砟轨道结构绝缘处理应满足以下规定:

(1)CRTS Ⅰ型板式无砟轨道轨道板内钢筋网片宜进行绝缘处理,并应设置综合接地钢筋和接地端子。

(2)CRTS Ⅱ型板式无砟轨道轨道板内钢筋网片及相邻轨道板间张拉锁件宜进行绝缘处理,轨道板内应设置综合接地钢筋和接地端子。

(3)双块式无砟轨道道床板内钢筋网宜进行绝缘处理,并应设置接地钢筋和接地端子。

(4)道岔区无砟轨道道床板或道岔板内钢筋网宜进行绝缘处理,并应设置接地钢筋和接地端子。

(5)一般情况下,无砟轨道底座钢筋不进行绝缘处理。

(二)标准制定依据

1.《高速铁路设计规范》中有接口工程相应设计要求。

2.《客运专线综合接地技术实施办法(暂行)》(铁集成〔2006〕220 号)。

为规范客运专线综合接地系统的设计和工程实践,确保综合接地系统的技术性能,以满足客运专线电子、电气设备安全可靠运行和人身安全防护要求,在总结京津城际工程综合接地技术实施中取得的经验基础上,参照国外相关规范并归纳、汇总各设计单位的设计和实施方案,特制定了《客运专线综合接地技术实施办法(暂行)》。

综合接地技术是客运专线技术的重要组成部分,其技术性能直接影响客运专线电子、电气设备安全可靠运行和人身安全防护要求。因此,在工程设计和实施中,应做好等电位连接并确保综合接地系统的接地电阻不大于 1 Ω。

3. 轨道板内钢筋绝缘处理方式必须符合《关于无砟轨道绝缘方案优化和实施的意见》(铁集成函〔2010〕185 号)的要求。

第五章　无砟轨道精密工程测量技术

高速铁路无砟轨道工程测量分为勘测、施工、运营维护三个阶段，其基本工作流程见图 5－0－1。

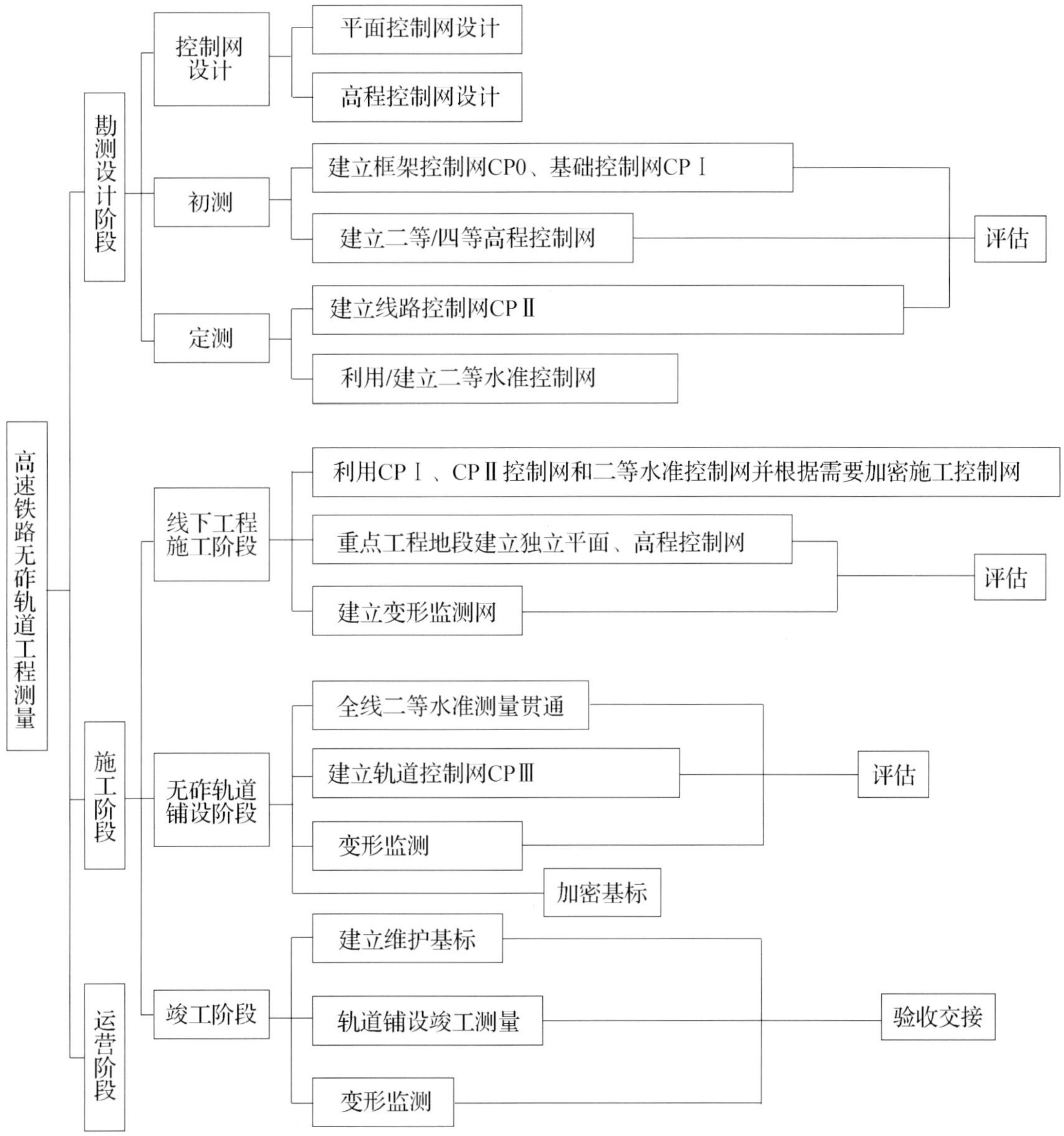

图 5－0－1　高速铁路无砟轨道工程测量基本工作流程

第一节　无砟轨道铁路控制测量

一、无砟轨道铁路控制测量的基本要求

高速铁路无砟轨道控制测量包括平面控制测量和高程控制测量。

（一）平面控制测量

高速铁路无砟轨道工程测量平面控制网应在框架控制网（CP0）基础上分三级布设，三级平面控制网之间的相互关系如图 2－2－1 所示。

各级平面控制网的主要技术要求见表 5－1－1。

表 5－1－1　各级平面控制网设计的主要技术要求

控制网	测量方法	测量等级	点间距	相邻点的相对中误差(mm)	备　　注
CP0	GPS	—	50 km	20	
CPⅠ	GPS	二等	≤4 km 一对点	10	点间距≥800 m
CPⅡ	GPS	三等	600～800 m	8	
	导线	三等	400～800 m	8	附合导线网
CPⅢ	自由测站边角交会	—	50～70 m 一对点	1	

注：① CPⅡ采用 GPS 测量时，CPⅠ可按 4 km 一个点布设；

② 相邻点的相对点位中误差为平面 x、y 坐标分量中误差。

各等级 GPS 测量控制网的主要技术指标，应符合表 5－1－2 的规定。

表 5－1－2　GPS 控制网的主要技术要求

等级	固定误差 a（mm）	比例误差系数 b（mm/km）	基线方位角中误差(″)	约束点间的边长相对中误差	约束平差后最弱边边长相对中误差
一等	≤5	≤1	0.9	1/500 000	1/250 000
二等	≤5	≤1	1.3	1/250 000	1/180 000
三等	≤5	≤1	1.7	1/180 000	1/100 000
四等	≤5	≤2	2.0	1/100 000	1/70 000
五等	≤10	≤2	3.0	1/70 000	1/40 000

注：当基线长度短于 500 m 时，一、二、三等边长中误差应小于 5 mm，四等边长中误差应小于 7.5 mm，五等边长中误差应小于 10 mm。

各等级控制网相邻点间弦长精度应小于按式（5－1－1）计算的标准差。

$$\sigma = \pm\sqrt{a^2 + (b \cdot d)^2} \qquad (5-1-1)$$

式中　σ——基线弦长标准差(mm)；

a——固定误差(mm)；

b——比例误差系数(mm/km)；

d——相邻点间距离(km)。

各等级 GPS 测量作业的基本技术要求,应符合表 5－1－3 的规定。

表 5－1－3　各等级 GPS 测量作业的基本技术要求

项目	等级	一等	二等	三等	四等	五等
静态测量	卫星截止高度角(°)	≥15	≥15	≥15	≥15	≥15
	同时观测有效卫星数	≥4	≥4	≥4	≥4	≥4
	有效时段长度(min)	≥120	≥90	≥60	≥45	≥40
	观测时段数	≥2	≥2	1～2	1～2	1
	数据采样间隔(s)	10～60	10～60	10～60	10～30	10～30
	接收机类型	双频	双频	双频	单/双频	单/双频
	PDOP 或 GDOP	≤6	≤6	≤8	≤10	≤10
快速静态测量	卫星截止高度角(°)	—	—	—	≥15	≥15
	有效卫星总数	—	—	—	≥5	≥5
	观测时间(min)	—	—	—	5～20	5～20
	平均重复设站数	—	—	—	≥1.5	≥1.5
	数据采样间隔(s)	—	—	—	5～20	5～20
	PDOP(GDOP)	—	—	—	≤7(8)	≤7(8)

注:平均重复设站数≥1.5 是指至少有 50% 的点设站 2 次。

导线控制网可布设成附合导线、闭合导线或导线网,导线测量的主要技术要求应符合表 5－1－4 的规定。

导线环(段)的测角中误差应按式(5－1－2)计算:

$$m_\beta = \sqrt{\frac{1}{N}\left[\frac{f_\beta^2}{n}\right]} \qquad (5-1-2)$$

式中　f_β——导线环(段)的角度闭合差(″)；

N——导线环(段)的个数；

n——导线环(段)的角度个数。

表 5－1－4　导线测量的主要技术要求

等级	测角中误差(″)	测距相对中误差	方位角闭合差(″)	导线全长相对闭合差	测回数			
					0.5″级仪器	1″级仪器	2″级仪器	6″级仪器
二等	1.0	1/250 000	$2.0\sqrt{n}$	1/100 000	6	9	—	—
三等	1.8	1/150 000	$3.6\sqrt{n}$	1/55 000	4	6	10	—
四等	2.5	1/80 000	$5\sqrt{n}$	1/40 000	3	4	6	—
一级	4.0	1/40 000	$8\sqrt{n}$	1/20 000	—	2	2	—
二级	7.5	1/20 000	$15\sqrt{n}$	1/12 000	—	—	1	3

注:① 表中 n 为测站数。

② 当边长短于 500 m 时,二等边长中误差应小于 2.5 mm,三等边长中误差应小于 3.5 mm,四等、一级边长中误差应小于 5 mm,二级边长中误差应小于 7.5 mm。

(二)高程控制测量

高速铁路无砟轨道高程控制网分二级布设,第一级线路水准基点控制网;第二级轨道控制网(CPⅢ)。高程控制测量布网要求见表 5－1－5。

表 5－1－5　无砟轨道铁路高程控制网布网要求

控制网级别	测量等级	点　间　距
水准基点	二等水准	2 km 一个点
CPⅢ	精密水准	50～70 m 一对点

二、平面坐标系的选择

高速铁路无砟轨道工程测量平面坐标系应采用工程独立坐标系统。工程椭球构建采用改变椭球参数的方法(即参考椭球长半轴直接加投影面大地高,并保持扁率和定向不变)。边长投影在抵偿高程面上,在对应的线路轨面设计高程面上坐标系统的投影长度变形值不宜大于 10 mm/km,即投影长度变形(包括高程归化、高斯正投影变形之和)不宜大于 1/100 000。

当线路坡度较大且桥隧及站场相连地段不宜变换投影带,造成该地段投影长度变形值超限时,投影长度变形值最大不得超过 25 mm/km,此时线下工程施工放线时可不进行边长投影改化。全段在施工导线测量、轨道控制网建设及铺轨中对投影长度变形值超限地段进行边长综合投影改化。投影改化公式如下：

高程投影改化：

$$D = s\left(1 + \frac{H_0 - H_m}{R_A}\right) \tag{5-1-3}$$

式中　D——改化后平距(m)；

S——改化前实测平距(m)；

H_0——投影面正常高(m)；

H_m——测距边两端点平均正常高(m)；

R_A——参考椭球体在测距边方向法截弧的曲率半径(m)。

高斯投影改化：

$$D = s\left(1 + \frac{y_m^2}{2R_m} + \frac{\Delta y^2}{24R_m^2}\right) \tag{5-1-4}$$

式中　y_m——测距边两端点横坐标的平均值(m)；

Δy——测距边两端点横坐标的增量(m)；

R_m——测距边中点处在参考椭球面上的平均曲率半径(m)。

投影改化综合公式：

$$D = s\left(1 + \frac{H_0 - H_m}{R_A} + \frac{y_m^2}{2R_m^2} + \frac{\Delta y^2}{24R_m^2}\right) \tag{5-1-5}$$

三、框架控制网(CP0)测量

CP0 控制网应在初测前采用 GPS 测量方法建立，全线一次性布网，统一测量，整体平差。

(一) CP0 控制网布设

CP0 控制点应沿线路走向每 50 km 左右布设一个点，在线路起点、终点或与其他线路衔接地段，应至少有 1 个 CP0 控制点。当国家既有 GPS 控制点的精度和位置满足 CP0 控制网要求时，应将其作为高速铁路 CP0 控制点。控制点宜设在适合于 GPS 观测作业的地点，周围 200 m 范围内不得有强电磁干扰源或强电磁反射源，点位距离线路中线不宜大于 10 km 。控制点标石应设在基础稳定，不受施工和其他人为活动的干扰，且必须能够长期保存的地点。

CP0 控制网应与 IGS 参考站或国家 A、B 级 GPS 点进行联测，全线联测的已知站点数不应少于 2 个,且在网中均匀分布。每个 CP0 控制点与相邻的 CP0 连接数不得小于 3;IGS 参考站或国家 A、B 级 GPS 点与其相邻的 CP0 连接数不得小于 2。

(二)CP0 外业观测

CP0 外业观测应使用标称精度不低于 5 mm ± 1 ppm 的双频 GPS 接收机,同步观测的 GPS 接收机不应少于 4 台。观测时段分布宜昼夜均匀,夜间观测时段数不应少于 1 个。每个观测时段不宜跨越北京时间早 8 点(世界协调时 0 点)。GPS 天线安置应严格整平对中,天线对中误差不应大于 1 mm。天线高应在测前(开机之前)和测后(关机之后)各量取一次,每次应在相同的位置从天线三个不同方向(间隔 120°)量取,或用接收机天线专用量高器量取。单次天线高重复量取的读数互差不大于 ±2 mm 时,取平均值作为单次天线高观测值;测前和测后天线高观测值读数互差不大于 ±3 mm 时,取平均值作为天线高最终观测值。同一时段的观测过程中不得关闭并重新启动仪器,不得改变仪器的参数设置,不得转动天线位置。观测过程中若遇强雷雨、风暴天气应立刻停止当前观测时段的作业。外业观测各项技术要求应符合表 5 - 1 - 6 的规定。

表 5 - 1 - 6 CP0 观测技术要求

卫星截止高度角	数据采样间隔	同时观测有效卫星数	有效卫星的最短连续观测时间	观测时段数	有效时段长度
15°	30 s	≥4	≥15 min	≥4	≥300 min

(三)CP0 数据处理

1. 基线向量解算

基线向量解算采用适合长基线的高精度 GPS 解算软件(如美国麻省理工学院的 GAMIT/GLOBK 软件或瑞士伯尔尼大学的 Bernese 软件)。

基线解算前,应按规范及技术设计及时对外业全部资料全面检查和验收,重点包括:

1)观测数据成果是否符合调度命令和规范要求。

2)观测数据质量分析是否合理。

基线解算前,还需通过 Internet 获取以下数据:

1)精密星历(IGS)数据。

2)GPS 连续运行站(IGS 参考站)观测数据和相应的坐标及速度场数据。

3)软件所需的文件(如:框架极移、卫星状态等文件)。

基线向量应采用精密星历进行基线解算。同一时段观测值的数据剔除率不宜大于 10%。采用多基线解算模式进行基线解算,计算结果应包括基线向量的各坐标分量及其协方差阵等平差所需的元素。基线向量解算引入的起算点坐标位置基准应为国际地球参考框架(ITRF)中的坐标成果,该坐标框架应与采用的精密星历坐标框架保持一致。起算点坐标中误差应小于0.1 m。

基线解算完成后应进行CP0控制网基线处理结果质量检核:

1)同一基线不同时段的基线向量各分量及边长较差应满足式(5-1-6)要求:

$$
\begin{aligned}
&d_{\Delta X} \leqslant 3\sqrt{2}R_{\Delta X}\\
&d_{\Delta Y} \leqslant 3\sqrt{2}R_{\Delta Y}\\
&d_{\Delta Z} \leqslant 3\sqrt{2}R_{\Delta Z}\\
&d_S \leqslant 3\sqrt{2}R_S
\end{aligned}
\tag{5-1-6}
$$

式中 R 按下式计算:

$$
R_C = \left(\frac{\dfrac{n}{n-1} \cdot \sum_{i=1}^{n} \dfrac{(C_i - C_{\mathrm{m}})^2}{\sigma_{C_i}^2}}{\sum_{i=1}^{n} 1/\sigma_{C_i}^2} \right)^{1/2}
$$

式中　n——同一基线重复观测的总时段数;

i——时段号;

C_i——i 时段基线的某一坐标分量或边长;

C_{m}——各时段基线的某一坐标分量或边长加权平均值;

σ_{Ci}^2——相应于 i 时段基线的某一坐标分量或边长的方差。

2)基线向量的独立(异步)闭合环或附合线路的各坐标分量闭合差(W_x、W_y、W_z)应满足式(5-1-7)要求:

$$
\begin{aligned}
&W_x \leqslant 2\sigma_{Wx}\\
&W_y \leqslant 2\sigma_{Wy}\\
&W_z \leqslant 2\sigma_{Wz}
\end{aligned}
\tag{5-1-7}
$$

式中

$$
\sigma_{W_x} = \left(\sum_{j=1}^{r} \sigma_{\Delta X(j)}^2 \right)^{1/2}
$$

$$
\sigma_{W_y} = \left(\sum_{j=1}^{r} \sigma_{\Delta Y(j)}^2 \right)^{1/2}
$$

$$
\sigma_{W_z} = \left(\sum_{j=1}^{r} \sigma_{\Delta Z(j)}^2 \right)^{1/2}
$$

式中 j——闭合环(线)中第 j 条基线；

r——闭合环(线)基线数；

$\sigma^2_{C(j)}$——第 j 条基线 $C(C=\Delta X,\ \Delta Y,\ \Delta Z)$ 分量的方差。

环线全长闭合差(W)应满足式(5－1－8)要求：

$$W \leqslant 3\sigma_W \tag{5－1－8}$$

式中

$$\sigma_W = \left(\sum_{j=1}^{r} WD_j W^T\right)^{\frac{1}{2}}$$

$$W = \left[\frac{W_x}{W_s} \quad \frac{W_y}{W_s} \quad \frac{W_z}{W_s}\right]$$

$$W_s = \sqrt{W_x^2 + W_y^2 + W_z^2}$$

式中 D_j——闭合环(线)中第 j 条基线的方差—协方差阵。

2. CP0控制网平差

CP0 控制网平差采用国家或铁道部主管部门评审通过的软件进行三维整体平差处理。

无约束平差中基线分量的改正数绝对值($V_{\Delta x}$、$V_{\Delta y}$、$V_{\Delta z}$)应满足式(5－1－9)要求：

$$\begin{aligned} V_{\Delta x} &\leqslant 3\sigma \\ V_{\Delta y} &\leqslant 3\sigma \\ V_{\Delta z} &\leqslant 3\sigma \end{aligned} \tag{5－1－9}$$

σ 按式(5－1－1)计算，其中 $a=5$ mm，$b=0.2$ mm/km，d 取各时段基线长度平均值(以 km 为单位计算)。

整体约束平差所采用的约束点应为 IGS 参考站或国家 A、B 级 GPS 点的 2000 国家大地坐标系成果。整体约束平差中基线向量各分量改正数与无约束平差同一基线改正数较差的绝对值应满足式(5－1－10)要求。

$$\begin{aligned} \mathrm{d}V_{\Delta x} &\leqslant 2\sigma \\ \mathrm{d}V_{\Delta y} &\leqslant 2\sigma \\ \mathrm{d}V_{\Delta z} &\leqslant 2\sigma \end{aligned} \tag{5－1－10}$$

式中 σ——相应级别规定的基线的精度。

无约束平差应输出 ITRF 或 IGS 国际地球参考框架下各点的三维坐标、各基线向量平差值、各基线的坐标分量、改正数及其精度。整体约束平差应输出 2000 国家大地坐标系中各点的地心坐标和大地坐标、各基线向量平差值、各基线的坐标分量、改正数及其精度。

四、CPⅠ控制网测量

CPⅠ控制网宜在初测阶段建立，困难时应在定测前完成，全线（段）应一次布网，统一测量，整体平差。CPⅠ控制网应在CP0的基础上采用GPS进行测量，按二等GPS测量要求施测。

（一）CPⅠ控制网布设

CPⅠ控制点根据线路平面图，沿线路敷设。每隔4 km左右布设一对或一个点。点位布设宜兼顾桥梁、隧道及其他大型构（建）筑物布设施工控制网的要求。采用边联结方式构网，形成由三角形或大地四边形组成的带状网。在线路勘测设计起点、终点或与其他铁路平面控制网衔接地段，必须有2个及以上的CPⅠ控制点相重合，并在测量成果中反映出相互关系。CPⅠ控制网宜与附近的已知水准点联测。

CPⅠ控制点位宜选在距线路中线50～1 000 m、土质坚实、安全僻静、观测方便和利于长期保存的地方。点位应便于安置GPS接收机。点位周围视野开阔，便于GPS卫星信号的接收。离大功率无线电发射源（电视台、微波站）的距离不小于200 m，离高压输电线距离不小于50 m。点位附近不应有强烈干扰卫星信号接收的物体，尽量避开大面积水域。

（二）CPⅠ控制网外业观测

CPⅠ控制网应按二等GPS测量的要求施测。观测时，天线整平对中误差不得大于1 mm，每时段观测前后各量取天线高一次，两次互差小于3 mm，并取其平均值作为最后结果。CPⅠ控制点应与附近的CP0控制点进行联测。观测过程中按规定填写观测手簿。对观测点名、仪器高、仪器号、时间、日期以及观测者均应详细记录。CPⅠ控制网应与沿线的国家或城市三等及以上平面控制点联测，一般每50 km宜联测一个平面控制点，全线（段）联测平面控制点的总数不宜少于3个，特殊情况下不得少于2个。当联测点数为2个时，应尽量分布在网的两端；当联测点数为3个及其以上时，宜在网中均匀分布。

（三）CPⅠ控制网GPS基线解算

基线解算采用随接收机配备的基线解算软件或商用软件，按静态相对定位模式进行解算，基线解算采用精密星历或广播星历。选择CP0控制点为基线解算起算点。基线解

算应作以下检核统计工作:

1. 同一时段观测值的数据剔除率宜小于 10% 。

2. 同一基线不同时段重复观测基线较差应满足式(5 - 1 - 11)要求。

$$d_s \leqslant 2\sqrt{2}\sigma \tag{5-1-11}$$

式中 σ——基线弦长标准差(mm),按式(5 - 1 - 1)计算(d 取环平均边长)。

3. 由若干条独立基线边组成的独立环或附合路线各坐标分量(W_x、W_y、W_z)及全长 W_s 闭合差应满足式(5 - 1 - 12)要求。

$$\begin{cases} W_x \leqslant 3\sqrt{n}\sigma \\ W_y \leqslant 3\sqrt{n}\sigma \\ W_z \leqslant 3\sqrt{n}\sigma \\ W_s \leqslant 3\sqrt{n}\sigma \end{cases} \tag{5-1-12}$$

式中 n——闭合环的边数。

(四)CPⅠ控制网网平差及坐标转换

采用 GPS 基线的双差固定解进行 GPS 基线网平差。无约束平差中基线向量各分量的改正数绝对值应满足式(5 - 1 - 9)的要求,并提供无约束平差 WGS - 84 坐标系中的空间直角坐标,基线向量及其改正数和精度信息。以联测的 CP0 点为已知点进行三维约束平差,约束平差中基线向量各分量改正数与无约束平差同一基线改正数较差的绝对值应满足式(5 - 1 - 10)要求,并提供约束平差后相应坐标系的空间直角坐标,基线向量及其改正数和精度信息。

根据工程独立坐标系投影带的划分,将 CPⅠ控制网的空间直角坐标分别投影到相应的平面坐标投影带中,计算 CPⅠ控制点的工程独立坐标。转换到国家或城市平面坐标系统时,应以联测的国家或城市平面控制点作为固定点进行 CPⅠ控制网的二维约束平差,计算 CPⅠ控制点的国家或城市平面坐标。约束平差前应对已知点进行精度和可靠性检验。

五、CPⅡ控制网测量

CPⅡ控制网宜在定测阶段完成,采用 GPS 测量或导线测量方法施测。

(一)CPⅡ控制网布设

CPⅡ控制点沿设计线路布设,点位宜选在距线路中线 50 ~ 200 m、稳定可靠、便于测量的地方。地形复杂地段结合结构物的分布适当增加控制点的密度。在线路勘测设计起、终点及不同测量单位衔接地段,应联测 2 个及以上 CPⅡ控制点作为共用点,并在测量成果中反映出相互关系。

(二)CPⅡ控制网 GPS 测量

CPⅡ控制网应采用边联结方式构网,形成由三角形或大地四边形组成的带状网,并与 CPⅠ联测构成附合网。CPⅡ控制网按三等 GPS 测量要求施测,点位应满足 GPS 观测条件。

基线解算采用广播星历,使用 GPS 随机基线解算软件或商用软件进行计算。以 CPⅠ控制网中某个 GPS 点的 WGS - 84 坐标为起算坐标进行基线解算,并进行基线解算检核统计工作。

无约束平差中基线向量各分量的改正数的绝对值应满足式(5 - 1 - 9)的要求。CPⅡ网坐标转换应在 GPS 基线网三维无约束平差的基础上,以联测 CPⅠ控制点作为约束点进行平差,计算 CPⅡ控制点的工程独立坐标。

(三)CPⅡ控制网导线测量

导线测量应起闭于 CPⅠ控制点,点间距以 400 ~ 800 m 为宜,按三等导线的技术要求,采用标称精度不低于 2″、2 mm + 2 ppm 的全站仪施测。CPⅡ导线应在方位角闭合差及导线全长相对闭合差满足要求后,采用严密平差计算。

导线测量水平角观测应符合表 5 - 1 - 7 的规定。

表 5 - 1 - 7　导线测量水平角观测技术要求

等级	仪器等级	测回数	半测回归零差	一测回内 2C 互差	同一方向各测回间较差
二等	0. 5″级仪器	6	4″	8″	4″
	1″级仪器	9	6″	9″	6″
三等	0. 5″级仪器	4	4″	8″	4″
	1″级仪器	6	6″	9″	6″
	2″级仪器	10	8″	13″	9″

注:当观测方向的垂直角超过 ±3°的范围时,该方向 2C 互差可按相邻测回同方向进行比较,其值应满足表中一测回内 2C 互差的限值。

导线边长测量,读数至毫米。各项限差应满足表 5 - 1 - 8 的要求。

表 5－1－8　边长测量技术要求

<table>
<tr><th rowspan="2">等级</th><th rowspan="2">使用测距仪精度等级</th><th colspan="2">每边测回数</th><th rowspan="2">一测回读数较差限值(mm)</th><th rowspan="2">测回间较差限值(mm)</th><th rowspan="2">往返观测平距较差限值</th></tr>
<tr><th>往测</th><th>返测</th></tr>
<tr><td rowspan="2">二等</td><td>Ⅰ</td><td rowspan="2">4</td><td rowspan="2">4</td><td>2</td><td>3</td><td rowspan="2"></td></tr>
<tr><td>Ⅱ</td><td>5</td><td>7</td></tr>
<tr><td rowspan="2">三等</td><td>Ⅰ</td><td>2</td><td>2</td><td>2</td><td>3</td><td rowspan="2">$2m_D$</td></tr>
<tr><td>Ⅱ</td><td>4</td><td>4</td><td>5</td><td>7</td></tr>
</table>

注：1. 一测回是全站仪盘左、盘右各测量一次的过程。

2. 测距仪精度等级划分如下：

Ⅰ级　$m_d \leqslant 2$ mm

Ⅱ级　2 mm $< m_d \leqslant 5$ mm

Ⅲ级　5 mm $< m_d \leqslant 10$ mm

Ⅳ级　10 mm $< m_d \leqslant 20$ mm

m_d 为每千米测距标准偏差。即按测距仪出厂标称精度的绝对值，归算到 1 km 的测距标准偏差。

3. $m_D = a + b \times D$

式中　m_D——仪器测距中误差(mm)；

a——标称精度中的固定误差(mm)；

b——标称精度中的比例系数(mm/km)；

D——测距长度(km)。

（四）隧道内 CPⅡ控制网测量

隧道洞内 CPⅡ控制网应在隧道贯通后，采用导线测量。导线附合于隧道两端的 CPⅠ或 CPⅡ控制点上，洞内 CPⅡ导线测量的主要技术要求见表 5－1－9。

表 5－1－9　洞内 CPⅡ导线测量主要技术要求

控制网级别	附合长度(km)	边长(m)	测距中误差(mm)	测角中误差(″)	相邻点位坐标中误差(mm)	导线全长相对闭合差限差	方位角闭合差限差(″)	对应导线等级	备注
CPⅡ	$L \leqslant 2$	300～600	3	1.8	7.5	1/55 000	$\pm 3.6\sqrt{n}$	三等	单导线
CPⅡ	$2 < L \leqslant 7$	300～600	3	1.8	7.5	1/55 000	$\pm 3.6\sqrt{n}$	三等	导线网
CPⅡ	$L > 7$	300～600	3	1.3	5	1/100 000	$\pm 2.6\sqrt{n}$	隧道二等	导线网

注：导线网独立闭合环的边数以 4～6 条边为宜。

CPⅡ导线点宜充分利用洞内施工平面控制桩，单独布点时应布设在施工干扰小、安全稳固、方便设站、便于保存的地方，点间视线应距洞内设施0.2 m以上。隧道洞内CPⅡ导线观测应满足下列要求：

1. 采用标称精度不低于(1″、2 mm + 2 ppm)的全站仪施测。水平角观测按表5－1－7的要求执行，边长测量按表5－1－8的要求执行。

2. 观测前应先将仪器开箱放置20 min左右，让仪器与洞内温度基本一致。

3. 洞口测站观测宜在夜晚或阴天进行；隧道洞内观测应充分通风，无施工干扰，避免尘雾。

4. 目标棱镜人工观测时应有足够的照明度，受光均匀柔和、目标清晰，避免光线从旁侧照射目标；采用测量机器人自动观测时应尽量减少光源干扰。

六、水准基点控制网测量

高速铁路无砟轨道水准基点控制网测量按二等水准测量精度要求施测，高程系统应采用1985国家高程基准。测量要求如下：

(一)水准基点网布设

水准路线基本沿线路布设。水准基点每2 km左右设置一个。重点工程(大桥、长隧及特殊路基结构)地段根据实际情况增设水准基点。点位距线路中线50～300 m为宜，尽量与CPⅠ、CPⅡ共点。为了给无砟轨道施工建设和沉降监测提供稳定的高程基准，在地表沉降不均匀及地质不良地区，宜按每10 km设置一个深埋水准点，每50 km设置一个基岩水准点。

水准点选在土质坚实、安全僻静、观测方便和利于长期保存的地方。严寒冻土地区普通水准点标石应埋设至冻土线0.3 m以下，以保证线路水准基点的稳定。深埋水准基点埋设规格应根据沿线地层情况，埋设至持力层，可根据实际情况作专门设计。

(二)水准基点控制网测量

水准基点控制网全线一次布网测量。在起点、终点与其他铁路接头衔接地段必须有水准点相重合，并处理好相互间的衔接。水准路线一般150 km，宜与国家一、二等水准点联测，最长不应超过400 km，特殊情况下可采用独立起算基准。水准基点控制网测量宜采用几何水准测量。山岭、沼泽及水网地区，水准测量有困难时，可采用精密光电测距三角高程测量。水准测量的主要技术要求应满足表5－1－10的要求，水准观测应满足表

5－1－11的要求。

表5－1－10　水准测量的主要技术标准

等　级	附合路线长　度（km）	环线周长（km）	水准仪等级	水准尺	观测次数	
					与已知点联测	附合或环线
二等水准	≤400	≤750	DS1	铟瓦	往返	往返

注：结点之间或结点与高级点之间，其路线长度不应大于表中规定的0.7倍。

表5－1－11　水准观测的主要技术要求

等级	水准尺类型	水准仪等级	视　距（m）	前后视距差（m）	测段的前后视距累积差（m）	视线高度（m）
二等水准	铟瓦	DS1	≤50	≤1.0	≤3.0	下丝读数≥0.3
		DS05	≤60			

外业观测时，每一测段应为偶数测站。测站观测顺序如下：

① 往测：奇数站为后—前—前—后，偶数站为前—后—后—前；

② 返测：奇数站为前—后—后—前，偶数站为后—前—前—后。

无砟轨道水准基点测量精度应满足表5－1－12的要求

表5－1－12　无砟轨道水准基点测量精度要求

水准测量等级	每千米水准测量偶然中误差 M_{Δ}	每千米水准测量全中误差 M_W	限差		
			检测已测段高差之差	往返测不符值	附合路线或环线闭合差
二等水准	≤1.0	≤2.0	$6\sqrt{L}$	$4\sqrt{L}$	$4\sqrt{L}$

注：表中L为往返测段、附合或环线的水准路线长度，单位为km。

水准测量作业结束后，每条水准路线应按测段往返测高差不符值计算偶然中误差M_{Δ}；当水准网的环数超过20个时，还应按环线闭合差计算M_W。M_{Δ}和M_W应符合规范的规定，否则应对较大闭合差的路线进行重测。M_{Δ}和M_W应按下列公式计算：

$$M_{\Delta}=\sqrt{\frac{1}{4n}\left[\frac{\Delta\Delta}{L}\right]} \tag{5-1-13}$$

$$M_W=\sqrt{\frac{1}{N}\left[\frac{WW}{L}\right]} \tag{5-1-14}$$

式中　Δ——测段往返高差不符值（mm）；

L——测段长或环线长（km）；

n——测段数；

W——附合或环线闭合差(mm)；

N——水准路线环数。

水准基点测量应在全线测量贯通后进行严密平差，采用固定数据平差。水准测量计算取位应按表5-1-13的规定执行。

表5-1-13　水准基点测量数据取位要求

等　级	往(返)测距离总和(km)	往(返)测距离中数(km)	各测站高差(mm)	往(返)测高差总和(mm)	往(返)测高差中数(mm)	高程(mm)
二等水准	0.01	0.1	0.01	0.01	0.1	0.1

七、CPⅢ控制网测量

CPⅢ控制网是轨道铺设、精调以及运营维护的基准，为了保证在轨道的铺设、精调以及运营维护阶段有一个安全、可靠、稳定的控制基准，因此要求CPⅢ控制网应在通过沉降和变形评估后施测。CPⅢ测量前应对全线的CPⅠ、CPⅡ控制网和二等水准基点网进行复测，并采用复测后合格的CPⅠ、CPⅡ控制网和二等水准基点网成果进行CPⅢ控制网测设，以保证CPⅢ控制网起算数据的准确性。CPⅢ控制网测量作业流程如下：

1. CPⅠ、CPⅡ控制网和二等水准基点网全面复测。
2. CPⅡ控制网加密。
3. 隧道洞内CPⅡ测量及二等水准贯通测量。
4. CPⅢ控制点标志埋设。
5. CPⅢ控制网平面测量。
6. CPⅢ控制网高程测量。

(一)精测网复测

经过数年的施工CPⅠ、CPⅡ和线路二等水准基点控制网，受外界环境的变化和施工的影响可能会发生位移变化。为了保证CPⅠ、CPⅡ和线路二等水准基点控制网的精度满足CPⅢ网附合的要求，在CPⅢ控制网测量前需对全线的CPⅠ、CPⅡ和线路二等水准基点控制网进行复测。复测采用的方法和精度应与原测相同。复测前应检查标石的完好性，对丢失和破坏的控制点应按同精度内插方法补设。复测成果与原测成果较差满足下列规定时，采用原测成果：

1. 采用GPS复测CPⅠ、CPⅡ控制点时，复测与原测成果较差满足表5-1-14、

表5－1－15的要求。

表5－1－14 CPⅠ、CPⅡ控制点复测坐标较差限差要求

控制点类型	坐标较差限差(mm)	控制点类型	坐标较差限差(mm)
CPⅠ	20	CPⅡ	15

注:表中坐标较差限差指 X、Y 坐标分量较差。

表5－1－15 GPS复测相邻点间坐标差之差的相对精度限差

控制网等级	相邻点间坐标差之差的相对精度限差	控制网等级	相邻点间坐标差之差的相对精度限差
CPⅠ	1/130 000	CPⅡ	1/80 000

注:表中相邻点间坐标差之差的相对精度按式(5－1－15)计算:

$$\frac{d_s}{S}=\frac{\sqrt{(\Delta X_{ij}^2+\Delta Y_{ij}^2+\Delta Z_{ij}^2)}}{S} \tag{5-1-15}$$

式中 $\Delta X_{ij}=(X_j-X_i)_{复}-(X_j-X_i)_{原}$

$\Delta Y_{ij}=(Y_j-Y_i)_{复}-(Y_j-Y_i)_{原}$

$\Delta Z_{ij}=(Z_j-Z_i)_{复}-(Z_j-Z_i)_{原}$

S——相邻点间的二维平面距离或三维空间距离;

ΔX_{ij},ΔY_{ij}—— 相邻点 i 与 j 间二维坐标差之差(m);

ΔZ_{ij}—— 相邻点 i 与 j 间 Z 方向坐标差之差,当只统计二维坐标差之差的相对精度时该值为零(m)。

2. 采用导线复测CPⅡ控制点时,水平角、边长和坐标较差满足表5－1－16的规定。

表5－1－16 导线复测较差的限差

控制网	等 级	水平角较差限差(″)	边长较差限差(mm)	坐标较差限差(mm)
CPⅡ	三等	3.6	$2\sqrt{2}m_D$	15
CPⅡ	隧道二等	2.6	$2\sqrt{2}m_D$	15

注:m_D 为仪器标称精度。

当隧道洞内CPⅡ控制测量的导线附合长度大于7 km时,导线等级为隧道二等。

3. 水准点间的复测高差与原测高差之较差为 $\pm6\sqrt{L}$。

当较差超限时,超限点的坐标、高程成果应采用同精度内插方式平差计算。

(二)CPⅡ加密测量

为了保证线下工程与轨道工程的相互吻合,轨道控制网CPⅢ与线下工程施工控制网采用线路控制网CPⅡ作为平面控制基准,要求CPⅢ平面网附合于CPⅠ、CPⅡ控制点上。为了使CPⅢ平面网复测成果与原测成果有较好的一致性,要求CPⅢ平面网每600 m左右联测一个CPⅠ或CP Ⅱ控制点为宜。

由于线下工程建成后,原来施工所用的CPⅠ、CPⅡ控制点有可能与自由测站点不通视,其密度有可能不满足CPⅢ平面网附合的要求,为了满足CPⅢ控制网的平面起闭条件,高效、准确地建立CPⅢ控制网,一般情况下都需要加密CPⅡ控制网。CPⅡ加密测量要求如下:

1. CPⅡ加密测量按同精度内插方式施测。所谓同精度内插方式加密CPⅡ控制点,就是在同精度联测原CPⅡ点和加密的CPⅡ点后,采用相邻的CPⅡ点和周边的CPⅠ控制点作为约束点进行平差。

2. CPⅡ加密点宜采用强制对中标沿线路前进方向左右交替埋设,在桥梁地段CPⅡ加密点宜埋设在桥上,并埋设于桥梁的固定端防撞墙上;路基段宜在路肩处埋设加密桩,加密桩应埋设在两个接触网杆之间,并高出轨面50 cm(保证GPS观测条件)。

3. 加密测量采用的方法、使用的仪器和精度应符合相应等级的规定。所采用仪器应经过检定,并在有效检定期内。由于线下工程竣工后,原来的既有CPⅠ和CPⅡ控制点的通视条件受到限制,应优先采用GPS进行CPⅡ控制点的加密工作。GPS加密CPⅡ网应满足以下要求:

(1)观测前要对网形进行设计,保证CPⅡ加密点间的基线长度在600 m左右,并与相邻的CPⅠ或CPⅡ进行联测,联测的原精测网中的CPⅠ或CPⅡ点的数量不得少于3个。

(2)在对CPⅡ加密点进行约束平差前应先对网中的原CPⅠ和CPⅡ控制点的可靠性进行分析。对不满足精度要求的原CPⅠ和CPⅡ控制点进行剔除,满足要求的控制点应全部作为起算点。数据处理的精度指标与CPⅡ控制网测量要求一致。

(三)隧道洞内CPⅡ测量及二等水准贯通调整测量

在CPⅢ控制网施测前,隧道洞内应按CPⅢ控制网平面高程起闭的要求进行隧道洞内CPⅡ测量及二等水准贯通测量。

1. 隧道长度大于800 m的隧道竣工后,应按本节洞内CPⅡ测量的要求进行洞内CPⅡ控制网测量。

2. 隧道二等水准贯通调整测量应满足下列要求:

(1)洞内水准点每千米埋设1个,水准路线起闭于隧道进、出口两端的线路水准基点,按二等水准测量要求施测。长度小于1 km的隧道至少应设1个,并在边墙上埋设标志或与洞内CPⅡ控制点共桩。

(2)隧道洞内水准贯通高差闭合差$\leqslant 6\sqrt{L}$时,以隧道进、出口两端的二等水准点为固定点进行高程平差。当隧道洞内水准贯通高差闭合差$>6\sqrt{L}$时,应将水准路线向两头延伸,使之$\leqslant 6\sqrt{L}$后,固定两端点的高程,对该段水准路线进行约束平差,并调整平差范围内的二等水准点,消除隧道高程断高。

(四)CPⅢ布点及埋设

1. CPⅢ点的布设

CPⅢ点应成对布设,每50~70 m左右一对点,个别特殊情况下相邻点间距最短不小于40 m,最长不大于90 m。同一点对里程差不大于3 m,CPⅢ点布设高度应大致等高,并应高于设计轨道高程面0.3 m以上。

(1)桥梁段CPⅢ点的布设

桥梁上的CPⅢ点宜布设在梁体固定端距梁端0.5 m的处的防撞墙上,以避免梁体热胀冷缩使CPⅢ点产生位移。如图5-1-1。

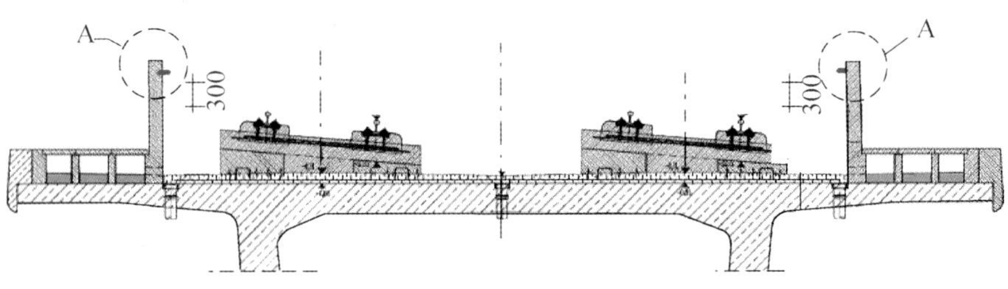

图5-1-1 桥梁部分CPⅢ点布置图(单位:mm)

对于24或32 m简支梁每2孔布设一对CPⅢ点,相邻两对CPⅢ点相距约为64 m、56 m或48 m。对于连续24 m简支梁,根据实际情况也可每三孔布设一对CPⅢ点。

对于普通连续梁,CPⅢ应优先布设于固定端上方。对于跨度超过80 m的连续梁,应在跨中50~80 m间距尽量均匀布设一对或几对CPⅢ点,对跨中CPⅢ点对应尽可能保证施测与使用时的外部环境相同,使用前应对整个连续梁段进行复核。

对于大跨连续梁和特殊结构桥梁,应结合梁跨结构形式、跨度、材料的不同,按CPⅢ点对布设要求和间距进行布点,可适当增大相邻点对间距,但最长不超过90 m。整个段落要在较短的时间、相同温度和环境下进行测量。测量CPⅢ的时间和铺板的时间间隔尽量缩短，且荷载没有大的变化。如果相隔时间较长或温度、环境、荷载有较大的变化，要进行重新复测后使用。铺板的时间段和测量 CPⅢ的时间段、温度、环境要一致。如尽量在夜间或阴天温度变化较小的时间段内进行。

(2)路基段 CPⅢ点的布设

一般路基地段应设置专门的混凝土立柱上，CPⅢ混凝土立柱宜设在接触网基座上。一般布设于接触网杆基础线路大里程端，控制点纵向间距约 50 ~ 70 m 左右布设一对，其基础须与接触网杆基础形成整体；埋设应特别注意不能与接触网补偿下锚坠砣及电力开关操作箱冲突。当冲突时，其基础应设置在线路小里程端。如图 5－1－2 ~ 图 5－1－4 所示。

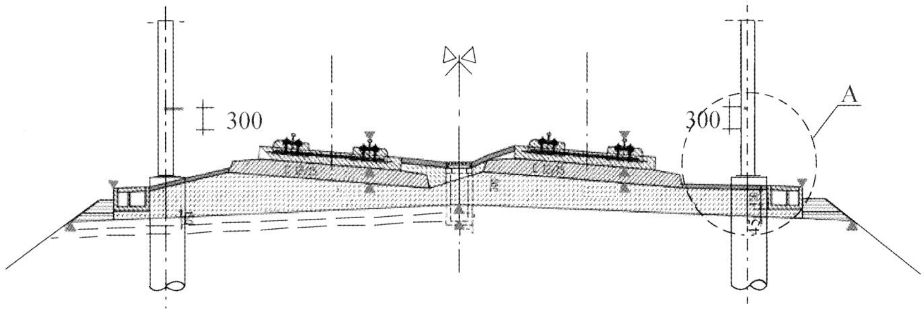

图 5－1－2　路基上 CPⅢ点布置图(单位:mm)

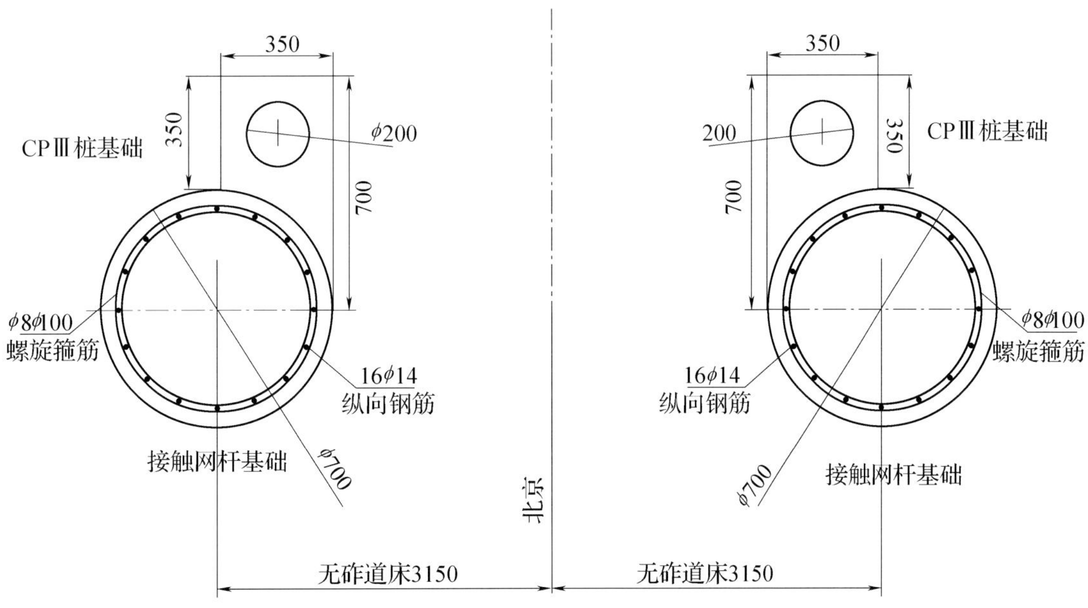

图 5－1－3　路基上 CPⅢ立柱布置图(单位:mm)

(3)隧道段 CPⅢ点的布设

隧道里一般布置在电缆槽线路侧顶端或设计轨道顶面以上 30 ~ 50 cm 的边墙内衬上，相邻 CPⅢ点对相距 60 m 左右。如图 5－1－5 所示。

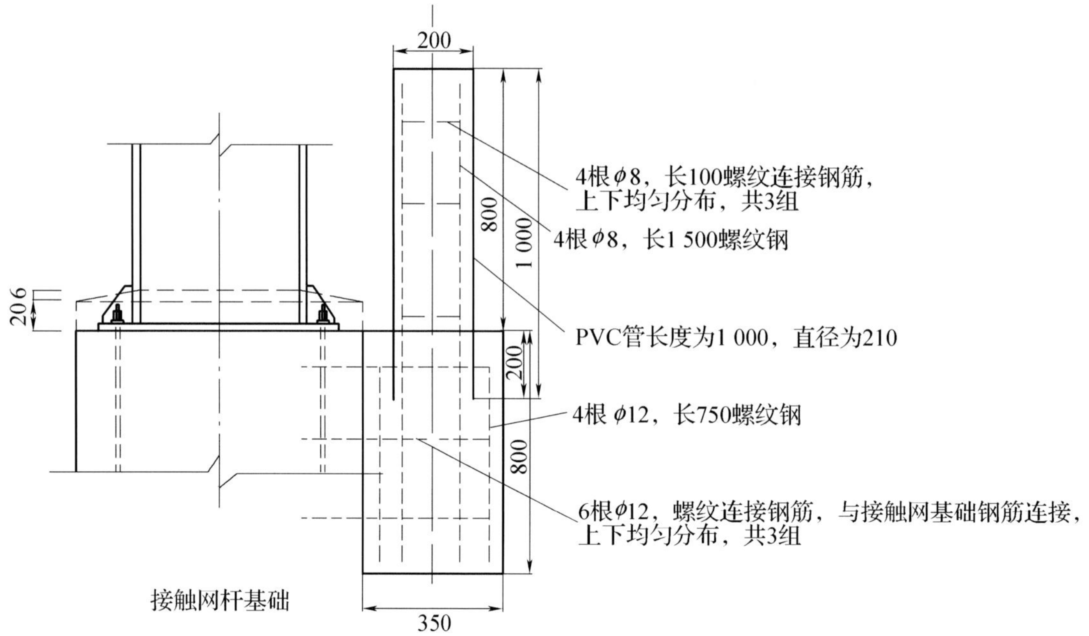

图 5－1－4　路基上 CPⅢ立柱正视图(单位:mm)

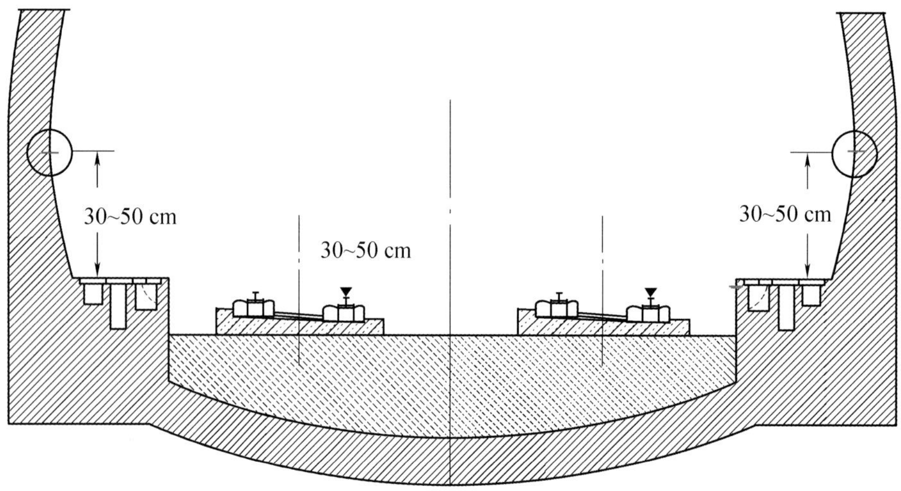

图 5－1－5　隧道内边墙上 CPⅢ控制点布置图

2. CPⅢ预埋件安装

(1)CPⅢ点应设置强制对中标志,标志连接件的加工误差不应大于 0.05 mm,CPⅢ棱镜组件的安装精度应满足表 5－1－17 的要求。

表 5－1－17　CPⅢ标志棱镜组件安装精度要求

CPⅢ标志	重复性安装误差(mm)	互换性安装误差(mm)
X	0.4	0.4
Y	0.4	0.4
H	0.2	0.2

(2)预埋件埋设要求及方法如下：

在路基段CPⅢ标志桩、桥梁段防撞墙、隧道电缆槽顶大致竖立钻孔，采用50 mm左右直径钻头，钻深80 mm。埋设时应注意预埋件尽量竖直，采用水泥或锚固剂填充孔位，安放预埋件，竖立安装调整预埋件，让预埋件管口平行于水泥面或略微高一点，锚固剂沿预埋件外壁四周被挤出。待水泥或锚固剂凝固后进行复检，标志须稳固，不可晃动，标志内须无任何异物，并检查保护管是否正常。预埋件埋设完成及不使用时，需加设防尘盖，以防异物进入预埋件内影响预埋件使用及其精度。

3. CPⅢ点编号及标识

(1)CPⅢ点编号采用7位编号形式(0000300)，前4位采用连续里程(贯通里程)的公里数，第5位“3”代表“CPⅢ”，第6、7位为流水号，01～99号数循环。由小里程向大里程方向顺次编号，里程增大方向轨道左侧的标记点，末位编号为奇数，里程增大方向轨道右侧的标记点，末位编号为偶数。CPⅢ布点时要对点位进行详细描述，主要描述的内容包括线路里程(里程要准确，精确至米)、具体设置位置和其他需要说明的情况等。丢失或破坏后补埋点，新点号在原点号末位加“B”以示区别。

(2)CPⅢ点号标识：

路基地段宜标绘于接触网杆(或临时基础内侧)，标志正下方0.2 m；桥梁地段宜标绘于挡砟墙内侧，侧面及顶面与防撞墙边缘齐；隧道地段宜标绘于标志正下方，侧面及顶面与电缆槽边缘齐。

点号标识应采用统一规格字模，字高为6 cm的正楷字体刻绘。点号铭牌白色抹底规格为40 cm×30 cm，红色油漆应注明“工程线名简称，CPⅢ编号，严禁破坏”，每行居中排列，如图5－1－6所示。

图5－1－6　CPⅢ标识牌

(五)CPⅢ控制网平面测量

1. 平面测量网形

CPⅢ控制网平面测量应采用自由测站边角交会法施测。CPⅢ平面网观测的自由测站间距一般约为120 m，自由测站到CPⅢ点的最远观测距离不应大于180 m；自由测站距

CPⅠ或CPⅡ控制点的距离不宜大于300 m。每个CPⅢ点至少应保证有三个自由测站的方向和距离观测量。

CPⅢ平面网应附合于CPⅠ、CPⅡ控制点上，每600 m左右应联测一个CPⅠ或CP Ⅱ控制点。控制网形及观测方法见图5－1－7。

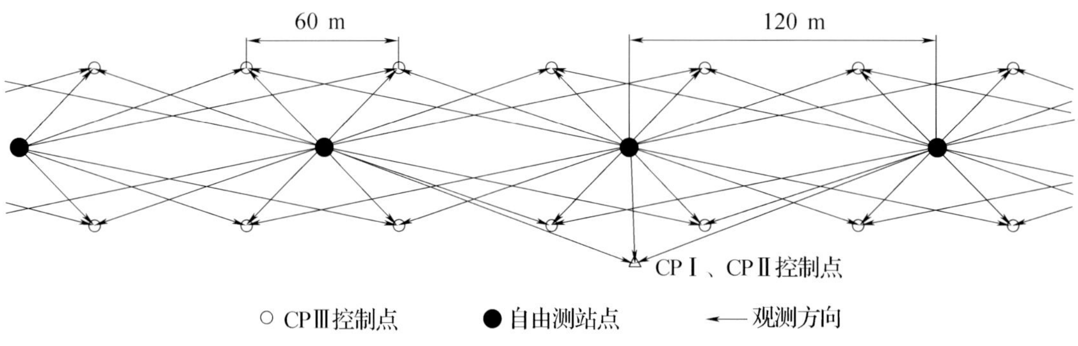

图5－1－7　测站间距为120 m的CPⅢ平面网观测网形示意图

因遇施工干扰或观测条件稍差时，CPⅢ平面控制网可采用图5－1－8所示的构网形式，平面观测测站间距应为60 m左右，每个CPⅢ控制点应有四个方向交会。

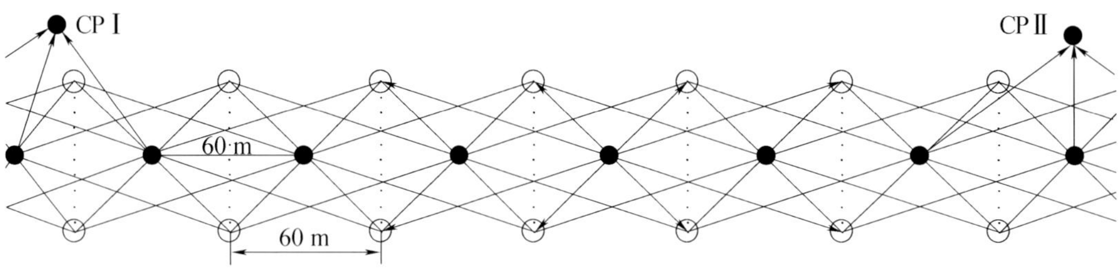

图5－1－8　测站间距为60 m的CPⅢ平面网构网形式

2. CPⅢ控制网观测

（1）使用的全站仪应具有自动目标搜索、自动照准、自动观测、自动记录功能，其标称精度应满足：方向测量中误差不大于±1″，测距中误差不大于±（1 mm＋2 ppm）。如Leica（徕卡）系列的TCA2003、TCA1201及天宝全站仪TRIMBLE S6、S8等。应采用棱镜相位中心稳定、高精度金属外壳棱镜。

（2）外业观测应在气象条件稳定的阴天或夜间进行。边长观测应进行温度、气压等气象元素改正，温度读数精确至0.2 ℃，气压读数精确至0.5 hPa。

（3）CPⅢ控制网水平方向应采用全圆方向观测法进行观测。当观测方向较多时，也可以采用分组全圆方向观测法。水平方向观测应满足表5－1－18的规定，距离测量应满足表5－1－19的规定。

表 5－1－18　CPⅢ平面网水平方向观测技术要求

控制网名称	仪器等级	测回数	半测回归零差	不同测回同一方向 2C 互差	同一方向归零后方向值较差
CPⅢ平面网	0.5″	2	6″	9″	6″
	1″	3	6″	9″	6″

表 5－1－19　CPⅢ平面网距离观测技术要求

控制网名称	测　回	半测回间距离较差	测回间距离较差
CPⅢ平面网	≥2	±1 mm	±1 mm

注：距离测量一测回是全站仪盘左、盘右各测量一次的过程。

（4）CPⅢ平面网可根据施工需要分段测量，分段测量的区段长度不宜小于 4 km，区段间重复观测不应少于 6 对 CPⅢ点，区段接头不应位于车站范围内。

（5）外业观测时应在现场按要求填写 CPⅢ外业记录手簿，记录各测站的观测情况，它是 CPⅢ测量的重要原始数据，在每段 CPⅢ测量结束后装订存档。CPⅢ外业记录手簿格式如下：

CPⅢ平面控制测量观测手簿

________线________段　　　　　　第____页共____页

测量单位：________________天气：________________　　　测量日期：________年____月____日

<table>
<tr><td>自由测站点编号</td><td></td><td>温　度</td><td></td><td>气　压</td><td></td></tr>
<tr><td>CPⅢ点编号</td><td>备　　注</td><td colspan="2">CPⅢ点编号</td><td colspan="2">备　　注</td></tr>
<tr><td></td><td></td><td colspan="2"></td><td colspan="2"></td></tr>
<tr><td></td><td></td><td colspan="2"></td><td colspan="2"></td></tr>
<tr><td colspan="6">自由测站、CPⅢ点编号示意图
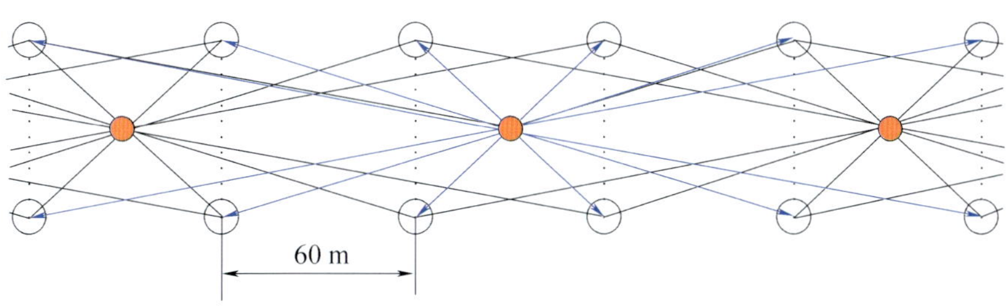
线路里程方向
说明：将自由测站点和 CPⅢ点的编号标记于上述示意图中。每一测站均应填写一张表格。</td></tr>
</table>

观测：　　　　　　　　　记录：　　　　　　　　　测量时间：　　时　　分

3. CPⅢ平面网平差计算

(1)CPⅢ平面网的精度应符合表5-1-20的规定。

表5-1-20　CPⅢ平面网的精度要求

控制网名称	方向观测中误差	距离观测中误差	相邻点的相对中误差
CPⅢ平面网	±1.8″	±1.0 mm	±1.0 mm

(2)CPⅢ平面控制网数据处理软件应通过铁道部主管部门评审,软件应具有CPⅢ网的外业观测数据与网平差计算的精度检核功能。CPⅢ平面网平差计算的精度控制指标应满足表5-1-21、表5-1-22的规定。

表5-1-21　CPⅢ平面自由网平差后的主要技术要求

控制网名称	方向改正数	距离改正数
CPⅢ平面网	±3″	±2 mm

表5-1-22　CPⅢ平面网约束平差后的主要技术要求

控制网名称	与CPⅠ、CPⅡ联测		与CPⅢ联测		点位中误差
	方向改正数	距离改正数	方向改正数	距离改正数	
CPⅢ平面网	≤±4.0″	≤±4 mm	≤±3.0″	≤±2 mm	2 mm

(3)CPⅢ平面控制网分段测量时,前后区段独立平差重叠点坐标差值应≤±3 mm。满足该条件后,后一区段CPⅢ网平差,应采用本区段联测的CPⅠ、CPⅡ控制点及重叠段前一区段连续的1~3对CPⅢ点作为约束点进行平差计算。平差计算各项指标应满足表5-1-20、表5-1-21、表5-1-22的规定。

(4)对于不同坐标投影带的CPⅢ平面网计算,应分别采用相邻两个投影带的CPⅠ、CPⅡ坐标进行约束平差,并分别提交相邻投影带两套CPⅢ平面网的坐标成果。提供两套坐标的CPⅢ重叠区段长度不应小于800 m。分带投影测段之间衔接时,后一投影带CPⅢ网平差,应采用本测段联测的CPⅠ、CPⅡ控制点及前一投影带重叠区段内的所有CPⅢ点转换坐标成果进行固定约束平差。

4. CPⅢ平面网复测

CPⅢ平面网复测采用的网形和精度指标应与原测相同。CPⅢ点复测与原测成果的X、Y坐标较差应≤±3 mm,且相邻点的复测与原测坐标增量ΔX、ΔY较差应≤±2 mm。较差超限时应分析判断超限原因,确认复测成果无误后,应对超限的CPⅢ点采用同级内插方式更新成果。坐标增量较差按式(5-1-16)计算:

$$\Delta X_{ij}=(X_j-X_i)_{复}-(X_j-X_i)_{原}$$
$$\Delta Y_{ij}=(Y_j-Y_i)_{复}-(Y_j-Y_i)_{原} \qquad (5-1-16)$$

（六）CPⅢ控制网高程测量

1. CPⅢ控制网水准测量

CPⅢ控制网水准测量应附合于线路水准基点，按精密水准测量技术要求施测，水准路线附合长度不得大于 3 km。CPⅢ控制点水准测量按图 5－1－9 所示的矩形环单程水准网构网观测。

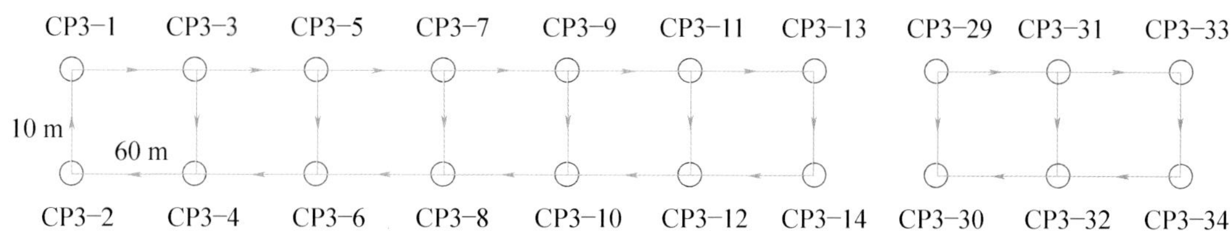

图 5－1－9　CPⅢ水准观测构网示意图

CPⅢ水准网与线路水准基点联测时，按精密水准测量要求进行往返观测。每一个闭合环的四个高差应该由两个测站完成，使每个闭合环形成独立的高差闭合差。CPⅢ控制点水准测量应对相邻 4 个 CPⅢ点所构成的水准闭合环进行环闭合差检核，相邻 CPⅢ点的水准环闭合差不得大于 1 mm。CPⅢ高程控制网精密水准测量应满足表 5－1－23 的要求。

表 5－1－23　精密水准测量主要精度要求（mm）

水准测量等级	每千米水准测量偶然中误差 M_Δ	每千米水准测量全中误差 M_W	限差			
			线路方向 CPⅢ点对高差之差	往返测不符值	附合路线或环线闭合差	左右路线高差不符值
精密水准	≤2.0	≤4.0	$8\sqrt{L}$	$8\sqrt{L}$	$8\sqrt{L}$	$4\sqrt{L}$

注：表中 L 为往返测段、附合或环线的水准路线长度，单位 km。

2. CPⅢ高程网与线路二等水准基点联测

一般路基地段按精密水准测量要求进行往返测，将 CPⅢ高程网附合到线路二等水准基点上。

对于桥梁地段，当桥面与地面间高差大于 3 m，线路水准基点高程直接传递到桥面 CPⅢ控制点上困难时，宜采用不量仪器高和棱镜高的中间设站光电测距三角高程测量法传递。中间设站光电测距三角高程传递应进行两组独立观测，两组高差较差不应大于 2 mm，满足限差要求后，取两组高差平均值作为传递高差。

中间设站三角高程测量方法，就是在没有仪器高和棱镜高量取误差的情况下，求出点 A 和点 B 的高差。其测量原理，如图 5－1－10 和图 5－1－11 所示。

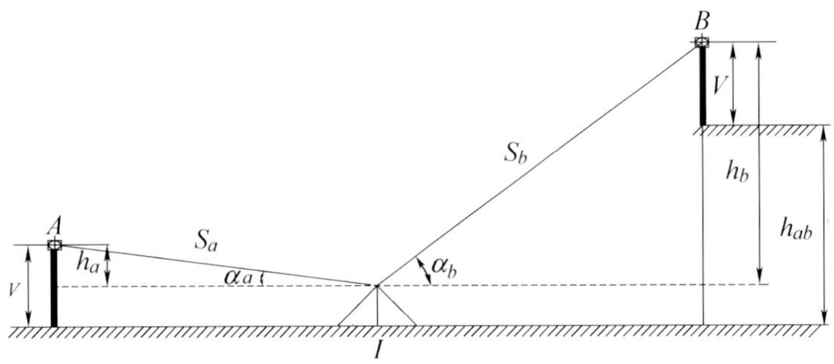

图 5－1－10　不量仪器高和棱镜高的中间设站

三角高程测量原理示意图

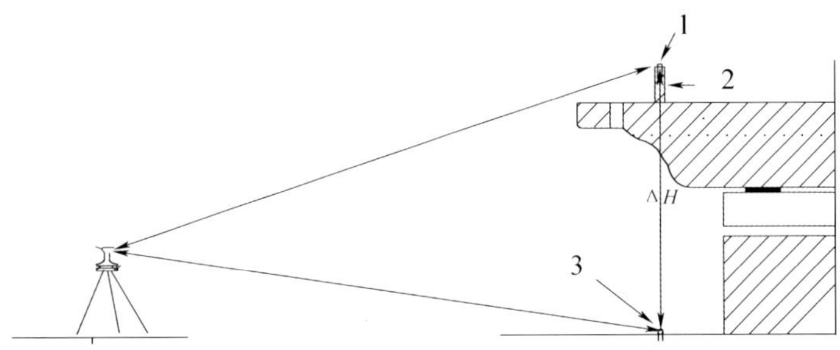

图 5－1－11　在同一侧设置观测点

中间设站三角高程测量的主要技术要求见表 5－1－24。仪器与棱镜的距离一般不大于 100 m，最大不得超过 150 m，前、后视距差不应超过 5 m。前后视必须是同一个棱镜且观测时棱镜高度不变。观测时，要准确测量温度、气压值，以便进行边长改正。

表 5－1－24　中间设站三角高程测量外业观测技术要求

垂直角测量			距离测量		
测回数	测回间指标差互差（″）	测回间较差（″）	测回数	测回内较差（mm）	测回间较差（mm）
4	5.0	5.0	4	2.0	2.0

3. CPⅢ控制网自由测站三角高程测量

CPⅢ控制点高程测量可以利用 CPⅢ平面网测量的边角观测值，采用 CPⅢ控制网自由测站三角高程测量方法与 CPⅢ平面控制测量合并进行。

CPⅢ控制网自由测站三角高程测量直接利用 CPⅢ平面控制网建网测量时已经建立的自由测站到各 CPⅢ点的三角高差关系，通过一定的构网规则和特殊的数据处理平差计算方法得到各 CPⅢ点的高程，使之达到精密水准测量甚至二等水准或精密水准测量的精度，替代目前使用水准测量方法建立的 CPⅢ高程控制网。使 CPⅢ平面高程测量一次解决，从而提高 CPⅢ平面控制网的测量效率。

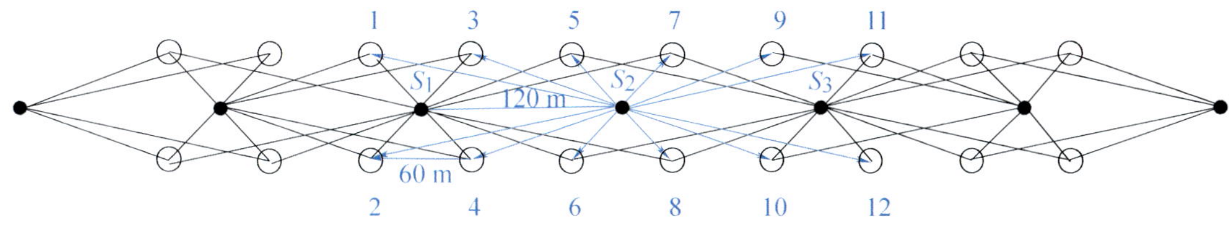

图 5－1－12　CPⅢ网形及平面网观测方法示意图

CPⅢ控制网自由测站三角高程测量应满足以下要求：

(1) CPⅢ控制网自由测站三角高程测量应采用不同测站所测得的相邻点的高差构网。

(2) 用于构建 CPⅢ控制网自由测站三角高程的观测值，除满足 CPⅢ平面网的外业观测要求外，还应满足表 5－1－25 的规定。

表 5－1－25　CPⅢ控制网自由测站三角高程外业观测的主要技术要求

全站仪标称精度	测回数	测回间距离较差	测回间竖盘指标差互差	测回间竖直角互差
≤1″,1 mm＋1 ppm	≥3	≤1 mm	≤9″	≤6″

(3) CPⅢ自由测站三角高程网应附合于线路水准基点，每 2 km 左右与线路水准基点进行高程联测。CPⅢ高程网与线路水准基点联测时，应按精密水准测量要求进行往返观测。

(4) CPⅢ自由测站三角高程网构网平差时，由不同测站测量的同名高差应采用距离加权平均值。

(5) CPⅢ自由测站三角高程网应进行环闭合差和附合路线闭合差统计，并计算每千米高差偶然中误差和每千米高差全中误差，各项指标应符合表 5－1－22 的要求。

(6) CPⅢ自由测站三角高程网应采用线路水准基点进行固定数据严密平差，平差后的各项精度指标，应满足表 5－1－26 的规定。

表 5－1－26　CPⅢ控制网自由测站三角高程网平差后的精度指标

高差改正数	高差观测值的中误差	高程中误差	平差后相邻点高差中误差
≤1 mm	≤0.5 mm	≤2 mm	0.5 mm

(7) CPⅢ自由测站三角高程网可分区段构网平差,区段长度不宜小于4 km,区段与区段之间重叠点不应少于6对,重叠点的高程较差不应大于3 mm。满足要求后,后一区段的平差,应采用本区段联测的线路水准基点及重叠段前一区段的1对CPⅢ点作为约束点进行平差计算。

4. CPⅢ高程复测

CPⅢ高程复测采用的网形和精度指标应与原测相同。CPⅢ点复测与原测成果的高程较差≤±3 mm,且相邻点的复测成果高差与原测成果高差较差≤±2 mm时,采用原测成果。较差超限时应分析判断超限原因,确认复测成果无误后,应对超限的CPⅢ点采用同级内插方式更新成果。

第二节　无砟轨道施工测量

无砟轨道底座混凝土模板或支撑层的定位测量,加密基标测量,轨道板和双块轨排精调测量,轨道精调测量以及轨道竣工测量等施工,都要以轨道控制网CPⅢ为定位的依据。在上述各工序施工过程中,全站仪通过CPⅢ控制网进行自由设站,设站所用控制点个数和各技术指标因各工序施工精度要求不同而异,设站完成后通过测量棱镜的空间位置坐标,经换算后,指导无砟轨道施工。全站仪自由设站的位置应在施工区段内靠近轨道中线,且靠近相邻两对CPⅢ点中部位置。混凝土施工模板放样时,自由设站所用CPⅢ控制点个数不能少于3对,相邻测站重叠测量CPⅢ控制点个数不能少于2对;基标测设、轨道板调整及轨道精调测量时,自由设站观测的CPⅢ控制点不能少于4对,相邻测站重叠观测的CPⅢ控制点不应少于3对。

以CPⅢ控制网为依据,全站仪自由设站进行无砟轨道施工测量的方法,优点在于平面和高程同时测量,施工效率高;又因CPⅢ控制网经过整体平差,采用多对控制点进行自由设站,且两相邻测站有共用的控制点,相对精度得到提高,更好地保证了无砟轨道的平顺性。

一、CRTS Ⅰ型板式无砟轨道施工测量

(一)混凝土底座施工测量

混凝土底座施工前的模板定位测量,可以通过全站仪自由设站进行极坐标放样,水

准测量的方法测量模板高程；也可以在模板上安装棱镜，直接采用全站仪自由设站后进行空间放样。采用测角精度≤2″、测距精度≤2 mm+2 ppm的全站仪进行测量。全站仪一次设站后的工作距离应控制在90 m以内，更换测站后需对上一测站的1~3个放样点进行检核。采用水准测量方法进行模板高程测量时，应起闭于CPⅢ控制点。

（二）凸形挡台施工测量

凸形挡台的中心位置应以轨道中线为基准，垂直于钢轨顶面连线，投影到混凝土底座表面上。直线地段凸形挡台中心与线路中线重合；曲线地段应考虑凸形挡台中心与线路中线的偏移量。进行混凝土底座模板放样时，应采用与混凝土底座模板放样相同的方法和精度进行凸形挡台的模板放样。

（三）轨道板精调测量

轨道板精调采用全站仪自由设站配合螺栓孔速调标架或T形测量标架进行精调测量，也可采用三角规配合基准器的方法进行精调测量。螺栓孔速调标架或T形测量标架是安放在轨道板上的定位设备，其几何尺寸固定，集成定位棱镜（T形测量标架有倾角传感器）等元件，专用软件通过内置的数学模型，将棱镜的空间状态换算为轨道板的空间状态，并结合设计资料计算轨道板的位置偏差，进而指导轨道板精调。T形测量标架同时集成棱镜和倾角传感器，这样可以在采集到任意棱镜数据后，采用棱镜空间坐标和倾角传感器的测量数据直接计算出轨道板的空间位置，减少了全站仪测量次数，提高了施工效率；同时，还可以通过测量标架上两个棱镜的数据，结合倾角传感器测量数据对其自身的状态进行检校。

当采用全站仪配合速调标架或T形测量标架进行轨道板精调测量时，采用单向后退的方式进行轨道板精调，全站仪一次设站后的最佳工作距离为5~30 m。全站仪换站后，需对上一测站精调的最后1~2块轨道板进行复核测量，确认其偏差符合要求。

二、CRTS Ⅱ型板式无砟轨道施工测量

（一）混凝土底座及支承层施工测量

混凝土底座或支撑层施工测量，采用与CRTS Ⅰ型板式无砟轨道底座混凝土的模板放样相同的测量方法和精度进行。

（二）轨道板安置点与基准点测量

在混凝土底座或支承层施工完成以后，以CPⅢ控制网为依据进行自由设站，设站完

成且各项技术指标符合要求后，采用极坐标法测设轨道板安置点。以轨道板安置点为依据初步定位轨道板精调基准点，基准点平面位置通过全站仪自由设站后联测 CPⅢ确定，高程测量采用精密水准测量的方法进行。轨道板安置点和基准点设置在混凝土底座或支撑层上，两者之间的连线垂直于轨道中线，并分别向左和向右偏离轨道中线0.10 m，图5－2－1 为在直线地段设置示意图；在曲线地段，安置点设置于轨道中线的外侧，基准点设置于轨道中线的内侧（图5－2－2）。

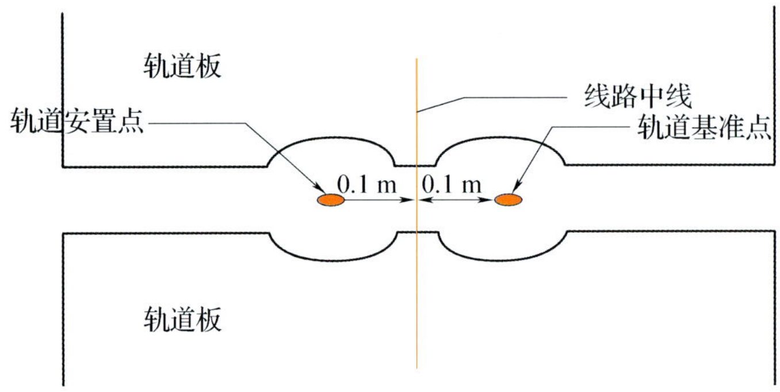

图5－2－1　直线地段安置点与基准点示意图

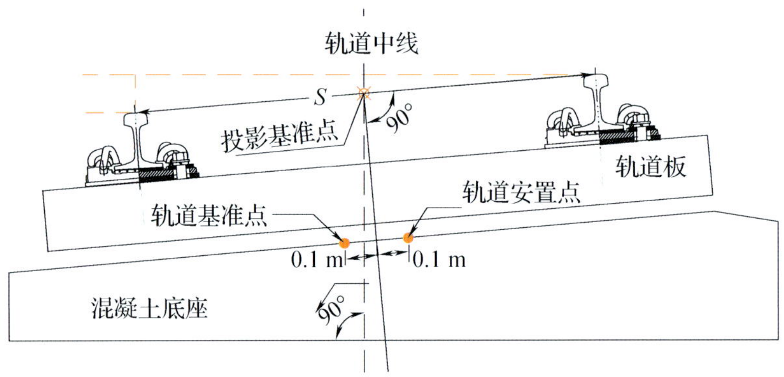

图5－2－2　曲线地段安置点与基准点示意图

轨道安置点的测量过程中，全站仪一次设站后的放样距离以不超过100 m为宜，其平面定位偏差要求不大于5 mm。

基准点测设过程中，全站仪自由设站位置应靠近基准点连线，以减小测距误差对其横向偏差的影响；左右线基准点分别设站测量。以测站所观测的 CPⅢ控制点不少于3对、观测的基准点个数以6～12 个为宜。采用全站仪正镜位多个半测回观测。观测顺序为：先依次观测所有 CPⅢ控制点，再依次观测所有基准点。基准点观测不应少于3 次。CPⅢ控制点观测不应少于4 次。换站后至少需观测上一测站所用的2 对 CPⅢ控制点、3个基准点。基准点高程采用紧密水准测量方法进行测量，每隔300 m 左右与线路同测的CPⅢ控制点上进行闭合。测量完成后对基准点测量数据进行平差，并对质量进行评定，合格后方可用于轨道板精调。

（三）轨道板精调

CRTSⅡ型无砟轨道板的精调采用基准点配合精调框的方法进行，精调框的工作原理与CRTSⅠ型板式无砟轨道板精调中用到的速调标架工作原理相同。轨道板精调前，应分别于待调轨道板首端、中部、末端承轨槽，以及已调整完的上一轨道板首端承轨槽上架设精调标架。标架接触端应与承轨槽端部密贴。全站仪通过强制对中装置，安装在待调段内一基准点上。在精调第一块轨道板时，全站仪应根据待调轨道板端的基准点定向；调整其他轨道板时，全站仪以已经精调好的轨道板首端承轨槽上的精调标架定向，定向完成后依次测量安装在轨道板上速调标架上的棱镜，并根据配套软件计算的偏差调整轨道板。全站仪距待调轨道板的距离应在6.5～19.5 m范围内。更换测站后，全站仪以待调轨道板末端的基准点为定位依据，检测已调整的最后一块轨道板首端承轨槽上的精调标架，检测的横向和竖向偏差均不应大于2 mm，纵向偏差不应大于10 mm。

轨道板精调完成后，全站仪以线路两侧的CPⅢ为依据进行自由设站，然后对精调完成的轨道板调整质量进行检查。

三、CRTSⅠ型双块式无砟轨道施工测量

（一）混凝土底座及支承层施工测量

可参考CRTSI型板式无砟轨道底座混凝土的施工测量方法。

（二）轨排粗调测量

轨排组装前，应先依据轨道控制网CPⅢ，采用全站仪自由设站的方法测设道床模板及线路中线控制点或外移控制点。道床模板和线路中线的放样点间距≥10 m，每一测站的放样距离控制在90 m范围内。这些放样点是轨排组装初步定位的依据。

轨排组装完成后，可采用全站仪自由设站后配合水准仪进行轨排的粗调测量，通过全站仪测量轨排上方尺中心的标记测量轨排平面位置偏差，水准仪测量轨排的高程偏差；也可采用轨道几何状态测量仪进行轨排粗调测量，轨道几何状态测量仪可同时测量并计算轨排的平面和高程位置的偏差，要求全站仪一次设站后的工作距离不超过70 m，更换测站后，应检测已调整的最后一组轨排，平面和高程偏差不应大于2 mm；当采用粗调机粗调轨排时，全站仪自由设站后依次测量粗调机顶部的小棱镜，粗调机自动完成轨排的测量和调整工作。

（三）轨排精调测量

轨排精调测量以轨道控制网 CPⅢ为依据，全站仪自由设站后配合轨道几何状态测量仪进行精调测量。全站仪自由设站且设站精度符合要求后，将全站仪定向到轨道几何状态测量仪的棱镜上，并进行锁定。轨排精调测量时，轨道几何状态测量仪应放置于轨排支撑架位置，测量步长为支撑螺杆间距，轨道几何状态测量仪应由远及近靠近全站仪。每一测站测量的距离宜为 5 ~55 m。在精调过程中，测量和轨排偏差的计算都有轨道几何状态测量仪自动完成。

完成当前工作区域精调测量后，轨道几何状态测量仪应置于当前区域最后一对支撑螺杆调节器位置，并宜将其偏差调整到 0，以此消除两站误差。更换测站后，应重复测量上一区域不少于 5 ~ 10 根轨枕。重复测量偏差不应大于 2 mm，交叠补偿量可参照 1 mm/10 m的比例换算。施工测量时的补偿宜在下一测站测量区间进行。

（四）轨排竣工测量

完成混凝土灌注后，在撤除轨排支撑体系前，应采用与轨排精调测量相同的方法采集轨道线形。测量步长宜为 1 个轨枕间距。

四、枕式道岔施工测量

（一）混凝土底座及支承层施工测量

枕式道岔混凝土底座及支承层施工测量可参考 CRTS Ⅰ 型双块式无砟轨道底座混凝土的施工测量方法。

（二）道岔控制基标及加密基标测量

混凝土底座施工完成后，依据轨道控制网 CPⅢ，采用全站仪自由设站极坐标法测设道岔控制基标和加密基标。高程测量应采用水准测量方法按精密水准测量精度要求施测。道岔控制基标设置在岔前、尖轨段与中间连接段轨缝中心、中间连接段与辙岔段轨缝中心、岔尾、侧岔尾以及距岔前和岔尾 50 ~100 m 线路中心。道岔加密基桩应设于道岔外侧，纵向间距宜为 4 ~7 m，距线路中心距离宜为 2. 7 m 左右。

（三）道岔粗调测量

道岔粗调测量应依据道岔控制基标和加密基标配合道尺、支距尺等工具进行。使用道尺、支距尺等工具逐点检查控制基标和加密基标与道岔中线距离，并调整道岔直股及曲股的横向及竖向位置。

(四)道岔精调测量

道岔精调测量方法与 CRTS Ⅰ型双块式无砟轨道轨排精调测量方法基本相同。要求在道岔粗调完成后和模板安装后分别进行一次精调。为保证区间线路与道岔正确衔接,当区间与道岔顺序施工时,岔区与区间之间的预留优化调整间距不应少于 30 m,分阶段施工时不应少于 50 m。道床施工完成后,应采用全站仪自由设站配合轨道几何状态测量仪检测道岔几何线形,如存在超限,则测量采集整个道岔的空间状态,通过专业优化软件对线形进行微调处理。

五、板式道岔施工测量

板式道岔道床混凝土的施工测量可参考前面章节。道岔板的粗铺测量中,道岔板支撑块安装点、道岔板角点、道岔板支撑螺杆位置点及基准点的测量方法可参考 CRTSⅡ无砟轨道板的粗铺点和精调点的测量方法。

板式道岔精调测量应采用基准点配合专用棱镜组测量方法进行,其测量过程和方法与 CRTSⅡ无砟轨道板的精调方法基本相同,要求一测站测量的轨道板不超过 2 块。

六、轨道精调测量

轨道精调以 CPⅢ控制网为依据,全站仪配合轨道几何状态测量仪测量采集一测站精调区段内轨道的空间状态。轨道精调前,对每对扣件进行编号。测量过程中,轨道几何状态测量仪应由远及近靠近全站仪,依次采集测量数据。测量步长为两相邻扣件间距,也可放宽到两个扣件的距离。数据采集完成后,通过专用软件分析轨道平顺性,并计算每个扣件处的调整量。轨道精调完成后,采用与数据采集相同的测量方法和精度进行检测。

第三节　无砟轨道工程变形监测

一、总体要求

高速铁路无砟轨道线下工程变形监测是无砟轨道施工的重要工序之一。根据监测数据评估预测线下工程最终沉降量和工后沉降,合理确定无砟轨道铺设时机,确保无砟轨道铺设质量。

路基(含过渡段)、桥梁、涵洞、隧道等线下工程的沉降变形观测系统的技术要求应统一制定,变形监测数据必须真实可靠,能全面反映工程实际状况。沉降变形评估应综合考虑沿线路方向各种结构物间的沉降变形关系,以区段为单位实施。评估方法应根据不同的工程类型、地质情况、工程措施确定,能够真实反映工后沉降状况。

线下工程沉降变形观测工作以桥梁、路基、隧道等建(构)筑物的垂直位移观测为主,水平位移监测根据路基(含过渡段)、桥涵、隧道工点具体要求确定。

沉降变形观测、评估过程是确定铺设无砟轨道的关键时间节点和关键工序的主要依据之一,需加强"零周期"(即初始值)和过程控制。高程系统一般采用 1985 国家高程基准。

二、测量等级及精度要求

沉降变形测量一般按沉降变形等级三等的相关技术规定执行,对于技术特别复杂工点,可根据需要按沉降变形等级二等的相关技术规定执行。

三、变形监测网

(一)垂直位移监测网建网

结构物的变形监测应建立独立的变形监测网,覆盖范围一般不宜小于 4 km,基准点选择应优先考虑利用CPⅠ、CPⅡ和线路水准基点。结构物的变形监测应充分利用CPⅠ、CPⅡ和线路水准基点作为水平和垂直位移监测的工作基点。

线下工程垂直位移监测一般按沉降变形等级三等的要求(国家二等水准测量)施测,根据沉降变形测量精度要求高的特点,以及标志的作用和要求不同,垂直位移监测网用分级布网等精度观测逐级控制的方法布设。

对于技术特别复杂、垂直位移监测沉降变形测量等级要求二等及以上的重要桥隧工点,应独立建网,并按照国家一等水准测量的技术要求进行施测或进行特殊测量设计。

(二)水平位移监测网建网方式

一般按独立建网考虑,根据沉降变形测量等级及精度要求进行施测,并与施工平面控制网进行联测,引入施工测量坐标系统,实现水平位移监测网坐标与施工平面控制网坐标的相互转换。

水平位移监测按三等规定执行,对于软土地基等设计有特别技术要求的复杂工点,可根据需要按二等的规定执行。

(三)沉降变形测量点的布置要求

沉降变形测量点分为基准点、工作基点和沉降变形观测点三类,其布设按下列要求。

1. 基准点。要求建立在沉降变形区以外的稳定地区,基准点使用全线的基岩水准点、深埋水准点、CPⅠ、CPⅡ和二等水准点,增设时按国家二等水准测量的相关要求执行。

2. 工作基点。要求这些点埋设在稳定区域,在观测期间稳定不变,测定沉降变形点时作为高程和坐标的传递点。工作基点除使用普通水准点外,按照国家二等水准测量的技术要求进一步加密水准基点或设置工作基点至满足工点垂直位移监测需要。加密后的水准基点(含工作基点)间距200 m左右时,可基本保证线下工程垂直位移监测需要。

3. 沉降变形点。直接埋设在要测定的沉降变形体上。点位应设立在能反映沉降变形体沉降变形的特征部位,不但要求设置牢固,便于观测,还要求形式美观,结构合理,且不破坏沉降变形体的外观和使用。沉降变形点按路基、桥涵、隧道等各专业布点要求进行。

监测点的检测。监测网基准点和工作基点由于自然条件的变化,人为破坏等原因,不可避免地有个别点位会发生变化。为了验证监测网基准点和工作基点的稳定性,应对其进行定期检测。本次技术方案设计垂直位移监测网的观测分为首次观测和施工过程中的定期复测,定期复测按每半年进行一次,尽可能结合精测网复测进行。在区域沉降地区应每季度进行一次复测。

每个独立的监测网应设置不少于3个稳固可靠的基准点。基准点应选设在沉降变形影响范围以外便于长期保存的稳定位置。

工作基点应选在比较稳定的位置。在区域沉降地区内,应对工作基点的沉降量进行监测,如果在两次复测期间,发现工作基点变形超出两倍中误差应及时处理。

(四)测量工作基本要求

水准基点使用时应作稳定性检验,并以稳定或相对稳定的点作为沉降变形的参考点,并应有一定数量稳固可靠的点以资校核。

每次观测前,对所使用的仪器和设备应进行检验校正,并保留检验记录。每次沉降变形观测时应符合:

1. 严格按水准测量规范的要求施测。首次(即零周期)观测应进行往返观测,并取观测结果的中数,经严密平差处理后的高程值,作为变形测量初始值。

2. 参与观测的人员必须经过培训才能上岗，并固定观测人员。

3. 为了将观测中的系统误差减到最小，达到提高精度的目的，各次观测应使用同一台仪器和设备，前后视观测最好用同一水准尺，必须按照固定的观测路线和观测方法进行，观测路线必须形成附合或闭合路线，使用固定的工作基点对应沉降变形观测点进行观测。实行"五固定"即"固定水准基点和工作基点、固定人、固定测量仪器、固定监测环境条件、固定测量路线和方法"，以提高观测数据的准确性。

4. 观测时要避免阳光直射，且在基本相同的环境和观测条件下工作。

5. 成像清晰、稳定时再读数。

6. 随时观测，随时检核计算，观测时要一次完成，中途不中断。

为了保证外业观测效率和便于数据处理，沉降观测一般应采用电子水准仪。测段观测完成后数据，必须及时整理观测数据。当发现沉降监测数据出现异常时必须进行分析，查找原因，及时处理。同时在观测过程中，应做好一些重点信息的记录，如对架梁、运梁车通过施工荷载的记录，天气情况，地下水影响情况的详细记录，以便于对沉降变形的分析。

（五）元器件保护

各类沉降观测元器件是进行测量的基础，必须对此进行有效保护，维持其稳定可靠，具体要求如下：

1. 现场施工单位应成立专门小组，进行元器件的埋设、测量和保护工作，小组人员分工明确，责任到人。

2. 元件埋设时应根据现场情况进行编号，有导线的元件应将导线引出至路基坡脚观测箱内。

3. 凡沉降板附近 1 m 范围内土方应采用人工摊平及小型机具碾压，不得采用大型机械推土及碾压，并配备专人负责指导，以确保元器件不受损坏。

4. 各施工队应制定稳妥的保护措施并认真执行，确保元器件不因人为、自然等因素而破坏，元器件埋设后，制作相应的标识旗或保护架插在上方。路堤填筑过程中，派专人负责监督观测断面的填筑。

四、路基工程沉降变形观测技术要求

（一）观测断面及观测点的设置原则

路基工程沉降变形观测以路基面沉降观测和地基沉降观测为主，应根据不同的结构部位、填方高度、地基条件、堆载预压等具体情况来设置沉降变形观测断面。同时应根据施工过程中掌握的地形、地质变化情况调整或增设观测断面。

1. 观测断面一般按以下原则设置，同时应满足设计文件要求：

1）沿线路方向的间距一般不大于50 m；对地势平坦且地基条件均匀良好的路堑、填方高度小于5 m且地基条件均匀良好的路堤可放宽到100 m。

2）对地形、地质条件变化较大地段应加密断面，一般间距不大于25 m，在变化点附近应设观测断面，以确保能够反映真实差异沉降。

3）一个沉降观测单元（连续路基沉降观测区段为一单元）应不少于2个观测断面。

4）对地形横向坡度大于1∶5或地层横向厚度变化的地段应布设不少于1个横向观测断面。

2. 观测点一般按以下原则设置，同时应满足设计文件要求：

1）为有利于测点看护，集中观测，统一观测频率，各观测项目数据的综合分析，各部位观测点须设在同一横断面上。

2）一般路堤地段观测断面包括沉降观测桩和沉降板，沉降观测桩每断面设置3个，布置于双线路基中心及左右线中心两侧各2 m处；沉降板每断面设置1个，布置于双线路基中心。

软土、松软土路堤地段观测断面一般包括剖面沉降管、沉降观测桩、沉降板和位移观测桩。沉降观测桩每断面设置3个，布置于双线路基中心及两侧各2 m处，沉降板位于双线路基中心，位移观测边桩分别位于两侧坡角外2 m、10 m处，并与沉降观测桩及沉降板位于同一断面上，剖面沉降管位于基底。

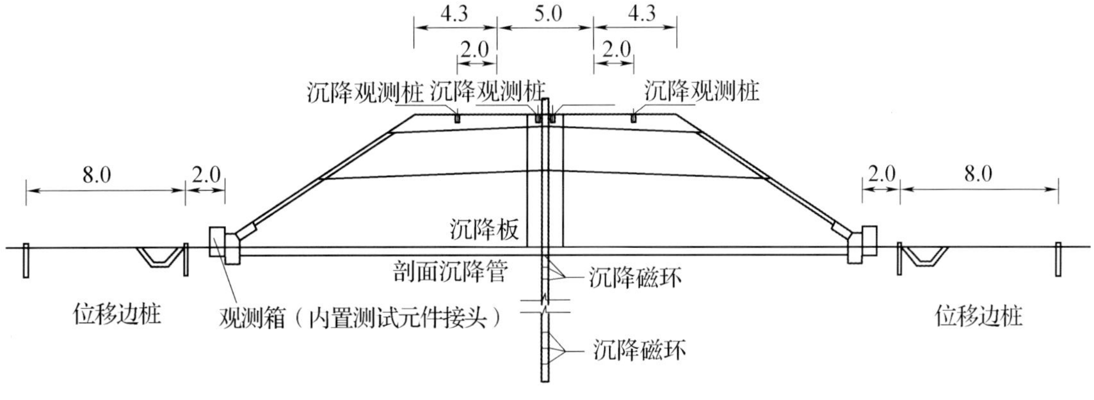

图5－3－1　松软土地段观测断面布置图（单位：m）

沉降板设置应严格按设计文件要求执行，一般按以下原则设置：对路堤填高小于3 m

且压缩层厚度小于 5 m 地段，设置断面间距为 200 m；对压缩层厚度大于 20 m 地段，设置断面间距为 50 m；其余根据具体情况，设置断面间距为 50 ~ 100 m；地面横坡或压缩层底横坡大于 1∶5时，横断面布置两处沉降板，一处位于路基中心，另外一处根据具体地形地质情况布置。

预压地段，预压期因基床表层尚未施工，路基顶面沉降观测应在预压土方底部（基床底层顶面）布置沉降元件进行，即在基床底层顶面临时布置沉降板；位移观测以及基底沉降观测布置与无预压段完全一致，预压土方卸除时临时沉降板随之拆除，基床表层施工后，于路基面上设置正式沉降观测桩。

路堑地段观测断面分别于路基中心，左右中心线以外 2 m 的路基面处各设 1 根沉降观测桩，观测路基面的沉降。

深厚层地基分层沉降监测：深厚层第四系土层地段、软土地段的桥路过渡段及不同地层结构附近设置。采用机动钻孔（ϕ108 mm）引孔埋设 PVC 管（ϕ49 mm）和沉降磁环，利用电磁式深层沉降仪进行观测。分层设置，厚度大于 3 m 时，每 3 m 增设一组，地层界面和加固底面设置磁环。具体布置断面和布置位置按设计文件要求执行。

路堤基底设置剖面沉降管进行全断面沉降观测时，严格按设计文件要求执行。

（二）观测元件与埋设技术要求

沉降观测桩：选择 ϕ20 mm 钢筋，顶部磨圆，底部焊接弯钩，待基床表层级配碎石施工完成后，在观测断面通过测量埋置在设计位置，埋置深度不小于 0.3 m，桩周 0.15 m 用 C15 混凝土浇筑固定，完成埋设后测量桩顶标高作为初始读数。

沉降板：应严格按设计要求进行埋设。一般情况如下：由底板、金属测杆（ϕ20 镀锌铁管）及保护套管（ϕ49 PVC 管）组成。钢筋混凝土底板尺寸为 50 cm × 50 cm，厚 3 cm 或钢底板尺寸为 30 cm × 30 cm，厚 0.8 cm。

沉降板埋设位置处可垫 10 cm 砂垫层找平，埋设时确保底板的水平与垂直度，确保测杆与地面垂直。放好沉降板后，回填一定厚度的垫层，再套上保护套管，保护套管略低于沉降板测杆，上口加盖封住管口，并在其周围填筑相应填料稳定套管，完成沉降板的埋设工作。测量埋设就位的沉降板测杆杆顶标高读数作为初始读数，随着路基填筑施工逐渐接高沉降板测杆和保护套管，每次接长高度以 0.5 m 为宜，接长前后测量杆顶标高变化量确定接高量。金属测杆用内接头连接，保护套管用 PVC 管外接头连接。接长套管时应确保垂直，避免机械施工等因素导致套管倾斜。

位移边桩：采用 C15 钢筋混凝土预制，断面采用 15 cm × 15 cm 正方形，长度不小于 1.5 m。并在桩顶预埋 ϕ20 mm 钢筋，顶部磨圆并刻画十字线。

1. 边桩埋置深度在地表以下不小于 1.0 m，桩顶露出地面不应大于 10 cm。

2. 埋置方法采用洛阳铲或开挖埋设，桩周以 C15 混凝土浇筑固定，确保边桩埋置稳定。完成埋设后采用全站仪测量边桩标高及距基桩的距离作为初始读数。

剖面沉降管：采用专用塑料硬管，其抗弯刚度应适应被测土体的竖向位移要求，导管内十字导槽应顺直，管端接口密合。剖面沉降测量是将剖面沉降仪探头预埋在剖面沉降管十字导槽内，从一端按一定间距依次读数。

路基基底剖面沉降管在地基加固施工完毕后，填土至 0.6 m 高度碾压密实后开槽埋设，开槽宽度 20 ~ 30 cm，开槽深度至地基加固表层顶面，槽底回填 0.2 m 厚的中粗砂，在槽内敷设沉降管（沉降管内穿入用于拉动测头的镀锌钢丝绳），其上夯填中粗砂至与碾压面平齐。沉降管埋设位置挡土墙处应预留孔洞。沉降管敷设完成后，两头应砌筑观测坑，并加设盖板，以方便观测及对孔口进行长期保护，并做好坑内及其周围的排水。并于一侧管口处设置观测桩，观测桩采用 C15 素混凝土灌注，断面采用 0.5 m × 0.5 m × 1.0 m。待上部一层填料压实稳定后，连续观测数日，取稳定读数作为初始读数。

采用横剖仪和水准仪进行横剖面沉降观测。每次观测时，首先用水准仪测出横剖面管一侧的观测桩顶高程，再把横剖仪放置于观测桩顶测量初值，然后用横剖仪测量各测点。区间每 2.0 m 测量一点，车站内测点间距可为 3.0 m。

单点沉降计是一种埋入式电感调频类智能型位移传感器，由电测位移传感器、测杆、锚头、锚板及金属软管和塑料波纹管等组成。

采用钻孔引孔埋设，钻孔孔径 ϕ108 或 ϕ127，钻孔垂直，孔深应达到硬质稳定层（最好为基岩），并与沉降仪总长一致。孔口应平整密实。安装前先在孔底灌浆，以便固定底端锚板，安装时锚杆朝下，法兰沉降板朝上，注意要用拉绳保护以防止元件自行掉落，采用合适方法将底端锚板压至设计深度。每个测试断面埋设完成后，位移计引出导线用钢丝波纹管进行保护，并挖槽集中从一侧引出路基，引入坡脚观测箱内。一般埋设完成后 3 ~ 5 天待缩孔完成后测试零点。观测路堑换填基底沉降或隆起变形埋设在换填基底面，表面应平整密实；观测路基本体变形按设计断面图埋设。

（三）观测方法和技术要求

路基水准路线观测按二等水准测量精度要求形成附合水准路线。

路堤地段从路基填土开始进行沉降观测；路堑地段从级配碎石顶面施工完成开始观测。路基填筑完成或施加预压荷载后应有不少于 6 个月的观测和调整期。观测数据不足以评估或工后沉降评估不能满足设计要求时，应延长观测时间或采取必要的加速或控制沉降的措施。

沉降观测设备的埋设是在施工过程中进行的，施工单位的填筑施工要与设备的埋设做好协调，做到互不干扰、影响。观测设施的埋设及沉降观测工作应按要求进行，不能影响路基填筑质量。

路基填筑过程中应及时整理路堤中心沉降观测点的沉降与边桩的位移量，当中心地基处沉降观测点沉降量大于 10 mm/天或边桩水平位移大于 5 mm/天、竖向位移大于 10 mm/天时，应及时通知项目部，并要求停止填筑施工，待沉降稳定后再恢复填土，必要时采用卸载措施。

观测精度要求：路基沉降观测水准测量的精度为 ±1. 0 mm，读数取位至 0. 01 mm；剖面沉降观测的精度应不低于 4 mm/30 m；位移观测测距误差 ±3 mm；方向观测水平角误差为 ±2. 5″。

实际进行沉降观测时，观测时间的间隔还要看地基的沉降值和沉降速率。当两次连续观测的沉降差值大于 4 mm 时应加密观测频次；当出现沉降突变、地下水变化及降雨等外部环境变化时应增加观测频次。沉降观测应持续进行。工程验收交接后由运营管理部门继续观测。

五、桥涵工程沉降变形观测技术要求

（一）观测断面及观测点的设置原则

每个桥墩（台）设置一个沉降观测断面，分别设置承台观测标、墩身观测标。在路桥、路涵过渡段根据需要增设观测断面。

承台观测标：设置 2 个。观测标 -1 设置于底层承台左侧小里程角上，观测标 -2 设置于底层承台右侧大里程角上。承台观测标为临时观测标，当墩身观测标正常使用后，承台观测标随基坑回填将不再使用。

墩身观测标：设置 2 个，通常可位于墩身两侧。桥墩标一般设置在墩底高出地面或水面 0. 5 m 左右。当墩身较矮立尺困难时，桥墩观测标位置可降低或设置在对应墩身埋标位置的顶帽上。特殊情况可按照确保观测精度、观测方便、利于测点保护的原则，确定相应的位置。

桥台观测标：原则上应设置在台顶（台帽及背墙顶），测点数量不少于4处，分别设在台帽两侧及背墙两侧（横桥向）。

梁体观测标：

1. 对原材料变化不大、预制工艺稳定、批量生产的预应力混凝土预制梁，每30孔选择1孔设置观测标，当实测弹性上拱度大于设计值的梁，前后未观测的梁应补充观测标，逐孔进行观测；其余现浇梁逐孔设置观测标。移动模架施工的梁，对前6孔进行重点观测，以验证支架预设拱度的精度。验证达到设计要求后，可每10孔选择1孔设置观测标，当实测弹性上拱度大于设计值的梁，前后未观测的梁应补充观测标，逐孔进行观测。

2. 观测点布置

简支梁的一孔梁设置观测标6个，分别位于两侧支点及跨中；连续梁上的观测标，根据不同跨度，分别在支点、中跨跨中及边跨1/4跨中附近设置，3跨以上连续梁中跨布置点相同。

在运梁车通过之前，观测标应埋设在腹壁上方，在运梁车通过时，为防止观测标被运梁车压坏，可以转移到挡墙内侧墙脚处。

3. 钢结构桥梁梁部不存在徐变，为了观测变形，每孔设置6个观测标，分别在支点及跨中设置。

4. 对大跨度桥梁等特殊结构应由设计单位单独制定变形观测方案，施工单位按照设计方案进行观测。

涵洞观测标：

每座涵洞均要进行沉降观测，观测标原则上应设在涵洞两侧的边墙上，在涵洞进出口及涵洞中心分别设置，每座涵洞测点数量为6个。涵洞填土后观测点可从边墙位置移动到帽石上，涵洞进出口的帽石上各设置两个测点，位于帽石两侧位置。

（二）观测元件与埋设技术要求

承台观测标：选择ϕ20 mm钢筋，顶部磨圆并刻画十字线，埋置深度不小于0.1 m，高出埋设表面3 mm，表面做好防锈处理。完成埋设后测量桩顶标高作为初始读数。

墩身观测标：采用ϕ14 mm不锈钢螺栓，露出墩身部分宜为球形或鼓形。

（三）观测方法和技术要求

桥梁梁部梁体徐变水准路线观测按二等水准测量精度要求形成闭合水准路线。

桥梁墩台水准路线观测按二等水准测量精度要求形成闭合水准路线，沉降观测点位布设于墩台两侧。

桥梁沉降观测从承台施工完成后，就要开始进行沉降首次观测，承台观测标为临时观测标，当墩身观测标正常使用后，承台观测标随基坑回填将不再使用。随施工的逐步进行依次进行墩身、桥台、梁体的变形观测。

沉降观测设备的埋设是在施工过程中进行的，施工单位的桥梁施工要与设备的埋设做好协调，做到互不干扰、影响。观测设施的埋设及沉降观测工作应按要求进行，不能影响桥梁施工质量。

桥涵基础沉降和梁体徐变沉降变形的观测精度为 ±1 mm，读数取位至 0. 01 mm。涵洞顶填土沉降的观测应与路基沉降观测同步进行。

六、隧道工程沉降变形观测技术要求

（一）观测断面和观测点的设置原则

隧道工程沉降观测是指隧道内线路基础的沉降观测，即隧道的仰拱部分。其他如洞顶地表沉降、拱顶下沉、断面收敛沉降变形等不列入本沉降观测的内容。

隧道内一般地段沉降观测断面的布设根据地质围岩级别确定，一般情况下Ⅲ级围岩每 400 m、Ⅳ级围岩每 300 m、Ⅴ级围岩每 200 m 布设一个观测断面；明暗交界处、围岩级别、衬砌类型变化段及沉降变形缝位置应至少布设两个断面；施工降水范围应至少布设一个观测断面；隧道洞口至分界里程范围内应至少布设一个观测断面；隧道的进出口进行地基处理的地段，从洞口起，洞外路基每 25 m 布设一个断面。路隧分界点处，路、隧两侧分别设置至少一个观测断面。长度大于 20 m 的明洞，每 20 m 设置一个观测断面。

地应力较大、断层或隧底溶蚀破碎带、膨胀土等不良和复杂地质区段，特殊基础类型的隧道段落、隧底由于承载力不足进行过换填、注浆或其他措施处理的复合地基段落适当加密布设。

隧道工程完成后，每个观测断面在相应于两侧边墙处设一对沉降观测点，原则上设于高于水沟盖板 0. 3 m 处。

（二）观测方法和技术要求

隧道水准路线观测按二等水准测量精度要求形成附合水准路线，沉降观测点位布设于观测断面隧道内壁两侧。

隧道沉降观测从仰拱施工结束后立即进行，观测时间不得少于3个月。当观测数据不足或工后沉降评估不能满足设计要求时，应适当延长观测期。每阶段的沉降观测在开始时可一般每周观测一次，以后可根据两次观测的沉降量调整沉降观测的频度，但两次的观测沉降量不宜大于1 mm。

隧道沉降观测水准的测量精度为±1 mm，读数取位至0.01 mm。

七、过渡段工程沉降变形观测技术要求

过渡段应考虑线路纵向平顺性和不同结构物差异沉降的观测和评估，桥涵两端的过渡段、路隧过渡段及堑堤过渡段均需进行沉降观测。沉降观测点埋设与路堤段埋设要求一致，沉降观测精度与频次与路基段相同。

不同结构物起点处、距起点5～10 m、20～30 m处分别设置观测断面。每个横向结构物每侧各设置一个观测断面，沿涵洞轴线设路基观测断面。路堤和路堑分界处设置观测断面。横向结构物顶面埋设一根剖面沉降管。

第六章　无砟轨道施工质量控制

第一节　无砟轨道施工技术

无砟轨道是一种高稳定性、高平顺性、少维修的轨道结构，从质量控制的角度看，无砟轨道是一种特殊的建筑产品，无砟轨道施工中的质量控制是实现该产品功能的关键，合理地选择和运用施工技术是实现无砟轨道工程质量控制的基础。

一、无砟轨道施工技术特点

无砟轨道施工技术的选择和运用主要由无砟轨道设计结构特点和使用功能特性所决定，除具备土木工程的一般特点外，无砟轨道施工技术在施工质量控制、施工工艺、施工组织等方面还具有较多独特性。

（一）施工质量控制特点

1. 施工对象为层状结构

无砟轨道在结构设计和组成上具有明显的层状结构特点，无砟道床主体结构通常分为底座（或支承层）和轨道板（或道床板）两层；对于板式无砟轨道两层之间还有水泥乳化沥青砂浆（或自密实混凝土）充填层。主体结构层之下与其联系的是桥梁、路基、隧道等线下建（构）筑物的不同结构层，针对路基、桥梁和隧道三种无砟轨道铺设地段，分别对应为路基基床表层、桥梁梁面、隧道底板（或仰拱填充层）表面，这里简称为无砟轨道线下基础层。无砟道床上层则为扣件系统、钢轨。

此外，在不同的无砟轨道结构中，结构层之间还存在着多种连接、关联关系，如水平力传递和限位装置，凸台、连接钢筋或销钉等。

2. 质量控制特点

基于上述层状结构特点，施工质量控制过程中应突出结构层的质量控制和验收。

（1）控制各结构层的施工质量，按照自下而上的顺序，层层验收、以下保上，保证后续结构层施工。例如无砟道床施工前，对无砟轨道线下基础层表面的中线、高程、宽度、平整度、横向排水坡度的复核和必要的修整。严格控制底座(或支承层)混凝土顶面高程及平整度等在允许偏差范围内。

(2)控制各结构层的界面连接施工质量，注重施工细节，统筹不同专业、不同结构层的接口施工。按照设计文件及时安装、处理各结构层的连接机构、预埋装置。例如为了保证底座与无砟轨道线下基础层的有效连接，梁体应预埋连接套筒或钢筋；梁面、隧道底板(或仰拱填充层)表面应进行拉毛或凿毛处理。枕式无砟道岔道床板钢筋安装时，底层钢筋应与混凝土底座预埋"门"形钢筋竖向连接牢固等。

(3)质量验收工作强调工序质量验收、工序交接验收。例如，CRTS Ⅰ 型轨道板吊装前，对上一道工序底座及凸形挡台位置及几何尺寸的复核、验收是保证轨道板准确就位的关键控制点。

(二)施工工艺特点

1. 持续精度控制过程

为实现高速铁路轨道的平顺性，我国建立了一套与之相适应的精确的工程测量体系和技术标准。无砟轨道施工必须以此为基准，进行施工精度的控制，并贯穿于无砟轨道施工全过程，即持续精度控制。以使铺设达到最终的精度要求，实现轨道的高平顺性。

(1)保持精度控制基准的统一性和连续性

无砟轨道铁路工程测量平面控制网在框架控制网(CP0)基础上分三级布设，第三级为轨道控制网(CPⅢ)，主要为轨道铺设和运营维护提供控制基准。因此无砟轨道施工的各工序精度控制应始终以此为基准，保持统一性和连续性。例如，无砟轨道底座、凸形挡台、道床板等现浇结构混凝土的模板定位测量、加密基标测量、轨道板(双块式轨排)精调测量及检测、轨道精调测量以及轨道竣工测量等施工过程中，都需要以轨道控制网CPⅢ为定位的依据。

(2)保证精度控制的可靠性和施工效率

因为精度控制贯穿于无砟轨道施工全过程，精度控制工作特别是测量作业势必在工艺流程上占用更多工序时间，为此须保证测量精度控制的可靠性、避免测量差错造成返工；同时提高测量作业工效，这突出体现在施工测量作业的质量和工效控制。采用先进的测量技术和设备是保证施工精度的有效途径。例如，将"CPⅢ自由测站边角交会网"

测量方法用于无砟轨道施工精调测量，能保证持续测量工作的可靠性，提高相邻点间相对精度、有效控制轨道的平顺性。

2. 混凝土施工量大、工艺要求严格

相对于有砟轨道，无砟轨道用钢筋混凝土道床取代了碎石道床，无砟道床主体结构通常为底座（或支承层）和轨道板（或道床板）。所以无砟道床无论是预制还是现浇结构，钢筋混凝土施工工程数量都比较大，其施工工艺须着重围绕混凝土结构物的特点进行质量控制。

（1）混凝土生产工艺特点

无砟轨道主体结构应满足不少于60年设计使用寿命的要求。因此，无论是预制构件还是现浇结构，混凝土的配合比试验、原材料检验、混凝土集中商品化生产等环节必须按照耐久性要求进行质量控制。

（2）混凝土浇筑工艺特点

总体上按照耐久性要求，对混凝土运输、混凝土浇筑工序进行控制，重点是浇筑及养护温度、坍落度等混凝土工作性能指标的控制，并采取相应措施。例如轨道板（轨枕）混凝土按照静停、升温、恒温、降温四个阶段进行蒸汽养生；双块式无砟道床板混凝土浇筑后采用覆盖保湿的养生措施。

（三）施工劳动力组织特点

1. 专业配合范围广、层次高

无砟轨道的各个结构层之间关联关系复杂，涵盖路基、桥梁、隧道、轨道、电务、通信信号等专业，所以施工劳动力组织要求不同专业人员的参与、协调配合，以及不同专业人员进行工序之间的交接验收。

2. 劳动力技术水平要求高

无砟轨道施工是多项新技术的集成体系，对施工人员专业技术水平要求更高，必须从施工理念、技术标准、操作规程、检验验收程序及方法等方面对施工人员进行技术培训。

3. 劳动力配置类型多、要求高

从施工作业类型来看，无砟轨道施工需要完成混凝土预制或现浇作业、水泥乳化沥青砂浆现场生产及灌注作业施工控制和安装测量作业、轨道部件运输及装卸作业、轨排组装及调整作业、铺轨及轨道整理作业等多种类型。因此所需作业工种多样，并包括大量特殊工种，对施工劳动力配置提出了更高要求。

（四）施工材料质量控制特点

1. 材料来源渠道广、品种多样化

由于无砟轨道构成复杂，并大量采用新型材料，施工材料来源渠道多、品种多样化。例如水泥乳化沥青砂浆是由乳化沥青、水泥、细骨料及特殊组分材料等多种原料现场制备而成；枕式无砟道岔的组成当中既有道岔钢轨件、扣件、岔枕等成品构配件，也有底座和道床板现浇混凝土原材料。

2. 材料特性不一、材料质量控制程序和方法复杂

无砟轨道施工原材料及构配件种类繁多，各种材料特性不一，材料及构配件的质量检验须遵循各自对应的原材料技术标准、产品技术条件等相关技术标准，材料及构配件的检测程序、方法也各不相同。例如，水泥乳化沥青砂浆原料进场时应按照各自技术指标进行检验，现场制备时则须留置试件检验砂浆物理力学性能；轨道板出厂前需进行外形尺寸、外观质量及电务性能检验，进场铺设前还须进行外观质量、翘曲及标记线等检查。

3. 材料存放、运输和成品保护的要求各异

因材料特性不一，所以其存放、运输和成品保护也有不同要求。比如，水泥乳化沥青原材料存放应采取温控措施；CRTS Ⅰ型轨道板一般应采用横向立放方式存放，防止轨道板翘曲变形影响铺设质量；双块式轨枕存放和运输采用堆垛堆码形式，每层轨枕之间用方木隔离支撑，既可防止轨枕桁架钢筋的变形，又便于散枕作业时散枕机快速抓取轨枕。

（五）施工设备配置和运用特点

1. 施工设备种类多

为满足无砟轨道高精度的铺设标准，必须体现以设备保工艺、以工艺保精度的思想。无砟轨道铺设应采用成套施工设备。按用途分类主要包括以下几类：

（1）混凝土（水泥乳化沥青砂浆）生产和浇筑设备：混凝土拌和站、混凝土运输车、滑模摊铺机、移动式水泥乳化沥青砂浆搅拌灌注车、轨行式混凝土浇筑机等。

（2）材料及构配件运输装卸设备：轮胎式或轨行式龙门吊、汽车吊、轨道板双向运输车、双块式轨枕散枕机、道岔起吊扁担梁、长轨推送车、铺轨机等。

（3）轨道精调设备：双块式轨排粗调机、双块式轨排螺杆支撑调整架、轨道板精调门架及精调爪。

(4)测量设备:轨道几何状态测量仪、轨道板精调标架、全站仪、水准仪等。

上述设备中既包括混凝土运输车、汽车吊等通用设备,也包括移动式水泥乳化沥青砂浆搅拌灌注车、双块式轨排粗调机、轨道几何状态测量仪等专用设备。

2. 施工设备综合性能应匹配

为使各种通用设备、专用设备在施工中协同作业,各设备的综合性能(包括设备的机械性能、尺寸、功效等)须匹配。例如,轨行式混凝土浇筑机的混凝土浇筑工效应同混凝土运输车的运输工效相匹配 ,以保证无砟道床混凝土的连续浇筑,轨道几何状态测量仪、全站仪在数据通信接口方面的匹配状况将影响测量作业的精度和效率。

3. 施工设备的空间调配、作业面布置须按综合物流的要求统筹安排

若从"人料机"要素分析,无砟轨道施工物流主要由施工设备的使用人员(如轨道几何状态测量仪操作工程师、龙门吊司机等)、工作对象(如承载的材料、待调整的轨道板)和设备本身三方面要素构成。

无砟轨道施工工序繁多,流程复杂,工序作业时间和空间交叉,工序流水控制等因素使各要素之间关系复杂,施工组织难度大,协调要求高。要按照综合物流的要求统筹安排各要素的配置方案,协调运行。

(六)小结

基于上述无砟轨道施工工艺及质量控制,劳动力、材料及设备配置的分析,无砟轨道施工技术特点可概括为:

1. 施工组织方面体现了专业交接和专业协调的复杂性,强调施工综合物流的统筹安排,严格执行施工结构层、施工接口的管理与控制,合理设计施工工序流程,对施工作业在时间和空间上的交叉进行重点控制。

2. 施工工艺质量控制方面体现了持续性和全过程控制,注重持续严格的精度控制、层层把关的工序质量控制和验收过程。

二、施工对象划分和主要控制要点

综合考虑施工专业特点、轨道结构设计特点、施工方式的因素,可将无砟轨道施工划分为线下基础层施工、无砟道床施工、无砟轨道相关工程施工三个部分。

(一)线下基础层施工

1. 无砟轨道铺设条件评估

高速铁路无砟轨道线下工程变形监测是无砟轨道施工的重要工序之一。无砟轨道工程施工前应根据沉降观测数据进行综合分析、评估，预测线下工程工后沉降量，合理确定无砟轨道铺设时机，并提出评估报告。工后沉降变形符合设计要求后方可进行轨道施工。

2. 线下基础层的验收

如前所述，无砟轨道线下基础层包括路基基床表层、桥梁梁面、隧道底板（或仰拱填充层）表面，其施工质量验收要点为：

（1）检查确认线下基础的主体施工质量；

（2）复核线下基础层的中线、高程、宽度、平整度、横向排水坡度等几何尺寸；

（3）检查确认预埋件的位置、数量及状态；

（4）进行必要的质量整修，重点控制防排水设施的施工质量、运用状态，确保线下基础层排水畅通。

（二）无砟道床施工

根据施工方式及工艺不同，可将无砟道床施工划分为四类：预制构件生产、混凝土（水泥乳化沥青砂浆）现场施工、轨排（道岔）组装施工、铺轨及精调作业施工。

1. 预制构件生产

预制构件生产包括轨道板（道岔板）和轨枕（岔枕）生产、装卸、运输、存放等施工内容。施工控制要点为：

（1）按照轨道板（道岔板）和轨枕（岔枕）的相关技术条件，严格执行原材料进场检验制度，通过材料源头控制保证混凝土预制产品耐久性满足无砟轨道主体结构不少于60年设计使用寿命的要求。

（2）从模具加工、台座设计、专用量器具检测、专用工装运用等方面对预制构件制造精度进行控制，并与无砟轨道结构设计精度相匹配。

（3）在装卸、运输、存放等环节采取相应措施加强预制构件成品保护。

2. 轨排（道岔）组装施工

轨排（道岔）组装主要针对双块式无砟轨道和枕式无砟道岔施工，包括利用工具轨组装、调整及固定双块式轨排；现场组装、调整及固定枕式无砟道岔等施工内容。施工控制要点为：

（1）对轨枕布设、扣件组装、工具轨就位、螺栓紧固等作业内容进行标准化控制，提高轨排（道岔）组装精度。

(2)充分利用粗调机、道岔组装平台、支撑螺杆、侧向支撑等调整固定设备的功能，提高轨排(道岔)组装精度、稳固性及作业工效。

(3)以CPⅢ为基准，采用全站仪自由设站配合轨道几何状态测量仪测量轨排几何形位，对轨排铺设精度，尤其是轨道平顺性进行控制。

(4)按照工序循环的原理，在道床板混凝土浇筑前反复精调轨排(道岔)。

3. 混凝土(水泥乳化沥青砂浆)现场施工

混凝土现场施工包括底座(或支承层)和道床板混凝土生产、运输及浇筑(或摊铺)施工。包含相应钢筋及模板工程施工，板式无砟轨道的水泥乳化沥青砂浆(或自密实混凝土)充填层生产、运输及灌注(浇筑)施工。施工控制要点为：

(1)按照无砟轨道主体结构不少于60年设计使用寿命的要求，制定相应技术措施，对原材料进场检验、拌和、运输及浇筑(或摊铺)等环节进行质量控制。

(2)在混凝土(水泥乳化沥青砂浆)配合比试配、现场生产、浇筑(灌注)等环节注重工艺性试验的作用。

(3)保证混凝土(水泥乳化沥青砂浆)生产、运输能力与现场浇筑(灌注)能力相匹配，以发挥材料最佳工作性能，并提高综合施工效率。

4. 铺轨及精调作业施工

铺轨及精调作业施工包括无缝线路铺设、轨道精调整理(分为静态调整和动态调整两个阶段)作业。施工控制要点为：

(1)根据无砟道床的结构特点、铺设进度等因素组织无缝线路铺设施工。

(2)以实现轨道的高平顺性和精确的几何线性参数为目标，控制轨道精调整体施工质量。

(三)无砟轨道相关工程施工

无砟轨道相关工程主要包括综合接地、管线沟槽、轨道吸声构件及轨道电路等相关工程。相关工程施工具有涉及范围广、专业性强，与无砟轨道施工存在频繁的交叉作业的特点，主要表现：一是在不同专业的构(建)筑物或部件间存在复杂的相互关联关系，二是不同专业施工工序时序交叉。施工控制要点为：

(1)针对无砟轨道与相关工程的构(建)筑物或部件关联关系复杂的特点，进行细节控制，按接口施工的原则重点控制关联构(建)筑物或部件的结构尺寸、空间位置正确，材料性能匹配、连接状态稳定可靠等。

(2)针对不同专业施工工序时序交叉的特点，采用网络计划技术，科学设计无砟轨道施工程序、工艺流程，准确安排相关工程工序的施工节点。

第二节　板式无砟轨道施工质量控制

一、CRTS Ⅰ型板式无砟轨道施工质量控制

(一)轨道板制造质量控制要点

1. 轨道板制造工艺流程

CRTS Ⅰ型轨道板制造工艺流程如图6-2-1。

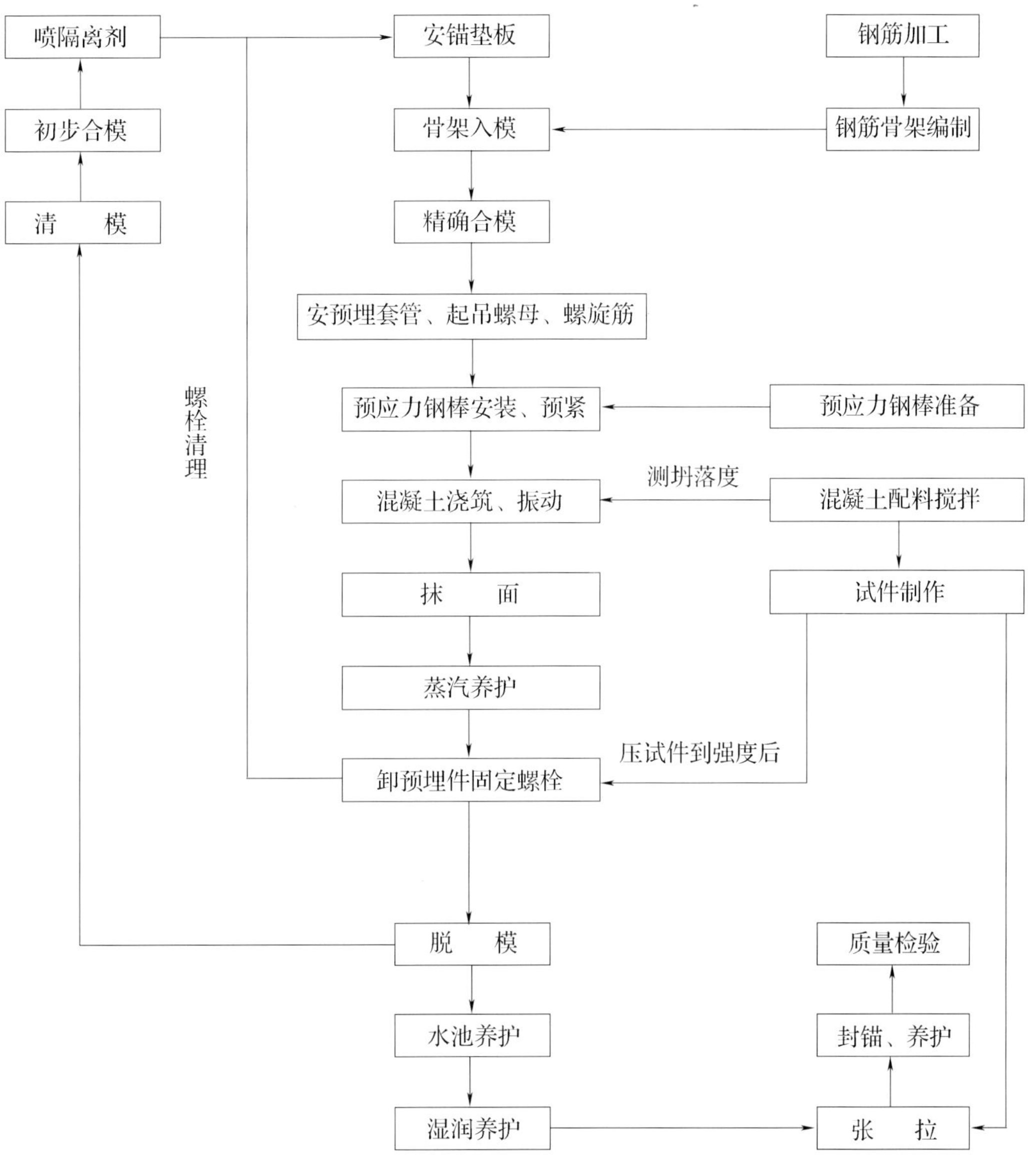

图6-2-1　CRTS Ⅰ型轨道板制造工艺流程图

2. 主要设备及工装

轨道板制造的主要设备及工装：龙门吊、搅拌站、钢筋加工设备、轨道板模型、灰斗等。

轨道板生产采用台座式生产，将钢模放置在预制工作基坑基础上，振动器直接安装在钢模底模上，生产时由底模附着式振动器进行振动密实，轨道板表面再用小型振动器进行面振，保证产品表面光滑、美观。

(1)基于下列理由，轨道板模型应采用钢模

1)轨道板的制造尺寸要求精度高。

因为轨道板的形状复杂，特别是直接在轨道板上铺设钢轨，轨道板的平面变形会直接影响轨道的平顺性，轨道板铺设时对整修的要求标准远比有砟轨道的高，因而严格地规定了轨道板的制造公差。

2)模板易于加工。

3)适于大量、重复使用。

(2)轨道板钢模制作要求

1)用于制作模板的钢材应具有足够的强度和刚度，主体结构焊接后应有应力消除的工艺过程，防止焊接变形。

2)模板的制造容许公差不得超过轨道板成品容许公差的1/2。由于在轨道板生产中不可避免地会产生偏差，为了保证轨道板成品的尺寸偏差符合标准要求，轨道板模型的尺寸允许偏差应要求更严格。钢模质量应符合表6－2－1的规定。

表6－2－1　钢模制造允许偏差表

序号	检验项目	允许偏差(mm)	检验工具	备注
1	长度	±0.5	钢卷尺	5 m
2	宽度	±0.5	钢卷尺	5 m
3	高度	0,0.5	钢板尺	0.3 m
4	翘曲	±1	钢板尺水准仪	
5	底模表面平整度	±0.5	钢板尺水准仪	
6	预埋塑料套管位置	±0.5	游标卡尺	1 m
7	板顶面平整度中央翘曲量	≤1	刀口尺	1 m
8	轨道板中线标志位置	±0.5	钢卷尺	5 m
9	侧模自然状态弯曲	0.5	弦线、塞尺	
10	混凝土接触面的表面粗糙度	(7.25)	标样对比	
11	钢模对角线	±1	钢卷尺	5 m
12	飞边与毛刺	无	目测、手摸	

3)钢模承台基础如果发生不均匀沉降,就会造成轨道板模型扭曲变形,使轨道板成品平面翘曲、不平整,不符合标准要求。因此,钢模承台基础应平整、坚实,至少每个月应进行一次检查,确保其状态满足要求。

(3)轨道板模型维护

1)模型应进行日常检查和定期检查,并做好记录。日常检查应在每天作业前进行,内容主要包括:外观、平面度。定期检查按表6－2－1所列项目每月进行一次。发现问题及时维修,确保投入生产的模型处于良好状态。

2)对钢模安装振动器的部位和振动器进行经常检查,查看有无裂纹及松动现象,应确保其安装的牢固性和可靠性。

3)暂时停用的轨道板模型应涂油遮盖,防止生锈和变型。

3. 主要工艺及质量要求

(1)钢筋加工

1)轨道板所采用的钢筋材质、规格、性能应符合设计图纸要求,并经检验符合相关标准要求。

2)各类钢筋摆放应做到分类堆放,标识清楚,易于识别,不产生混淆。环氧涂层钢筋在运输及绑扎过程中不得损坏涂层。

3)钢筋的纵向连接宜采用连续闪光焊,钢筋对焊应遵守《钢筋焊接及验收规程》(JGJ 18－2003)的有关规定。环氧涂层钢筋禁止对焊。

4)钢筋的加工严禁采用损害材料质量的加工方法,对已弯曲过的钢筋严禁再度复原使用。轨道板两凹型槽附近的弧形钢筋采用放大样的方法制作。弯曲成型的钢筋尺寸偏差应符合表6－2－2的规定。

表6－2－2　钢筋弯曲成型尺寸允许偏差

序号	检查项目及方法	允许偏差(mm)	检查方法
1	钢筋成型后长方向尺寸偏差	±5	用钢卷尺测量
2	钢筋标准弯钩内径偏差	0, －0.5d	
3	钢筋标准弯钩端部顺直段长度	+10,0	
4	箍筋内边距离	±5	
5	各弯折部分的高度偏差	±5	
6	成型后钢筋不在同一平面的偏差	≤10	在平台上用钢卷尺量

注:表中d为钢筋直径。

（2）钢筋骨架编制

钢筋骨架编制应在专用编架台上进行，必须保证钢筋的正确位置。采用绝缘绑扎线绑扎，并对骨架进行绝缘性能检测。各钢筋位置偏差应符合表 6－2－3 规定。成型的钢筋骨架如图 6－2－2。

表 6－2－3　混凝土轨道板钢筋骨架尺寸允许偏差

序号	项　　目	要　求	检查方法
1	普通钢筋	±5 mm	用钢卷尺测量
2	箍筋间距	±10 mm	
3	螺旋筋	±5 mm	
4	钢筋保护层	±3 mm	量塑料垫块
5	预应力筋	±1 mm	150 mm 板尺
6	纵、横向钢筋弯曲度	2 mm	拉线

图 6－2－2　轨道板钢筋骨架

（3）钢筋骨架入模

将编制好的钢筋骨架吊到钢模底模上，位置摆放正确。骨架吊运采用专用工装进行，防止钢筋骨架损伤、变形。若钢筋骨架影响预埋件位置和预应力钢筋位置，可适当移动普通钢筋位置，但移动后必须重新绑扎牢靠。骨架如有偏斜、扭曲，应进行调整。不得损坏环氧涂层钢筋表面涂层。

（4）精确合模

待钢筋骨架位置完全摆放、调整好后，安装侧模和端模。侧模、端模安装应对称进行，先安装侧模，再安装端模。侧模、端模与底模的连接螺栓全部上紧，保证合缝紧密。框架板还需在骨架入模前合好内模，如图 6－2－3 所示。模板安装质量应符合表

6－2－1规定。

(5)安装预埋件

轨道板预埋件主要包括扣件系统的预埋套管、起吊螺母等。其中精度要求最为严格的为扣件系统的预埋套管,其尺寸偏差直接影响到轨道的几何形位。安装时应确保预埋件的位置准确,无松动现象,如图6－2－4所示。

图6－2－3　精确合模

图6－2－4　安装锚垫板、尼龙套管、起吊螺母

(6)预应力筋安装

预应力筋采用专用锚具预紧在模型上,以保证其平直,不得下凹或上翘。普通钢筋影响预应力钢筋位置时,适当移动普通钢筋(框架板为非预应力结构,无该工序)。

(7)混凝土配料搅拌

1)一般情况下,每天应测定骨料含水率一次,遇下雨应增加测定次数,并据此调整混凝土施工配合比。严格按混凝土施工配合比进行配料,碎石应分两级称量(5～10一次,10～25一次)。

2)各种材料的计量系统必须满足称量精度要求,并经计量室和计量单位检定合格后,方能使用。混凝土各种材料称量误差为:砂、石±2%;水泥、粉煤灰、水、减水剂、干燥状态的掺和料±1%。

3)每班拌制的混凝土前3罐必须测定混凝土坍落度,以后每5罐测定一次,并做好记录。若对混凝土搅拌质量有怀疑应立即测定其坍落度。

(8)混凝土浇筑

1)混凝土入模时的温度宜控制在10 ℃～20 ℃范围内,夏季混凝土的入模温度控制在35 ℃以下。

2)浇筑混凝土前应检查钢筋骨架、塑料套管、螺旋筋、起吊螺母等预埋件状态,确认符合要求后方可进行混凝土浇筑。

3）每块板的混凝土应一次浇筑完成，采用底振结合面振工艺将混凝土振捣密实，以表面泛浆，混凝土不再下沉、无气泡溢出为度，保证产品内实外美。

4）每班轨道板生产应在混凝土浇筑时随机取样制作5组10 cm×10 cm×10 cm试件，用于检查混凝土脱模强度、张拉强度和28天强度。制作2组10 cm×10 cm×30 cm试件，用于检测张拉弹性模量和28天弹性模量。

5）混凝土抹面应以侧模内腹板顶面为基准，抹面应平整、光滑，无波浪现象。

（9）养护

为加快模型周转，减少模型投入，轨道板通常采用蒸汽养护，如图6－2－5所示。蒸汽养护时，升温、降温速度不宜超过每小时10 ℃，最高温度不大于45 ℃。养护结束后，轨道板表面温度与环境温度差应在15 ℃以下方可揭开篷布，以防轨道板产生裂纹。

（10）脱模

混凝土达到规定的脱模强度后，方可脱模。拆除所有预埋件固定螺栓、预应力钢筋张紧装置，然后利用钢模水平丝杆将侧模和端模拆除，最后拆除内模定位螺栓。用专用起吊装置将轨道板缓慢吊离模型，起吊过程中，不得使轨道板受到振动和冲击，如图6－2－6所示。轨道板脱模后应进行保湿养护。

图6－2－5　蒸汽养护

图6－2－6　脱　模

（11）预应力施工

当混凝土强度及弹性模量达到设计要求后，施加预应力。张拉控制以油表读数为主，伸长值作校核。张拉完成24 h后切割钢棒，将锚穴四周凿毛处理，采用无收缩聚合物混凝土封堵锚穴。

（12）外形外观检查

轨道板脱模后，按照标准要求进行外形外观质量检查，并记录在检查卡片上。轨道板外形尺寸和外观质量要求见表6－2－4。

表6－2－4　轨道板外形尺寸和外观质量要求

<table>
<tr><th>序号</th><th colspan="2">检　查　项　目</th><th>允许偏差（mm）</th><th>每批检验数量（出厂检验）</th><th>检验项别</th></tr>
<tr><td>1</td><td colspan="2">长度</td><td>±3</td><td>10</td><td>C</td></tr>
<tr><td>2</td><td colspan="2">宽度</td><td>±3</td><td>10</td><td>C</td></tr>
<tr><td>3</td><td colspan="2">厚度</td><td>+3,0</td><td>全检</td><td>B</td></tr>
<tr><td rowspan="5">4</td><td rowspan="5">预埋套管</td><td>中心位置距纵向对称轴</td><td>±1</td><td>全检</td><td>A</td></tr>
<tr><td>保持轨距的两套管中心距</td><td>±1</td><td>全检</td><td>A</td></tr>
<tr><td>保持铁垫板位置的相邻套管中心距</td><td>±1</td><td>全检</td><td>A</td></tr>
<tr><td>底部中心歪斜</td><td>2</td><td>全检</td><td>B</td></tr>
<tr><td>下沉</td><td>1</td><td>全检</td><td>B</td></tr>
<tr><td>5</td><td colspan="2">标记线（板中心线、钢轨中心线）位置</td><td>±1</td><td>10</td><td>B</td></tr>
<tr><td>6</td><td colspan="2">承轨面平面度</td><td>1</td><td>全检</td><td>B</td></tr>
<tr><td rowspan="2">7</td><td rowspan="2">底面平面度</td><td>普通型轨道板</td><td>5</td><td>10</td><td>C</td></tr>
<tr><td>减振型轨道板</td><td>2</td><td>全检</td><td>B</td></tr>
<tr><td>8</td><td colspan="2">其他预埋件位置及垂直歪斜</td><td>1</td><td>全检</td><td>B</td></tr>
<tr><td>9</td><td colspan="2">半圆形缺口直径</td><td>3</td><td>10</td><td>C</td></tr>
<tr><td colspan="6">外观质量</td></tr>
<tr><td>10</td><td colspan="2">肉眼可见的裂纹</td><td>不允许</td><td>全检</td><td>A</td></tr>
<tr><td>11</td><td colspan="2">承轨部位表面缺陷（气孔、黏皮、麻面等）</td><td>长度≯20
深度≯5</td><td>全检</td><td>B</td></tr>
<tr><td>12</td><td colspan="2">其他部位表面缺陷（气孔、黏皮、麻面等）</td><td>长度≯80
深度≯10</td><td>全检</td><td>C</td></tr>
<tr><td>13</td><td colspan="2">轨道板四周棱角破损和掉角</td><td>长度≯80</td><td>全检</td><td>C</td></tr>
<tr><td>14</td><td colspan="2">预埋套管内混凝土淤块</td><td>不允许</td><td>全检</td><td>A</td></tr>
<tr><td>15</td><td colspan="2">减振型轨道板底垫层的翘起</td><td>不允许</td><td>全检</td><td>A</td></tr>
<tr><td>16</td><td colspan="2">轨道板侧面露筋</td><td>不允许</td><td>全检</td><td>A</td></tr>
</table>

（13）产品存放

轨道板存放场地应平整坚固，防止不均匀沉降。轨道板一般采用横向立放，短时间存放也可采用平放。轨道板采用立放时应用连接螺栓板和连接螺栓将紧邻两块轨道板连接,使轨道板堆放成一整体,轨道板堆放端头应有良好的防倾倒支撑架,第一块轨道板连接在支撑架上。平放时最多可放4层,并按要求放置支垫物,支垫物上下对齐。

(二)CRTS Ⅰ型板式轨道施工质量控制要点

1. 工艺流程

CRTS Ⅰ型板式无砟轨道施工工艺流程见图6-2-7。

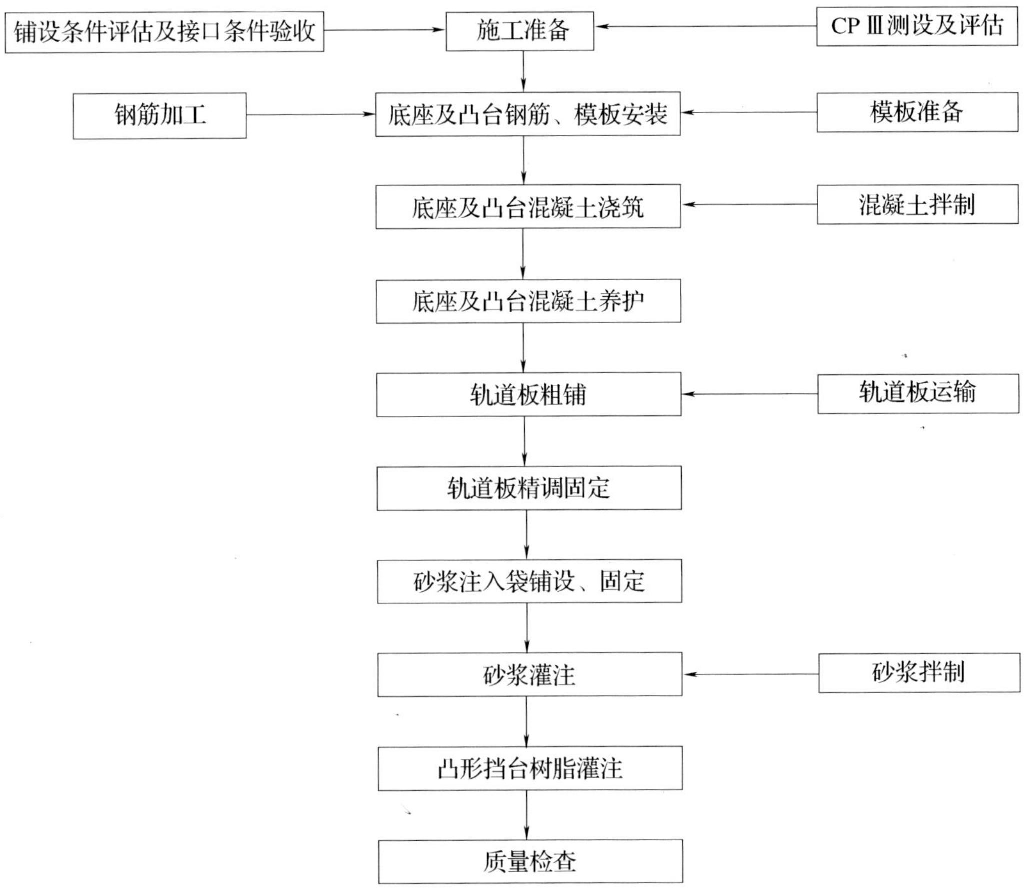

图6-2-7 CRTS Ⅰ型板式无砟轨道施工工艺流程

2. CRTS Ⅰ型板式无砟轨道主要施工装备

CRTS Ⅰ型板式无砟轨道主要施工装备:钢筋加工设备、混凝土施工设备、轨道板运输车、龙门吊、水泥乳化沥青砂浆搅拌灌注设备、轨道板支撑调整装置、全站仪、水准仪等。

(1)钢筋加工设备:用于钢筋焊接、切断、弯制等加工。包括:钢筋焊接机、钢筋切断机、钢筋弯曲机等。

(2)混凝土施工设备:用于混凝土底座的施工,包括混凝土搅拌站、混凝土运输车、混凝土输送泵、混凝土振动设备等。

(3)轨道板运输车:将轨道板从预制厂运到铺设现场,可采用载重卡车或专用轨道板运输车,能确保轨道板运输途中不发生串动造成损伤。

(4)龙门吊:用于吊装轨道板及施工现场的物料吊运。

(5)轨道板支撑调整装置:用于轨道板精确调整、定位。

(6)水泥乳化沥青砂浆搅拌灌注设备:用于水泥乳化沥青砂浆的配料、搅拌及灌注。

3. 主要工艺及质量要求

(1)混凝土底座及凸形挡台施工

1)基础面检查、放样

为了保证底座与下部构筑物的有效连接,梁面及隧道仰拱回填层表面应进行拉毛或凿毛处理。

底座施工前应清理基础面杂物,确保基础面清洁、无积水,再次检查基础面预埋件状态,复测基础面中线、高程、平整度。然后根据CPⅢ控制点采用全站仪自由设站进行底座及凸形挡台中心点平面位置放样。

2)底座钢筋施工

根据设计图纸编制底座钢筋骨架,并放好钢筋保护层垫块。将底座结构钢筋与基础预埋的连接钢筋、凸形挡台连接钢筋相连。钢筋骨架绑扎应牢固。

钢筋原材料、加工、连接、安装质量应符合《铁路混凝土工程施工质量验收补充标准》(铁建设[2005]160号)规定。

图6－2－8为底座钢筋施工现场。

图6－2－8　底座钢筋施工

3)模板安装

按设计位置与高程支立底座模板。底座和凸形挡台模板应采用全站仪和水准仪根据CPⅢ点放样。模板安装如图6-2-9所示。曲线地段放样时，应注意超高旋转造成的轨道中心线平面位移及外侧模板的超高设置。线路位于直线段时，底座表面中心线与设计的中心线是一致的，但出现曲线超高时，两者由于旋转发生位移而有所不同。因此在超高地段测量凸形挡台位置时，必须计算并设定位移量。同时，为了使轨道板的设定简便易行，基准器测量时也必须相应进行处理。如图6-2-10所示。

图6-2-9　模板安装

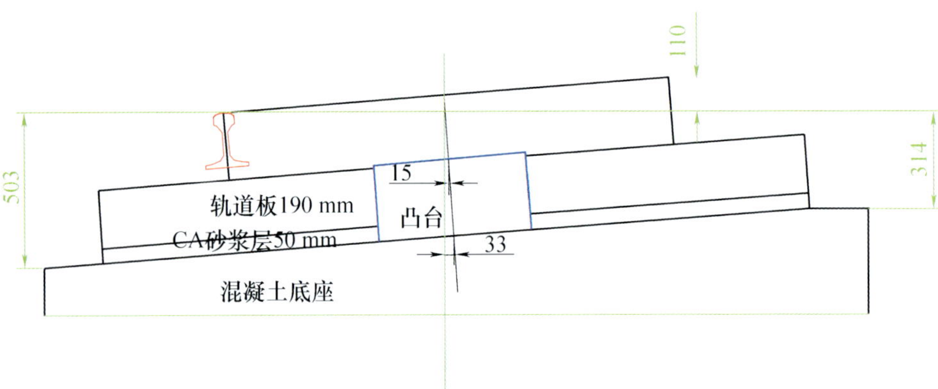

图6-2-10　超高为110 mm地段偏移量

底座伸缩缝板应统一加工制作，尺寸根据基面横坡与设计高程确定，并进行防腐处理。安装时应确保位置准确、固定牢靠，防止伸缩缝板上浮。

底座模板安装允许偏差应符合表6-2-5的规定。

表6-2-5　底座模板安装允许偏差

序号	项　目	允许偏差(mm)
1	顶面高程	-3,0
2	宽度	±5
3	中线位置	2
4	伸缩缝位置	5

凸形挡台模板安装允许偏差应符合表6-2-6的规定。

表6-2-6　凸形挡台模板安装允许偏差

序号	项　目	允许偏差(mm)
1	圆形挡台模板的直径	±3
2	半圆形挡台模板的半径	±2
3	挡台中心位置	2
4	顶面高程	$^{+4}_{0}$

4)底座及凸形挡台混凝土浇筑

检查模板、钢筋网及预埋件等位置、形态,确认符合要求后浇筑底座混凝土。混凝土在拌和站集中生产,采用专用运输车运输,汽车泵送灌注。混凝土用原材料、拌制、运输、浇筑、养护等均应符合《铁路混凝土工程施工质量验收补充标准》(铁建设[2005]160号)和《铁路混凝土工程施工技术指南》(TZ210-2005)的有关规定。

混凝土浇筑完成后,应仔细将混凝土暴露面压实抹平。由于底座标高直接决定后期砂浆的灌注厚度,为了保证砂浆厚度在40~100 mm(减振板30~100 mm)之间,并从成本节约角度考虑,底座标高应严格控制。抹面时严禁洒水,同时还需要注意轨道板范围外底座横向排水坡的设置。在混凝土未达到设计强度之前,严禁各种车辆在底座上通行。

在底座拆模后24 h,进行凸形挡台的施工。凸形挡台混凝土浇筑前,应将凸形挡台位置的底座表面凿毛,确保新旧混凝土的有效连接。

底座外形尺寸允许偏差应符合表6-2-7的规定。

表6-2-7　底座外形尺寸允许偏差

序号	项　目	允许偏差
1	顶面高程	±5 mm
2	宽　度	±10 mm
3	中线位置	3 mm
4	平整度	10 mm/3 m
5	伸缩缝位置	10 mm

凸形挡台外形尺寸允许偏差应符合表6-2-8的规定。

表 6-2-8 凸形挡台外形尺寸允许偏差

序号	项　目	允许偏差(mm)
1	圆形挡台的直径	±3
2	半圆形挡台的半径	±2
3	中线位置	3
4	挡台中心间距	±5
5	顶面高程	$^{+5}_{0}$

目前 CRTS Ⅰ型轨道板调整方法有两种:棱镜标架法、基准器三角规法。当采用基准器三角规法时,应在凸形挡台上设置基准器。

(2)基准器安装与测量

1)基准器底座设置

凸形挡台施工时,应在每个凸形挡台上设置基准器预埋凹槽,其大小应按照基准器尺寸进行设定,保证纵横向位置偏差不大于 15 mm,预留高度应略小于基准器,基准器安装后顶部应高出凸形挡台 1 ~2 mm。

基准器的设置位置:圆形挡台应设在圆的中心;半圆形挡台应设在半圆的中部,如图 6-2-11 所示。

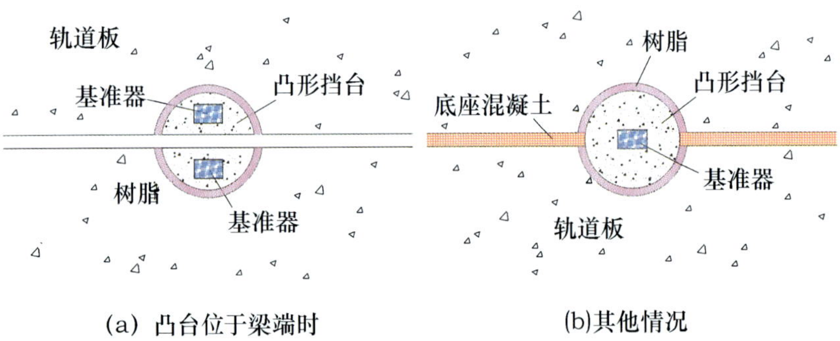

图 6-2-11　凸形挡台及基准器位置示意图

2)安装基准器

在凸形挡台上沿线路方向纵向分中,垂直线路方向横向分中后,在预埋凹槽内安装基准器。

3)基准器测量

使用全站仪后视 6 ~8 个控制点,通过自由设站的方式,每隔 5 m 测设基准器的位置。直线地段用穿线法进行复核,曲线地段采用偏角法进行复核。同时在曲线地段还需要测量基准器的正矢。

4)基准器固定

基准器精确定位后,采用高标号砂浆将已经设定好的基准器封固,仅留出标志顶端,施工时应注意避免砂浆堵塞基准器顶部的小孔。填写基准器标签,粘贴在挡砟墙或凸形挡台上,方便后续轨道板和钢轨状态调整,标签形式和符号意义如图6-2-12所示。

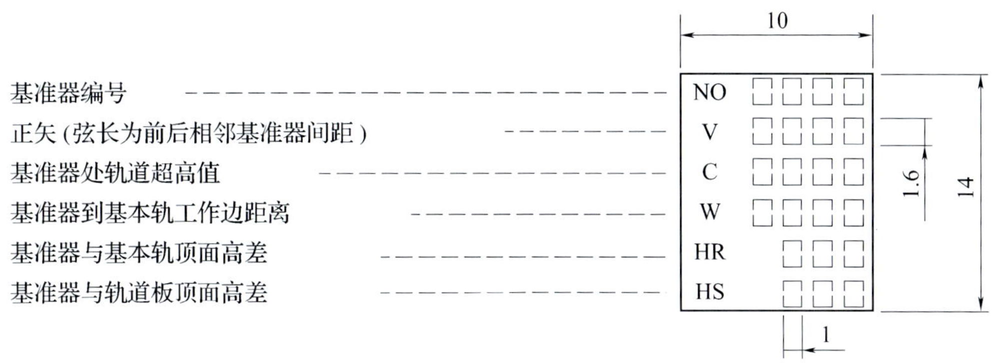

图6-2-12　基准器标签及符号意义(单位cm)

基础器现场施工照片如图6-2-13所示。

图6-2-13　基准器施工

(3)轨道板铺设

1)轨道板吊装和运输

采用专用轮胎式轨道板运输车或载重汽车将轨道板运送到铺设场地,如图6-2-14所示。轨道板运输应采取加固措施,防止轨道板运输过程中发生移位、碰撞。

2)轨道板粗铺

轨道板宜采用专用机械铺设,粗铺前,应复测底座、凸形挡台平面位置及高程,并将底座表面清理干净,保证无残渣、积水等。在两凸形挡台间的底座表面放置支承垫木(尺寸宜为50 mm×120 mm×300 mm),轨道板吊装时应防止轨道板撞击凸形挡台,并保证轨道板中心线与两凸台中心连线基本吻合且与两个凸形挡台的间距基本一致。铺设过

图 6 - 2 - 14　轨道板运输

程中，减振型轨道板板底粘贴的橡胶垫层不得变位、脱落，接缝处及周边无翘曲、无空鼓。

3）轨道板精调

轨道板精调一般采用棱镜标架法进行，也可采用基准器三角规法。

① 棱镜标架法精调轨道板

棱镜标架法精调轨道板，是采用 T 形标架或螺栓孔适配器，也可采用螺栓孔速调标架作为测量的定位基准，采用全站仪配合棱镜测量、利用轨道板调整机具进行轨道板精确调整。

目前标架有两种结构形式：一种是 T 形标架，一种是螺栓孔速调标架。采用 T 形标架时，应预先在轨道板上制作 V 形槽标记，用于安放 T 形标架。

采用棱镜标架法精调轨道板时，在轨道板粗铺就位后，安装轨道板支撑螺栓，并在板上安装标架或螺栓孔适配器，然后在标架或适配器上安放棱镜。以 CPⅢ控制点为依据，采用全站仪自由设站，用已设程序控制的全站仪测量棱镜，获取各工位的调整量。使用轨道板专用调整机具将轨道板调整到位。反复测量、调整直至满足轨道板铺设允许偏差的要求。

② 基准器三角规法精调轨道板

采用基准器三角规法精调轨道板时，在轨道板粗铺就位后，安装轨道板支撑螺栓。先依据轨道板的设计参数设定两端的三角规参数，然后将设置好的两把三角规的前支腿分别放在与其相对应的基准器上，左右两条支腿分别准确放置在轨道板钢轨中心线上。

用钢板尺精确测量两相邻凸形挡台间的纵向距离，调整纵向调整装置，将轨道板调整至两凸形挡台的中间位置，保证轨道板与两凸形挡台之间的间距相同。轨道板与凸形挡台的间隙不应小于 30 mm。

通过基准器调整轨道板的方向，调整横向装置，使轨道板上中心线与凸形挡台上基准器连线重合。曲线地段要调整好每块轨道板的偏角，并用弦测法校核。

测量人员根据三角规上的水准气泡，指导操作人员调整竖向调整装置，使两端三角规的水准气泡基本居中。曲线地段轨道板高低的调整要满足设计超高的要求。普通型轨道板与混凝土底座的间隙不应小于 40 mm；减振型轨道板与混凝土底座的间隙不应小于 35 mm。按上述步骤反复调整，直至满足要求。

轨道板与凸形挡台间隙的调整精度满足图 6－2－15 所示 A、B 的位置关系：$|A-B|\leqslant 5$ mm

直线地段轨道板左右方向的调整精度满足图 6－2－16 所示 d 的位置关系：$d\leqslant 2$ mm。

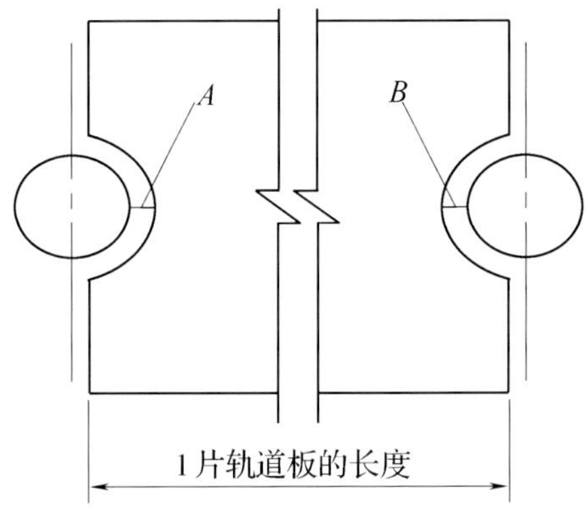

图 6－2－15　轨道板与凸形挡台间隙的调整精度

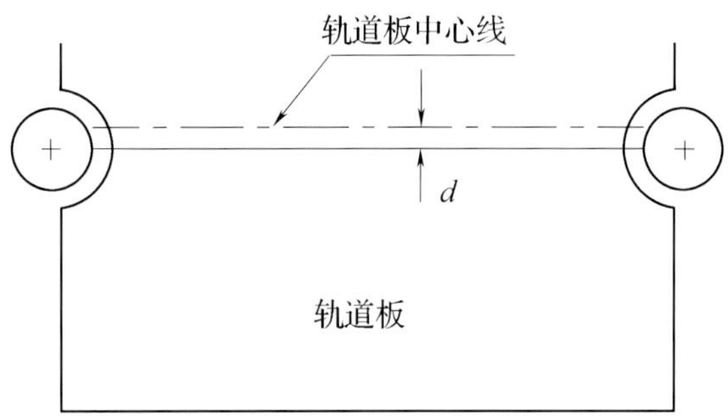

图 6－2－16　直线地段轨道板左右方向的调整精度

轨道板高低的调整精度满足图 6－2－17 所示 d 的位置关系：$-1\leqslant d\leqslant +1$（mm）。

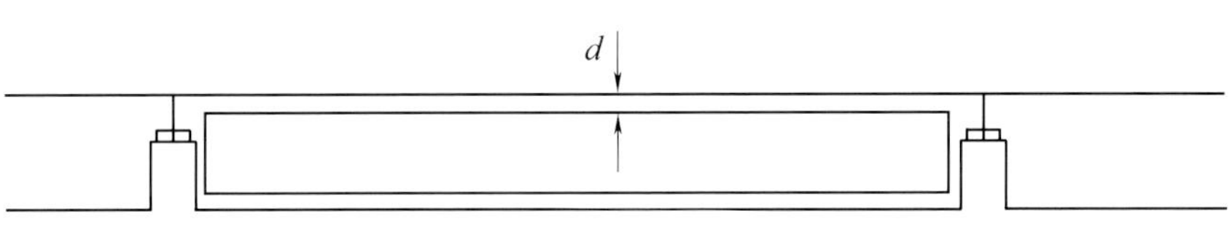

图 6－2－17　轨道板高低的调整精度

曲线地段轨道板调整时，将轨道板向曲线外侧移动正矢的 1/2，如图 6－2－18 所示。

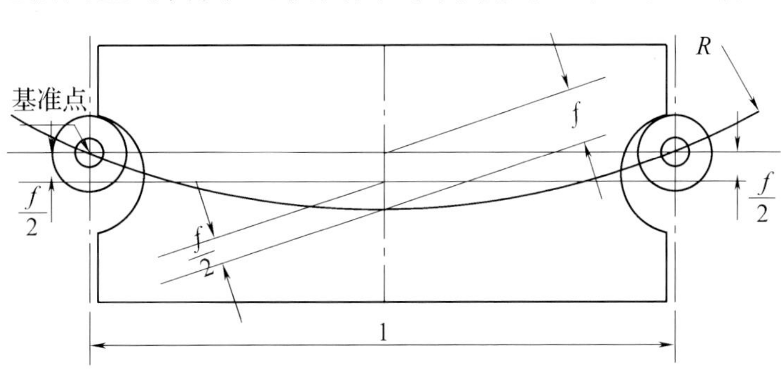

图 6－2－18　曲线地段轨道板调整

轨道板铺设位置的允许偏差应符合表6-2-9的规定。

表6-2-9 轨道板铺设位置的允许偏差

序号	项 目	允许偏差(mm)
1	中线位置	2
2	支撑点处承轨面高程	±1
3	相邻轨道板接缝处承轨面相对横向偏差	2
4	相邻轨道板接缝处承轨面相对高差	2

轨道板精确调整后,用木楔嵌入轨道板与凸型挡台的缝隙中固定轨道板,施工中轨道板两边的木楔子要同时嵌入,手锤敲击对称位置的木楔子要轻、要缓慢,避免轨道板两边受力不对称发生移位。楔于布置如图6-2-19。

图6-2-19 木楔子布置示意图

拧紧竖向支撑螺栓,操作人员移走调整装置和三角规。注意移动时不要碰撞已经调好的轨道板。

(4)CA砂浆配制及灌注

1)水泥乳化沥青砂浆的功能和作用

作为板式轨道填充层材料的水泥乳化沥青砂浆具有以下功能和作用:

①可完全填满轨道板和混凝土底座(支承层)的间隙;

②起到支撑、承力、传力的作用;

③可提供适当的刚度和弹性;

④可以对下部结构变形至某一限度内进行修补。

2)水泥乳化沥青砂浆的关键指标

基于砂浆的上述功能和作用,作为填充层的砂浆,应具有足够的强度、耐久性、稳定性和相应的弹性,良好的施工性和可维修性。因此CA砂浆的关键指标是:抗压强度、弹性模量、流动度、抗冻性、耐候性和膨胀率。

3）CA 砂浆原材料

水泥乳化沥青砂浆与一般工程所用的水泥砂浆不同，它是由乳化沥青和水、水泥、细骨料等混和而成的，属于水泥系注入材料和沥青系注入材料的中间领域的注入材料，是利用沥青的弹性和水泥的强度、耐久性和刚性而构成的半刚性体的胶泥。

为了满足施工需要，CA 砂浆应有适当的黏度和流动性，使其能够充满轨道板与混凝土基床板的间隙。CA 砂浆还应具有较好的施工环境适应性，以满足在不同气候环境下的施工要求。CA 砂浆固化速度应满足后续工作需要，从灌注到固化的不同时期应有不同的强度指标，固化后各组成成分应保持混和时的均匀状态，不能分离。初步固化后应有一定程度的膨胀，以完全充满所处的空间，同时提供一定的预应力，防止在四角的支承螺栓卸下后轨道板下沉。

配制 CA 砂浆的乳化沥青、水泥、砂、水等原材料应符合相关标准或技术条件规定。

① 乳化沥青应采用满足要求的沥青或改性沥青进行生产，其主要性能除了应满足表 6－2－10 外，还必须满足水泥沥青砂浆的最终性能。

表 6－2－10　乳化沥青性能指标

序号	项　目		单位	指标要求	试验方法
1	外　观			浅褐色液体、均匀、无机械杂质	JC/T797
2	颗粒电荷			+	JTJ052－2000
3	恩氏黏度（25 ℃）			5～15	
4	筛上剩余量（1.18 mm）		%	＜ 0.1	
5	储存稳定性（1 天，25 ℃）		%	＜ 1.0	
	储存稳定性（5 天，25 ℃）		%	＜ 5.0	
6	低温储存稳定性（－5 ℃）※1			无粗颗粒或块状物	
7	水泥混合性		%	＜ 1.0	
8	蒸发残留物	残留物含量	%	58～63	JTJ052－2000
		针入度（25 ℃，100 g）	0.1 mm	60～120	
		针入度（25 ℃，100 g）※2	0.1 mm	40～100	
		溶解度（三氯乙烯）	%	＞ 97	
		延度（15 ℃）	cm	≥50	

注：1. 当乳化沥青实际使用中经过低温储存和运输时，进行此项检测。

2. 当采用 SBS 改性沥青制备乳化沥青时，进行此项检测。

② 采用高分子聚合物乳液，其主要性能指标应符合表6－2－11的要求，与乳化沥青混和时，应具有良好的相容性，不得产生凝聚、破乳等现象。

表6－2－11 聚合物乳液的主要性能指标要求

序号	项 目	单位	指标要求	试验方法
1	密 度	g/cm^3	1.0±0.1	GB/T11175－2002
2	不挥发物	%	45±3	
3	水泥混合性	%	＜1	JTJ052－T0657
4	T_g	℃	不低于－5℃	GB/T11175－2002

③ 细骨料应采用河砂或机制砂。细骨料应为最大粒径小于2.50 mm的岩石颗粒，不得包含软质岩、风化岩石的颗粒。细骨料的其他技术要求应符合表6－2－12的规定。

细骨料宜烘干后使用，颗粒级配宜符合表6－2－13的规定。在储存和运输过程中，应采取措施防止雨淋、杂物混入。

表6－2－12 细骨料的技术指标

序号	项 目	单位	指标要求	试验方法
1	细度模数		1.4～1.8	JGJ52－2006
2	表观密度	g/cm^3	≥2.55	
3	吸水率	%	＜3.0	
4	泥块含量	%	＜1.0	
5	含泥量	%	＜2.0	
6	有机物(比色法)		比标准色浅	
7	氯化物含量	%	＜0.01	

表6－2－13 细骨料的颗粒级配要求

序号	筛孔尺寸(mm)	过筛物的质量百分比(%)	筛余物的质量百分比(%)
1	2.36	100	0
2	1.18	90～100	0～10
3	0.60	60～85	15～40
4	0.30	20～50	50～80
5	0.15	5～30	70～95

④ 铝粉应采用鳞片状铝粉，其主要技术指标应满足表6－2－14的要求。

表6－2－14　铝粉的主要性能指标要求

序号	项　目	单位	指标要求	试验方法
1	外 观		银白色粉状物	HG/T2456
2	105 ℃挥发物	%	≤35	
3	有机溶剂可溶物	%	≤4.0	
4	水面覆盖力	m^2/g	≥1.35	
5	含水量	%	≤0.15	
6	漂浮力	%	≥65	
7	铁含量	%	≤0.8	
8	铅含量	%	≤0.03	

4)CA砂浆的配制

由于水泥和乳化沥青一经混合就起反应，致使黏度逐渐增大，因此CA砂浆所能获得的流动时间即可使用时间比一般的水泥砂浆短。CA砂浆的流动性受气温、配合比以及搅拌设备和工艺的影响，故CA砂浆必须在现场进行配合、搅拌、注入等作业。为保证已调整定位好的轨道板不发生移动，一般采用自流式灌注，而不是压力注入。

CA砂浆宜采用专用设备进行拌和、灌注，CA砂浆灌注可以采用在现场支立模板或使用注入袋的方式进行施工。

① 应在理论配合比的基础上根据水泥乳化沥青砂浆原材料特性、气候条件、施工组织及工艺要求等影响因素，进行试验，确定砂浆初始配合比。

② 现场配制CA砂浆前，采用初始配合比进行工艺性放大试验，并经型式检验验证确定砂浆基本配合比、拌制工艺参数、灌注工艺参数。

③ 水泥沥青砂浆的性能指标应符合设计和相关技术条件的规定。主要性能指标参见表6－2－15。

表 6－2－15　水泥沥青砂浆的性能指标要求

<table>
<tr><th>序号</th><th colspan="2">项　目</th><th>单位</th><th>指标要求</th><th>试验方法</th></tr>
<tr><td>1</td><td colspan="2">砂浆温度</td><td>℃</td><td>5～40</td><td rowspan="14">客运专线铁路 CRTS Ⅰ 型板式无砟轨道水泥乳化沥青砂浆暂行技术条件</td></tr>
<tr><td>2</td><td colspan="2">流动度</td><td>s</td><td>18～26</td></tr>
<tr><td>3</td><td colspan="2">可工作时间</td><td>min</td><td>≥60</td></tr>
<tr><td>4</td><td colspan="2">含气量</td><td>%</td><td>8～12</td></tr>
<tr><td>5</td><td colspan="2">表观密度</td><td>kg/m³</td><td>＞1 300</td></tr>
<tr><td rowspan="3">6</td><td rowspan="3">抗压强度</td><td>1d</td><td rowspan="3">MPa</td><td>＞0.10</td></tr>
<tr><td>7d</td><td>＞0.70</td></tr>
<tr><td>28d</td><td>＞1.80</td></tr>
<tr><td>7</td><td colspan="2">弹性模量(28d)</td><td>MPa</td><td>100～300</td></tr>
<tr><td>8</td><td colspan="2">材料分离度</td><td>%</td><td>＜1.0</td></tr>
<tr><td>9</td><td colspan="2">膨胀率</td><td>%</td><td>1.0～3.0</td></tr>
<tr><td>10</td><td colspan="2">泛浆率</td><td>%</td><td>0</td></tr>
<tr><td>11</td><td colspan="2">抗冻性</td><td colspan="2">300 次冻融循环试验后，相对动弹模量不得小于 60%，质量损失率不得大于 5%</td></tr>
<tr><td>12</td><td colspan="2">耐候性</td><td colspan="2">无剥落、无开裂、相对抗压强度不低于 70%</td></tr>
</table>

5）CA 砂浆灌注

充填砂浆层施工前，应对轨道板的安装质量、底座板与轨道板间的间隙高度、凸台与轨道板间的间隙宽度等进行复检，并安装防止轨道板上浮和侧移的扣压装置。

① 采用现场支立模板施工方式。

沿轨道板两侧支立模板，模板以钢模为宜，相邻轨道板之间设置间隔板。模板与轨道板侧面应设 10 mm 的间隙；在模板、间隔板与底座间采用泡沫塑料胶条密封，确保水泥沥青砂浆灌注时不泄漏。模板内侧应涂脱模剂，脱模剂应以不妨碍水泥沥青砂浆的硬化为原则。通过轨道板上的注入孔将 CA 砂浆灌注到板下。

② 采用 CA 砂浆灌注袋施工方式。

CA 砂浆灌注袋在铺设轨道板前应按要求平铺、折叠固定牢固，不得有褶皱。外轨超高区段，应在轨道板曲线内侧面设置壁板，防止因水泥沥青砂浆的流动压力使得注入袋从轨道板的侧面突出。

③ 水泥沥青砂浆采用砂浆搅拌车进行搅拌、灌注，在基本配合比的基础上，根据砂浆拌制设备性能、现场施工气温条件、原材料含水率等指标，通过试拌、拌和物测试，确定砂浆的施工配合比。施工配合比应在基本配合比允许范围内。

④ 施工中应每周对计量器具进行校核。各种原材料称量最大允许偏差应符合相关技术条件规定。

⑤ 水泥沥青砂浆搅拌时的材料投入顺序、搅拌时间及搅拌速度等指标应根据工艺性试验所确定的参数进行设定。

⑥ 砂浆拌制完成后，按相关技术条件检验砂浆的温度、流动度、含气量等指标，合格后转入成品中转仓或直接进行砂浆灌注。

⑦ 砂浆宜匀速、连续注入，防止产生气泡；每块轨道板下面的砂浆应连续一次灌注完成，曲线地段，砂浆由低向高的方向进行灌注。当板边砂浆灌注厚度达到施工控制值、且完全覆盖轨道板底面后，结束灌注。水泥沥青砂浆的灌注应充分饱满。

⑧ 灌注过程中，严禁踩踏轨道板，并由专人在轨道板四角进行监控，防止轨道板受力偏斜，并监测轨道板顶面高程。

⑨ CA 砂浆采用自然养护。当日最低气温在 0 ℃以下时，应对新灌注的砂浆采取适当的保温措施。

⑩ 砂浆强度达到 0.1 MPa 以上后，撤除轨道板的支撑螺杆，并切断灌注口，切口应整齐并按要求将灌注口封闭；灌注完成 7d 以上或抗压强度达到 0.7 MPa 以上后，轨道板上方可承重。

⑪ 砂浆充填层施工中，应采取相应安全保护措施避免人体直接接触砂浆，产生的污水及废料应集中妥善处理，不得随意排放或丢弃。

(5)凸形挡台周围填充树脂灌注

在轨道板底 CA 砂浆固化、轨道板支撑螺栓拆除后，就可以灌注凸形挡台周围填充树脂。填充树脂应在现场配制，采用灌注袋灌注。

1)填充树脂原材料

凸形挡台填充树脂是按理论配合比将树脂、固化两组分高速搅拌形成的，其混合液和固化物的性能指标见表 6－2－16、表 6－2－17。各项指标的试验和检验方法按相应技术条件的规定执行。

表 6－2－16　混合液性能指标

<table>
<tr><th>序号</th><th>项目</th><th>单位</th><th>指　标</th></tr>
<tr><td>1</td><td>黏度</td><td>Pa · s</td><td>≤10</td></tr>
<tr><td>2</td><td>可使用时间</td><td>min</td><td>≥10(30 ℃)
≥15(10 ℃)</td></tr>
<tr><td>3</td><td>固化收缩率</td><td>mm</td><td>≤10</td></tr>
</table>

表 6－2－17　固化物性能指标

<table>
<tr><th>序号</th><th>项目</th><th>单位</th><th>性 能 指 标</th></tr>
<tr><td>1</td><td>外观</td><td>－</td><td>表面无大的泡沫、折皱、裂纹</td></tr>
<tr><td>2</td><td>视密度</td><td>g/cm³</td><td>>1. 05</td></tr>
<tr><td>3</td><td>抗压强度</td><td>MPa</td><td>≥7. 5</td></tr>
<tr><td>4</td><td>弹性系数</td><td>kN/mm</td><td>10 ± 2</td></tr>
<tr><td>5</td><td>疲劳性能</td><td>－</td><td>最大压缩量≤1. 25 mm，无异常</td></tr>
<tr><td>6</td><td>剪切强度</td><td>MPa</td><td>≥1. 96</td></tr>
<tr><td>7</td><td>黏结强度</td><td>MPa</td><td>≥0. 49</td></tr>
<tr><td>8</td><td>Asker－C 表面硬度</td><td>－</td><td>>50</td></tr>
<tr><td>9</td><td>耐腐蚀性</td><td>－</td><td rowspan="2">外观无异常，弹性系数变化率在 ±20% 以内</td></tr>
<tr><td>10</td><td>耐热老化性</td><td>－</td></tr>
</table>

2）填充树脂灌注

① 树脂材料灌注前，应再次检查并确认凸台与轨道板间的间距符合设计要求；将凸形挡台周边填充间隙的垃圾、尘土、浮浆等异物处理干净，同时清除水、油类物质，保证施工面干燥、清洁。然后安装树脂灌注袋，并在凸形挡台及其周围铺设塑料防护垫，防止轨道板和凸形挡台受到污染。

② 采用专用搅拌工具一次性连续完成两种组分的搅拌，搅拌后的树脂材料必须在有效工作时间内注入树脂袋。缓慢连续注入树脂，尽量保持低位进行灌注作业、防止带入空气，保证灌注密实。一个树脂袋内填充树脂须一次灌注完成。

③ 凸形挡台填充树脂宜低于轨道板顶面 5 ~ 10 mm，树脂表面应平整、美观。灌注完毕，若遇恶劣天气，应对树脂采取覆盖措施，防止雨水或杂质落入树脂内。

④ 挡台填充树脂施工过程中，施工人员应戴橡胶手套、防护眼镜等防护工具，并应禁止烟火。

(6)轨道精调整理

铺设无缝线路之后应进行轨道精调整理作业,使线路逐步达到验交标准。轨道精调可分为静态调整和动态调整两个阶段。轨道静态调整应采用轨道几何状态测量仪进行检测,确定轨道几何形位调整量。轨道静态调整符合标准要求后,线路开通前应由轨道动态综合检测车进行动态质量检测(道岔及钢轨伸缩调节器与轨道一并进行)。并依据检测数据进行动态调整。

CRTS Ⅰ型无砟轨道高低、水平调整可采用充填式垫板进行,充填式垫板的充填厚度为4~8 mm。若轨道调高量超出充填厚度的范围,应在扣件垫板下垫入预制的调高垫板后再安装充填式垫板。

充填式垫板安装时不区分袋的上、下面。直线地段,充填式垫板的灌注口应置于轨道的内侧;曲线超高地段,灌注口应朝曲线内侧,从低侧灌注。充填式垫板插入时,应使其位置印记与轨下胶垫对齐,保证灌注袋的位置准确。灌注袋的形状及灌注口方向如图6-2-20所示。

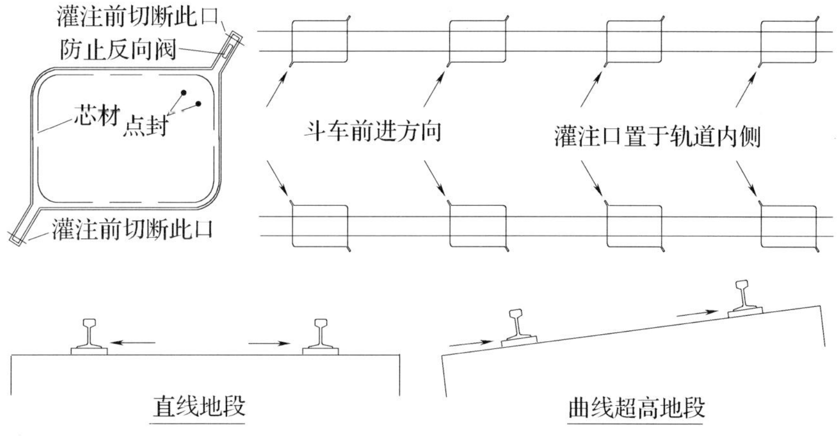

图6-2-20　充填式垫板形状及灌注口方向示意

充填树脂材料的拌和应根据树脂材料的可工作时间,确定树脂材料一次的拌和量,并按规定的比例准确计量 *A* 剂和 *B* 剂。材料开罐后,必须在使用期内使用。充填式垫板内充填树脂的性能指标应符合表6-2-18的规定。

充填式垫板的灌注口与排气口必须在树脂灌注前剪开,同时确认灌注袋内无水分。拌和后的混合液应在可使用时间内(液温20 ℃时的可使用时间约40~50 min)完成灌注。

为防止树脂注入时,顶面顶起,注入的压力应严格控制,以1.5 kg/cm^{2}以下的压力缓慢注入。

在确认树脂固化后，方可剪除注入口、排气口，且不得损伤垫板。轨下设置的调整垫块应在充填式垫板注入的树脂材料达到允许可承载时间（约 10 h）后撤出。

表 6－2－18　充填树脂材料的主要性能

序号	项　目	单位	指标要求	试　验　方　法
1	可工作时间	min	40～50	根据施工方法、施工温度、参照材料的使用说明进行实时调整
2	可承载时间	h	6～10	
3	抗压强度	MPa	≥100	GB/T2569
4	弯曲强度	MPa	≥70	GB/T2570
5	拉伸强度	MPa	≥50	GB/T2568
6	延伸率	%	≥8	
7	冲击强度（无缺口）	kJ/m^2	≥10	GB/T2571

二、CRTS Ⅱ型板式无砟轨道施工质量控制

（一）轨道板制造质量控制

1. 工艺流程

轨道板生产主线采用倒置、整体张拉、连续灌注、集中养护、依次翻转、数控打磨的方式生产。根据生产需要，轨道板场共设置 9 个区域：包括轨道板生产区、钢筋加工区、轨道板打磨区、混凝土搅拌区、轨道板存放区、砂石料存放区、辅助生产区、现场办公区、外协队伍生活区等。轨道板生产制造基本工艺流程见图 6－2－21 所示。

2. 主要设备

轨道板的生产采用了全套的机械化设备，尤其数控磨床，是集电、气、液压、测量、计算、输入、输出为一身的全自动化设备。轨道板场需根据生产效率结合工艺流程确定工装、设备的配置，按照生产的必备条件进行现场规划。重点考虑采用怎样的配合方式实现轨道板生产的技术要求，同时要节约成本。

轨道板生产用主要设备配置可参照表 6－2－19。

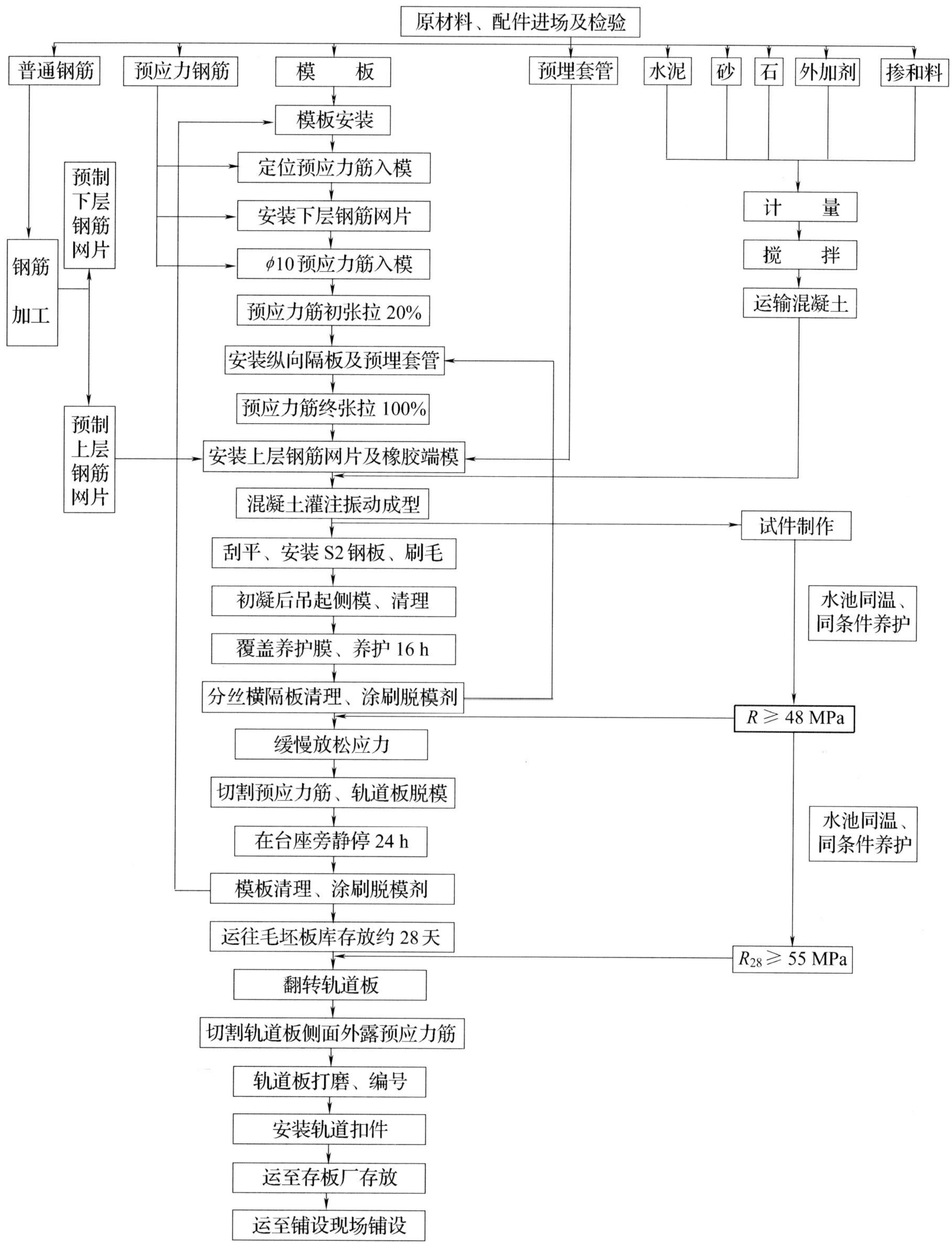

图 6－2－21　CRTS Ⅱ型轨道板制造基本工艺流程

表 6－2－19　CRTS Ⅱ型轨道板制造主要设备配置表

序号	设备名称	规格	单位	数量	备注
一	起重通用设备				
1	电动单梁起重机	5 t	台	2	钢筋加工区
2	电动双梁起重机	8 t	台	2	主厂房配套
3	电动双梁起重机	16 t	台	3	主厂房及打磨室配套
4	门式起重机	16 t	台	2	轨道板存放
二	基础设备				
1	地磅	150 t	套	1	砂石料计量
2	变电站机配电系统		套	1	1 000 kV · A
3	蒸汽锅炉	6 t	套	1	热力供应
4	空压机	6 m^3	台	1	
5	备用发电机		台	1	5 00 kV · A
三	模型				
1	模型	非标	台	81	轨道板钢模
2	承轨台壳体	非标	片	81 ×20	模型配套
四	数控预应力张拉				
1	液压站及控制系统	非标	套	3	
2	张拉横梁及锚具	非标	套	6	
五	混凝土生产线设备				
1	混凝土搅拌站	3 m^3	套	1	
2	轮胎式装载机	3 m^3	台	1	拌和站运输砂石料
3	砂石清洗机	非标	套	2	
4	混凝土运输车	非标	辆	1	
5	混凝土运输斗	4 m^3	个	2	
6	布料机	非标	台	1	定量布料
7	高压清洗机	3 kW	台	6	
8	多功能车	非标	台	2	
9	真空吊具	非标	台	2	提出半成品轨道板
10	刷毛机	非标	台	1	
11	切割小车	非标	台	2	切割预应力筋

续上表

序号	设备名称	规格	单位	数量	备注
12	电瓶运输车	非标	辆	2	运输半成品轨道板
13	钢筋定尺切割	非标	台	1	
14	模型循环加热系统	非标	套	81	
15	同步温控养护系统	非标	套	1	
六	打磨生产线				
1	翻转机	非标	台	1	
2	打磨机		台	1	半成品轨道板打磨
3	滚轮输送线	非标	套	1	含控制系统
4	钢筋余头切割机	非标	台	2	
5	油脂定量加注机	非标	台	2	
6	横移运输车	非标	台	2	
7	污水处理系统	28 t/h	套	1	打磨水循环使用
8	电瓶运输车	非标	辆	1	运输成品轨道板
9	智能电桥测试仪	ZL5	套	1	轨道板绝缘性能测试

3. 主要工艺及质量要求

(1)原材料、产品配件进场检验

依据Ⅱ型预应力混凝土轨道板验收标准、相应图纸和标准，原材料、产品配件进场后，对品种、规格、数量、外观及质量证明文件等进行核查确认，并进行取样和复验，不合格者不得使用。

材料存放基底需平实，并有良好的排水系统。其中，钢筋在运输、储存过程中，要防止锈蚀、污染和避免压弯，装卸钢筋时不得从高处抛掷；混凝土用水泥、外加剂、掺和料等粉状材料应分别储存，不得露天堆放，且应特别注意防潮；轨道板、水泥乳化沥青砂浆及原材存放应符合相关的技术条件的规定。

(2)混凝土试配及制备

混凝土试配及制备工艺及质量控制可参考 CRTS Ⅰ 型轨道板制造相关技术要求。

(3)钢筋加工及钢筋网片编制

1)钢筋加工

① 预应力钢筋

在轨道板生产厂房内，用钢筋定长切断机切断 ϕ5 mm 定位预应力钢筋和 ϕ10 mm 预应力钢筋，严禁在切断过程中损伤预应力钢筋，发现后立即清出施工现场，坚决杜绝将有损伤的预应力钢筋用于生产。操作人员以每个台座的预应力钢筋为一批，抽检 10 根，并填写预应力钢筋下料长度抽检记录。

② 非预应力钢筋

非预应力钢筋采用定尺加工，在轨道板钢筋加工厂房内，用钢筋定长切除端面的马蹄即可（必要时），下料长度误差控制在 ±5 mm 范围内。

③ 接地座

接地座为外购、外协件，经专职检验员依据施工图检测合格后，方可进入生产线用于轨道板钢筋网片编制。操作人员在生产前要逐个进行检查，避免有缺陷配件流入生产线。每块板需 2 个。

④ 接地扁钢

S235 黑色扁钢采用定尺料，规格为 4 mm × 50 mm × 2 450 mm，每块板需 1 块。

⑤ 螺纹钢筋绝缘处理

ϕ20 mm 精轧螺纹钢筋采用定尺料，长度为 6 440 mm，误差为 $^{-5}_{0}$mm，每块板需 6 根；ϕ16 mm 螺纹钢筋采用定尺料，长度为 6 180 mm，误差为 $^{-5}_{0}$ mm，每块板需 4 根。在轨道板钢筋加工厂房内，在专用加工胎具上，比照标准件用燃气喷火枪将收缩绝缘软管热缩安装在螺纹钢筋上。燃气喷火枪点火后，手持喷火枪沿热缩管反复、快速移动，枪口与热缩管保持 10 ~ 15 cm 距离，防止热力过于集中，使绝缘性能降低或失效，直至热缩管处能看到螺纹钢筋的轮廓。

2）钢筋网片编制

上、下层钢筋网片分别在专用胎具上编制成型。专用胎具经检验合格后，方可用于钢筋网片编制。在使用过程中，要随时、定期检测，发现问题及时处理解决，确保上、下层钢筋网片型式尺寸满足钢筋施工图要求。

该工序关键是做好钢筋间的绝缘处理。每个钢筋网片编制完成后按规定进行电气绝缘情况检测。首先进行目测，钢筋之间不允许无绝缘措施而直接接触；具体测量时以纵向钢筋为基准，测量每根横向钢筋与相交叉的纵向钢筋间的电阻值，确保电阻值不小于 2MΩ。否则应检查原因并进行返工处理，直至电阻值符合要求 。

3）上、下层钢筋网片存放

操作人员依据轨道板钢筋施工图,自检合格后,以每个台座为单位,用专用吊具将上、下层钢筋网片分别码放在钢筋网片通用托盘上,并作好标识。吊运过程中要轻吊、轻放,注意吊点位置,禁止采用可能造成网片中钢筋移位的任何操作。

(4)模具清理及安装

轨道板脱模后,用铲刀清理模板上的混凝土残渣等其他附着物,尤其针对模具承轨台、塑料套管定位轴、预裂缝处和端部等结构表面复杂的部位,然后开动多功能运输车,同时启动通用托盘上工业吸尘器,将浮渣清除干净,确保模具表面清洁。模板清理完成后,检查承轨台与底板间、底板、侧模及预裂缝钢条间及模具端部等结构复杂的部位的缝隙是否密封完好,如有损坏处,用硅树脂重新做密封处理。然后开动多功能运输车,同时启动通用托盘上脱模剂喷涂器,将脱模剂均匀地喷涂在模板的表面,模板的表面不允许有脱模剂积聚现象,若发生及时清理干净。对模具承轨台、塑料套管定位轴、灌浆孔预埋件、预裂缝处和端部等结构表面复杂的部位,用刷子再涂抹一层脱模剂。

轨道板模具加工精度高,模型底板整体平面度为 ±2 mm,承轨槽本身制造精度高,每个模具内的 20 个承轨台高程误差在 ±0.3 mm 以内。安装后一个台座内模型整体的直线度在 ±1 mm,且相邻两套模具之间的高差应控制在 ±1 mm,每套模型同侧承轨台平面度控制在 ±0.3 mm。

(5)钢筋入模及配件的安装

1)下层钢筋网片入模

将 6 根 ϕ5 mm 定位预应力钢筋用天车吊入钢模,每根钢筋两端安装专用夹具,安装固定在台座两端的张拉横梁上,锚固后钢筋间长度相对误差不大于 5 mm。通过多功能车将装有下层钢筋网片的托盘运到张拉台座中对应的安装位置,将下层钢筋网片小心地吊起,从台座一端开始依次安放在模具内定位钢筋上方的相应位置,在 6 根定位钢筋与下层钢筋网片中的 4 根 ϕ16 mm 螺纹钢筋、8 根 ϕ8 mm 螺纹钢筋交叉点处绑扎绝缘垫片。

2)预应力钢筋入模及初张拉

ϕ10 mm 预应力钢筋入模安装前需进行检查,钢筋上不允许有油、油脂和其他脏物,如发现应清除干净,禁止使用有锈斑或机械损坏的钢筋。依据轨道板钢筋施工图规定预应力钢筋的数量和位置,将预应力钢筋先后分 4 次吊入模具中,依次分别为 12 根、18 根、12 根、18 根。

在张拉台座的一端将预应力钢筋用套筒夹具固定在张拉横梁的锚板上,然后将钢筋导入固定在多功能车上的分丝板中,多功能车驶到台座的另一端,使预应力钢筋按规定位置入位,在张拉台座的另一端将预应力钢筋用套筒夹具固定在张拉横梁锚板上,最后用2个专用压梁将锚固在张拉横梁锚板上预应力钢筋压紧固定,防止滑落。

在初张拉前,检查预应力钢筋布置是否满足轨道板钢筋施工图要求,严禁钢筋间交叉扭曲,若有必须重新布置。检查合格后,启动自动张拉系统,对预应力钢筋施加约20 % 的设计总张拉力,锁紧千斤顶,关闭自动张拉系统。张拉过程中四个千斤顶行程要对称、同步,否则由于预应力张拉台装置的弹性弯曲可能出现力不对称传递。

3)工装配件的安装

① 模型横向隔板安装

通过多功能车将装有模型横向隔板的托盘运到张拉台座中对应的安装位置,用天车吊起隔板并插入到每两套模型之间,然后转动安装在模型端部的拉紧装置,通过7个紧固装置将隔板和模型固定在一起。

② 塑料套管安装

通过多功能车将装有塑料套管的托盘运到张拉台座中对应的安装位置,将套管安装固定在套管定位轴上。若偏差超出允许范围,应及时进行调整直至符合偏差要求方可投入生产。

③ 模型端部橡胶件、带收缩绝缘软管精轧螺纹钢筋安装

通过多功能车将装有端部橡胶件和带收缩绝缘软管精轧螺纹钢筋的托盘运到张拉台座中对应的安装位置,然后将端部橡胶件插入到每套模型端部安装固定,同时将带收缩绝缘软管精轧螺纹钢筋插入到端部橡胶件中固定。在安装前,须将端部橡胶件表面混凝土残渣清理干净并均匀地涂抹一层脱模剂。在安装过程中,要检查并确认6根 ϕ20 mm精轧螺纹钢筋与下层60根 ϕ10 mm 预应力钢筋交叉点之间已完全通过收缩绝缘软管隔离且位置满足轨道板钢筋施工图要求。

④ 上层钢筋网片入模

通过多功能车将装有上层钢筋网片的托盘运到张拉台座中对应的安装位置,将上层钢筋网片小心地吊起,从台座一端开始依次安放在模具内精扎螺纹钢筋上方的相应位置。上层钢筋网片全部安装完成后,依据轨道板钢筋施工图检查、调整钢筋网片位置。

(6)预应力施工

轨道板采用整体张拉方式，且在台座两端同步进行，即在张拉时，通过安装在台座两端的各2个千斤顶同时将2个相对的锚固有预应力钢筋的张拉横梁向外推开，在张拉过程中PC控制机上将显示每个千斤顶的活塞位移量、张拉力数值。

张拉分两个阶段：初张拉和终张拉。在张拉前，再次检查模型内钢筋、预埋件数量和位置是否满足产品施工图要求，若发现问题必须重新调整、安装。

① 初张拉：启动自动张拉系统，千斤顶按事先设定好位移量顶出，即将预应力钢筋张拉至约设计值的20%，放入环形支承垫板，用环形螺母锁紧锚固。

② 终张拉：将预应力钢筋从设计值的20%张拉至设计总张拉值，用环形螺母锁紧锚固，自动张拉系统回油、卸载，转移到下一个张拉台座。实际总张拉力、预应力钢筋伸长值与设计额定值偏差不大于5%，实际单根预应力钢筋的张拉力与设计额定值偏差不大于15%。

③ 在张拉过程中，始终保持同端千斤顶活塞伸长值间偏差不大于2 mm，异端千斤顶活塞伸长值间偏差不大于4 mm，如发现偏差大于允许值立即停机检修。同时，台座上4个千斤顶的活塞位移量、张拉力值自动存储在PC控制机内，PC控制机将对这些数值进行计算处理，得出预应力钢筋总张拉力、伸长值与设计额定值偏差。当偏差量大于5%时，就需要对预先设定张拉参数（摩擦系数和补偿量）进行修正，然后重新进行预应力钢筋张拉，直到满足设计要求；当偏差量小于等于5%时，预应力钢筋张拉工序完成，可转入下一道工序施工。

④ 每隔2周用压力传感器检测张拉台座中4根预应力钢筋的张拉力，实际单根预应力钢筋的张拉力与设计额定值偏差不大于15%，当偏差量大于15%时，就需要对预先设定张拉参数（摩擦系数和补偿量）进行修正，然后重新进行预应力钢筋张拉，直到满足设计要求。

（7）混凝土灌注振动成型及表面刷毛

1）准备工作

为了保持灌注入模混凝土温度，确保水泥水化反应正常快速进行，在灌注混凝土前约2 h，启动模具底部加热装置，将模具预热到约30 ℃，严禁过热。同时试车检查混凝土布料机、刷毛机、运输车以及一些小型的电、气动机具工作是否正常，有问题及时检修。

2）混凝土灌注成型

① 混凝土运输

在生产厂房内，混凝土运输配备 1 台轨道平板车和 2 个混凝土料罐。轨道平板车在搅拌站和生产厂房之间来回运输混凝土料罐，厂房内双钩桥吊在轨道平车和混凝土布料机之间来回运输混凝土的料罐，确保每个台座混凝土供应的连续性，直至混凝土灌注完成。在运输混凝土过程中，要保持平稳性，运到灌注地点时不分层、不离析，并具有要求的坍落度、温度等工作性能，严禁向混凝土内加水。

② 混凝土灌注

混凝土布料机配置4.5 m^3容量的储料斗和带 1.5kW 振动器可升降刮平板。混凝土布料机从台座的第一套模板到最后一套模板，依次、连续、均匀地将混凝土灌注入模，混凝土灌注方向垂直于布料机的行驶方向，同时以每块模板为独立单元启动振动装置，将混凝土密实成型。

每个台座详细工作流程如下：

a. 将混凝土布料机开到要灌注混凝土模具正上方。

b. 把混凝土料罐内混凝土倒入布料机的储料斗中。

c. 启动布料机上布料系统，双叶瓣式门打开，同时齿滚转动，将料斗内混凝土灌注入模。

d. 混凝土灌注分两步进行。第一步：布料机上的在从模具一端匀速运行到另一端的过程中，将约 75% 的每块轨道板所需混凝土灌注入模；第二步：布料机上的料斗在返回过程中，把模具内灌满混凝土。料斗运行到模型端部时关闭双叶瓣式门，并在灌注混凝土时根据实际需要手动调节混凝土的灌注速度。

e. 在料斗返回补充灌注混凝土时，启动安装在每套模具下部振动器，振动密实混凝土，直到表面泛浆和只有零星气泡出现为止，避免过振，振动时间一般不超过 2 min；在振捣混凝土过程中，加强检查模板支撑的稳定性和接缝的密封情况，以防漏浆，如果发现灌注的混凝土过少，则再从 c 开始重复工作。每块模具下部安装有 9 个 1.5kW 振捣器，其离心力为 12 kN，通过数码变频器操纵振动器，在其频率范围内可以无级调整频率。

f. 混凝土密实成型后，先将布料机上刮平板降至紧切模型中横向隔板的高度，然后布料机开到下一个模具的位置，同时启动刮平板上的振动器，刮平混凝土表面，把多余的混凝土推进下一个空模具中。

g. 再从 a 开始重复以上操作，直至台座中模具混凝土全部灌注成型。

h. 在刮平过程中，要及时清洗刮平板，保证轨道板混凝土表面刮平效果。

在每个台座混凝土灌注成型过程中，施工班组的操作人员与搅拌机司机要保持紧密联系，并根据现场施工情况及时调整混凝土拌和物工作性能，确保混凝土拌和物满足施工要求。并认真填写混凝土灌注成型记录表。通常情况下，从搅拌机出料到完成混凝土灌注入模的时间间隔不超过 15 min，确保混凝土拌和物成型前有良好的和易性。

在每个台座混凝土灌注入模前和灌注成型过程中，操作人员随机抽取混凝土试样 5 次，测定拌和物的温度和坍落度指标并填入混凝土灌注成型记录表中，只有拌和物性能指标符合配合比要求时方可灌注入模，否则应清理出施工现场。混凝土的入模温度控制在 25 ℃ ~30 ℃。

在每个台座最后一块轨道板灌注过程中，取样制作 4 组 150 mm × 150 mm × 150 mm 混凝土抗压强度试件（1 组 3 块），在试件上注明台座号、生产班组、日期。其中 2 组试件用作检测轨道板脱模强度，另 2 组试件分别用作检测轨道板混凝土 7d 和 28d 强度。每隔 1 周制做 6 块 28 d 混凝土弹性模量试件，每隔 1 个月制做 3 块 28 d 混凝土抗折强度试件，试件制作符合有关规定。

③ 混凝土表面刷毛

刷毛机从台座的第 1 套模具到最后一套模具，依次、连续、均匀地将混凝土表面刷毛，刷毛方向与刷毛机的行驶方向一致。在每块轨道板振动刮平完成之后约 10 min（待混凝土初凝后），对混凝土表面进行刷毛，刷毛时间间隔不宜太长。刷毛深度为 1 ~2 mm，保证轨道板与水硬性支承层更好连接。

④ 调高装置、温度传感器安装

依据轨道板施工图规定的位置和数量，用定尺量具定位调高装置的安装位置。在调高装置安装处将调高装置较长两支腿压入新浇灌的混凝土中，调高装置顶面稍低于混凝土表面，露出较短两支腿高于混凝土表面约 3 mm，且与分丝隔板距离 1 mm。

在最后一块轨道板刷毛完成后，在板内预埋一个温度传感器，作为下道混凝土养护工序控制的温度采集点。

⑤ 混凝土表面覆盖

混凝土初凝后取出侧模板，同时用养护薄膜覆盖混凝土表面进行保温，防止混凝土水份蒸发，保证水泥水化反应正常进行，为轨道板混凝土强度稳步快速提高创造良好的环境。

（8）混凝土的养护

1）混凝土灌注入模前将模具加热到约 30 ℃，一般情况下，开始灌注混凝土时停止对模具加热，依靠模具的现有热量和水泥的水化热便可保证混凝土中水泥水化反应的正常进行，除非厂房内温度过低才需继续加热。在每个台座模具下方，均匀布置 2 个温度传感器，传感器将检测到的数据传送给温度控制仪，通过温控仪调节和控制混凝土灌注前、灌注中以及养护过程中模具的温度。

2）每个台座的最后一块轨道板灌注成型完成后，在板内埋入温度传感器，并通过信号线与温控仪连接；同时取样制作 4 组 150 mm×150 mm×150 mm 立方体试件，然后用玻璃板盖住试件，放入到提前预热好的水槽中，安装在水槽中的温度传感器也通过信号线和温控仪连接。温控仪随时跟踪轨道板的芯部温度，以此为基准调节、控制水槽中的水温，使试件养护温度与轨道板芯部温度一致。

3）一般在养护过程中，不需要对模具加热，如果厂房内温度太低，轨道板混凝土养护温度过低，重新启动温控仪对模型进行加热。

4）温控仪自动记录轨道板混凝土芯部温度变化数据，并可以图表形式显示和打印出来。

5）养护时间达到 16 h 后，从水槽中取出第 1 块混凝土试件，用压力试验机检测试件抗压强度，如果强度达到 48 MPa，则可脱模；如果强度达不到 48 MPa，再取出第 2 块试件试压，如果强度满足要求，仍可脱模，否则养护继续进行，视具体情况 1～2 h 后检测第 3 块试件强度，依次类推直至强度满足要求为止。

6）试件抗压强度达到 48 MPa 时，操作人员关闭温控仪，相应台座混凝土养护过程结束，可转入下一道工序。

（9）毛坯板脱模

1）预应力钢筋放张

采用整体放张方式，且在台座两端同步进行。

① 启动自动张拉系统，根据预先设定好的程序，将钢丝缓慢超张拉到可以松开环形螺母为止，然后取出环形支承垫板，千斤顶缓慢回缩，逐渐向混凝土传递预压应力，放张完成后，千斤顶回缩到原起始位置。

② 在放张过程中，PC 控制机上将显示每个千斤顶的活塞位移量、张拉力数值，始终保持同端千斤顶活塞回缩值间偏差不大于 2 mm，异端千斤顶活塞回缩值间偏差不大于 4 mm，如发现偏差大于允许值立即停机检修。

③ 整个放张过程实现自动控制。

2)切断预应力钢筋

只有在预应力钢筋完全放张后才可切断预应力钢筋,严禁在带应力情况下切割预应力钢筋。首先用钢筋切断剪剪断 6 根 ϕ5 mm 定位预应力钢筋;然后用电动切割锯切断模具之间 ϕ10 mm 预应力钢筋,先切断张拉台座 1/2 处预应力钢筋,接着切断台座 1/4 处预应力钢筋,最后从台座两端同时开始依次切断其余的模具之间预应力钢筋。

3)脱膜

将真空吊具挂在桥式吊车的吊钩上,锁好吊具,接通设置在吊车上的电源。开动吊车将真空吊具移到要脱模的轨道板上方,调整吊车的位置,降低吊具高度使吸盘落到轨道板混凝土表面固定的区域,启动真空泵,使吸盘紧紧地吸附在混凝土表面上,直至达到预先设定好的吸附力。启动 5 个液压千斤顶(中部布置 1 个,两端各布置 2 个),首先用较小的压力调平吊具,然后逐渐增加压力直至预先设定值,同时开启压缩空气系统,通过模具底部的 6 个入风口吹入压缩空气,每块轨道板脱模时所需的外部力总计约为 250kN。将轨道板平稳地从模具中吊出来,用专用夹具把轨道板和真空吊具夹紧固定,水平方向旋转 90°,吊运存放在台座旁对应的静停线的存放座上。

(10)毛坯板检验、入库

在轨道板脱模后入库前,由专职检验人员依据轨道板验收标准检验验收,并填写毛坯板检查验收记录,经检验合格后才可办理入库手续。检测的另一个目的是检验模型承轨台的平整度及直线度,最大限度的降低打磨量。在正常生产过程中,对每套模板生产的毛坯板,每月用全站仪测量一次。

毛坯板测量使用的仪器包括全站仪、25 mm 直径特制棱镜及支座、毛坯板测量平台、压力数显表等。毛坯板测量后的数据通过特定的处理软件进行处理,处理后的数据包括承轨台的平整度、直线度、大钳口、小钳口和坡度,用于指导调整模具上承轨台的直线度,调整后的直线度控制在 ±0.3 mm。

(11)毛坯板存放

轨道板在厂房内养护完成后,运到毛坯板库存放,存放时间取决于混凝土徐变、收缩进程和环境条件,一般为一个月左右,待板体混凝土收缩和徐变基本完成后便可转入下道工序,进行承轨台打磨加工。

(12)毛坯板打磨及扣件安装

1)轨道板打磨

轨道板在翻转机、切割锯、磨床,装配轨道扣件台位及横向运输车等工作面之间的移动全部通过辊式运输线来完成。辊式运输线由托滚架、带侧面导轮的托滚架及摩擦轮驱动装置组成。

① 轨道板翻转

用龙门吊车将轨道板从毛坯库存放区吊运到翻转机上,翻转机将轨道板旋转 180°,正面向上放置在滚轮托线架上,然后通过辊式运输线进入打磨厂房。

② 切除轨道板两侧突出的预应力钢筋。

③ 打磨

毛坯板翻转 180°、切除突出侧面的预应力钢筋后,通过辊式运输线运到数控磨床的加工工位,进行打磨加工。

磨床自控系统生成打磨加工数控子程序,对承轨台进行打磨加工。

对承轨台打磨加工设粗磨和精磨两个阶段。依据打磨加工实际工况,粗磨可能需分多次进行,精磨通常一次完成。第一次打磨完成后,激光扫描装置将自动对承轨台进行一次测量,如果检测合格则打磨工序结束,如果未能达到要求,则继续打磨直至合格为止。

2)轨道扣件的安装

打磨后轨道板通过辊式运输线运到装配区,首先吸出塑料套管内的水,将油脂注入到塑料套管内,用量约 14 g/个,然后安装轨道扣件。

(13)成品板检验、入库

在轨道板打磨完成后入库前,由专职检验人员依据轨道板验收标准进行检验验收,并填写成品板检查验收记录,经检验合格后才可办理入库手续。

(14)成品板存放

在成品板库内,每 9 块轨道板为 1 垛放置在 3 个混凝土基座上,基座上安放垫块并标出支点的位置。每层板之间以及板与基座之间安放 4 个垫块,分别支承在板的第二个预裂缝和第八个预裂缝处,垫块要上下对齐,防止板内产生附加应力引起变形。垫块的规格为 200 mm×200 mm×200 mm,高度误差 ±2 mm,承重面应平行。

轨道板入库后,指定专人对库房进行动态管理并建立库房的管理台账,记录入库板的生产批次、作业班组、数量及存放的位置等;在存放期间,随时巡查、每周彻底检查一次成品板存放情况，主要检查垫块和混凝土基座变形情况，发现问题及时反馈并处理解决，同时做好记录。

（15）成品板出场

依据各铺设工作面进度安排，制定合理的轨道板运输计划，并组织落实。在成品库内，按照事先排好的顺序，用龙门吊将轨道板装上载重汽车，通过公路运往工地。

装车技术要求：

1）将最下层的垫块用螺栓固定在载重汽车上（3 个固定点），板之间设置 3 个支撑点保持一定的距离，防止损坏承轨台。

2）垫块规格为 200 mm×200 mm×200 mm（高度误差 ±2 mm），上下均有防滑橡胶垫，防止轨道板在运输的过程中滑动。

3）在载重汽车四周设置立柱，并用条纹带将立柱拉紧。

（16）轨道板质量检验

1）轨道板制造应符合《客运专线铁路 CRTS Ⅱ型板式无砟轨道混凝土轨道板（有挡肩）暂行技术条件》（科技基〔2008〕173 号）《客运专线铁路 CRTS Ⅱ型板式无砟轨道混凝土轨道板暂行技术条件》（科技基〔2008〕74 号）的规定。

2）轨道板制造厂应对每块轨道板编号，并提供《轨道板制造技术证明书》，进场时应对照设计图纸复核轨道板型号。

3）轨道板主要尺寸偏差及外观质量应符合表 6－2－20 的规定。

表 6－2－20　轨道板（有挡肩）主要尺寸允许偏差及外观质量要求

序号	检查项目	允许偏差（mm）
外形尺寸		
1	长度	±5
2	宽度	±5
3	厚度	0，+5
4	单个承轨台钳口间距	±0.5
5	承轨台之间钳口间距	±1
外观质量		
6	肉眼可见裂纹	不允许（预裂缝处和板底面允许有裂纹）
7	承轨部位的表面缺陷（气孔、黏皮、麻面等）	长度≤20、深度≤2
8	上边缘的破损或混凝土掉角	深度≤5、面积≤50 cm^2
9	底面边缘破损或混凝土掉角	长度≤15
10	预埋套管内混凝土淤块	不允许

(二)轨道板铺设施工质量控制

1. 工艺流程

混凝土支承层或底座施工完成后,即可开始轨道板铺设作业。轨道板采用轨道板运输车运至施工作业区,采用轮胎式跨双线龙门吊进行轨道板的铺设安装施工,同时对已铺轨道板进行调整定位;轨道板精调定位完成后即可开始水泥沥青砂浆的灌注施工;水泥沥青砂浆达到一定强度进行窄接缝施工,然后进行轨道板纵联、宽接缝施工等作业。

CRTS Ⅱ型板式无砟轨道轨道板铺设施工基本工艺流程如图 6－2－22。

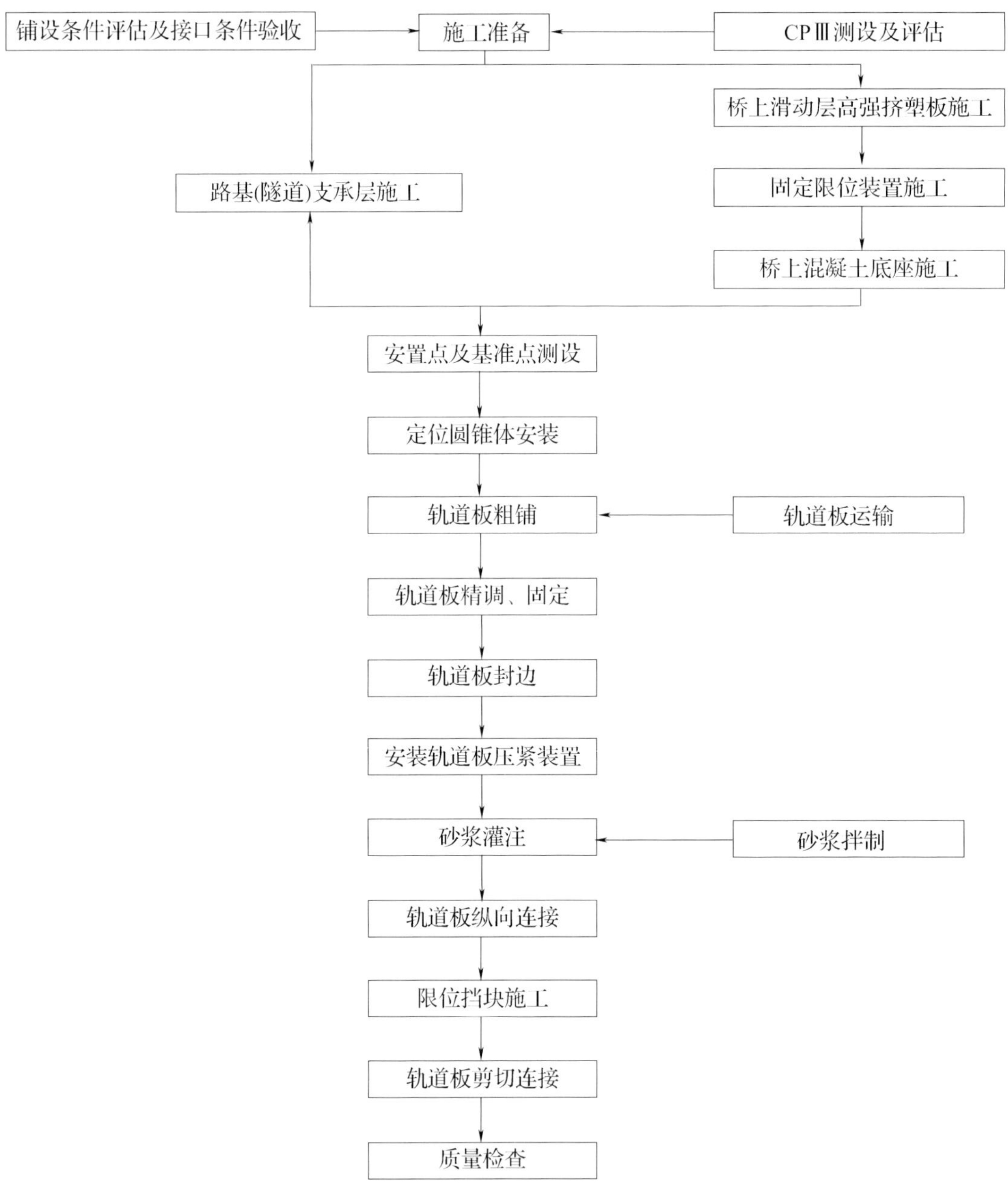

图 6－2－22　CRTS Ⅱ型板式无砟轨道轨道板铺设施工基本工艺流程

2. 主要设备

CRTSⅡ型板式无砟轨道轨道板铺设施工主要设备配置见表6－2－21。

表6－2－21　CRTSⅡ型板式无砟轨道轨道板铺设施工主要设备配置表

序号	设备名称	规格	单位	数量	备注
一	混凝土支承层施工				
1	滑膜摊铺机	SP500	台	1	滑膜摊铺法
2	自卸汽车	5 t	辆	4	
3	混凝土搅拌运输车	$8m^3$	辆	4	模筑法
4	插入式电动捣固棒	ZN70	台	3	
5	高压水枪		台	1	
6	混凝土切缝机		台	1	
二	混凝土底座施工				
1	高压水枪		台	1	梁面清洗
2	龙门吊	4 t	台	2	轮胎式或轨行式
3	振动滚杠		台	2	
4	扭矩扳手		套	12	含特制套筒,用于张拉
5	特制开口扳手		个	10	紧固螺栓
6	混凝土搅拌运输车	$8m^3$	辆	4	
7	钢筋加工设备		套	1	基地钢筋加工
三	轨道板粗铺				
1	龙门吊	10 t	台	1	轮胎式或轨行式
2	运板车		辆	10	其中1辆双向
3	冲击钻		台	1	安装定位锥及GRP点
4	高压水枪		台	1	
四	轨道板精调				
1	精调测量系统		套	2	含检测用靠尺
2	压紧装置		套	100	
3	调节千斤顶	二维	个	160	
4	调节千斤顶	一维	个	80	
5	刺轮扳手		把	6	含长套筒
五	水泥沥青砂浆灌注				
1	移动式搅拌车		台	2	
2	中间吊罐	700L	套	2	带搅拌动力
3	中间罐吊机	3 t	台	1	带动力
4	灰浆搅拌机		台	1	密封砂浆搅拌用
六	轨道板张拉				
1	扭矩扳手	450N · m	个	8	

3. 主要工艺及质量要求

(1)桥梁接口特殊要求

对于桥梁地段，为确保满足无砟轨道各部结构的技术条件要求，桥面上的有关施工质量状态应做出相应的配合性保障。施工前应复核梁面满足技术要求，主要包括桥梁中线、桥面高程、桥面平整度、相邻梁端高差及梁端平整度、防水层质量、桥面预埋件、剪力齿槽几何尺寸、桥面清洁度、桥面排水坡等，应符合下列要求：

1)梁端1.5 m以外部分的桥面高程允许偏差±7 mm，梁端1.5 m范围内不允许出现负偏差。对不能满足要求的部位应进行打磨，并采用聚合物砂浆填充处理。

2)梁端1.5 m范围内梁面平整度允许偏差2 mm/1 m。桥面其他部位平整度允许偏差3 mm/4 m，对不能满足3 mm/4 m要求，但在8 mm/4 m范围内的，可放宽用1 m尺复测检查，应满足2 mm/1 m要求，对仍不能满足要求的应对梁面进行整修处理。

3)相邻梁端高差不应大于10 mm。

4)防水层不应有破损及空鼓现象。

5)桥面预埋件高程、平面位置应准确。

6)桥面排水坡应符合设计要求，确保汇水、排水能力，不得有反向排水坡。

(2)路基和隧道内混凝土支承层施工

路基及隧道地段混凝土支承层施工可采用滑模摊铺机进行，对于长度较短、外形不规则或有大量预埋件的地段，采用模筑法施工。采用滑模摊铺机和摊铺碾压法施工时，支承层材料应采用水硬性混和料。采用立模浇筑法施工时，支承层材料应采用低塑性混凝土。

1)配合比设计。支承层原材料、配合比设计、施工等应符合《客运专线铁路无砟轨道支承层暂行技术条件》(科技基〔2008〕74号)规定。

2)工艺性试验。正式施工前应选定一段进行工艺性试验，检测支承层各项指标要求、外观质量及与支承层施工机械工作性能的匹配情况。根据试验情况，调整施工配合比及各种工艺参数。

3)支承层拌和物或混凝土运输。根据施工进度、运量、运距及路况，选配运输车型和车辆总数。支承层拌和物宜采用自卸卡车运输，每次使用前后应将自卸卡车清扫干净，长距离运输时应采取覆盖措施。混凝土运输采用混凝土罐车。

4)支承层施工前，需根据CPⅢ控制网按10 m间距测放支承层中线，为摊铺机走行引导线和模板定位提供基准。同时支承层范围内的基床表层应清扫干净，并适度湿润，但不得有积水。

5）滑膜摊铺机施工时，在摊铺机摊铺开始的5 m内，应在摊铺进行中对摊铺出的混凝土标高、边缘厚度、中线、横坡等参数进行复核测量。在摊铺机摊铺前，拌和物应采用机械或人工均匀预摊铺，摊铺长度宜超前摊铺机约5 m，滑模摊铺应缓慢、匀速、不间断进行。摊铺中滑模摊铺机停机待料最长时间超过当时气温下混凝土初凝时间的4/5时，应将滑模摊铺机及时开出摊铺工作面，并做施工缝。

6）拉毛。初凝前，支承层表面道床板范围内应进行拉毛处理，道床板范围外应进行抹面。

7）切缝。当采用滑膜摊铺机施工时，应在12 h内进行横向切缝；当采用模筑法施工时应在24 h内进行横向切缝。缝深不小于支承层厚度的1/3，切缝距离不应大于5m，每个工班结束时的施工缝宜安排在切缝处。

8）养护。支承层摊铺或浇筑完成后应喷雾或洒水并覆盖保湿养护，养护时间不应少于7 d。气温低于5 ℃时或雨雪天气时，不宜进行支承层施工。浇筑完成的支承层在7 d内不得受冻，当气温低于0 ℃时，应采取保温措施。

9）质量检查。支承层外形尺寸允许偏差应符合表6-2-22的规定。

表6-2-22　支承层外形尺寸允许偏差

序号	检查项目	允许偏差(mm)
1	厚度	±20
2	中线位置	10
3	宽度	0，+15
4	高程	-10，+5
5	平整度	7/4 m

（3）桥上两布一膜滑动层及高强挤塑板的铺设

滑动层由两层无纺布和中间的一层聚乙烯薄膜组成，铺设在桥面和混凝土底座之间，使得混凝土底座与梁体之间可以产生滑动，保证了在温度变化下，梁体可以自由伸缩。两布一膜滑动层及梁缝硬塑料泡沫板的施工要点概括起来为：粘接要牢固，接头处理要符合要求。

1）两布一膜滑动层铺设

两布一膜铺设前，用洁净高压水及高压风冲洗桥面，确保铺设范围内洁净且无砂石等颗粒，特别要对桥面油污进行专门处理。桥面清洗干净后，根据桥面上测量标记点确定滑动层铺设位置并弹出墨线，依此控制聚胺脂胶水的涂刷。聚胺脂胶水涂刷好后，马上进行第一层土工布的铺设。铺设长度为从固定支座剪力齿槽边缘开始到桥梁活动支座梁端结束。第一层土工布铺完且待胶水干后，在第一层土工布上洒水湿润，铺设聚乙烯薄膜，使薄膜可以粘附在底层土工布上，做到密贴平整不起皱。聚乙烯薄膜铺设好后，即可开始铺设第二层土工布。第二层土工布铺设自桥梁固定支座剪力齿槽边缘起至活动支座附近结束。两布一膜滑动层铺设应平整、无褶皱且无破损，如发现滑动层出现破损，应进行更换，重新铺设。滑动层铺设宽度应比底座板每侧宽出 5 cm（底座板施工完成后切除宽出部分），以防两布一膜滑动，导致底座板直接浇注在桥面上。

2）梁端高强挤塑板铺设

底座板下设两布一膜滑动层，其中在梁缝两端各 1.5m 范围设置一层 5 cm 厚的高强挤塑板（弹簧板），以减小轨道系统由梁端转角带来的附加力，梁固定端的高强挤塑板设置范围内不设置滑动层，泡沫板与桥面通过胶合剂粘贴，梁活动端的高强挤塑板下铺设底层土工布及滑动薄膜，顶层土工布仅延伸至硬塑料泡沫板（弹簧板）下 10 cm。

（4）桥上混凝土底座施工

1）底座施工单元划分

底座板施工前，应根据设计要求进行施工单元划分设计，形成布置图，确定后浇带及临时端刺位置。划分设计方案依据总工期计划、桥面验收移交进展情况、施工标段划分及资源配置等因素综合确定，主要包括底座板施工单元段划分、临时端刺设置、常规区和后浇带位置确定，以及各灌注段先后施工顺序的确定等。每个施工单元至少 1 880 m（780 m + 320 m + 780 m），以 3 ~ 5km 为宜，每个临时端刺的长度约 800 m，第一施工单元一般为：临时端刺（或常规端刺）+ 常规区 + 临时端刺，下一施工单位元一般为：常规区 + 临时端刺（或既有临时端刺或常规区）。临时端刺区底座板应分段施工完成，后浇带连接需根据临时端刺和常规区设置情况，按照设计顺序进行。

常规区为长度不限，但至少 10 跨梁，常规区分段长度不大于 150 m，每段之间在跨中采用钢板连接器连接，浇筑时预留 50 cm 宽后浇带，称为钢板连接器后浇带（BL1）。根据分段长度，常规区分为两种型式：当分段长度大于两跨梁时，底座板与梁端剪力齿槽只进行钢筋连接，浇筑时预留 66 cm 宽后浇带，称之为剪力齿槽后浇带（BL2）；当分段长度为一跨时，底座板在梁端齿槽处一次浇筑。

临时端刺大于等于 780 m，与桥面临时无剪切连接，对称分布于常规区前后两侧，临时端刺分五段，从靠近常规区一侧起依次约为 220 m、220 m、100 m、130 m、130 m，各段之间逢跨中采用钢板连接器连接，在临时端刺中依次命名为 K_0，J_1，J_2，J_3，J_4，K_1。临时端刺在梁端齿槽设剪力齿槽后浇带。

2）测量放线

通过 CPⅢ控制点进行底座边线放样，每隔 10 m 测设一个断面，做好标记，并对每个标记点进行高程测量，作为底座立模依据。

3）底座板钢筋施工

① 底座钢筋加工、运输及吊装

根据工期要求和现场实际情况，钢筋笼可在钢筋加工厂预制或在桥上绑扎施工。为了缩短工期，加快进度，钢筋笼可采取在钢筋加工厂预制、拖车运输至桥下、吊装至桥面组装联接的方案施工。

钢筋笼在加工场绑扎时，应提前确定钢筋笼分段长度，根据不同的类型加工钢筋模床，在模床上绑扎钢筋笼。钢筋笼绑扎好后，采用吊车（配专用吊架）将钢筋笼吊至存放区。在存放区喷洒水泥浆进行防锈处理。喷洒时采用脚踏式喷雾器喷洒，水泥浆可采用 42.5 级水泥加 107 胶拌制，水泥浆水灰比一般控制在 0.75～1 之间。喷洒前需将钢筋湿润，一般喷三次，每次厚度 1～2 mm。

② 后浇带连接器的安装

由于长桥上底座板施工时混凝土产生的温度应力很大，为了避免温度强制应力传入桥梁支座和桥墩，在常规区每跨梁的跨中位置设置一个宽 50 cm 的连接带即 BL1 后浇注带，800 m 长临时端刺区设置 5 个 BL1 后浇注带（K_0、J_1、J_2、J_3、J_4、K_1），后浇注带连接器由 ϕ25 mm 钢筋、螺母及钢板组成。后浇带连接器应在底座板钢筋铺设前布置。HRB500 钢筋与连接器钢板应在钢筋加工场焊接完毕，然后吊装上桥，现场安装钢板另一侧的精轧螺纹钢筋和螺母。

③ 齿槽剪力钉的安装

梁端剪力齿槽处，由钢板和带螺纹的钢筋焊接的剪力钉应与梁体预埋套筒配套，其长度应根据底座超高设置及现场预埋套筒实际情况量身定做，剪力钉安装前，应将梁体预埋套筒内的杂物清理干净，剪力钉螺纹拧入套筒内至少 42 mm，其转动力矩按 140 N·m控制。

④ 底座钢筋绑扎及温差电偶安装

混凝土底座钢筋按每两个后浇带之间作为一个钢筋绑扎区域，绑扎顺序从下层到上层施工，钢筋垫块呈梅花状布置，并保证垫块接触面积不小于底座面积的 18.5%，防止滑动层过度受压而破损，为适应梁面局部高低不平现象，应备有 20 ~ 50 mm 各类规格厚度垫块，以确保钢筋顶层保护层厚度。当设计混凝土底座钢筋有绝缘要求时，钢筋交叉点应采用绝缘卡或扎带隔离、绑扎，绝缘卡或扎带采用强度高、耐久性好的有机合成材料制作，严禁使用铁丝绑扎或焊接，钢筋安装后进行绝缘性能检测，绝缘电阻值应满足设计要求。

底座钢筋绑扎完成后，在钢筋笼内安装温差电偶，测量后续底座连接时内部温度力的大小，温差电耦安装数量按常规区每公里 1 个、端刺或临时端刺区每处 1 个，且左右线分别安装。同时，在底座两侧的底层钢筋安装好后安装钢筋连接器，钢筋连接器钢板应置于后浇带中间位置，连接器中线应与底座板中线重合，螺母就位后的精轧螺纹钢筋外露长度不超过 20 mm。

因底座板钢筋设计为 HRB500Ⅳ级精轧螺纹钢，目前市场上 HRB500 钢筋较少，需厂家专门生产线方可生产，所以施工前必须准确统计出钢筋的设计数量，以免施工过程中出现断货现象。该钢筋不能采用普通的电弧焊，如需要连接只能采用闪光对焊，在材料计划时可考虑采用定尺生产的钢筋，特殊地段需要对焊连接的建议在钢筋场内进行，以避免在桥面上焊接破坏滑动层。

由于后期铺设轨道板，需要在底座上埋设定位锥、GRP 定位点以及扣压装置，铺板后还需对轨道板进行锚固连接，均需在底座上钻孔，因此对底座钢筋的位置要求非常严格，钢筋绑扎定位时要严格控制钢筋的间距偏差在 ±20 mm 以内，保护层厚度偏差控制在0 ~ +5 mm。

⑤ 模板安装

底座板采用模筑法施工，模板采用组合钢模板，为满足普通地段及不同超高地段模板拼装需要，模板组合高度宜略低于底座板设计厚度（一般 20 ~ 30 mm 左右），模板应有足够的刚度和强度。底座板模板安装时，因梁顶不允许钻眼，施工前应充分考虑模板的加固方法，可考虑采用双线同步立模浇筑工艺。模板安装原则为宜低不宜高，模板安装时一般按设计标高降低 5 mm 控制，以确保水泥沥青砂浆层厚度。

⑥ 混凝土浇筑

底座板设计采用低弹性模量的 C30 混凝土。混凝土采用罐车输送至桥下，汽车泵送上桥，摊铺机整平的施工工艺。底座板混凝土施工主要包含混凝土的浇注、振捣、整平、收面、拉毛及养生等工序。

底座混凝土施工前，应清理底座模板内杂物，检查确认钢筋、模板状态及绝缘性能，所有后浇带螺母全部松开距钢板不小于 30 mm。简支梁上常规区底座板每次灌注长度最少为 1 孔，一般宜为 3 ~4 孔。混凝土布料时，应由模板低边往高边进行，左右两副布料的速度要基本保持一致。底座板混凝土采用插入式捣固器振捣，梁端钢筋搭接密集区应用直径 30 mm 捣固棒捣固密实，严禁漏捣。混凝土捣固时，必须从钢筋的间隙插入，尽量避免碰触钢筋和绝缘卡。混凝土捣固完成后，用摊铺机具来回滚压几遍粗平，然后用铝合金尺刮平，一般情况下，刮平工作至少要进行 3 次。

剪力齿槽混凝土浇注时注意必须按规定要求进行：常规区剪力齿槽与常规区底座板同时浇注；临时端刺区剪力齿槽固定连接 BL2 分两次浇注完成，两次浇注时间和个数必须按设计规定执行。

⑦ 临时端刺及后浇带施工

临时端刺是底座板的一部分，它在桥上暂时起到了路基上常规端刺的作用。临时端刺区长度为约 800 m，其底座板与常规区底座板的施工工艺要求基本相同，主要区别在于平面及结构布置上。一是有 BL1 及 BL2 两种后浇带设置，其中 BL1 后浇带在常规区与临时端刺区类同（设置位置及形式），BL2 后浇带设于桥上固定连接处；二是底座板连接方式有所区别，常规区底座板一次性连接，临时端刺区底座板分 4 次连接（包括与桥梁的固定连接），且各次连接时间跨度较长；三是临时端刺区底座板连接有严格的顺序要求；四是底座板施工基本段长度有所区别，常规区底座板以 1 孔梁（简支梁）为一个基本段（设一个 BL1 后浇带），临时端刺区分 5 段，两个 220 m 段（LP1 及 LP2）、两个 130 m 段（LP4 及 LP5）、一个 100 m 段（LP3），共设 4 个 BL1 后浇带（J1 ~ J4）。在浇筑后临时端刺底座板时，与桥梁上部结构先不连接，即固定连接（齿槽和螺栓连接）暂时不起作用，在温度变化时临时端刺可在桥梁纵向滑动，以使上部力不传入下部结构。

临时端刺设置优点：底座板的连接必须在两个端刺之间进行，在长大桥梁底座板施工过程中，底座板连接有上千个，若要在很短的时间内一次完成所有的连接将给施工带来很大的困难。设置临时端刺后，底座板浇注后的连接就无需在两个端刺之间进行（可在临时端刺和临时端刺、临时端刺和端刺之间进行），即两临时端刺或临时端刺和端刺之间的底座板就可以作为一个独立的施工单元进行连接施工，这也意味着可以将整个长桥底座板分成若干独立的施工单元(含临时端刺),无需等到全桥底座板施工完成后,再开始铺设轨道板,为后续轨道板的铺设赢得宝贵时间。

底座混凝土拆模后,曲线地段应在底座混凝土两侧对称安装临时侧向挡块,底座混凝土强度达到 20 MPa 后,按设计要求进行后浇带钢筋连接和混凝土浇筑。

临时端刺连接前需进行分段长度测量和底座板温测量,相邻底座板温不一致时,按两底座板长度及底座板温加权计算。底座板钢筋连接在设计板温下进行,按计算张拉值进行张拉。

后浇带 BL1 的连接和浇注有着严格的施工顺序,施工前应制定专门的作业指导书。连接施工宜在 20 ℃ ~30 ℃(底座板温度)之间进行,连接时温度低于 20 ℃的按要求施工,高于 30 ℃的严禁进行连接作业,且必须在规定时间内连接完成。后浇带螺母连接拧紧时,必须严格按要求进行,严禁将用手和扳手拧紧方式混淆。常规区和临时端刺区后浇带 BL1 的浇注和连接工序一样也有着严格的施工顺序,施工时必须按要求进行。后浇带的浇注温度和连接温度一样宜在 20 ℃ ~30 ℃(底座板温度)之间进行,高于 30 ℃的严禁进行浇注作业,且必须在规定时间内浇注完成。常规区与临时端刺区底座板温测量应同时进行,并根据底座板温计算张拉量,张拉连接器钢筋。混凝土底座测温和张拉应在 24 h 内完成,后浇带浇筑也应在 24 h 内完成,从张拉到混凝土浇筑结束不应超过 48 h。

⑧ 质量检查

混凝土底座外形尺寸允许偏差应符合表 6 -2 -23 的规定。

表 6 -2 -23　混凝土底座外形尺寸允许偏差

序　　号	项　　目	允许偏差(mm)
1	中线位置	10
2	宽度	+15,0
3	顶面高程	±5
4	平整度	7/4m
5	厚度	±10% 设计厚度

(5)轨道板粗铺

混凝土底座及后浇带混凝土强度大于 20 MPa,且混凝土浇筑时间大于 2 d,方可粗铺轨道板。

1)轨道板粗铺前施工测量

底座混凝土完工后,利用全站仪(测角精度:1″,测距精度:1 mm+2 ppm)和专用棱镜对设计院布置于长桥两侧防撞墙上及路基段接触网立柱基础上的CPⅢ测量网进行复测,再经复测合格的CPⅢ测量网对铺板基标GRP点放样,铺板基标GRP点的铜质基标布置在两轨道板间圆弧中心的底座混凝土表面,采用植筋方式固定,并复测三次经专用软件评估合格后,方可进入下道工序施工。

① CPⅢ轨道控制网复测

底座混凝土和桥面系等主要结构施工完成后,获取墩台沉降(或路基沉降)和桥梁徐变评估的合格报告,用TCA1800全站仪和DIN12电子水准仪复测CPⅢ测量网平面坐标和高程值,复测成果提交设计院评估通过。依据复测合格后的CPⅢ测量网检查底座混凝土表面高程和平整度,修复质量缺陷,确保水泥乳化沥青砂浆垫层灌注厚度在20~40 mm之间。

② GRP点放样

测量放样采用TCA1800全站仪、设标网测量专用棱镜、GRP点测量专用棱镜等,依据已经复测的CPⅢ基标网和布板数据给出的平面坐标放样GRP点(即轨道板间半圆弧中心的精确定位点)。GRP点采用测钉对中标定。GRP点的测钉在底座混凝土表面钻孔后加植筋胶的方式固定在底座混凝土上,之后通过CPⅢ基标网对其高程和平面坐标进行三次以上的复测,测量数据经专用软件平差处理,需满足高程±0.1 mm、平面坐标±0.2 mm的限差要求。

③ 铺板定位圆锥安装

为满足轨道板粗铺精度10 mm的要求,在放样GRP点的同时,在轨道板端相邻的圆弧内,在混凝土表面垂直钻取Φ16 mm深120 mm的孔,利用植筋胶植入长40 cm、Φ14顺向螺纹钢筋。该钢筋既用于轨道板粗铺所需的定位圆锥的固定,也是灌注水泥乳化沥青砂浆时用于限制轨道板上浮的扣压板的固定。

铺板之前,在锚杆钢筋上套入单个定位圆锥体。定位圆锥体外采用橡胶材料制成,外径14 cm,略小于板端圆弧,轨道板粗铺时通过定位圆锥体的导向可达到5 mm的精度。

2)轨道板运输及存放

一般情况,轨道板从工厂运到铺设地点需要经过三次运输,即:第一次由工厂运输到临时存板厂;第二次由临时存板厂运输到桥下,再经汽吊吊装上桥;第三次由双向运板车运输到铺设位置,并由铺板龙门吊粗放到位。

在铺板工地附近,修建临时存板场存放轨道板和与正式道路相连的运输便道。存板场内地基硬化处理,设置排水沟,修筑长 3m × 宽 0. 5m × 厚 0. 3m 的钢筋混凝土存放台座。30 平板汽车运输轨道板,每车运输 3 块,层与层轨道板间采用 4 块 20 cm 见方的硬杂木支垫,支垫硬杂木按"四点支承、三点平衡"置于轨道板两端第二至第三承轨槽之间。运输途中,在平板汽车的四周加装挡板和缓冲垫块,以保证轨道板的稳定。在临时存放场内,存放轨道板最多不超过 8 层,层与层轨道板间仍采用硬杂木支垫。轨道板的运输和存放,需要根据设计图和施工流程进行编排,不得任意运输、存放。

轨道板工地及桥上运输:提前沿线路修建贯通便道。当施工便道不能满足汽吊直接将轨道板吊装到铺设位置时,沿线路 1 000 m 间距设置提板站,施工之前,将 50 t 汽吊、双向运板车、铺板龙门吊等通过 200 t 汽吊由桥下直接吊装到桥面,在桥上布置 50 t 汽吊直接将轨道板由桥下吊装到桥面,并由双向运板车沿底座混凝土运输轨道板至铺设位置,再由铺板龙门吊完成轨道板精铺。当在未施工后浇带的底座混凝土面运输、散铺轨道板时,为保证运板车平稳通行,需在后浇带接缝处铺设带支腿的槽钢,槽钢上再铺设 1 000 mm × 1 000 mm × 20 mm 钢板。

3)轨道板粗铺

轨道板粗铺采用铺板龙门吊完成,铺板之前需要安装定位圆锥、支垫方木条,并清洗底座混凝土表面。

① 准备工作

利用高压水枪清洗底座混凝土表面,以防止泥块和混凝土碎片影响水泥乳化沥青砂浆灌注。将定位圆锥套入 GRP 点旁边的锚杆钢筋,用蝶形螺母固定。为保证铺板后轨道板吊具的撤离和精调器的安装,铺板前在轨道板铺放位置两侧按前、中、后三个位置两侧摆放 30 cm 长、2. 8 cm 高的用于起支承作用的方木条。

② 轨道板粗铺

轨道板由双向运板车运送至铺板龙门吊下后,铺板龙门吊降下起吊横梁,起吊横梁上装有距离定位器,直接对准轨道板。横梁就位后由起重机驾驶员操作液压装置锁闭起吊横梁,锁闭时侧面的爪钩依垂直方向旋入。检查闭锁机构的四个爪夹点的锁栓是否都已完全锁闭,然后用附加的绞盘在起吊横梁上调整横向倾角,以便能以相应的超高使轨道板能够平行放置在混凝土承载层上,从而使轨道板精确就位并避免损坏。轨道板下落就位前,在轨道板底面粘贴 6 块 U 形发泡泡沫块,每块 U 形发泡泡沫块长 30 cm、宽 10 cm,发泡泡沫块安放在精调器安放的位置,主要是为水泥乳化沥青砂浆灌注起模板及挡护作用。

铺板龙门吊将轨道板吊运至轨道板安放位置的正上方下落在已预先摆放好的木条上,接近混凝土承载层时必须缓慢下降,避免放置时产生冲击损坏轨道板。在放下时将轨道板通过事先安装在混凝土底座板或承载层上的塑料定位圆锥体准确定位(准确度约为 10 mm)。此时应特别注意侧向位置,与上次铺设的轨道板的相对位置以及空端的位置。

4)轨道板精调

轨道板精调包括测量和调整两部分内容,是 CRTS Ⅱ 型板式无砟轨道铺设的核心技术之一。

轨道板测量和精调过程:首先以带强制对中杆的全站仪和后视棱镜在铺板基标 GRP 点上建立空间坐标网,再通过全站仪一一读取轨道板前、中、后三个位置上的测量标架左、右位置的空间坐标,之后全站仪以无线方式将测量数据输入工控计算机,工控计算机实时处理各测量点坐标的测量值与设计值的差值,并一一输出,布置在轨道板四周的显示器显示调整量,施工人员根据显示值调整轨道板调节器,通过反复几次的测量和调整,即可完成单块轨道板的精调和定位。

① 精调前准备工作

精调的前提是轨道板的中部悬空,即中部调节件要可以自由活动。如果中部调节件调紧了,再调轨道板尾部时,则难以移动,或者整个轨道板围绕中部转动。

② 测量设备安装及开启

开启工控计算机及无线电装置,建立全站仪、工控计算机等设备间的通讯。使用专用三角架将全站仪、后视棱镜安置在 GRP 点上(对中精度约为 0.5 mm)。将带有棱镜的测量标架架置在所需精调轨道板的第一、最后和中间支点以及已精调好的轨道板的最后支点上。标架卡尺架在打磨了的轨道板承轨槽上,并通过固紧调节装置单面与支点面相触。由此而建立起了与支点几何间的唯一参考关系。必须小心地使标架和支点正确接触,此外要防止标架的滑动,特别是在有超高的情况下,要采用辅助固定措施。

③ 精调轨道板

在已知的 GRP 点上对全站仪进行程控设站，并通过已精调好轨道板上的卡尺进行定向，再使用其他已知 GRP 点进行定向检查。出现较大偏差时（如高程差了 0.5 mm 或平面差了 1.0 mm），则应对轨道基准网以及前一块铺好的轨道板的精调精度进行进一步的检查。在软件设计上，除了铺设第一块板时，采用了 GRP 点定向外，其余的定向测量完 GRP 点之后，需要测量前一块板的位置，用前一块板的数据对全站仪的测量值进行修正，确保两块板的过渡是合格的。

a. 通过已精调好的轨道板尾端处的标架卡尺对速测仪进行定向。

b. 电控自动行至需精调板上的 6 个调控点、置卡尺并量测。

c. 程控计算轨道板的实际位置，并通过速测仪测站和调控点进行理论位置比较。此处，软件不仅考虑了现有支点的水平和垂直位置，也考虑了支点的超高。

d. 程控显示精调值，由测量工程师通过精调器发出自动调整位置指令。借助精调装置，对轨道板进行水平和垂直方向上的精调。直到平面精度达到 0.5 mm 为止。

e. 检测需对所有棱镜进行观测和记录。记录文件的内容包括：板类型和板号；观测员；各精调时间的温度；精调日期（含时间）；天气说明；调控点的铺置差（理论 - 实际值）；轨道基准网和定向点上的最终误差。

5）质量检查

轨道板与混凝土支承层或底座的间隙不应小于 20 mm，最大不宜超过 40 mm。轨道板精调定位后的允许偏差应符合表 6 - 2 - 24 的规定。

表 6 - 2 - 24　轨道板铺设定位偏差

序号	检查项目	允许偏差（mm）
1	高程	±0.5
2	中线	0.5
3	相邻轨道板接缝处承轨台顶面相对高差	0.3
4	相邻轨道板接缝处承轨台顶面平面位置	0.3

（6）水泥乳化沥青砂浆灌注

水泥乳化沥青砂浆是填充于混凝土底座（或支承层）与轨道板之间的结构层，主要起充填、支撑、承力和传力作用，并可对轨道板提供一定的弹性，是轨道结构中的重要结构层。

1）水泥乳化沥青砂浆配合比设计

无砟轨道施工前，施工单位在理论配合比的基础上根据水泥乳化沥青砂浆原材料特性、气候条件、施工组织及工艺要求等影响因素，进行试验，确定砂浆初始配合比。砂浆充填层施工前，采用初始配合比进行工艺性放大试验，并经型式检验验证确定砂浆基本配合比、拌制工艺参数、灌注工艺参数。

2）轨道板固定及封边

用 M10 耐候性水泥砂浆密封轨道板侧向边缝。预先洒水湿润底座和轨道板表面混凝土，以白铁皮（长 50 cm，宽 15 cm）紧贴轨道板挡住侧向边缝，人工在白铁皮外侧用抹刀将拌好的砂浆沿侧向边缝堆成高、宽各 8 cm 的三角形状并压光抹平，抽出白铁皮，再用抹刀对砂浆表面略施压力即可。砂浆硬化前，用直径 2 cm 的木棍在轨道板两侧按前、中、后六个位置设置各 1 个小孔（共 6 个），作为砂浆灌注时的观测孔和排气孔，排气孔应紧贴轨道板底向上留出。轨道板端部采用稠度较大的水泥乳化沥青砂浆封边，高度高于轨道板底面 2 cm。

轨道板边缝密封完成后，在锚固螺杆上安装扣压板并加螺母扭紧，以免轨道板在灌浆时上浮。曲线地段，在轨道板中部靠曲线外侧增加 L 形扣压板，施工方法相同。

3）水泥乳化沥青砂浆灌注

① 水泥乳化沥青砂浆的制备

水泥乳化沥青砂浆采用专用设备（移动式水泥乳化沥青砂浆拌和车）进行拌制。设备及计量系统经校核后方可使用，正常使用时每周应对设备及计量器具校核一次。水泥乳化沥青砂浆移动搅拌车搅拌时，通过操作触摸式显示屏，输入配合比、搅拌时间及搅拌机转速、加料顺序、搅拌量等参数后，开启搅拌程序后水泥乳化沥青砂浆搅拌车即可完成水泥乳化沥青砂浆料的制备。

② 水泥乳化沥青砂浆的吊装和运输

水泥乳化沥青砂浆搅拌好后，将足够灌注 1 个轨道板的水泥乳化沥青砂浆倒入 1 个中转仓内，由桥下的 50 t 汽车吊将水泥乳化沥青砂浆中转仓吊装上桥，再利用桥上跨单线轨道板的轮胎式运输平车将中转仓运输到灌浆地点。

③ 水泥乳化沥青砂浆灌注

水泥乳化沥青砂浆灌注按“随调随灌”的原则组织，其施工应紧随轨道板精调完成之后进行。轨道板灌注前，复测轨道板线性和扣压板的稳定性，在轨道板上安装测试上浮量的百分表，用带平面旋转喷头的高压喷雾水枪从轨道板的三个灌浆孔中对底座和轨道板表面混凝土浇湿湿润,但不得有积水。

灌注前,在轨道板的三个灌浆孔上安装与灌浆孔孔径一致的高45 cm的PVC管,以增加灌浆时砂浆水压和砂浆流动性。装满水泥乳化沥青砂浆浆体的中转仓的出料口连接灌浆导管到轨道板中间灌浆孔,灌浆导管是1根带有阀门的可弯曲的塑料导管,砂浆自由倾落高度不宜大于1.5m。开启阀门后水泥乳化沥青砂浆灌注轨道板中间灌浆孔,观测轨道板两端灌浆孔上的PVC套管和两侧的排气观测孔,待排气孔排出正常的水泥乳化沥青砂浆后,立即采用棉纱或软木塞进行封堵,当所有的排气孔处都排出水泥乳化沥青砂浆,全部PVC套筒内的水泥乳化沥青砂浆表面都高于轨道面且不回落时,即可关闭阀门,完成1块轨道板的灌注。

水泥乳化沥青砂浆灌注完成后,拆除灌浆软管后,将水泥乳化沥青砂浆中转仓按原路返回到桥下,进行下一块轨道板的灌注。舀出PVC套管内多余的水泥乳化沥青砂浆,使砂浆的表面距离轨道板上沿约15 cm,拆除PVC套管,在灌浆孔水泥乳化沥青砂浆内插入1根S形的连接钢筋。

当气温高于40 ℃或低于5 ℃时,不允许进行砂浆灌注施工。当天最低气温低于-5 ℃时,全天不允许进行砂浆灌注。雨天不得进行水泥乳化沥青砂浆施工,并对灌注后未硬化的水泥乳化沥青砂浆进行覆盖,防止雨水进入轨道板底。

④水泥沥青砂浆养护及精调装置拆除

水泥乳化沥青砂浆养护采用自然养护方式,当日最低气温在0 ℃以下或在35 ℃以上时,应对新灌注的砂浆采取适当的保温或覆盖降温措施。当水泥乳化沥青砂浆膨胀完成后,可拆除压紧装置。当水泥乳化沥青砂浆的最小抗压强度达到1 MPa以后方可拆除轨道板精调装置;最小抗压强度达到3 MPa后才允许在轨道板上承重。

(7)轨道板纵向连接

水泥乳化沥青砂浆强度达到9 MPa,窄接缝混凝土强度达到20 MPa时,可对轨道板实施张拉连接。轨道板纵向连接需以单元施工段为基本段落,张拉时的温度要与底座温度相匹配。精调单元段内轨道板的连接分批进行;靠近临时端刺240m的常规区为过渡段,此段在临时端刺后浇带尚未完成全部连接前(即临时端刺未与下一段底座板连接前)只可进行窄接缝灌注施工,不进行张拉锁拧紧及宽接缝灌注(砂浆)施工;其余单元段内完成精调的轨道板可进行规定内容的纵向连接施工;过渡段内轨道板的纵向连接待临时端刺后浇带全部连接完成后施工。

张拉施工从拟连接段落中间开始，从中部向两端对称呈箭头状同步进行。轨道板中共设有 6 根张拉筋，先张拉轨道板中间 2 根至完成，其后由内向外对称张拉左右筋各 1 根至完成，最后张拉剩余 2 根。张拉锁拧紧施工通过扭距扳手操作，拧紧标准为 450N·m。张拉完成后，施工轨道板宽接缝，按设计要求配筋，并按设计对钢筋、张拉锁件进行绝缘处理。宽接缝及灌浆孔均采用细石混凝土填充并应捣实，混凝土表面与轨道板面应抹平，灌浆孔补孔时应特别注意外观质量并顺接压出预裂缝。

（8）侧向挡块施工

侧向挡块设计分两种形式，其中，C 型挡块为侧挡型，D 型挡块为扣压型（压住底座板）。一般在每孔简支梁上设 2 对 D 型挡块，其余为 C 型挡块。根据梁跨不同，挡块设置间距有所区别，一般地段 32 m 上为 5.74 m，24 m 梁上为 5.18 m，20m 梁上为 5.57 m，连续梁上的挡块布置视结构不同而不同。摩擦板地段挡块间距一般为 8m（C、D 型交替布置）。侧向挡块的主要作用为混凝土底座板的侧向固定，确保混凝土底座板的抗压曲性能，把来自轨道板和底座板的水平利（离心力和偏摆力）传递到桥梁上。

根据全线无砟轨道及铺轨施组特点，常规区地段的侧向挡块可安排在轨道板安装完成后施工。临时端刺范围内的侧向挡块应在早期安排（因与桥面无任何连接，易产生横向移位），曲线地段的临时端刺挡块应在底座板连接前设置临时（或过渡）侧向挡块，C 型挡块可直接按设计施工（先施工底座侧面部分），D 型挡块需设过渡型（以保证铺轨机械的通行需要）。

侧向挡块施工前，应对桥上预埋套筒位置进行检查，要求内侧（靠近底座板一侧）预埋套筒中心（轴线）距底座板边缘距离为 8 ~ 12 cm，超过此范围要求的应进行整修。其整修基本原则是在内侧连接筋（与桥面的）设计位置（距底座板边缘 10 cm）钻孔并清孔（强吹风），其后注入锚固胶并植入钢筋。侧向挡块外侧钢筋可保持现状不动，在此基础上，安装其他钢筋并根据实际情况进行适当连接调整。

侧向挡块应在仿真试验成功的基础上再组织规模施工，以实现外观整洁统一，并保证侧向挡块“纵、横向一条线”。侧向挡块施工推荐使用成批加工制做的组合钢模具，模具应考虑曲线地段外侧与超高变化的适应性，同时还应考虑底座板厚度及桥面高程的不一致性需要。施工时，应先安装固定橡胶垫板及硬质泡沫材料，其中，橡胶垫板可通过与挡块钢筋连接并固定（与底座板混凝土紧贴），硬质泡沫材料可采用胶合剂与底座板混凝土粘合固定（要求与橡胶垫板紧靠），硬质泡沫材料及橡胶垫板应在混凝土灌注面用塑料薄膜覆盖，其后再安装挡块模具。模具应成批安装并挂线作业。混凝土灌注施工时应按规定进行振捣，振捣作业采用微型振捣棒。灌注完成后的侧向挡块应及时养护。

（9）轨道板剪切连接

为保梁缝及路桥过渡段以及道岔过渡段轨道板与底座之间的连接，根据设计要求在相应的部位进行轨道板剪切连接施工，施工工艺与锚固钢筋相同。在宽接缝混凝土强度达到设计值后，即可进行轨道板锚固连接。施工时，应在设计位置，按照规定的深度钻剪切连接孔，并清除钻孔钻屑，孔内注入植筋胶并植入剪切筋。剪切筋植入时轻轻插入，避免与板内钢筋接触。

三、CRTS Ⅲ型无砟轨道施工质量控制

（一）轨道板制造质量控制

1. 轨道板制造工艺流程

CRTS Ⅲ型轨道板与 CRTS Ⅰ型板式无砟轨道除增设承轨槽外，其余结构相似，其制造工艺流程如图 6－2－23 所示。

2. 主要设备及工装

（1）主要设备

轨道板制造的主要设备及工装有：龙门吊、搅拌站、钢筋加工设备、轨道板模型、灰斗、ZL5 型智能 LCR 测量仪、轨道板成品板检测设备、轨道板真空吸盘、自动温控系统、自动张拉系统等。轨道板采用台座法生产，采用振动器振动密实，保证产品表面质量满足要求。

（2）二维可调模板

由于轨道板设置承轨槽结构，曲线地段线形需要通过调整承轨槽空间位置来实现，因此模板中的承轨槽部位需要达到二维可调。本模板系统主要由侧模、端模、底模、二维可调节承轨槽模、端侧模横移及定位机构等五个系统组成，如图 6－2－24 所示。

侧模的关键是为了能实现预应力钢棒张拉时，张拉端钢棒的伸长量不至于达到轨道板的边缘，特意把张拉侧侧模的锚穴孔加深 30 mm。端模关键的设计是能实现轨道板脱模时带模张拉，给轨道板长度方向的预应力钢棒施加一定的预应力。底模设计的关键是为了能实现生产相同扣件节点间距的轨道板，在配有挡肩扣件时，无论承轨槽是固定式还时可调式均可共用底模。

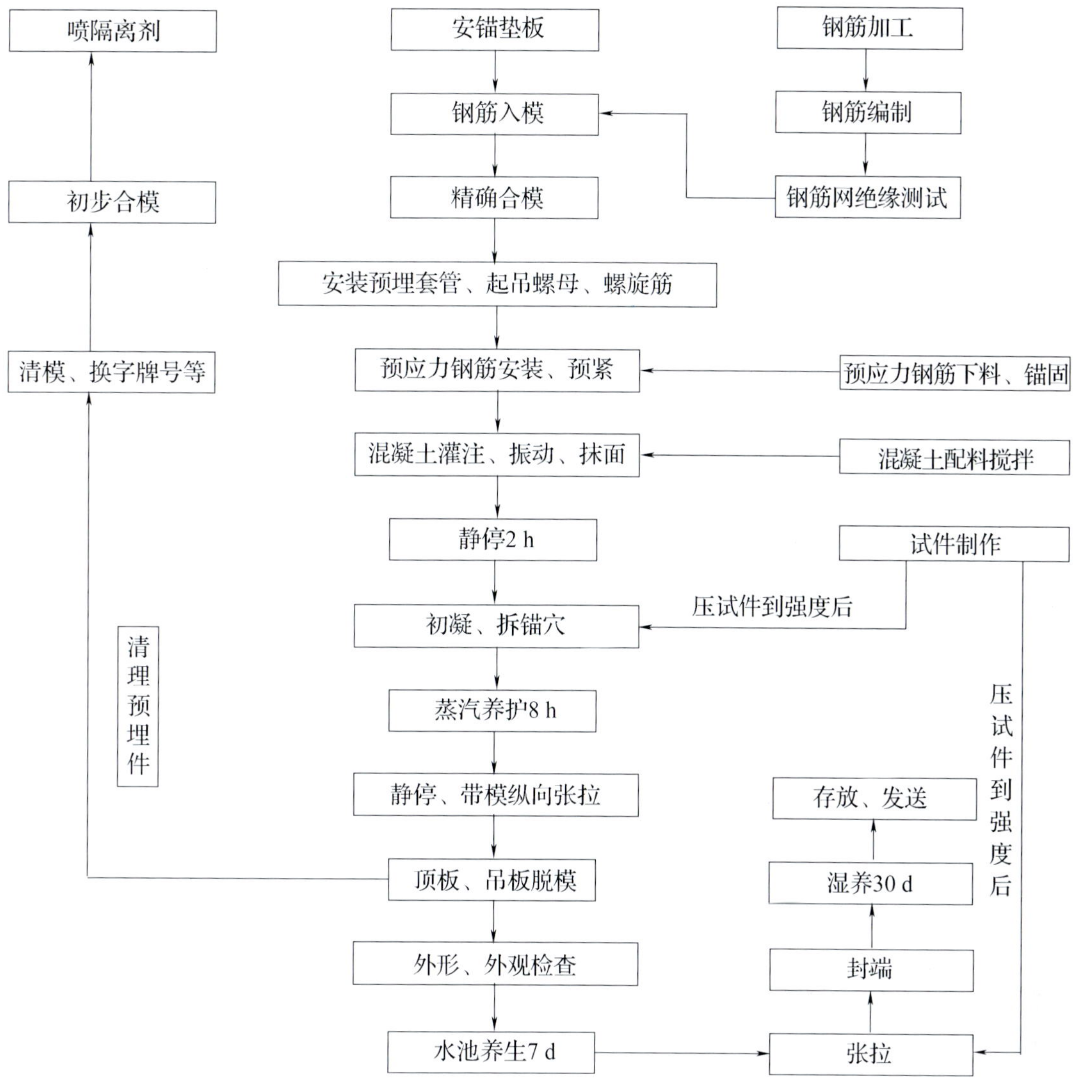

图 6－2－23　轨道板生产工艺流程

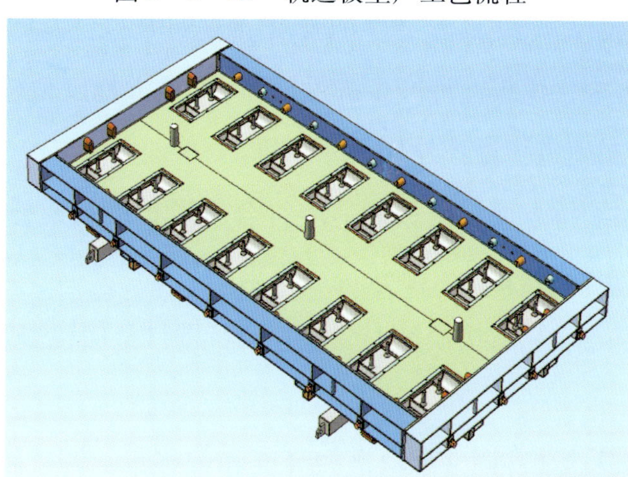

图 6－2－24　CRTSⅢ型高精度二维可调轨道板模型实物图

二维可调节承轨槽模系统设计的核心部分是“二维可调节承轨槽模”，它由导向外框、承轨槽活动内模、套管固定装置、横向调整机构、高度调整机构等组成，该系统能够实现自动化调整，其结构形式如图 6－2－25 所示。

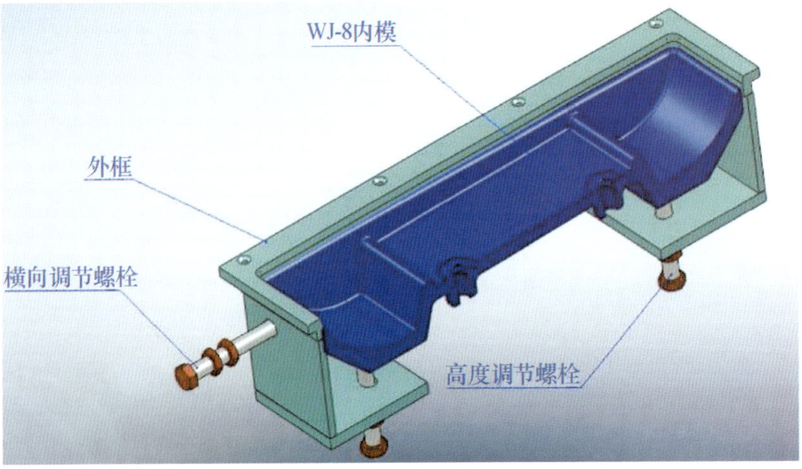

图 6－2－25　承轨槽钢模结构示意图

(3)专用检测工具

由于承轨槽形状复杂，空间尺寸变化多，普通的平面检具无法完成对这种轨道板承轨槽空间尺寸的检验，因此根据轨道板承轨槽的外形特点专门设计了两套专用检具，一套用于检验轨道板，一套用于检验轨道板模型，检验精度可达到 0. 02 mm。

3. 主要工艺及质量要求

轨道板制造工艺与 CRTS Ⅰ轨道板制造工艺相近，主要区别和控制要点有以下方面：

(1)钢模制作及安装

轨道板模型采用钢结构，并具有足够的强度、刚度和稳定性。当钢模板处于一八支点时，混凝土灌注过程中钢模板允许产生弹性变形，其最大挠度值应控制在 1 mm 内；模型的各部几何尺寸须与轨道板设计外形尺寸一致。

钢模应满足起吊、装拆方便。模板制造应符合轨道板模板质量要求，达到接缝平顺和密贴、板面平整、转角光滑、定位准确快捷等要求。

模板进场后在台位上组装，按模型安装检验项目进行全面检查，检查验收合格后，方可投入生产使用。

根据生产计划和设计文件调整承轨槽的高度和偏移量。调整精度控制在 ±0. 2 mm 内。轨道板内所有预埋件应按设计图纸位置和间距准确安装，并应与模板牢固连接。

(2)轨道板张拉

轨道板蒸养后强度达到 40 MPa 以上时可进行张拉。

张拉宜采用自带锁装置的穿心式千斤顶，按设计张拉控制应力进行张拉，张拉记录应按要求完整、准确填写。

（二）无砟轨道施工质量控制要点

1. 工艺流程

CRTSⅢ型无砟轨道轨道板铺设施工基本工艺流程如图 6－2－26。

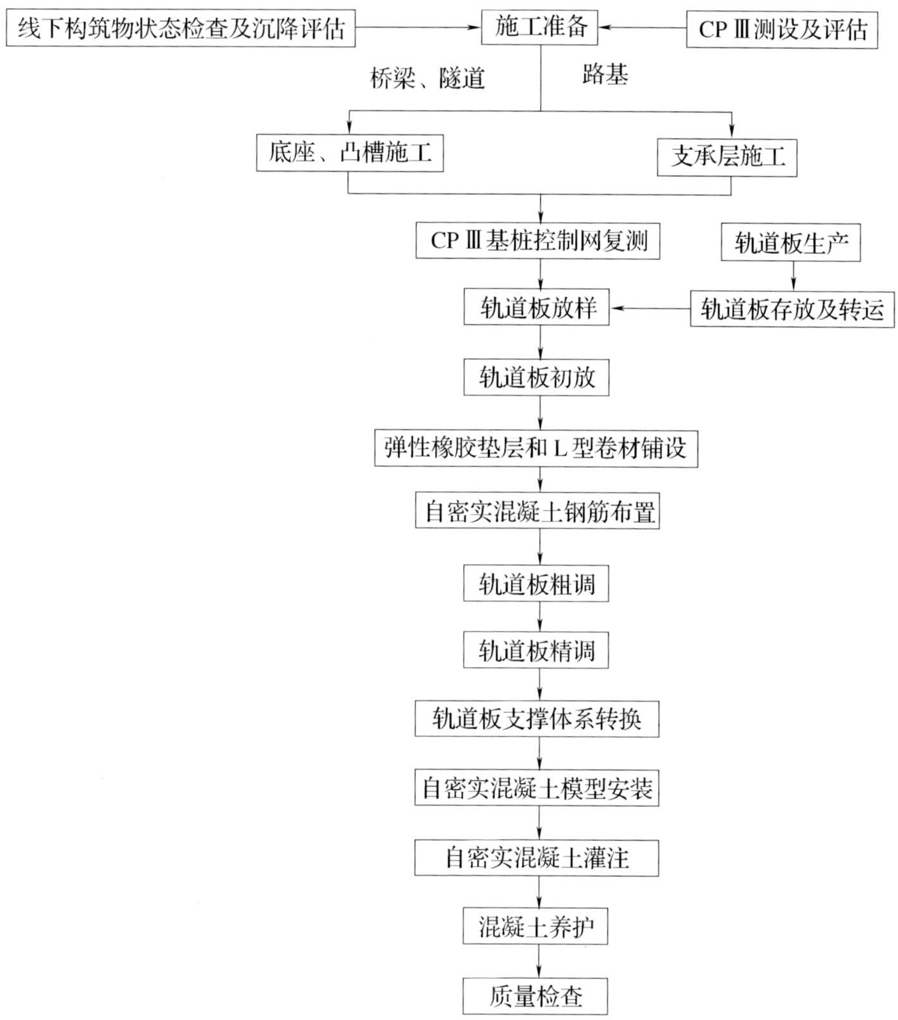

图 6－2－26　CRTS Ⅲ型无砟轨道施工工艺流程

2. 主要设备

CRTSⅢ型无砟轨道主要施工设备有：钢筋加工设备、混凝土施工设备、轨道板运输车、龙门吊、轨道板支撑调整装置、全站仪、水准仪等，其中轨道板支撑调整装置用于轨道板精确调整、定位。

3. 主要工艺及质量要求

CRTSⅢ型无砟轨道施工相对于其他型式的无砟轨道，主要工艺和质量要求如下：

（1）底座、凹槽施工及验收

当底座混凝土施工完成，且达到交验条件时，由监理单位、底座施工单位与铺板单位进行底座、凹槽验收交接工作。对底座外观尺寸及相应数据进行复核接收。底座、凹槽混凝土结构应密实、表面平整，颜色均匀，没有露筋、蜂窝、孔洞、疏松、麻面和缺棱掉角等缺陷。

（2）施工准备

相对于其他型式无砟轨道，施工准备阶段应注意以下方面：

① 确认足够的弹性橡胶垫层、L型卷材和钢筋，自密实混凝土的骨料、水泥、掺和料、外加剂等，并全部检验合格。

② 确认足够和满足要求的自密实混凝土模板和小件。

（3）自密实混凝土钢筋布置

自密实混凝土层内的钢筋网均在场内进行钢筋加工和绑扎成型，钢筋网在运输和摆放时，避免网片松动。钢筋网由平板汽车运送到施工现场，用吊车吊装上桥，并平放于桥面。在桥上存放时，底部加垫20 cm高的木垫，并用防水帆布加以覆盖，防止油、水侵蚀钢筋。场内、运输和桥上存放时，网片叠加存放不能超过20张，并用麻绳对钢筋网加以固定，防止倾倒。

在弹性垫层和L型卷材铺设完成后，人工抬钢筋网到底座上，注意对应预留凹槽和垫块位置，保持钢筋间的间距。绑扎每平方米不小于4个的混凝土垫块（梅花形绑扎），垫块必须立放支撑钢筋网片，使钢筋网稳固不移动并满足保护层要求。

（4）轨道板调整

轨道板调整包括粗调和精调。轨道板粗调时，起吊设备吊钩直接定位在轨道板的正上方并降下，并按规定将轨道板挂上吊具，由铺板门吊或吊车司机操作起吊，同时在底座混凝土放置尺寸为15 cm×15 cm×15 cm的混凝土垫块或长方木，每块板放置4块，在4个吊装孔附近各1个。

轨道板粗铺就位后，使用精调门架、螺栓扳手进行1次精调，使轨道板纵向到位，横向和高程控制在5 mm之内。再利用精调爪、螺栓扳手配合轨道板测量系统完成对轨道板的精调定位。精调门架两端加工竖向和侧向精调装置，以实现轨道板微调。仪器转站一次，可以精调5块轨道板。

最终精调误差范围在0.2 mm内。精调完成后需要在每块板的明显位置标识，避免人员踩踏。对已经灌注的轨道板，按照5%的比例，每200块板进行一次数据复核。

轨道板在精调时需要预留正误差0.5 mm，抵消精调爪向灌注重力灌浆剂撑块进行支撑体系转换时的下降量。

(5)自密实混凝土模型安装

在底座(支承层)和轨道板之间的调整层灌注C40自密实混凝土，模板的安装和拆除应注意以下问题：

① 侧模与自密实混凝土接触面距离轨道板侧边10 cm，安装允许误差为±5 mm。

② 在模型与底座之间的缝隙用土工布或海绵堵漏，注意要封堵密实，且不得侵入自密实混凝土层内。

③ 分块式模板注意模板交接边的平整，不得出现错边，在立模过程中，用木垫块靠在模型和轨道板侧边之间，考虑到混凝土对模型的侧压力，木垫的尺寸以95 mm为宜。木垫应该靠在分块式模型交接处。

④ 立模完成后检查堵漏、固定、支撑情况，并复核模板与轨道板侧边的间距、钢筋保护层厚度等，不符合要求则应调整或重新立模。

⑤ 两侧模型上方外露部分使用对拉钢筋直接拉紧，两侧模型下部自密实混凝土体内用PVC套管+铁丝(或钢筋)进行拉紧，防止爆模。

⑥ 特殊地段需要设置扣押装置防止轨道板上浮和偏移。

⑦ 在混凝土达到脱模强度后，轻敲模型，使模型和混凝土表面松动。拆除各部位对拉杆，拆除螺栓和模型，不能生拉硬翘破坏混凝土棱角，并把模板等转移到前端关模作业处。

(6)自密实混凝土灌注

完成灌注前准备后进行灌注施工，自密实混凝土灌注采用汽车泵泵送至施工地三角料罐内，料罐三只灌注端采用蝶阀开关控制灌注速度。

① 自密实混凝土灌注前，试验室必须进行自密实混凝土扩展度、含气量等的测定。还应对轨道板安置情况进行复查，相邻轨道板接缝处承轨台顶面相对高差不大于1 mm。

② 把灌注料仓转移到混凝土灌注位置，确保中转仓上出料口低于灌注料仓上边缘5~10 cm，经过三条软管注入自密实混凝土层。曲线段轨道板灌注口在超高一侧。

③ 泵车操控人员注意控制混凝土出料速度，料仓有专人观察混凝土面高度，发现泵车送料速度过快或过慢时，应及时通知泵车操控人员调整泵送速度。应有专人控制蝶阀流速，防止局部混凝土溢出。保证混凝土灌注均匀、密实，并注意观察混凝土的性能。

④ 灌注时间应控制在 8 ~ 10 min 之间，当非灌注口一侧混凝土灌注面高出轨道板底部 5 cm 即可停止混凝土灌注。

⑤ 用角钢焊制的 L 型混凝土高度标定卡卡在轨道板边沿，依据标定卡底端高度，把灌注口和非灌注口超灌的混凝土用专用勺舀出。注意不得搅动过大，影响下部的混凝土性能。

⑥ 用抹子抹平混凝土表面，保持表面线型均匀连续，严禁拍打混凝土表面，至混凝土面距离轨道板底面 1 cm（灌注前应画出标识线或用 L 型刻度尺控制）。自密实混凝土高度应在混凝土初凝前、混凝土形态稳定后，用抹子在混凝土表面横桥向抹出 3% 的汇水坡。

⑦ 一块轨道板灌注结束后，推移料仓进行下一块轨道板灌注。在一个工作班灌注完成后，用水清洗料仓及送料管道，并打扫现场，保持文明施工。

⑧ 混凝土收面完成后，用土工布或彩条布对外露的自密实混凝土进行覆盖养护。用废钢筋绑扎成“井”字状，放置于轨道板观察孔内。灌注自密实混凝土时，多余的混凝土用于灌注上批次轨道板的观察孔，观察孔混凝土应与轨道板面抹平，用封口胶带密封，进行养护。

第三节　CRTS Ⅰ 型双块式无砟轨道施工质量控制

一、双块式轨枕制造质量控制

（一）工艺流程

双块式轨枕制造工艺流程是由其生产线的布置方式、设备组合配置方案、生产能力和工效指标等因素决定的。

本工艺以较为典型的环形生产线为例介绍双块式轨枕制造技术。双块式轨枕生产线采用闭合环的设计方式，以模具的环形移动来完成轨枕的预制生产，按照施工顺序和各部位功能，轨枕生产线可分为清理模具、喷脱模剂、钢筋桁架安装、混凝土浇筑及振捣、混凝土养护、脱模六个部分（详见图 6 - 3 - 1 双块式轨枕制造工艺流程图）。

（二）主要设备

1. 生产能力

轨枕生产线以半自动的形式运作，完成 1 个模具轨枕的生产节拍时间为 3 min，生产能力为 80 根轨枕/h。

2. 生产线主要设备

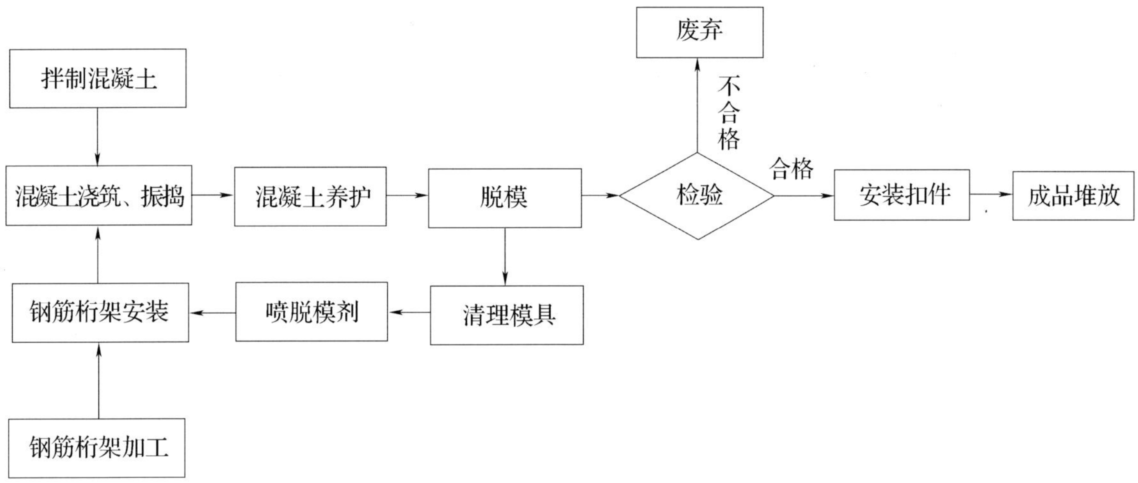

图 6－3－1　双块式轨枕设备施工工艺流程图

生产线主要设备见表 6－3－1。

表 6－3－1　生产线主要设备表

序号	设备名称	规格	数量	备注
1	数控弯箍机	套	1	
2	钢筋冷轧机组	套	1	
3	钢筋桁架焊接机组	套	1	
4	4×1 模具	套	225	
5	模具吊具	个	2	
6	混凝土输送机	套	1	
7	混凝土布料机	套	1	
8	混凝土振动台	台	2	
9	混凝土养护监控系统	套	1	
10	蒸养锅炉	台	1	
11	养护通道/养护监测系统	套	1	
12	脱模机	套	1	
13	模具输送辊道	个	28	
14	轨枕吊具	个	1	
15	电力控制系统	套	1	
16	运输、起重桁吊	台	4	
17	试验设备	套	1	

（三）主要工艺及质量要求

1. 主要原材料检验

进场材料(包括构配件和设备)应验收外观质量和数量。收集相关质量证明书、合格证等技术资料。在外观质量验收合格、数量核对无误,资料收集(资料必须清晰)齐全之后,方可签收入库。

技术资料验证:检查产品到达质量证明文件,如质量合格证、说明书、装箱单、发货单、材质单、质检单是否齐全,签章是否有效。

质量检验验收应依据国家标准、部颁标准、地方标准或产品特定标准进行相应的检验和试验。需检验试验的物资,由物资部门填写检验试验委托书经工程部门审核,交试验室执行后出具书面检验、试验报告。

(1)水泥

水泥必须有生产厂家的出厂合格证及质量保证书,现场复验合格后方能使用,其技术指标符合《铁路混凝土工程施工质量验收补充标准》(铁建设[2005]160 号)和国家现行标准。

水泥熟料的硫酸盐含量不应超过 0.5%,SO_3/Al_2O_3 的摩尔比率应小于 0.8。

(2)粗细骨料

粗细骨料采购前取样送检,合格后方可批准购买。

其技术指标符合《铁路混凝土工程施工质量验收补充标准》(铁建设[2005]160 号)、《铁路混凝土与砌体工程施工规范》(TB10210—2001)。

不应使用具有碱-碳酸盐反应活性的骨料。对于碱-硅酸盐反应活性骨料,砂浆棒膨胀率大于 0.20% 时,不应使用;当砂浆棒膨胀率为 0.1% ~0.20% 时,混凝土碱含量应不超过 3 kg/m^3。

当骨料在轨枕投产前及骨料来源改变时,应根据 TB/T2922 和 TB/T3054 的规定对骨料的碱活性进行试验和评价,由具有相应资质的检验单位提出报告。

经二次倒运的砂石料必须进行含污量的单项复验,试验合格后方能使用。

粗骨料和细骨料抽检试验仪器和试验取样方法执行《普通混凝土用砂、石质量标准及检验方法》(JGJ52—1992)。

粗、细骨料检验数据满足上述质量检验技术指标要求,则判定为合格;若没有满足上述技术指标要求,则判定为不合格,并清退出厂。

(3)混凝土用水

混凝土用水采用饮用水，其品质符合《铁路混凝土工程施工质量验收补充标准》（铁建设［2005］160 号）和《铁路混凝土与砌体工程施工规范》（TB10210—2001）的规定。检测频率应符合国家现行《混凝土用水标准》（JGJ63）的要求。满足上述质量指标后，方可使用。

（4）外加剂

外加剂的验收必须要有厂家的合格证及质保书，经试验室检验合格后方可使用。

外加剂存放在专用仓库，妥善保管，并易于识别，便于检查提货。取样参照《混凝土外加剂》（GB8076）标准。

外加剂的主要技术指标应符合《铁路混凝土工程施工质量验收补充标准》（铁建设［2005］160 号）和国家现行标准《混凝土外加剂》（GB8076）要求。

外加剂抽检试验仪器和试验方法执行《混凝土外加剂》（GB8076—1997）规定。

外加剂经过试验室检验满足上述质量指标的判定为合格，不满足上述质量指标的判定为不合格；不合格的外加剂一律退回厂家或做报废处理。

（5）钢筋

按同厂家、同品种、同规格、同批号不大于 60 t 为一检验批。检验项目为抗拉强度、屈服强度、伸长率、冷弯。

采用低碳钢热轧圆盘条（Q235）经冷轧后成 CRB550 带肋或光圆钢筋，CRB550 冷轧带肋钢筋应符合 GB13788 - 1992 中的要求，其力学性能和工艺性能要符合国家现行标准规定：屈服强度不小于 500 MPa；抗拉强度不小于 550 MPa；伸长率不小于 8.0% 。

桁架钢筋用 CRB550 冷轧带肋钢筋或 HRB335 及以上的热轧带肋钢筋，技术要求应分别符合 GB/T 13788 和 GB 1499 的规定。

箍筋用 CRB550 冷轧带助钢筋或 HRB335 热轧带肋钢筋，技术要求应分别符合 GB/T 13788和 GB 1499 的规定。

螺旋筋用低碳钢冷拔钢丝，技术要求应符合 YB/T5294 的规定。

用于加工冷轧和热轧带肋钢筋的低碳钢热轧圆盘条的性能应符合 GB/T701 的规定。钢筋质量指标应符合《钢筋混凝土用热扎带肋钢筋》（GB1499.2）、《冷轧带肋钢筋》（GB/T13788—2000）、《钢筋混凝土用热扎光圆钢筋》（GB1499.1）、《低碳钢热扎圆盘条》（GB/T701—1999）的规定。

试验所需要仪器和试验方法按照《金属材料室温拉伸试验方法》（GB/T228—2002）及《金属材料弯曲试验方法》（GB/T232—1999）规定执行。

2. 钢筋加工

双块式轨枕中钢筋主要为钢筋桁架及箍筋，钢筋加工在钢筋加工生产线上完成，包括钢筋冷轧、数控弯箍、桁架自动焊接。

(1)冷轧生产线

进场钢筋为光圆高速线材，通过冷轧生产线进行放线、除磷、拔丝粉润滑、轧制、应力消除、收线，轧制成冷轧带肋螺纹钢筋。冷轧后，钢筋的强度由335 MPa提升到550 MPa以上。

(2)数控弯箍生产线

数控弯箍采用微电脑控制的数控弯箍机加工而成，加工速度可根据需要进行调整，可以加工各类几何外形的箍筋，外形尺寸通过电脑操作平台来进行控制，提高加工的精度和速度。箍筋验收标准见表6－3－2。

表6－3－2 箍筋质量验收标准

序号	检查项目	规定值	允许偏差	检测工具	检查方式
1	箍筋长度	625 mm	±5 mm	卷尺	每个箍筋量3个位置
2	箍筋宽度	180 mm	±1.5 mm	卷尺	每个箍筋量3个位置
3	搭接长度	95 mm	±1.5 mm	卷尺	两个接头各量一次

(3)桁架加工生产线

钢筋桁架加工由自动化的钢筋桁架焊接机组完成，机组包括放线矫直机、弯折机、焊接机、剪切机与收集机。

冷轧好的钢筋经过放线架，进入钢筋矫直设备矫直。矫直采用六组双向矫直轮同步作业，通过初步矫直和二次矫直两套矫直机构完成。

钢筋经过矫直之后，进入弯曲成型机构，钢筋在两对相错的压杆作用下，冲压成波纹型，成型的波纹钢筋再同上下弦钢筋一起焊接成桁架钢筋。钢筋在焊接机组前初步定位后即可进行电阻接触焊，焊接时在高压汽缸的作用下紧紧压住钢筋桁架，使钢筋本体熔化，瞬间完成连接点的焊接。

钢筋焊接完成以后，通过步进机构精确定位后，剪切机构对桁架定尺剪切，实现连续焊接与剪切。

钢筋桁架被切断后，移动小车不断地将钢筋桁架送至接料机，在移料架上，操作人员对每根桁架进行目测检查，外形无缺陷的钢筋桁架运送到待检区供技术人员进行尺寸检测，检测合格的钢筋桁架放入存放区以备轨枕预制使用。成品钢筋桁架验收标准见表6－3－3。

表 6－3－3　钢筋桁架验收标准

序号	检查项目	规定值	允许偏差	检测工具	检查方式	检测频率
1	桁架长度	2 400 mm	±5 mm	卷尺	量取每个桁架的 3 根主筋	3‰
2	桁架下弦高度	100 mm	±1.5 mm	游标卡尺	每个桁架量 3 个不同位置(避开端部)	
3	桁架上弦高度	90 mm	±1.5 mm	游标卡尺	每个桁架量 3 个不同位置(避开端部)	
4	桁架扭曲度	≤2 mm	≤2 mm	游标卡尺	在水平台上直接量取(避开端部)	
5	桁架宽度	78 mm	±1 mm	游标卡尺	每个桁架量 3 个不同位置(避开端部)	

3. 混凝土制备

施工前对混凝土拌和站进行调试，由工地试验室对搅拌站的计量设备进行校验并报检合格。混凝土拌制前先检查所有装置，保证拌和站各部都能正常连续工作。

制备混凝土时，轨枕混凝土水泥含量不宜少于 320 kg/m^3，不宜超过 480 kg/m^3，水灰比应低于 0.45。配料计量偏差，砂、石不应大于 ±2%，水泥、水、外加剂不应大于 ±1%。

混凝土搅拌过程中应严格监控混凝土温度，新拌混凝土的温度宜控制在(20 ±5)℃，超出此温度时应及时通知试验室对混凝土用粗、细骨料及水进行降温或加热。当昼夜平均气温低于 5 ℃或最低气温低于 －3 ℃时，骨料、水泥及拌和用水等应采取加热措施，并按冬季施工处理。

混凝土拌制时投料顺序为砂石料(先投碎石，再放砂子)水泥、水、减水剂，搅拌时间为 120s。混凝土生产过程中，每班须制作 3 组试件(2 组抗压试件，1 组抗弯试件，每组 3 个试件)，用于脱模时的抗压强度、28 d 龄期的抗压强度、7 d 龄期的抗弯强度的测定。

4. 清理模具

模具清理之前，对定位轴和标识牌进行全面检查，若定位轴与模具出现缝隙时及时更换并记录。标识牌应与模具密贴，不能出现缝隙或脱离，确认定位轴与标识牌全部合格后，进行模具清理。

当轨枕在脱模时发现表面有破损或污物时，应根据脱模人员所告知的模具编号，认真检查模具内部，尤其对于发现问题的部位，并着重清理。清理中，要注意套管底部与模具接触的地方，以及模具内的阴角处，是清理的关键部位。对于难清理的混凝土块用钢刷角磨机或手动气铲清理，然后用高压气枪将清理掉的废渣及灰尘全部吹出。

清理后的模具内应无混凝土残渣、无灰尘，达到用手触摸后不沾灰尘、油污的效果。

5. 喷脱模剂

(1)配件准备

在生产线之外安装螺旋筋到套管上，注意套管端部与螺旋筋的底部卡紧，套管不能超过螺旋筋底部；同时，螺旋筋的轴线与套管的轴线要重合。

把定距卡安装到箍筋上，定距卡在箍筋上的位置和方向，必须在箍筋的四个角附近；同时，定距卡的开口方向一致。

（2）喷涂安装

在喷涂脱模剂的倾斜台上用气动喷雾器在模具内均匀喷涂脱模剂，脱模剂喷洒均匀适量，不能出现过多的积存和明显未喷到的情况。喷涂脱模剂时应保持模具内壁干燥；喷涂完毕后目测模具是否完全被脱模剂覆盖，以及覆盖是否均匀。

完成后，将组装好的套管和螺旋筋紧紧拧在模具定位轴上，并将带有定距卡的箍筋分别放入模具承轨槽内，放入模具时，定距卡朝上放置，箍筋有焊接的一边应放在模具内侧。

套管要拧到定位轴底部，与模具底板紧贴。箍筋放入模具位置要准确对称。

6. 钢筋桁架安装

在模具内安装钢筋桁架时，每根桁架主筋卡在模具内的固定钩上，并紧贴模具端部挡筋块，同时用两根钢筋桁架中间的压力装置固定钢筋桁架（如图6－3－2）。

图6－3－2　桁架钢筋固定

分别把每个模具承轨槽内的箍筋用定距卡与桁架钢筋组合在一起，安放的时候注意将箍筋置于模具承轨槽的中间位置，最后在模具承轨槽两端穿过桁架主筋的部位安装挡浆夹，以免混凝土振捣时漏浆。

钢筋桁架安装的位置与方向应正确，且固定后无松动现象。箍筋定距要准确。

7. 混凝土浇筑及振捣

混凝土拌制完后，用专用混凝土运输天车运至布料机内。布料机向模型内浇筑混凝土，使各部位的混凝土均匀、适量（如图6－3－3）。混凝土拌和物的入模温度控制在

15 ℃～25 ℃范围。混凝土高度达到模具上部边缘处，在振动过程中注意观察混凝土的密实情况及轨枕厚度是否合适。

图 6－3－3　混凝土布料

混凝土浇筑时混凝土分两层布料，第一层布完料，强振，之后进行第二次混凝土布料，改为弱振，整个振动时间约 2 min。

8. 混凝土养护

轨枕混凝土养生时，按照静停、升温、恒温、降温四个阶段进行养生，总养生时间为 12 h，其中静停 2 h，静停期间环境温度为 5 ℃～30 ℃，蒸汽养护时间为 10 h，最高蒸养温度不得大于 55 ℃，湿度不小于 95%。

养生过程中升温速度不得大于 15 ℃/h，3 h 内混凝土温度不大于 30 ℃，4 h 内混凝土温度不大于 40 ℃；降温速度不得大于 20 ℃/h；恒温期间混凝土内部温度不得超过 55 ℃；脱模时混凝土表层与环境的温度不得大于 20 ℃。

9. 脱模及扣件安装

(1)脱模

养护工序结束后即取出一组试件到试验室检验脱模强度，若其强度大于或等于脱模强度(即抗压强度≥40 MPa)时，开始脱模作业。

模具从养护通道运出后，用行车吊运至脱模台。在脱模台上，模具由提升－翻转装置提升并反扣至振动台上。带有起重装置的直线行走运输小车自动地接起轨枕并运送到扣件安装区。同时提升－翻转装置提起并翻转空模具并把它们放到指定位置，然后直线行走运输小车把空模具送至环形生产区域，再次循环使用。

(2)安装扣件

根据设计，扣件系统在轨枕上进行预先装配。扣件安装前对轨枕进行检查，如果发现有裂纹、掉块的轨枕要做红色标记。将检验合格的双块式轨枕及扣件运至扣件安装台位，通过压缩空气清理扣件安装区域和预埋螺栓孔。

把润滑嘴放入轨枕上的套管内，打开油枪灌注防腐油脂，向套管内添加10～15 g防腐油脂。

套管内灌注完防腐油脂后，分别安装垫板、铁垫板和高弹性垫板，与钢轨底部接触。注意放置位置要准确，孔洞要对齐。

轨距挡板、弹条、通过轨枕螺栓固定在混凝土轨枕中的套管内。弹条的两端要落在轨距挡板的凹槽处。将螺栓插入到套管内，螺栓不能倾斜；用气动扳手紧固螺栓。

10. 成品检验

(1)轨枕成品检验规定

轨枕应按批检验，同一班次、同样材料和工艺制成的轨枕为一批；抽检频率不少于当班产量的1.5%，若出现仅因轨枕外观质量或外形尺寸不合格的轨枕，将该批轨枕逐根检测；轨枕经检验全部指标都满足要求后，才能作为合格品验收出厂。

轨枕检验分型式检验和出厂检验。型式检验应在轨枕批量投产前、材料或配合比或工艺有改变以及买方认为必要时进行。

型式检验项目包括原材料报告、轨枕外形尺寸和外观质量、混凝土碱含量、混凝土氯离子含量、混凝土抗压强度、混凝土抗折强度、混凝土抗冻性、混凝土抗渗性、混凝土电通量、预埋套管抗拔力。轨枕外形尺寸和外观质量的抽检数量为每批20根。预埋套管抗拔力从外形外观质量抽检的轨枕中抽取3根，各抽取一个套管进行试验。

出厂检验项目包括轨枕外形尺寸和外观质量、混凝土抗压强度。

(2)轨枕外形尺寸质量检验

轨枕外形尺寸偏差要求及抽检频次见表6－3－4。

11. 轨枕成品管理

轨枕从生产区下线经过检验后，合格轨枕进入成品存放区，不合格轨枕存放在不合格品存放区。

检测不合格的轨枕，进入不合格品存放区，分析不合格产生的原因，及时向生产工区反馈，以避免再次出现类似问题，减少不合格品的产生。

检测合格的轨枕按生产先后顺序进入合格品存放区，按先生产先出厂，后生产后出厂的原则发货。

表 6－3－4　双块式轨枕主要尺寸允许偏差及外观质量要求

<table>
<tr><th>序号</th><th colspan="2">检查项目</th><th>允许偏差(mm)</th></tr>
<tr><td colspan="4">外形尺寸</td></tr>
<tr><td>1</td><td colspan="2">长度</td><td>－2，＋4</td></tr>
<tr><td>2</td><td colspan="2">承轨部位轨枕顶部宽度</td><td>±3</td></tr>
<tr><td rowspan="2">3</td><td rowspan="2">保持轨距的两套管中心距</td><td>配 WJ－7 扣件</td><td>－1，＋2</td></tr>
<tr><td>配 WJ－8 扣件</td><td>±1.5</td></tr>
<tr><td rowspan="2">4</td><td rowspan="2">同一承轨槽的两相邻套管中心距</td><td>配 WJ－7 扣件</td><td>±1</td></tr>
<tr><td>配 WJ－8 扣件</td><td>±0.5</td></tr>
<tr><td>5</td><td colspan="2">两承轨面间相对扭曲</td><td><0.7</td></tr>
<tr><td colspan="4">外观质量</td></tr>
<tr><td>8</td><td colspan="2">承轨部位表面缺陷(气孔、黏皮、麻面等)</td><td>长度≤10、深度≤2</td></tr>
<tr><td>9</td><td colspan="2">其他部位表面缺陷(气孔、黏皮、麻面等)</td><td>长度≤50、深度≤5</td></tr>
<tr><td>7</td><td colspan="2">承轨面与挡肩裂纹，轨枕侧面与横截面平行的裂纹</td><td>不允许</td></tr>
<tr><td>10</td><td colspan="2">预埋套管内堵孔数</td><td>不允许</td></tr>
<tr><td>11</td><td colspan="2">轨枕棱角破损和掉角</td><td>长度≤50</td></tr>
</table>

合格轨枕存放区地面用 C30 混凝土硬化，排水系统畅通，严禁水淹，在轨枕存放区严禁人员攀爬，进入轨枕存放区的车辆严禁碰撞到轨枕。轨枕存放场地留有 3～4 m 的运输通道，便于车辆进出。

轨枕存放采用堆垛堆码形式，每层轨枕之间用两根 10 cm×10 cm×150 cm 的方木隔离支撑，方木的支撑点位于钢筋桁架折弯支撑点，方木上下层在同一直线上，每垛轨枕之间留有不小于 10 cm 的间隙，轨枕的堆码高度为 8 层。

轨枕发货运输按一垛 6 层，每层 5 根的方式运输，每层轨枕之间用两根 10 cm×10 cm×150 cm 的方木隔离(图 6－3－4)。

图 6－3－4　轨枕运输

二、CRTS Ⅰ型双块式无砟轨道施工质量控制

(一)工艺流程

1. 工艺流程图

CRTS Ⅰ型双块式无砟轨道铺设施工主要包括混凝土支承层铺筑、桥面底座混凝土浇筑、双块式轨排组装定位、轨排精确调整、道床板混凝土浇筑等作业内容。

CRTS Ⅰ型双块式无砟轨道施工工艺流程图见图6－3－5。

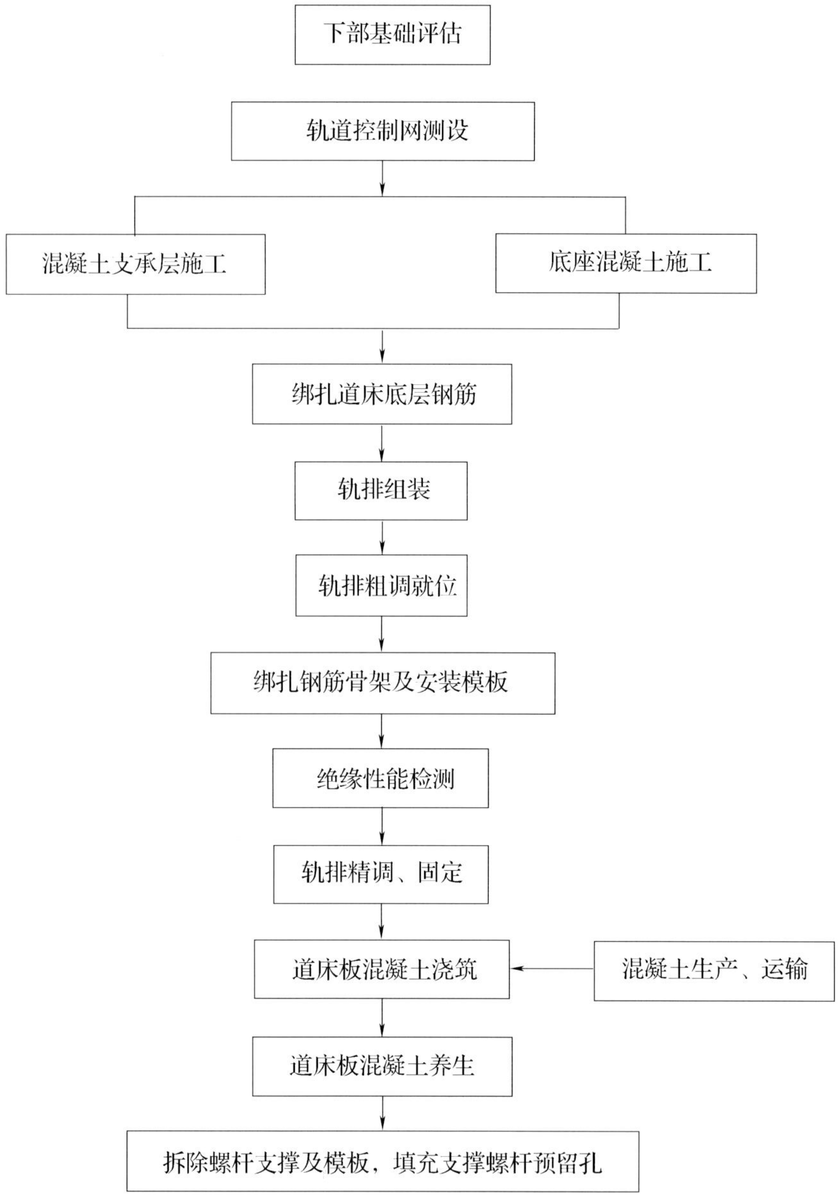

图6－3－5　CRTS Ⅰ型双块式无砟轨道施工工艺流程图

2. 流水作业工序

CRTS Ⅰ型双块式无砟轨道，按照工序流程划分作业区组织流水施工。每个施工循环按主要工序划分为7个(或5个)作业区(如图6－3－6)：

混凝土支承层铺筑作业区(或桥面保护层及抗剪凸台施工区)；底层钢筋安装及散枕作业区；轨排组装作业区；轨道粗调作业区；道床板钢筋、模板安装作业区；轨道精调作业区；道床板混凝土浇筑作业区。

混凝土养护及后期清理工作等辅助工序可在上述主要工序作业间隙穿插进行。

(二)主要设备

CRTS Ⅰ型双块式无砟轨道的施工设备及配套机具包括：摊铺机、散枕装置、物料集运系统、轨道调整系统、混凝土浇筑和养生系统，其主要施工设备见表6－3－5。

表6－3－5　CRTS Ⅰ型双块式无砟轨道主要施工设备

序号	设备名称	型号/规格	单位	数量	备注
1	摊铺机		台	1	
2	移动式龙门吊		套	1	
3	散枕器		套	1	配合1台
4	螺杆调节器		套	3500	
5	粗调机		套	1	
6	模板		m	3150	
7	轨道状态检查仪		台	1	含2台全站仪
8	混凝土浇筑机		台	1	选用
9	养生帐篷		m	300	选用
10	拌和站		套	1	60 m^3/h
11	物资运输车		台	4	
12	混凝土运输车		台		400 m^3/日
13	汽车吊	Q25 t	台	1	
14	螺栓紧固机		台	2	
15	洒水车		台	1	
16	全站仪		台	1	测角精度不低于0.5″，测距精度不低于1 mm＋1 ppm
17	数字水准仪		台	1	1 km往返测精度为0.5 mm
18	铟钢尺		对	1	3 m

(三)主要工艺及质量要求

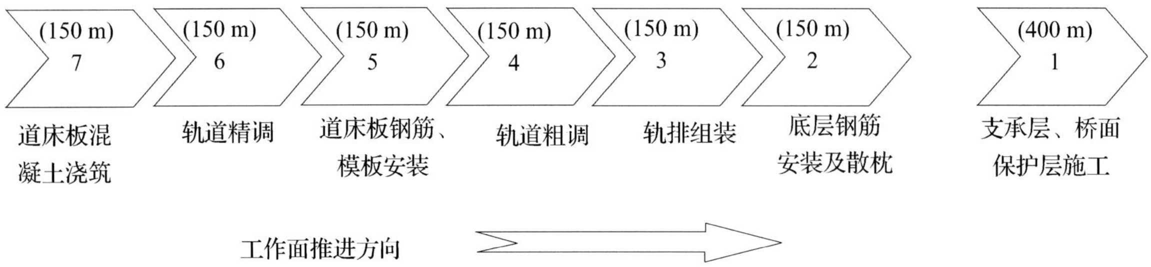

图 6-3-6　CRTS Ⅰ型双块式无砟轨道铺设作业区划分示意图

1. 混凝土支承层施工

混凝土支承层施工工艺及质量控制同 CRTS Ⅱ型板式无砟轨道混凝土支承层施工。

2. 桥上底座和隔离层施工

(1)桥上混凝土底座施工

钢筋在施工现场加工制作,人工搬运到铺设位置。运送过程中钢筋要保持平直,不允许扭曲或弯折。人工将钢筋从货车上卸下,并放置于桥上走道两边。所有的钢筋不得有严重的锈蚀和油污及其他杂质的污染。

钢筋绑扎完成后,在钢筋网下垫放混凝土垫块,控制保护层厚度。钢筋的铺设顺序为:先铺设纵向钢筋,再将横向钢筋从板端向板中部铺设。

钢筋骨架绑扎完成后,安装底座模板及抗剪凹槽模板,并把桥面清理干净。泵送混凝土浇筑,用振捣棒捣实。混凝土浇筑完毕后,用铁抹子将底座摸平压光。

底座及凹槽外形尺寸允许偏差应符合表 6-3-6 规定。

表 6-3-6　底座及凹槽外形尺寸允许偏差

序号	项　目		允许偏差值(mm)
1	底座	顶面高程	±10
		长度	±10
		宽度	±10
		中线位置	3
		平整度	10/3 m
2	凹槽	中线位置	3
		相邻凹槽中心间距	±3
		横向宽度	±5
		纵向宽度	±5
		深度	±10

(2)隔离层铺设

底座混凝土强度达到设计强度的70%后,铺设隔离层和弹性缓冲垫板。隔离层和弹性缓冲垫板铺贴前应检查并清洁底座和凹槽表面。隔离层宜与道床板等宽,铺设时应平整无褶皱、无破损,接缝采用胶带粘结对接,不可重叠。在底座边缘处,用胶带将隔离层固定。

将弹性缓冲垫板粘贴于凹槽的侧面,使其与凹槽周边的混凝土密贴,不得有鼓泡、脱离现象,缝隙应采用薄膜封闭。利用剪裁下来的隔离层铺贴于凹槽底面,并与侧面的弹性缓冲垫板牢固粘结。

3. 轨排组装与粗调

(1)轨排组装

支承层或底座施工完毕,且各项指标符合要求后,开始下一工序的施工。

轨枕入场前必须组织质检员对轨枕的外观质量和尺寸进行抽检,不合格的不准入场。轨枕按4层一跺,每层5根的方式用汽车运送到施工现场。装卸采用汽车吊,吊装过程中使用专用吊架,一次吊装一层。防止轨枕在吊装过程中发生变形。在轨枕和地面、轨枕和轨枕之间放置垫木,放置位置在轨枕承轨槽中部。轨枕摆放长度方向与线路方向一致,存放时层数不超过2层。存放位置可选择在支承层外侧路肩上。

轨排组装前,按10 m一个点测设出线路中线和模板安装线。散枕作业采用轮胎式变跨门吊与散枕器配合施工。变跨门吊的跨度应满足路基、桥梁、隧道不同结构物上道床施工时散枕和布料的要求。散枕器应与门吊配套。

门吊与散枕器组合后抓取轨枕、自动准确调整好轨枕间距,轨枕间距允许偏差为±5 mm。门吊与散枕器组合对准线路中线下降放枕,最后人工检查轨枕间距。轨枕横向位置通过模板安装线来控制,轨枕间距用钢尺或定长量具进行控制。

轨枕位置调整完毕后,人工配合小型龙门吊将工具轨安放到扣件承轨槽内。铺设钢轨前,检查确认轨枕承轨台上没有异物,在承轨台上安放铁垫板、绝缘缓冲垫板,门吊将钢轨吊放绝缘缓冲垫板上。

将两股钢轨端头方正,对正无砟轨道铺设起点位置。根据设计图纸,在钢轨上画标识线标出轨枕中心线位置,调整轨枕对正,如图6-3-7所示。

轨排组装以左股为基准股,安装时用10m弦线控制轨向。再以左股为基准,通过轨距定出右股的位置。

图6－3－7 组装轨排

人工散布轨距块、锚固螺栓、弹条。使用定扭力扳手按规定力矩拧紧锚固螺栓，钢轨两侧的扣件螺栓应同时施加扭矩。用塞尺检查扣件弹条与轨底之间的间隙。

轨排组装完毕后，对轨排组装质量进行检查。轨排组装完毕，按每隔3根（曲线地段2根）轨枕间距将螺杆调节器托板安装在工具轨上，旋紧定位螺栓，轨底与托板应密帖。

（2）轨排粗调

根据轨排的长度不同，选配轨排调整机组。25m长轨排宜由5台调整机构成一个机组，12.5m长轨排宜由3台调整机构成一个机组。

粗调机组首次上道，可利用跨线门吊将发电牵引车和调整机组分别吊放在需要调整的轨排上，单机首尾由联杆连挂，发电车置于机组前端（待调整轨排上），当轨排调整完毕后发电车牵引机组进入下一个待调整轨排。

粗调机组进入工位后，两侧龙门架支腿直接落地，承担全部载荷。通过夹钳自动对位夹持、向上托起钢轨，进行轨排的移动调整。全站仪测量后生成粗调机调整指令、传输给粗调机；粗调机自动实现轨排提升、横移、偏转、侧倾四个自由度的调整，直到满足标准要求。最后旋紧螺杆调节器支撑、固定轨排。粗调机退出运行至下一调整工位。图6－3－8为粗调机作业。

粗调机组在轨排上时，两侧龙门架走行轮收起，靠走形轮支承调整机重量并前行；当粗调机组跨越存在轨面高差的已调整和未调整轨排时两侧龙门架走行轮向下延伸着地，支承调整机重量并前行。

（3）安装支撑调整螺栓

图 6－3－8　粗调机作业

轨排粗调完成后，将调整螺栓拧入调整螺栓支架的孔眼内，支撑在桥面保护层上，下面垫设有压痕的小钢板。

4. 轨排精调

轨排精调测量采用轨道几何状态测量仪。施工前应将设计轨道和线路参数输入轨道状态测量仪系统软件中。

轨排精调以 CPⅢ控制网为依据。全站仪优先选用被调段两侧的 8 个 CPⅢ控制点进行自由设站。设站中误差符合规定。

全站仪设站应优先考虑与目标的距离，然后考虑与最近控制点的距离，与控制点的距离应不小于 15 m。全站仪移站应选用上一区间精调所用的 4 个控制点，轨道测量时与前一轨排搭接不少于 10 m，保证轨道线形的平顺性。

轨排精调应在所有工作完成后进行，减少和避免外因对无砟轨道质量的影响；精调工作结束后 12 h 未进行道床板混凝土的浇筑，应重新进行精调；气温变化超过 15 ℃必须重新进行精调。

全站仪自由设站后，用轨道几何状态测量仪对轨排进行检测。再根据检测结果对轨排进行相应调整（图 6－3－9）。

轨排精调通过螺杆调节器和侧向支撑进行：竖向螺杆调整轨排高低、水平，侧向支撑（地锚）进行轨向调整。在曲线地段，轨排高低和轨向应同时进行调整。

应在精调之后 2h 内开始浇筑混凝土，减少气温的影响。气温变化超过 15 ℃必须重新进行精调。

精确调整后轨排几何形位允许偏差应符合表 6－3－7 的规定。

图 6－3－9　轨排精调

表 6－3－7　轨排几何形位允许偏差

序号	项　　目	容许偏差		备　　注
1	轨　距	±1 mm		相对于标准轨距 1 435 mm
		变化率	1/1 500	测量基长 3 m
2	轨　向	2 mm		弦长 10 m
		2 mm／测点间距 8a(m)		弦长 48a(m)
3	高　低	2 mm		弦长 10 m
		2 mm／测点间距 8a(m)		弦长 48a(m)
4	水　平	1 mm		不包含曲线、缓和曲线上的超高值
5	扭　曲（基长 3 m）	2 mm		包含缓和曲线上由于超高顺坡所造成的扭曲量。

注：表中 a 为扣件节点间距，单位：m。

轨排精确调整固定后，轨面高程、轨道中线、线间距允许偏差及检验方法应符合表 6－3－8的规定。

表 6－3－8　轨面高程、轨道中线、线间距允许偏差及检验方法

序　号	项　　目		允许偏差(mm)	检验方法
1	轨面高程	一般情况	±2	专用测量仪器
		紧靠站台	$^{+2}_{0}$	
2	轨道中线		2	
3	线间距		$^{+5}_{0}$	

5. 钢筋绑扎及模板安装

轨排粗调完成后，绑扎道床板钢筋网。

当设计要求钢筋骨架采取绝缘处理时，按设计要求对纵向钢筋与横向钢筋交叉点应采取绝缘处理措施，并进行绝缘性能测试，相互间电阻应符合设计要求。

钢筋的绑扎安装允许偏差应符合表 6－3－9 的规定。

表 6－3－9　钢筋的绑扎安装允许偏差

序　号	项　目	允许偏差(mm)
1	钢筋间距	±20
2	钢筋保护层厚度	$^{+10}_{-5}$

道床模板由纵、横向两部分组成，通过螺栓连在一起。选用混凝土浇筑机时，纵向模板可采用外侧有特制的 U 形钢槽，作为混凝土浇筑机的走行通道。

应根据道床设计标高，支立道床模板。

模板拆除之后进行清洗，可采用跨线龙门吊拆装倒运。

模板安装允许偏差应符合表 6－3－10 的要求。

表 6－3－10　道床板模板安装允许偏差

序号	项　目	允许偏差(mm)	备　注
1	顶面高程	±5	均为模板内侧面的允许偏差
2	宽度	±5	
5	中线位置	2	

6. 道床板混凝土施工

(1)配合比设计

无砟轨道工程按 60 年使用年限设计。根据混凝土的强度要求和《铁路混凝土结构耐久性设计暂行规定》(铁建设[2005]157 号)规定、《客运专线高性能混凝土暂行技术条件》(科技基[2005]101 号)规定，铁路混凝土结构所处的环境类别为碳化环境，作用等级为 T1～T3，混凝土的胶凝材料总量按最不利环境作用等级(T3)设计考虑时应不小于 300 kg/m^3，水胶比不应大于 0.5。为提高混凝土的耐久性，改善混凝土的施工性能和抗裂性能，在混凝土中适量掺加优质的粉煤灰掺和料。由上述条件初步选定配合比。

在选定的配合比基础上进行混凝土拌和物性能试验，用水量根据坍落度(出机 1 h 后)在 100～140 mm 之间进行调整。为了确保施工用混凝土运送到工地后，获得所要求的坍落度，通过测量并控制混凝土外加剂的工地掺量。按《铁路混凝土工程施工质量验收补充标准》(铁建设[2005]160号)制作混凝土抗裂试件,养护1 d后拆模放在(20 ±1) ℃温度和大于95%湿度条件下养护,每天观察试件表面开裂情况。按选定配合比进行成型试验(1 d、3 d、7 d、28 d、58 d抗压强度)耐久性试验(56 d电通量)。

根据上述试验结果,在满足设计和施工要求的条件下,本着经济节约、优选的原则,确定理论配合比。

(2)混凝土搅拌

测定砂石料含水率,确定施工配合比。混凝土应充分搅拌,应使混凝土的各种材料混合均匀,颜色一致。为了提高高效减水剂的效率并减少坍落度损失,采用外加剂后掺法。投料顺序:混凝土原材料计量后,先向搅拌机投入细骨料、水泥和粉煤灰,搅拌均匀后,加水并将其搅拌成砂浆,再向搅拌机投入粗骨料,充分搅拌后,再投入外加剂,并搅拌均匀为止。

(3)混凝土运输

混凝土采用罐车运输,运输到现场后,对混凝土的坍落度进行测试。坍落度必须控制在100 ~140 mm范围内,宜大于120 mm,避免混凝土浇筑过程中出现堵管的情况。

(4)混凝土浇筑

混凝土浇筑前将道床板内杂物清洗干净。将扣件和钢轨包裹,防止在浇筑混凝土的过程中被污染。对调整螺栓涂刷油脂,便于混凝土浇筑后调整螺栓可以拆下。将要浇筑的道床板位置和轨枕洒水湿润。泵送混凝土进行浇筑,如图6 -3 -10所示。

图6 -3 -10 混凝土浇筑

浇筑道床板混凝土时,向一个方向进行浇筑。当第一个轨枕空隙布满混凝土后,启动插入式振捣棒,让混凝土自然流动,填满轨枕下的空隙,以保证密实。当混凝土浇筑高度高于轨枕底部时,向前变换浇筑位置。人工使用4根振捣棒进行振捣。禁止在一个地方长时间振捣,造成混凝土离析。

混凝土振捣完成10 m后，将轨枕扣件和钢轨上的覆盖物移出，并及时进行清洗。人工进行抹面，抹面分三次进行。第一道抹面是将道床板混凝土初步抹平；第二道是将混凝土表面精细找平；第三道是在混凝土初凝前将表面压光。

道床板混凝土也可根据实际选用混凝土浇筑机完成。

(5)拆除调整螺栓及钢轨扣件

当混凝土初凝时，松开调整螺栓。先用扳手将调整螺栓放松一圈，用螺栓紧固机松开扣件，再用套筒扳手放松调整螺栓支架。钢轨连接处鱼尾板用扳手松开。松开扣件的时间取决于混凝土性能和环境温度。道床板上留下的螺栓孔眼用砂浆填充。

(6)道床板混凝土养护及清理

道床板用湿棉布覆盖进行养生，养生时间不少于7 d。混凝土终凝后，轨道状态测量仪对浇筑混凝土后的轨排几何尺寸进行竣工测量。根据测量结果确认道床板混凝土在浇筑过程中是否发生变形。如果出现，分析原因，改进施工工艺。

竣工测量完成后，拆除工具轨，倒运到下一施工段使用。

混凝土道床板外形尺寸允许偏差应符合表6－3－11的规定。

表6－3－11　混凝土道床板外形尺寸允许偏差

序　号	检查项目	允许偏差(mm)
1	顶面宽度	±10
2	中线位置	2
3	道床板顶面与承轨台面相对高差	5
4	平整度	3 mm/1 m

第四节　岔区无砟轨道施工质量控制

一、岔区枕式无砟轨道施工质量控制

桁架式混凝土岔枕制造质量控制与前面所述双块式轨枕制造质量控制相似。

岔区枕式无砟轨道施工主要包括混凝土底座施工、道岔组装、道岔精确调整、道床板混凝土浇筑等作业内容。

(一)工艺流程图

岔区枕式无砟轨道施工流程如图6－4－1。

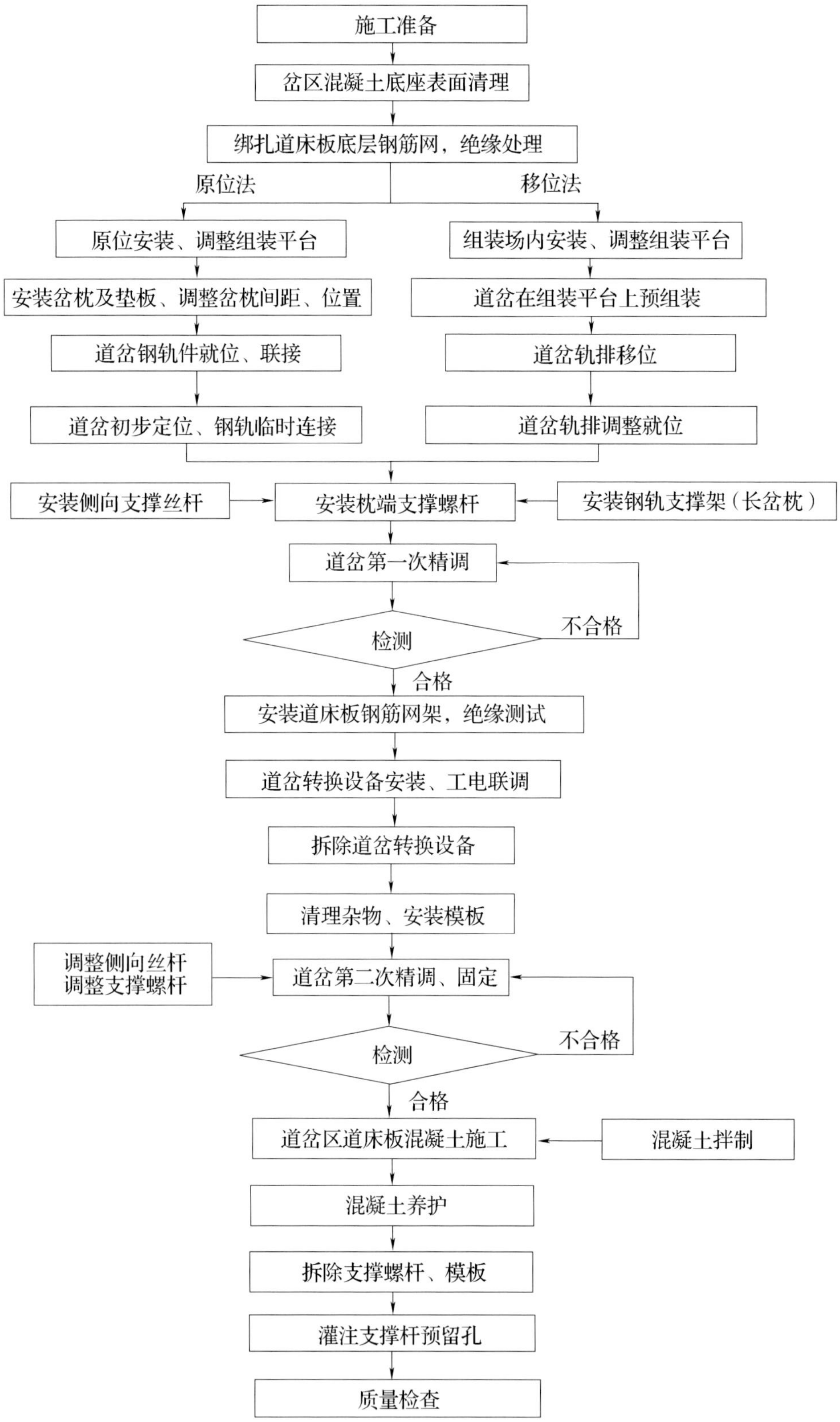

图 6－4－1　枕式无砟道岔施工工艺流程图

(二)主要设备

枕式无砟道岔的施工设备及配套机具包括:物料运输设备、道岔组装平台(平移小车)吊装设备及配套吊具、轨道调整系统、混凝土浇筑和养生系统,构成全套施工设备。主要施工设备见表6-4-1。

表6-4-1 枕式无砟道岔主要施工设备

序号	设备名称	型号/规格	单位	数量	备注
1	移动式龙门吊		套		根据施工需要配置
2	组装平台		套	1	
3	螺杆调节器		套		根据道岔长度配置
4	轨道状态检查仪		台	1	含2台全站仪
5	模板		m		根据道岔长度配置
6	混凝土浇筑机		台	1	选用
7	养生帐篷		m		选用/根据道岔长度配置
8	拌和站		套	1	60 m^3/h
9	物资运输车		台	4	
10	混凝土运输车		台		400 m^3/日
11	汽车吊		台	1	
12	螺栓紧固机		台	2	
13	洒水车		台	1	
14	全站仪		台	1	测角精度不低于0.5″,测距精度不低于1 mm+1 ppm
15	数字水准仪		台	1	1 km往返测精度为0.5 mm
16	铟钢尺		对	1	3 m

(三)主要工艺及质量要求

1. 道岔预组装、调试及运输

每组道岔出厂前,均进行厂内预组装,调试组装完毕,应严格检测道岔各部分尺寸和几何形位,消除超限点位。同时安装电务转换和锁闭装置,进行道岔工务和电务系统的联合调试。

预组装、调试合格后，对道岔各部件做出对号标记，进行发运。目前国内较为常用的运输方式有两种：一种为厂内分解成散件，包装发运，在现场进行组装；另一种为在厂内预铺后分段直接装运，不再分解成散件，避免重复预铺。通过对运输条件、现场施工环境等因素进行调查比选，选择适合的运输方式。

道岔运输应符合相应技术条件的规定。

2. 道岔的现场组装

目前国内道岔现场组装有以下几种方式：

（1）在道岔区已处理好的底座混凝土上，建立组装平台，散布岔枕并进行间隔调整及方正；道岔散件运输至道岔区，利用吊装机械设备和专用道岔吊具将道岔各组件吊装至岔枕上，上紧扣件并联结钢轨件。

（2）在施工现场，在道岔预组装场建立道岔组装平台，进行道岔预铺组装。道岔轨排组装并调试合格后，分段运至铺设地点，用大型吊车和道岔专用吊具整体吊装。采用平移小车、抬轨梁、起落支座，使道岔轨排轨向及高低达到粗调。

（3）在厂内进行组装，调试合格后，使用专用运输车辆，分段直接运输到铺设地点，使用大型吊车和道岔专用吊具整体吊装。采用平移小车、抬轨梁、起落支座，使道岔轨排轨向及高低达到粗调。

3. 无砟道岔现场调整

（1）道岔在组装平台或纵移小车上组装完成，道岔轨向及高低达到粗调后，安装支撑及调整系统，并拆除组装平台或纵移小车。

（2）钢筋绑扎，并进行绝缘测试。

（3）采用方尺方正道岔始端和尖轨尖端，调整尖轨、心轨密贴和顶铁间隙应同调整轨距、支距相结合，经反复调整，直至满足设计技术要求。

（4）采用轨道几何状态检测仪精调起平道岔，道岔高低、水平不超过设计限值；滑床板坐实坐平，精确控制垫板与抬板的间隙不超标。

（5）精确安装道岔尖轨、可动心轨转辙机构，进行工电联调。

（6）采用轨道几何状态检测仪检测道岔方向、高低、水平、轨距等几何形位指标，对超限点做局部精细调整。

（7）道岔组装完毕后，主要结构尺寸允许偏差应符合表 6 – 4 – 2 的规定。

表6-4-2　道岔铺设主要结构尺寸允许偏差

序　号	检测项目	允许偏差(mm)
1	轨距	±1
2	支距	±1
3	尖(心)轨第一牵引点前与基本轨密贴	缝隙≤0.5
4	尖(心)轨其余部分与基本轨密贴	缝隙≤0.8
5	顶铁与尖轨或可动心轨轨腰的间隙	缝隙≤0.5
6	尖轨轨底与滑床台、心轨轨底与台板的缝隙	缝隙≤1.0,且1.0 mm缝隙不得连续出现
7	闭合状态下,尖轨轨底和辊轮的间隙	≤2
8	打开状态下,尖轨轨底和滑床台板的缝隙	2≤Δ≤3
9	各牵引点前后各一块滑床台板	缝隙≤0.5
10	尖轨限位器两侧缝隙偏差	±0.5
11	转辙器部分最小轮缘槽65 mm	≥0
12	尖轨各牵引点处开口值	±3
13	可动心轨跟端开口距	±1
14	心轨实际尖端至直股翼轨趾端的距离	$^{+4}_{0}$
15	查照间隔1 391 mm	≥0
16	护轨轮缘槽宽度	$^{+1}_{-0.5}$
17	岔枕铺设相对于直股的垂直度	牵引点两侧和心轨部分4 mm,其余10 mm
18	岔枕位置偏差	±5
19	道岔全长	18号道岔±10 mm,大于18号道岔±20 mm

(8)整组道岔精调完毕后,弹条螺栓、岔枕螺栓、限位器螺栓、翼轨间隔铁螺栓、长短心轨与间隔铁螺栓的扭力应达到设计值。整组道岔精调完毕后,使用轨道几何状态测量仪测量道岔轨道几何状态,允许偏差应符合表6-4-3的规定。

表6-4-3　道岔(直向)静态铺设平顺度允许偏差

序　号	项　　目	允许偏差(mm)
1	高低(10 m弦量)	2
2	轨向(10 m弦量)	2
3	水　平	2
4	扭曲(基长3 m)	2
5	轨　距	±1
		变化率1/1 500

4. 道床板混凝土施工

道岔无砟轨道道床混凝土施工工艺及要求如下：

(1)模板安装。模板安装前应进行清理，在混凝土底座上标记出安装位置，并依据标记安装模板，安装完毕后，进行模板加固状态检查。

(2)进行混凝土泵送、捣固设备的工前检查。

(3)浇筑前进行道岔最后一次精调，并检查调整螺栓，使得保持道岔几何形位。

(4)混凝土浇筑作业。混凝土运至浇筑地点，应先进行坍落度检测及取样；浇筑时可采用由中间向两端和由一端向另一端的方式；浇筑过程中要捣固充分，抹面紧跟其后。

(5)道床板混凝土模板拆除后，及时清理道岔部件及混凝土表面，修复混凝土缺陷，同级砂浆填充密实竖向支撑螺杆留下的孔洞。

(6)对道床混凝土进行养护。养护期间应封闭道岔区，严禁行人和施工车辆行驶。

(7)道床板混凝土外形尺寸应符合表6－4－4、表6－4－5的规定。

表6－4－4　道床板外形尺寸允许误差

序　号	检查项目	允许偏差(mm)
1	顶面宽度	±10
2	道床板顶面与承轨台面相对高差	5
3	中线位置	2
4	平整度	3 mm/1 m

表6－4－5　转辙机基坑外形尺寸允许误差

序　号	检查项目	允许偏差(mm)
1	深度	±10
2	宽度	±5
3	轴线位置	2
4	轴线偏斜	5
5	平整度	2 mm/1 m

道床板混凝土达到一定强度后，恢复拧紧各扣件螺栓。

(8)养护完成后，对道岔进行精调，并复紧扣件。

5. 无砟道岔焊接作业

(1)道岔焊接前必须进行焊接接头型式检验，并验收合格。

(2)根据设计要求，按顺序进行道岔接头焊接作业。

(3)使用检测仪器对每个接头进行检测，对不符合要求的接头进行处理，直至达到验收要求。焊接接头平直度允许偏差如表 6－4－6。

表 6－4－6　钢轨焊接接头平直度允许偏差(mm/1m)

序号	部　　位	允许偏差
1	轨顶面	$^{+0.2}_{0}$
2	轨头内侧工作面	$^{+0.2}_{0}$
3	轨底(焊筋)	$^{+0.5}_{0}$

注:① 轨顶面中符号“＋”表示高出钢轨母材轨顶基准面;

② 轨头内侧工作面中符号“＋”表示凹进;

③ 轨底(焊筋)中符号“＋”表示凸出。

6. 道岔检查验收

整组道岔铺设完毕后，使用轨道几何状态测量仪测量道岔轨道几何状态，允许偏差应符合表 6－4－3 的规定。

二、岔区板式无砟轨道施工质量控制

道岔板制造质量控制与前面轨道板制造所述相似。

(一)岔区板式无砟轨道施工工艺流程图

路基上及隧道内道岔板铺设施工工艺流程如图 6－4－2，桥上道岔板铺设施工工艺流程如图 6－4－3。

(二)主要设备

板式无砟道岔主要施工装备：混凝土搅拌站、混凝土运输车、混凝土泵车、混凝土输送泵、道岔板运输车、道岔板铺设门吊及汽车吊、道岔板定位精调装置、固定扣压装置、检测测量仪器等。主要施工设备见表 6－4－7。

表 6－4－7　枕式无砟道岔主要施工设备

序号	设备名称	型号/规格	单位	数量	备　　注
1	轨道状态检查仪		台	1	含 2 台全站仪
2	混凝土浇筑机		台	1	选用
3	拌和站		套	1	60 m^3/h

续上表

序号	设备名称	型号/规格	单位	数量	备　　注
4	道岔板运输车		台	4	
5	混凝土运输车		台	4	400 m^3/d
6	道岔板铺设门吊		台	2	
7	汽车吊		台	2	
8	螺栓紧固机		台	2	
9	洒水车		台	1	
10	全站仪		台	1	测角精度不低于0.5″,测距精度不低于1 mm +1 ppm
11	数字水准仪		台	1	1 km往返测精度为0.5 mm
12	铟钢尺		对	1	3 m

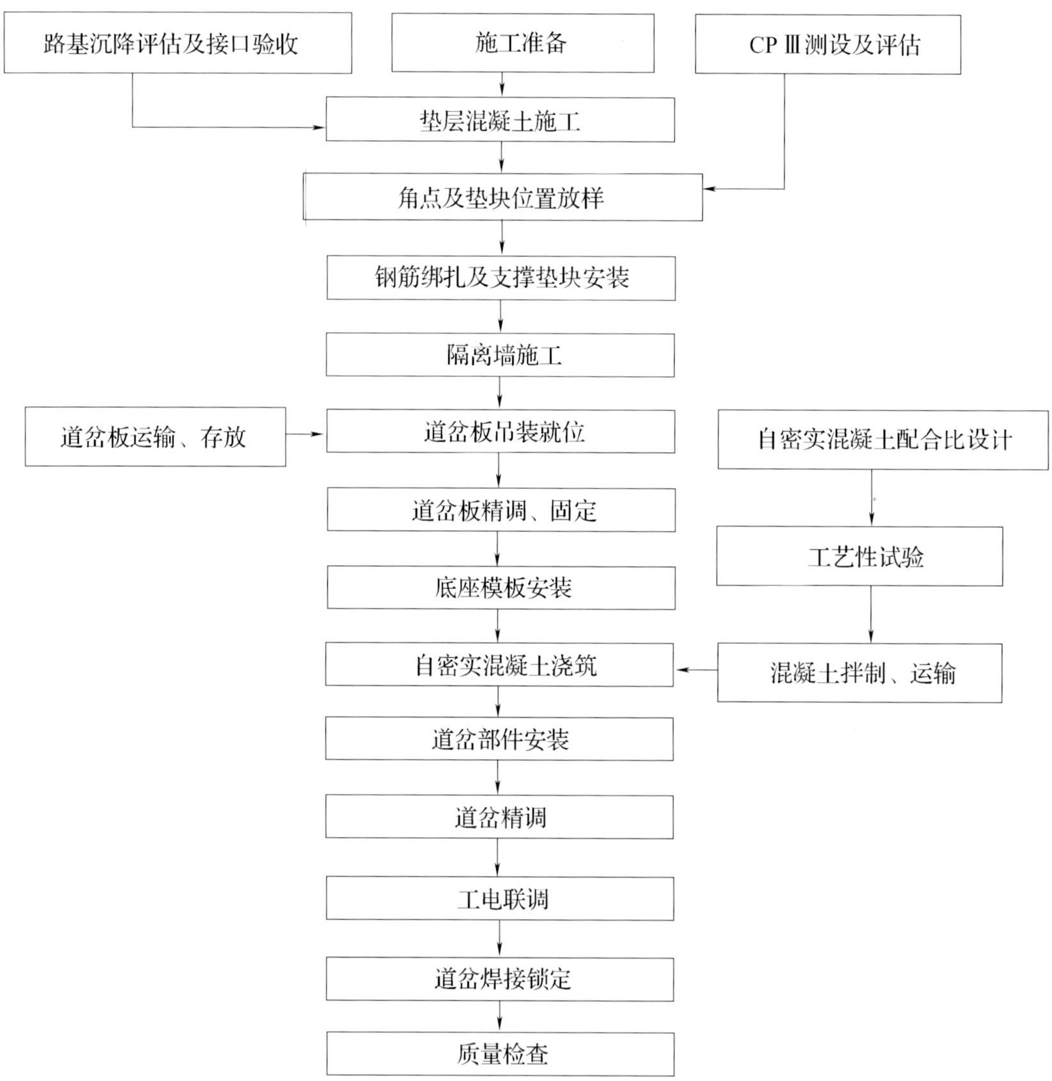

图6－4－2　路基上及隧道内道岔板铺设施工工艺流程

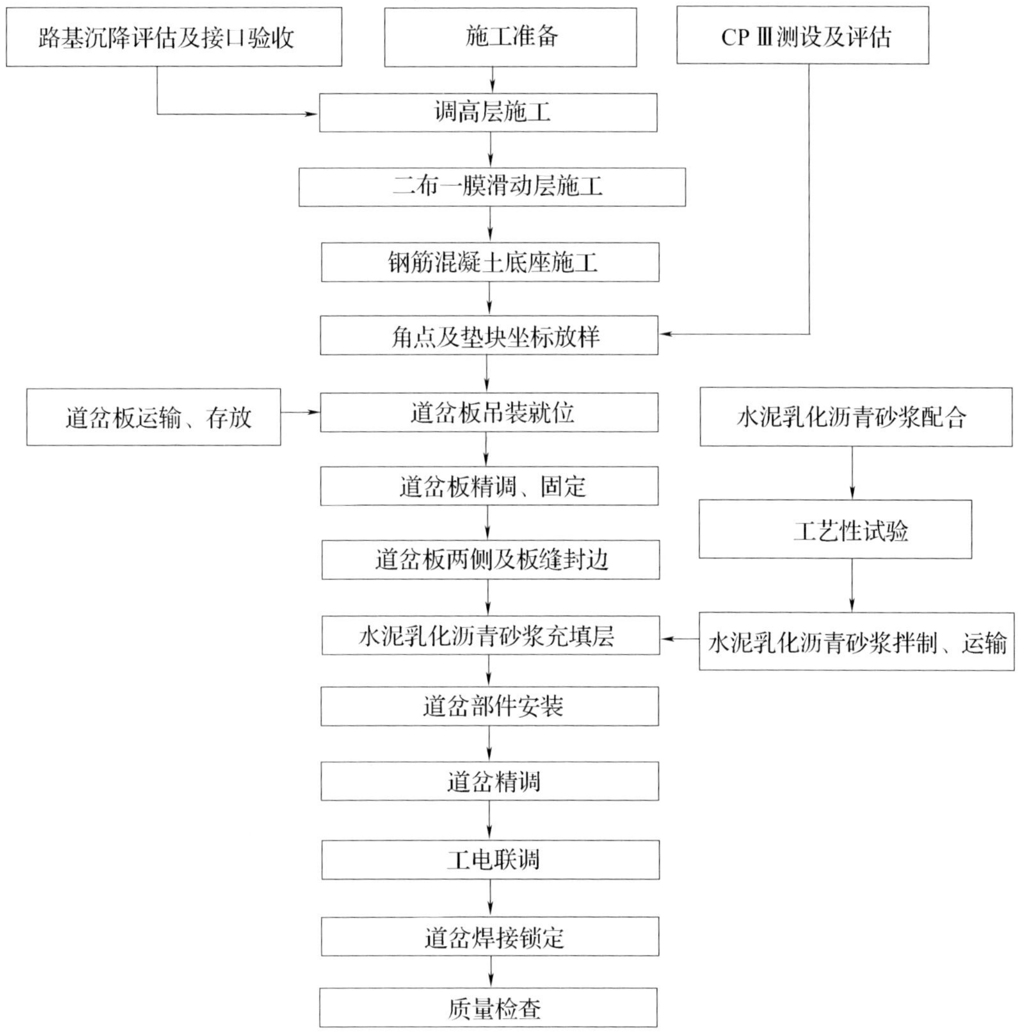

图6－4－3　桥上道岔板铺设施工工艺流程

（三）主要工艺及质量要求

1. 施工准备

（1）道岔组件应在工厂预组装并验收，出厂时，制造厂应对产品零部件依据相关技术条件进行检验，并提供出厂合格证、铺设图和发货明细表经采购方确认后，按要求分解或部分分解发运。

（2）板式无砟道岔施工应统筹考虑道岔板及道岔的生产、运输和铺设等环节制定实施方案，确定道岔板及岔轨的最佳运输路线、存放场地及运输吊装方案，做好施工协调工作，提前完成测量设备及精调系统的验证，完成自密实混凝土、水泥乳化沥青砂浆的工艺试验和钢轨焊接型式试验。

（3）道岔板质量应符合相关技术条件，道岔板出场及铺设前应及时检查外观质量情况，对道岔板的螺栓孔及位置、标识、预埋件、螺栓配件安装情况、门形锚固筋尺寸位置、棱镜孔、混凝土缺陷等进行检查记录，并及时处理存在的问题。

2. 路基上、隧道内混凝土垫层施工

(1)路基上、隧道内混凝土垫层施工基本工艺流程如图6－4－4。

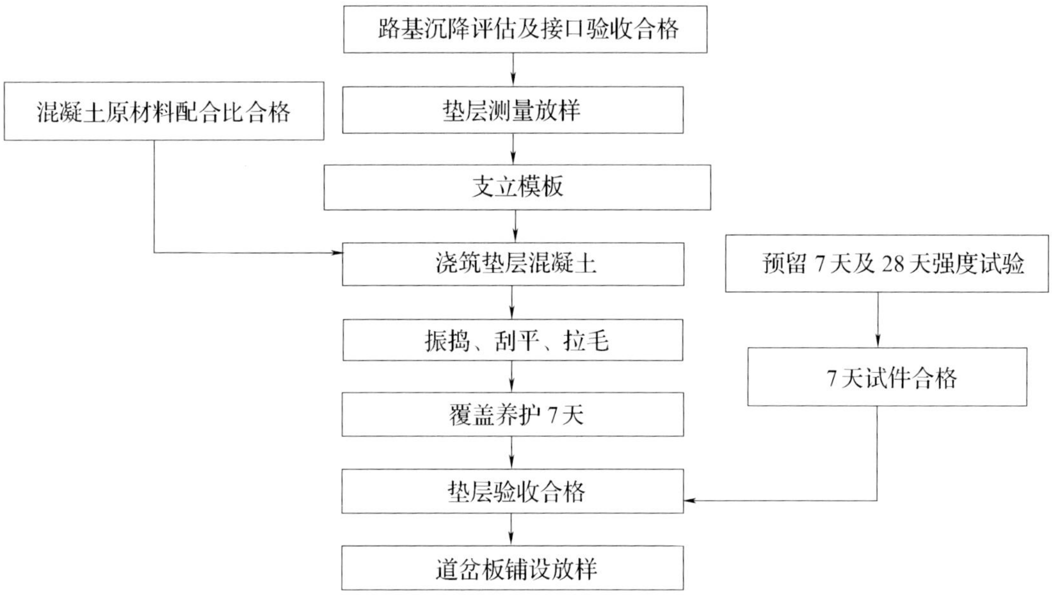

图6－4－4　垫层施工工艺流程

(2)混凝土垫层施工

1)垫层素混凝土施工应根据设计图纸准确放样和支立模板，其位置和尺寸偏差应符合设计及相关标准要求。模板支立应牢固稳定、平整密封，并符合施工工艺要求。

2)垫层混凝土浇筑前，应将模板内杂物清理干净，并洒水全面均匀湿润路基表面，在隧道内时应将回填层表面凿毛并清理干净。

3)垫层混凝土施工应符合无砟轨道混凝土施工质量相关规定要求。

4)垫层混凝土表面应密实、平整、颜色均匀、无松散和浮浆，两侧应按设计要求留出排水坡，底座板范围内应均匀拉毛，拉毛深度在1.5～2 mm。

5)垫层混凝土质量应符合设计及相关标准规定，混凝土终凝后，每隔2.5～5 m切割伸缩缝，伸缩缝深度应不小于垫层厚度的1/3，拆模时应注意保护混凝土棱角不被碰撞损坏。

6)混凝土垫层外形尺寸允许偏差应符合表6－4－8的规定。

表 6－4－8　混凝土垫层外形尺寸允许偏差

序　号	项　目	允许偏差(mm)
1	纵向位置	±10
2	中线位置	±10
3	纵向长度	±20
4	宽 度	±20
5	厚 度	±10% 设计厚度
6	顶面高程	±10
7	表面平整度	15/4m
8	两侧横向排水坡	±0.5%

3. 桥上调高层施工

(1)桥上钢筋混凝土调高层施工工艺流程如图 6－4－5。

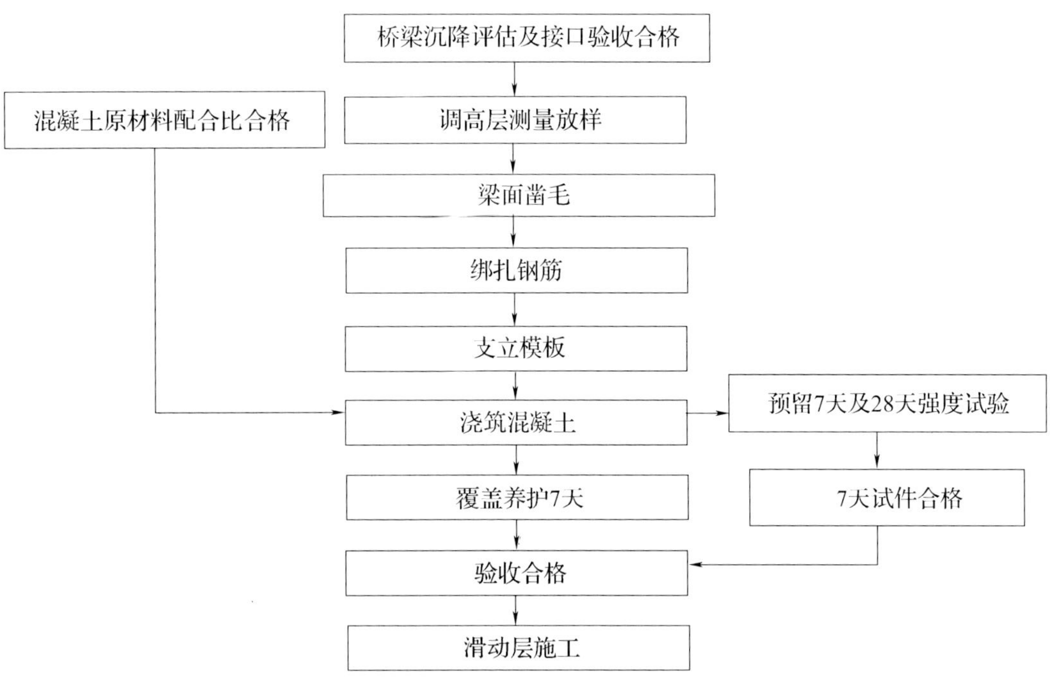

图 6－4－5　桥上钢筋混凝土调高层施

(2)桥上调高层施工

桥上调高层施工前应先进行放样，画出调高层位置轮廓线，将调高层平面轮廓线范围内梁面凿毛，凿毛深度 1 cm，然后开始放样绑扎钢筋，支立模板，浇筑调高层混凝土。

调高层表面高程、平整度及长宽误差应符合相关标准要求。

4. 桥上滑动层施工

(1)桥上滑动层施工基本工艺流程如图6－4－6。

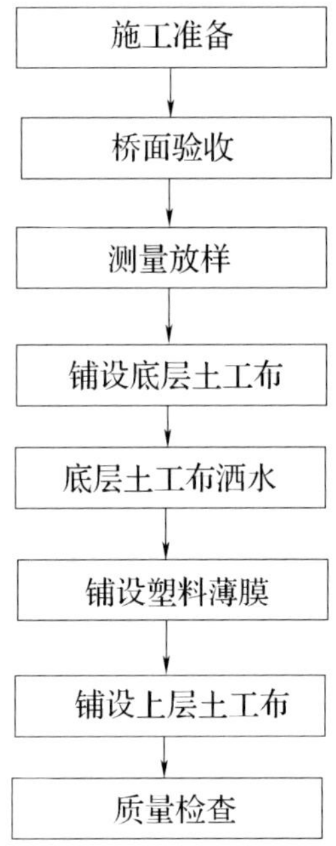

图6－4－6　桥上滑动层施工基本工艺流程

(2)桥梁上滑动层施工前准备

桥梁上滑动层施工前准备同CRTSⅡ型板式无砟轨道。

(3)桥梁上滑动层(二布一膜)铺设

桥梁上滑动层(二布一膜)铺设要求同CRTSⅡ型板式无砟轨道。

5. 桥上混凝土底座施工

(1)桥上混凝土底座施工基本工艺流程如图6－4－7。

(2)通过CPⅢ控制点进行底座边线放样,每隔10m测设一个断面,做好标记,并对每个标记点进行高程测量,作为底座立模依据。

(3)混凝土底座外形尺寸允许偏差应符合表6－4－9的规定。

表6－4－9　混凝土底座外形尺寸允许偏差

序　号	项　　目	允许偏差(mm)
1	中线位置	10
2	宽度	+15,0
3	顶面高程	±5
4	平整度	7/4m
5	厚度	±10%设计厚度

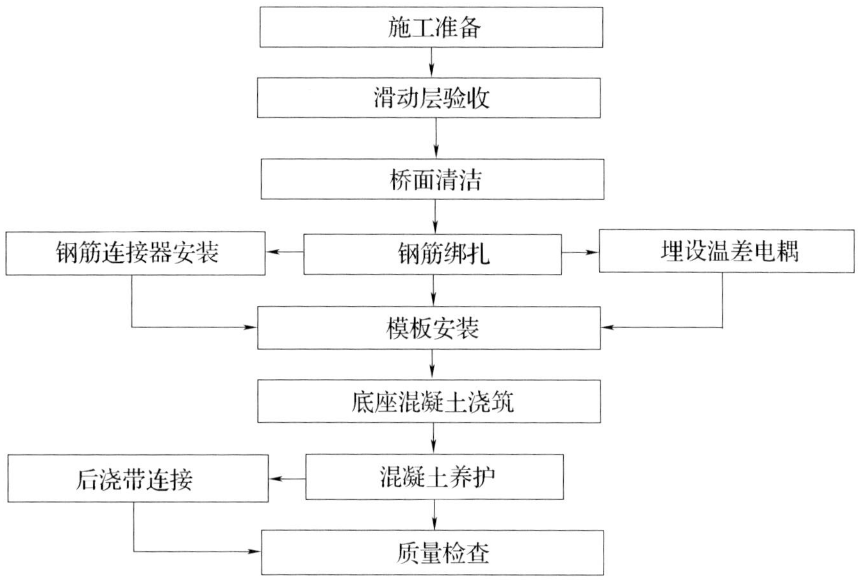

图6-4-7　桥上混凝土底座施工工艺流程

6. 道岔板铺设、精调

(1)道岔板铺设、精调及固定施工基本工艺流程如图6-4-8。

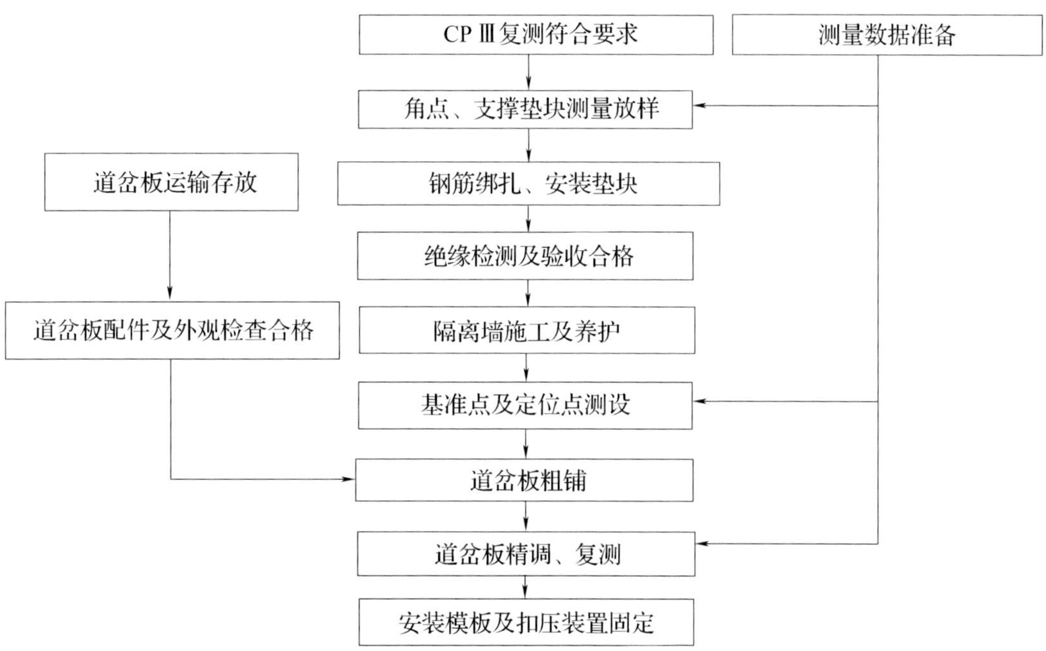

图6-4-8　道岔板粗铺精调施工工艺流程

(2)根据已建立并完成复测的CPⅢ合格评估报告,对CPⅢ点进行道岔板使用范围内(道岔区两端各延长200m)的复测,通过全站仪自由设站进行后方交会的方法进行平面复测,用精密数字水准仪进行高程复测。CPⅢ的局部复测相对精度:平面±1 mm,高

程 ±0.5 mm。

(3)根据换算的道岔板角点及支撑垫块点设计大地坐标,用全站仪和精密小支架及精密微型棱镜在垫层上测放出各特征点位置,放样误差为 ±3 mm,标识各点距理论值高差。

(4)精调垫块安装时,底面用一定厚度快凝高标号砂浆调整垫块高度并固结垫块稳定,垫块顶面用水平尺找平。中部调高垫块安装时四边与测放出的边缘线对齐。对影响垫块安装的钢筋可适当调整间距以避开。垫块标高误差应在 ±3 mm。

(5)底座板钢筋绑扎应符合下列规定:

1)底座板钢筋纵横向采用绝缘材料连接。钢筋的下料、焊接和安装应符合设计及相关标准要求。

2)已加工好的成品、半成品钢筋应按不同型号、尺寸挂牌堆放。

3)钢筋底部保护层垫块按保护层厚度预制条形垫块支垫,横向交错布置,纵向间距 1 ~2 m。

4)钢筋绑扎安装完成后用数字绝缘电阻表对钢筋网绝缘性能进行检测,电阻值要求不小于 2 MΩ,经监理确认合格后方可进行隔离墙施工。

(6)隔离墙高度在道岔板底面以下 3 cm 处,根据垫层标高确定模板实际高度。采用竹胶板或高强度木模板,上下加固牢固,防止漏浆和跑模。隔离墙设计宽度应为板缝宽度两侧各加 7 cm,模板到板缝中线的宽度误差应在 0、-10 mm。隔离墙模板安装的同时将中间扣押装置螺杆安装完成。

(7)扣压装置螺杆用 ϕ18 mm 长 80 cm 通常螺纹的螺杆,安装时用钻锤在垫层上钻孔 10 ~20 cm 深,用鼓风机清理钻孔,植入 2/3 植筋胶,插入螺杆后静置 1h。位置接近板的中线,不影响基准点及定位点的位置,并在板缝中线上。

(8)隔离墙混凝土与底座板混凝土标号一致,灌注完成应及时洒水、覆盖养护 2 天。隔离墙混凝土达到拆模强度后人工拆除模板,并将隔离墙两侧凿毛,用空压机等将垫层上杂物清理干净。隔离墙混凝土高程误差应在 ±10 mm 范围,宽度误差在 0 ~ -20 mm。

(9)道岔板安装

1)安装道岔板时应用空压机将钢筋网下的杂物、灰尘清理干净。将规格为 15 cm×15 cm ×9 cm 的方木块两层叠放在靠近精调垫块位置,用以临时支垫道岔板。用 50 t(或 25 t)吊车配合人工平稳吊装道岔板,对准定位点初步定位安装,粗铺各向精度为 ±5 mm。

2）隧道内及桥上或路基困难地段安装道岔板汽车吊无法作业时，采用能够稳定带荷载走行的轮胎式全液压纵横向移动龙门吊作业，可保证道岔板的平稳、安全、准确安装。

3）道岔板安装后，及时进行精调爪及精调垫板的安装，初步调平道岔板并取出道岔板下的支垫木块，为精调做好准备。

4）有中间调高螺栓的道岔板，安装时应注意调高螺栓与垫块的对位。

（10）道岔板精调

1）道岔板精调通过快速精调系统（包括精调爪、精密全站仪、强制定位三脚架、精密微型棱镜及套筒座等）实现。

2）利用基准点精调道岔板时，全站仪架设在特制对中三脚架上，在基准点进行设站，设站位置应距离精调道岔板在6～20 m范围内。

3）精调时精度控制在高程±0.2 mm、横向±0.3 mm、纵向±0.4 mm内。

4）精调完成后，要对道岔板进行系统的平面和高程复测，根据精度具体情况适时对道岔板进行微调。

平面测量：用全站仪测量4对CPⅢ点自由设站后，对精调棱镜孔位进行整体复测。

高程测量：使用精密数字水准仪进行水准测量。

5）将复测结果进行分析处理后，做出复测分析评估报告，对误差超出允许偏差范围的道岔板进行再次微调并复测，分析数据合格并经监理确认后，即满足底座板自密实混凝土灌注施工。

6）精调完成后道岔板棱镜孔精度允许偏差应符合表6－4－10的规定。

表6－4－10　精调后道岔板精度要求

项　目	纵　　向	横　向	高　程	相邻道岔板承轨面相对平面及高差
允许偏差	±3 mm（驱动位±2 mm）	±1 mm	±1 mm	±1 mm

7. 路基上、隧道内底座自密实混凝土浇筑（1）路基上、隧道内底座自密实混凝土浇筑基本工艺流程如图6－4－9。

（2）施工工艺

1）底座板模板安装要稳固牢靠，外侧用三角斜撑支护，斜撑脚用膨胀螺栓固定在垫层上。模板接缝应严密不漏浆。模板面要垂直，模板底面与垫层之间缝隙用砂浆密封。模板面必须清理干净并均匀涂刷脱模剂。

2）模板安装的同时进行侧向扣压装置螺杆植筋，扣押装置采用槽钢焊制，用螺杆锚

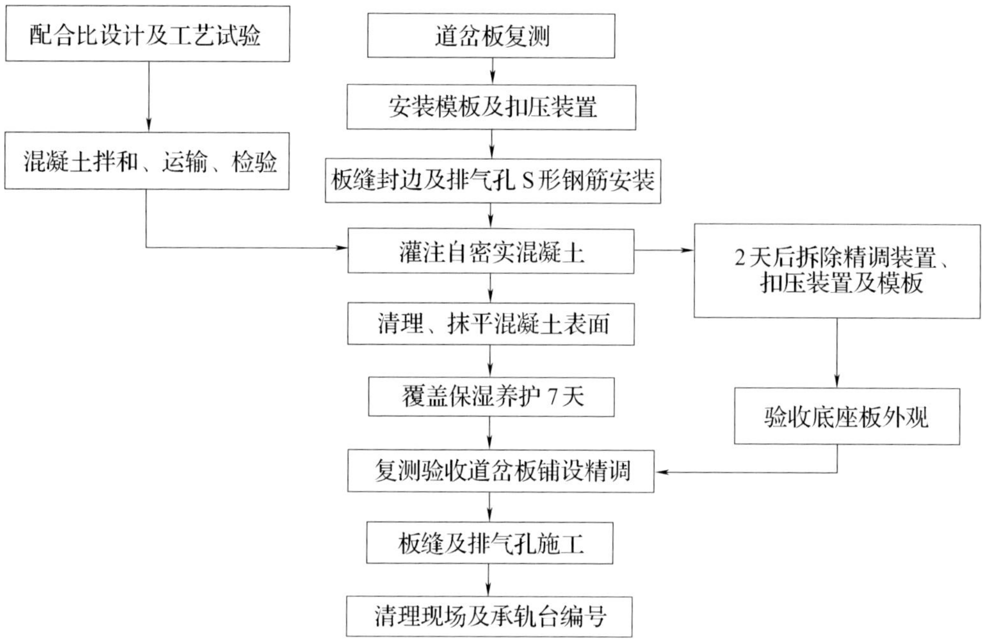

图6-4-9 自密实混凝土浇筑工艺流程

固。锚固螺杆稳固后安装侧向和中部扣压装置,适当拧紧固定螺母,固定道岔板。防止在灌注底座板自密实混凝土时道岔板上浮,影响道岔板精度。

3)底座模板安装完成后,将道岔板的吊装螺栓孔、接地预留孔、棱镜孔用胶带密封,将排气孔S形钢筋安装在排气孔口,以保证后续灌注排气孔混凝土与底座板混凝土的连接。

4)底座板自密实混凝土施工应符合下列规定:

自密实混凝土的配合比设计应符合混凝土耐久性的相关要求。底座板混凝土采用C40自密实混凝土,其主要技术要求见表6-4-11。

表6-4-11 C40自密实混凝土技术指标

序 号	性能指标	指 标 值	备 注
1	扩展度	670~750 mm	
2	泌水率	0	
3	含气量	<4%	
3	28天抗压强度	>40 MPa	
4	28天抗折强度	>6.0 MPa	
5	28天弹性模量	>34GPa	

自密实混凝土应由自动计量拌和站集中搅拌,搅拌过程需专人配合膨胀剂的准确称量添加和对出盘混凝土的扩展度和泌水性的试验检测。

施工过程中，每车自密实混凝土均应在拌和站和现场分别进行扩展度试验，混凝土扩展度宜为670～750 mm，应根据道岔板的宽度经试验确定；泌水率必须为零。

自密实混凝土入模温度控制在10 ℃～30 ℃之间，冬季或夏季高温天气施工过程应有专人检测记录。

自密实混凝土灌注过程中应随机抽取混凝土做标准养护试件留置，每施工50 m^3 混凝土至少做1组抗压强度试件，不够50 m^3 混凝土也做1组。每施工500 m^3（或一个车站不足500 m^3时）或每个配合比至少做1组弹性模量试件和1组抗折试件。

每块道岔板单独灌注，夏季施工时，底座板灌注前应用高压水枪润湿道岔板底面和垫层表面。

自密实混凝土采用溜槽或漏斗灌注方式，混凝土通过灌注料斗或溜槽流动到底座板侧模与道岔板边的间隔内，靠自身流动性、自密性将道岔板下的空间填充密实，待另外一侧溢出均匀的石子混凝土后，方可停止灌注。

当一块道岔板灌注完成后且相邻道岔板即将灌注完成时，及时拆除两道岔板之间的隔离模板，以使混凝土良好结合。

在混凝土初凝前，按照设计高度将两侧多余部分混凝土舀出，使混凝土表面高程与设计相符，将混凝土表面抹平压光，按设计作出排水坡。

在灌注开槽口的道岔板时，应将槽口内混凝土按设计高度和坡度抹平压光。

自密实混凝土应在1 h内运输到现场并完成灌注，一次性从道岔板一侧浇筑完成，不得分层、多次浇筑。部分道岔板横向较宽，有时需两侧同时灌注，可两侧用料斗同时灌注底座板混凝土，但必须保证板底灌注密实。

5）底座混凝土初凝后覆盖并洒水保湿养护至少7天。

6）混凝土强度达到5 MPa（或至少2天）后，方可拆除底座板模板、精调装置及扣压装置，拆除过程应避免损坏混凝土表面，同时对精调爪及扣押装置等进行保护。

7）转辙器基础施工前应将基底清理干净，整平后支立转辙器基础模板，模板面应平整、棱角垂直牢固、接缝严密。

转辙器混凝土施工完成后应表面平整，棱角整齐，顶面高程误差±5 mm 。

8）板缝与排气孔混凝土施工应符合下列规定：

板缝及排气孔混凝土应与底座板混凝土标号一致。

浇筑道岔板板缝和排气孔时应先清理板缝内堵塞的砂浆，支立板缝模板、植筋法植入板缝钢筋、整理排气孔内S形筋并清理孔内杂物,经监理确认符合要求后灌注板缝及排气孔混凝土。

混凝土顶面与道岔板面应抹平齐并压光,排气孔在预裂缝处应预留与道岔板贯通的三角槽。

板缝及排气孔完成后应棱角顺直,表面平整,道岔板面整洁。

转辙器基础、板缝及排气孔混凝土也可用与底座板相同的自密实混凝土灌注。

板缝沥青伸缩缝宽度应均匀饱满、无气泡,伸缩缝材料符合设计要求。

9)道岔板铺设安装、底座板、转辙机基础等其他附属工程全部完成后,应对道岔板表面及施工过程中溢出的混凝土进行彻底清理。

(3)复测验收

对灌注完成道岔板进行全面复测,使用全站仪和水准仪对全部棱镜孔位进行高程复测。将复测结果分析并形成复测评估报告。

道岔板铺设后复测验收应符合表6－4－12的规定。

表6－4－12　底座板浇筑完成复测道岔板各向精度允许误差

项　目	纵　向	横　向	高　程	相邻道岔板	
				高　差	横向差
允许偏差(mm)	±3(驱动位±2)	±1.5	±1.5	1.5	1.5

8. 道岔钢轨件组装

(1)道岔钢轨件组装施工基本工艺流程如图6－4－10。

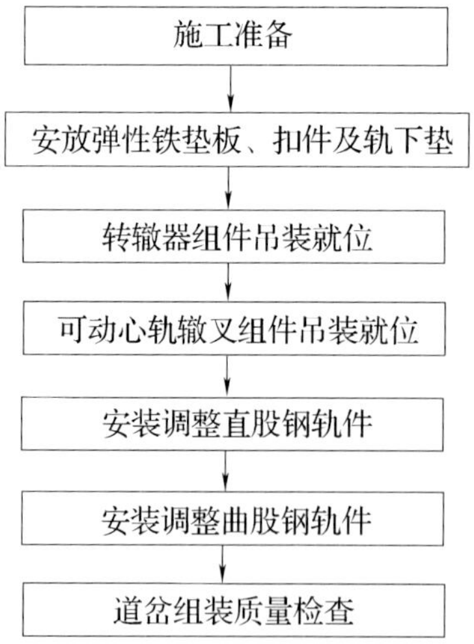

图6－4－10　道岔钢轨件组装施工基本工艺流程

(2)道岔铺设主要结构尺寸允许偏差应满足表6－4－2的规定。

(3)整组道岔精调完毕后,使用轨道几何状态测量仪测量道岔轨道几何状态,允许偏差应符合表6－4－3的规定。

第五节　无缝线路施工质量控制

无缝线路施工基本方法为:在焊轨基地用固定式闪光焊轨机将100 m长定尺钢轨焊接成500 m长钢轨,由铁路局500 m长钢轨运输车(T11B型,48根,24 km)运往铺轨基地临时存放,无砟道床达到铺轨条件后,采用工程单位简易双层500 m长钢轨运输车(由N17平车改装,24根,12 km)运往铺轨现场,用“拖拉法”或“推送法”完成长钢轨铺设,然后用移动式闪光焊轨机将工地已铺设500 m长钢轨焊接成1.0～2.0 km的单元轨节,在设计锁定轨温下锁定形成无缝线路。铺设无缝线路后需要对轨道进行精调整理作业,使轨道工程施工质量符合验收标准的规定。

一、长钢轨铺设

目前国内无砟轨道长钢铺设主要采用拖拉法或推送法两种方法,对于高速铁路无砟轨道,其长钢轨铺设作业条件相对较好,京津、武广、郑西等高速铁路无砟轨道长钢轨铺设,均采用拖拉法施工,能够有效地提高施工效率,满足施工质量要求。此处主要叙述拖拉法铺设长钢轨施工技术及质量控制。

(一)工艺流程

拖拉法铺设长钢轨基本工艺流程如图6－5－1。

(二)主要设备

拖拉法施工主要核心设备为WZ500通用型无砟道床铺轨机组,该机组能满足目前国内高速铁路各种无砟轨道一次铺设500 m长轨的铺设需要。WZ500通用型无砟道床铺轨机组(不含长钢轨运输车组)由引导车、滚轮、滚轮小车Ⅰ、滚轮小车Ⅱ、滚轮小车Ⅲ、分轨推送车、过渡顺坡车和其他辅助部件组成。整机可通过目前国内现有各种无砟轨道和道岔区。

拖拉法铺设长钢轨主要设备配置可参照表6－5－1。

(三)主要工艺及质量要求

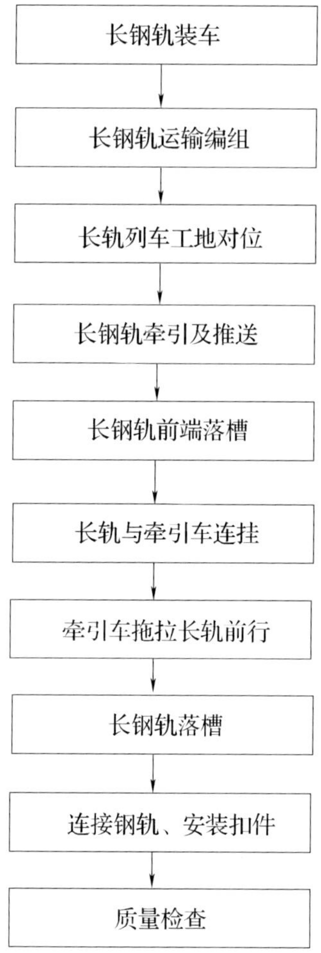

图 6－5－1　长钢轨铺设基本工艺流程(拖拉法)

表 6－5－1　长钢轨铺设主要设备配置表(拖拉法)

序　号	设备名称	规格型号	单　位	数　量
1	内燃机车	DF4	台	2
2	内燃轨道车	JY290－DT	台	1
3	双层长钢轨运输列车	500 m	套	2
4	无砟轨道铺轨机组	WZ500	套	1
5	滚筒		个	100
6	长轨牵引卡具	60 kg/m	个	2
7	起道机		台	6
8	手推车		台	15
9	基地群吊	33 台联动	套	1
10	内燃螺栓扳手		台	4
11	内燃发电机	50 kW	台	2
12	锯轨机		台	2

无砟轨道铺轨应在无砟道床施工完毕，经验收合格并达到规定强度后方可施工。铺轨前，应按"配轨表"配轨，并依次编写铺轨编号。配轨时应考虑工地焊接头与桥墩台、过渡段等位置关系。

1. 长钢轨储存

长钢轨在焊轨厂焊接完成，长度一般为500 m，通过铁路局四层长钢轨运输车运往铺轨基地临时存放。长钢轨进场时应查验长钢轨出厂质量证明文件，并复检长钢轨外观质量，抽检长钢轨的长度、焊头平直度等，符合要求后，采用33台2t群吊卸存。合格的长钢轨分左右股整理堆码，并标明其长度。长钢轨存放台要平整、稳固，各层钢轨之间应采用钢轨支垫，支垫跨距7.5 m，上下对齐，与各层钢轨垂直放置。

2. 长钢轨工地运输

长钢轨运输一般采用N17平车经改装后的双层运输车运输。长钢轨装车前应核实待装长钢轨编号，左右股长度应符合配轨计划，装车时由内向外。每次装车前，货运人员必须检查确认车钩缓冲停止器质量及安装状态良好。有关人员必须检查车组各种设备处于良好的技术状态。长钢轨列车出发前，必须确认长钢轨锁定，各部均不得超出车辆限界，运输途中应随时注意观察长钢轨运输状态，防止长钢轨窜动。在运输中要建立运行监护、停车检查制度。

长轨列车在工程线的运行速度为：区间及站内正线运行速度不得超过40 km/h，侧向通过道岔限速10 km/h，禁止通过8号及其以下道岔。上述限速如超过工程线线路允许速度时，长轨列车的运行速度均执行线路允许运行速度。

3. 长钢轨铺设

采用机车将长钢轨运输车组推送到位，顺坡小车前轮中心线距已铺钢轨末端约350 mm，对位时，要在钢轨上划出停车标记，并派专人安放铁鞋和止轮器。与此同时，提前将支撑滚筒每5～10m均匀放置在扣件节点之间的道床上。

然后放倒全车间隔铁、打开安全门，从两外侧向内松开要拖拉的一对钢轨锁定装置。如拖拉上层钢轨，首先还需预先将升降滚轮架调整到合适高度。将分轨导框对准要拖拉的一对钢轨（拖拉钢轨顺序为1/12，2/11，3/10，4/9，5/8，6/7）。用拖拉卷扬机（带夹轨器）从钢轨运输车（首车）上拖拉钢轨，将钢轨拖至钢轨推送装置，夹紧钢轨，卸掉夹轨器，用推送装置将钢轨推送至引导车钢轨夹钳处，将钢轨轨端与引导车钢轨夹钳锁固好，引导车前行，与推送装置联合拖拉钢轨。钢轨拖出钢轨推送装置时,引导车速度降至1～1.5 km/h,钢轨末端滑下前分轨小车滑槽后立即停车。用拉轨器把钢轨拖拉到位(也可直接采用引导车回推钢轨方式),与已铺好的轨道连接,安装钢轨无孔夹板。

一对长钢轨铺设到位后,采用起道机抬起钢轨,从后往前依次取出滚轮,按顺序码放在滚轮箱中(或放在道心)。长钢轨落槽就位,人工宜每隔5～8根枕安装一组扣件,接头前后两根枕扣件应安装齐全。钢轨入槽就位距离超过约350 m时,运输车组以5 km/h左右的速度向前推进,同时收集散放在道心处的滚轮(也可提前用小推车收集滚轮)。将滚轮码放到引导车后平台上(也可用小推车跟机前行置放滚轮)。进行下一轮铺轨循环。

4. 质量检查及记录

为实现"左右股单元轨节接头相错量不宜超过100 mm"的规定,长钢轨装车时左右股长度应符合配轨计划,铺轨时应控制长钢轨接头相错量,若左右股接头相错量超过100 mm应及时锯轨。

铺轨时应记录铺设轨温(长钢轨始端、终端落槽时的轨温平均值为长钢轨铺设轨温)。记录长钢轨铺设轨温的主要作用是:与设计锁定轨温比较,以便选定锁定线路的最佳施工时间;与锁定作业轨温比较,测算应力放散量。

铺轨后应检查施工质量,确保轨下胶垫居中,轨距挡块等安放正确,螺栓扭矩符合要求,并作好施工记录,及时向铺轨基地反馈到达里程、接头相错量等信息。

二、工地钢轨焊接

工地钢轨焊接主要有移动式闪光焊、气压焊、铝热焊三种方式。通过近几年工程实践,工地移动式闪光焊焊接工艺日趋成熟,焊接质量较为稳定,故高速铁路工地钢轨焊接应采用移动式闪光焊接工艺。但对于道岔内及道岔与两端无缝线路的锁定焊,其闪光焊接技术尚未突破,可采用铝热焊。

(一)工艺流程

工地移动式闪光焊接施工基本工艺流程如图6－5－2。

(二)主要设备

工地移动式闪光焊接主要设备配置可参照表6－5－2。

(三)主要工艺及质量要求

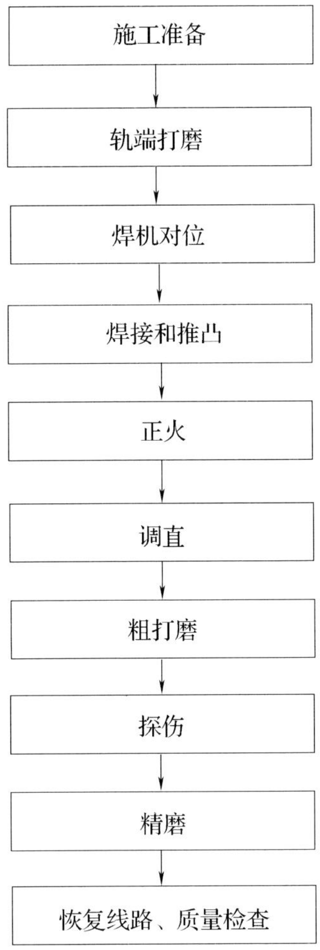

图 6－5－2　工地移动式闪光焊接基本工艺流程

表 6－5－2　工地移动式闪光焊接主要设备配置表

序　号	设备名称	规格型号	单　位	数　量
1	轨道车	JY290－DT	台	1
2	平板车	N17	辆	2
3	移动式钢轨闪光焊作业车	K922	套	1
4	锯轨机		台	1
5	端磨机		套	1
6	手提砂轮机		台	3
7	角磨机		台	1
8	拉轨器		台	1
9	加热器		套	1
10	正火架		个	1

续上表

序　号	设备名称	规格型号	单　位	数　量
11	控制箱		套	1
12	高压电动泵站		套	1
13	水冷装置		套	1
14	三相发电机	10 kW	台	1
15	调直机		台	1
16	仿形打磨机		台	1
17	探伤仪		台	1

工地钢轨焊接对关键岗位操作人员的要求：焊接设备操作人员应经过专业培训，熟悉钢轨焊头质量标准，并应持有国家铁路主管部门认可的技术机构颁发的“钢轨焊接工操作许可证”；探伤人员应持有铁道部门无损检测人员技术资格鉴定考核委员会颁发的Ⅱ级或以上级别的技术资格证书，并经过钢轨焊缝探伤技术培训方能独立上岗作业。

型式检验及生产检验：工地钢轨闪光焊接前，要按《钢轨焊接第 2 部分：闪光焊接》(TB/T 1632. 2)相关规定进行型式检验，未经型式检验合格，严禁施焊。批量焊接生产过程中，还需按《钢轨焊接第 2 部分：闪光焊接》(TB/T 1632. 2)相关规定进行生产检验，检验合格后方可继续生产。

1. 拆扣件、安放滚筒

拆除待焊轨头前方长钢轨全部及轨头后方 10 m 范围内的扣件，并校直钢轨。在待焊轨头前方长钢轨下每隔 12. 5 m 安放一个滚筒，以便钢轨可以纵向移动焊接。

2. 钢轨焊前检查

检查左右股单元轨节接头相错量，不宜超过 100 mm，对超出部分在焊接前锯除，焊头处若有损伤及压溃也应锯除。

3. 轨端打磨

采用手持砂轮机打磨两待焊轨轨端和焊机电极钳口的轨腰接触区，呈现光泽后方可施焊。砂轮机应沿钢轨纵向进行打磨，严禁横向打磨，要保持轨头原曲线形状，对母材的打磨量不超过 0. 2 mm。打磨时砂轮应与钢轨平稳接触，防止砂轮跳动，并不得用力过猛，防止钢轨表面局部过热而发黑发蓝。

4. 焊机对位

将两待焊轨端抬起一定高度，抬起高度应根据轨枕和扣件类型确定，其中，焊轨作业车一侧钢轨轨下应通过胶垫等措施实现轨面高度平顺过渡，尤其是焊轨作业车前轮对下方要垫实，避免焊轨作业车对位时钢轨侧翻发生掉道。

推进移动焊轨车初定位，使载有移动式焊轨机的平板车第一个轮对距焊接位置约3.5 m左右，由吊机的液压系统吊起焊机精确定位，作业人员及时安放铁鞋和止轮器，并采取措施防止钢轨外翻，焊轨车掉道。

5. 焊接和推凸

当施工环境温度低于0 ℃不宜进行工地焊接。刮风、下雨天气焊接时，应采取防风、防雨措施。施工环境温度低于10 ℃时，焊前应用火焰预热轨端0.5 m长度范围，预热温度应均匀，钢轨表面预热升温为35 ℃ ~50 ℃，焊后应采取保温措施。

焊接设备操作人员应严格执行焊接设备的操作规程，并按型式检验确定的作业参数操作。待焊钢轨进入焊机后，对中时首先要保证钢轨顶面和工作面平顺。对中后，作用面错位偏差不大于0.5 mm，非作用面错位偏差不大于1 mm，焊缝中心不偏离焊机钳口中心，焊机夹紧钢轨并自动对正。焊机自动焊接钢轨、顶锻并推除焊瘤。

焊后推凸，焊渣不应划伤或挤入母材。推凸余量：焊接接头轨头、轨底及轨底顶面斜坡不应大于1 mm，其他位置不应大于2 mm。

承受拉力的焊缝，在其轨温高于400 ℃时应持力保压。焊缝区域冷却到400 ℃以下时，焊轨作业车方可通过钢轨焊头。这主要是因为闪光焊顶锻量要消耗一定长度（约30 ~40 mm）钢轨，在工地进行合龙锁定焊，以及在坡道上进行单元焊和锁定焊时，钢轨焊头都将承受很大拉力，闪光焊顶锻后推除焊瘤时，焊头温度高约1 200 ℃；焊头正火加热温度达900℃左右，均应使用保压推凸和保压正火，确保焊缝不被拉裂，根据铁科院金化所经验，焊头温度冷却到400℃以下焊缝就不会被拉裂。

6. 正火

正火需在焊接接头不受拉力的条件下进行。焊接接头温度低于500 ℃（轨头表面）时方可正火加热，移动式闪光焊接焊头可采用气压焊加热器火焰摆动方式加热，加热温度应控制在850 ℃ ~950 ℃。轨头宜采用风冷。

火焰正火操作应按以下步骤进行：首先在钢轨下垫上短枕木头，然后将火焰加热器、流量控制箱、乙炔过滤器、乙炔瓶、氧气瓶和冷却水泵用胶管连接，将正火机架放置在钢轨上，将火焰加热器放置在正火机架的圆柱形导杠上，调整加热器与钢轨表面间隙，使得间隙均匀、对称之后锁定，再启动冷却水泵，调节加热器的位置，使焊接接头处于加热器摆动中心，摆动幅度不小于60 mm，调节乙炔瓶输出压力为0.15 MPa，调节氧气瓶输出压力为0.6 MPa，通过控制箱快速开关阀调节乙炔流量为3.8 m^3/h，氧气流量为4.2 m^3/h，将氧气流量下调爆鸣点火，点火之后氧气流量恢复规定格数，摇火摆动频率控制在60 次/s左右。达到正火温度应同时关闭控制箱快速开关阀，但乙炔比氧气先关数秒。

7. 焊缝粗磨

手砂轮粗打磨时，应纵向打磨，使火花飞出方向与钢轨纵向平行。打磨过程中，不应使砂轮在钢轨上跳动冲击钢轨母材，不应出现打磨灼伤。粗磨应保证焊接接头的表面粗糙度能够满足探伤扫描的要求。焊头非工作边的垂直、水平方向错边应进行纵向打磨过渡。

8. 焊缝细磨

焊缝及焊缝中心线两侧各450 mm长度范围内的轨顶面、轨头内侧面应使用仿型打磨机精细打磨，打磨时焊头温度不宜大于50 ℃。精细打磨要保持轨头轮廓形状，不使焊接接头或钢轨产生任何机械损伤或热损伤。

9. 探伤及焊头质量检查

每个钢轨焊头均应进行超声波探伤检查。探伤时焊接接头的温度不应高于40 ℃。当焊接接头的温度高于40 ℃时，可浇水冷却，浇水冷却时的轨头表面温度应低于350 ℃。焊接接头中的缺陷当量大于探伤灵敏度规定值时，应判定焊接接头不合格（判废），经探伤检查不合格者应锯切重焊。

每个钢轨焊接接头均应进行外观检查，焊头平直度允许偏差与道岔钢轨焊接平直度偏差相同。

10. 恢复线路

工地焊接完成，质量检查合格后打上焊接标记，填写焊接记录报告，及时将轨道恢复到正常状态并清理焊接现场。

三、无缝线路应力放散及锁定

新铺设的长钢轨线路，已经具有无缝线路的特性，钢轨热胀冷缩，可能产生胀轨或出现大轨缝等病害，危及行车安全和无砟道床工程质量。因此，无砟轨道铺设跨区间无缝线路，应采用流水作业法，在铺设长钢轨线路后，及时进行单元轨节联合接头焊接，尽快完成单元轨节应力放散、焊联锁定成无缝线路，使线路尽快处于稳定状态，故铺轨作业区与单元轨节锁定作业区之间的距离不宜太长。线路应力放散前，应提前调查当地气温资料，掌握轨温变化规律，根据作业区段的时间间隔，选定锁定线路的最佳施工时间。

（一）工艺流程

无缝线路应力放散及锁定可采用拉伸器滚筒法或滚筒法。当施工作业时的轨温在设计锁定轨温范围内时，应采用滚筒法施工，其施工基本工艺流程如图 6－5－3；当施工作业时的轨温低于设计锁定轨温时，应采用拉伸器滚筒法施工，其施工基本工艺流程如图 6－5－4。

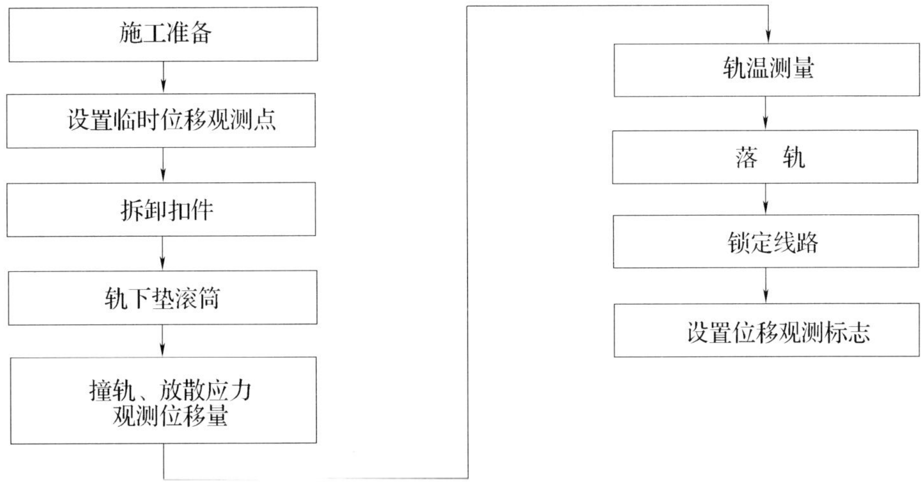

图 6－5－3　滚筒法施工基本工艺流程

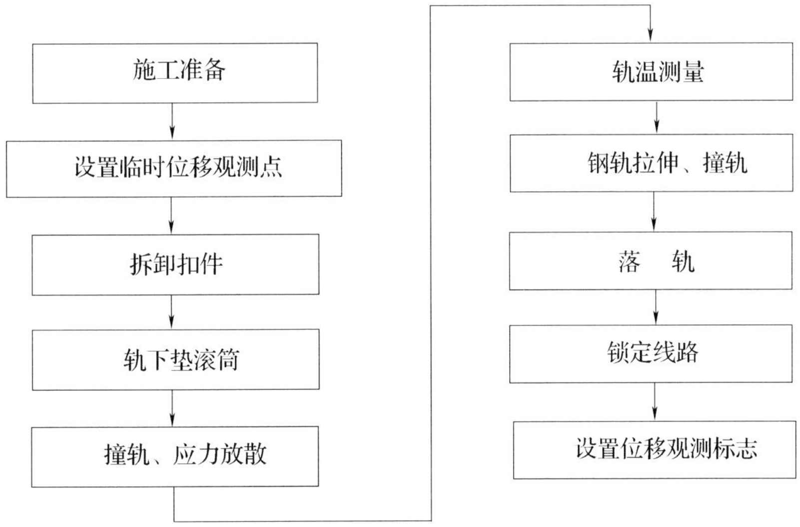

图 6－5－4　拉伸器滚筒法施工基本工艺流程

（二）主要设备

无缝线路应力放散及锁定主要设备配置可参照表 6－5－3。

表 6－5－3　无缝线路应力放散及锁定主要设备配置表

序　号	设备名称	型　号	单　位	数　量
1	锯轨机	HC355	台	4
2	液压钢轨拉伸器	TR75	台	3
3	撞轨器		套	8
4	起道器		台	12
5	内燃螺栓扳手		台	2
6	轨道车		辆	1
7	工具车		辆	1
8	平板车		辆	2
9	滚筒	ϕ20 mm	个	300

（三）主要工艺及质量要求

无缝线路应力放散锁定施工轨温应在设计锁定轨温范围以内或以下，否则不得施工。

1. 钢轨位移观测桩设置

在无缝线路应力放散前按设计提前设置位移观测桩。观测桩在区间埋设在路肩上，在站内站台侧可设置在站台墙上，观测桩距道床外侧和路肩边缘均应大于0.3 m，当路肩宽度不足时，可埋于路肩中心；桥上位移观测桩可设置于桥梁固定支座附近稳固的桥面防撞墙上。其中，单元轨节起终点的位移观测桩宜与单元轨节焊接接头对应，纵向相错量不应大于30 m，位移观测桩应设置齐全、牢固可靠、易于观测和不易破坏。

2. 滚筒放散法

（1）计算放散量：放散量按下列公式计算：

$$\Delta L = \alpha \times L \times (T_{SS} - T_P)$$

式中　ΔL——放散量（mm）；

α——钢轨钢的线膨胀系数，$\alpha = 11.8 \times 10^{-6}/℃$；

L——单元轨节长度（mm）；

T_{SS}——实际锁定轨温（℃）；

T_P——铺轨时的平均轨温（铺轨时每300 m一个轨温值，取各轨温的平均值）。

当实际锁定轨温低于铺轨平均轨温时，ΔL为负值，即放散后单元轨节要短一截，此时需要准备一相应的短轨，放在单元轨节的未锁定端，作临时连接用；当实际锁定轨温高于铺轨平均轨温时，放散后则需锯轨。

（2）临时位移观测点设置：在单元轨节两端及中间每隔 100 m 左右设一临时位移观测点观测钢轨的位移量，及时排除影响放散的障碍，达到应力放散均匀、彻底。观测点可设在轨底上表面或轨腰上。

（3）抬起钢轨、垫滚筒：解除本单元轨节和与之焊连的无缝线路末端 25 ~ 75 m 范围内的所有扣件约束。用起道机抬起钢轨，每隔 15 ~ 20 根轨枕在轨底放入一个滚筒，使得轨底高出橡胶垫 20 mm，处于自由伸缩状态。当实际锁定轨温高于铺轨平均轨温时在单元轨节的末端 30 m 范围内，每隔 5 m 放置一个逐渐垫高的滚筒，使末端轨底高出橡胶垫 180 mm。

（4）撞轨：直线上每隔 350 ~ 400 m、曲线及向上坡方向放散时每隔 300 m 设一个撞轨点。用撞轨器撞击钢轨，同时观测各点的位移量变化情况。当钢轨位移发生反弹且各点位移变化均匀时，则视为钢轨达到自由伸缩状态，此时停止撞轨；应检查滚筒有无倾斜、脱落，钢轨有无落槽及撞击力不够等现象。

（5）钢轨入槽、锁定线路：确认单元长轨应力放散完毕后，若需锯轨则按锯轨操作程序锯轨，要求轨端不垂直度不大于 0.8 mm。然后，将作业人员均布在进行应力放散长轨范围内，检查橡胶垫位置正确后，撤掉滚筒，使长轨平稳地落入承轨槽内，同时测量并记录开始紧扣件时的轨温，同时进行紧扣件作业，每隔两根紧一根，无缝线路尾端 25 ~ 75 m 范围内的扣件全部紧完，并上紧无孔钢轨接头（轨缝处仍用 20 mm 左右的薄轨头片衬垫，以保持轨缝为 25 ± 2 mm），此时视为长轨已锁定。记录此时轨温为结束时轨温，同时继续紧完其余全部扣件。

线路锁定后，应立即在钢轨上设置纵向位移观测的“零点”标记，按规定开始观测并记录钢轨位移情况。

3. 拉伸器滚筒放散法

（1）计算拉伸量：长轨拉伸量按以下公式计算：

$$\Delta L = \alpha \times L \times (T_{SS} - T_{d})$$

式中　ΔL——拉伸量（mm）；

α——钢轨钢的线膨胀系数，$\alpha = 11.8 \times 10^{-6}/ ℃$；

L——单元轨节长度（mm）；

T_{SS}——实际锁定轨温（℃）；

T_d——锁定作业当时实测轨温(℃)。

(2)临时位移观测点设置、抬起钢轨、垫滚筒作业与滚筒法相同,但需注意单元轨节的末端无需抬高 180 mm,和其他地方一样,轨底高出橡胶垫 20 mm 即可。钢轨拉伸器拉伸钢轨前,滚筒必须提前按要求垫放到位。

(3)在各观测点上做出拉伸位移的零点标记。

(4)锯轨量确定:测量长轨尾端与下一个单元轨节轨端之间的距离,扣除应留的轨缝宽度后,与计算的拉伸量对比,以最终确定锯轨量,并按锯轨的操作程序锯轨,轨端不垂直度小于 0.8 mm。

$$L_j = \Delta L - L_z + L_f$$

式中 L_j——锯轨量;

ΔL——计算拉伸量;

L_z——长轨处于自由状态时,长轨尾端与下一个单元轨节轨端之距离;

L_f——预留轨缝量。

(5)拉伸钢轨:安装拉轨器,利用拉轨器和撞轨器共同作用,拉伸钢轨,同时观测各观测点拉伸位移的变化情况。拉伸量达到预定长度后,通知各观测点做出记号。此时撞轨器仍然继续作业,当各观测点在所做记号处出现反弹量(应力放散已均匀),停止撞轨,拉轨器保压,在锁定作业完成之前不得因拉轨器的失压而使轨端出现位移。

(6)钢轨拉伸器保压,撤除撞轨器及滚筒,将作业人员均布在进行应力放散长轨范围内,检查橡胶垫位置正确后,撤掉滚筒,使长轨平稳地落入承轨槽内,同时测量并记录开始紧扣件时的轨温,同时进行紧扣件作业。这时还需注意拉伸器撤除后,已锁定单元轨节自由端会产生回缩量,下一单元轨节拉伸锁定时,应将该回缩量计入单元轨节拉伸量。

(7)撤除拉伸器,复核长轨实际拉伸长度,这时的锁定作业轨温加上钢轨拉伸换算轨温为实际锁定轨温,该值若在计划锁定轨温范围内,则确认为实际锁定轨温,填入表内,否则锁定工作重新返工。

4. 质量检查

测量轨温时,要对钢轨的不同位置进行多点测量,取其平均值。

无缝线路锁定时应准确确定并记录锁定轨温,实际锁定轨温应控制在设计锁定轨温范围内。相邻单元轨节锁定轨温之差不应大于 5 ℃,左右股锁定轨温之差不应大于 3 ℃,同一区间内的单元轨节最高与最低锁定轨温之差不应大于 10 ℃。

胶垫应放正无缺损，扣件安装齐全，扣压力符合设计要求。

单元轨节左右股焊接接头相错量不应大于100 mm。

锁定日期及实际锁定轨温应列入竣工资料。

四、轨道精调整理及钢轨预打磨

轨道精调可分为静态调整和动态调整两个阶段。轨道静态调整符合标准要求后，线路开通前由轨道动态综合检测车进行动态质量检测，道岔及钢轨伸缩调节器与轨道一并进行，并依据检测数据进行动态调整。在无缝线路经精调整理后轨道工程静态验收前，对钢轨进行预打磨作业。

(一)工艺流程

轨道精调整理及钢轨预打磨施工基本工艺流程如图6－5－5。

(二)主要设备

轨道精调整理及钢轨预打磨主要设备、机具配置可参照表6－5－4。

表6－5－4　轨道精调整理及钢轨预打磨主要设备、机具配置表

序　号	设备、机具名称	单　位	数　量	备　　注
1	起道器	个	2	
2	扭矩扳手	把	1	
3	双头电动扳手	套	2	
4	撬棍	根	4	
5	手推轨道小平车	台	1	轨道上运输扣件及工具
6	打磨列车	列	1	
7	钢轨波纹研磨机	台	1	人工操作
8	轨道几何状态测量仪	套	1	含全站仪、气象传感器、CPⅢ棱镜组件等
9	数字水准仪	台	1	
10	钢轨平直度测量仪	台	1	焊头平直度检测
11	轨距尺	把	2	必须与轨检小车一起校核
12	塞尺	套	1	
13	弦尺	把	1	
14	弦线	套	2	10 m,30 m
15	支距尺			道岔精调用

续上表

序　号	设备、机具名称	单　位	数　量	备　　注
16	方尺			道岔精调用
17	游标卡尺			道岔精调用
18	平尺		1	1 m,2 m
19	钢卷尺	把	2	5 m,100 m
20	轨温计	个	3	

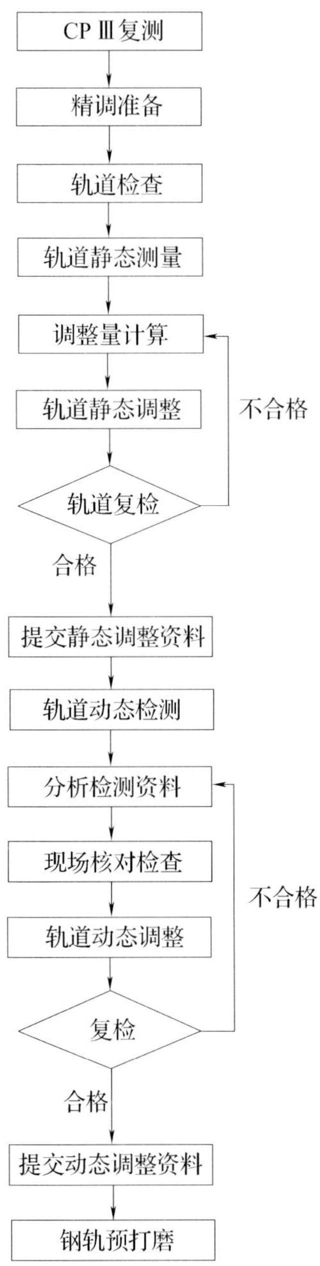

图 6－5－5　轨道精调整理及钢轨预打磨施工基本工艺流程

(三)主要工艺及质量要求

轨道精调整理前应复测 CPⅢ控制点,复测结果须经监理确认。同时,还需提前调查当地气温资料,掌握轨温变化规律,在规定的作业轨温范围内合理安排精调作业。

1. 无砟轨道精调

(1)准备工作

检查轨道几何状态测量仪、全站仪等测量仪器的工作状态处于正常。按照连续贯通里程,将连续两个 CPⅢ控制点之间的扣件节点沿里程增加方向单独连续编号,在轨道几何状态测量仪中输入线路平、纵断面资料及 CPⅢ轨道控制网等资料。并根据轨道结构类型和设备数量,提前配备相应数量调整件。

(2)轨道状态检查

采用轨道几何状态测量仪检测轨道前,重点检查钢轨、扣配件及焊头等状态,确保钢轨无污染、无低塌、无掉块、无硬弯等缺陷,扣件安装正确,无缺少、无损坏、无污染,扣件弹条与轨距挡板应密贴,扣件扭矩符合设计要求,轨下垫板应安装正确,无缺少、无损坏、无偏斜、无污染、无空吊,钢轨焊接接头平直度符合标准要求。

(3)轨道精调测量

全站仪通过 CPⅢ控制点进行自由设站,采用轨道几何状态测量仪由远及近靠近全站仪方向对轨道进行逐个扣件节点连续测量,确定轨道几何形位调整量。全站仪与轨道几何状态测量仪的观测距离宜为 5 ~ 60 m,区间轨道应连续测量,两次测量搭接长度不应少于 20 m。车站道岔应单独测量,与两端线路搭接长度不应少于 35 m。

(4)调整量计算

根据测量数据,对轨道精度和线形进行综合分析评价,确定需要调整的区段。用软件进行调整量模拟试算,并对轨道线形进行优化,形成调整量表。根据调整量表和扣件型号,选配合适的调整配件,并在表中详细记录安装位置、方向。

(5)轨道静态调整

1)钢轨精调作业应遵循“先轨向,后轨距”、“先高低,后水平”的原则。曲线地段以外轨为基准轨,直线地段同前方曲线的基准轨。宜先调基准轨的轨向和另一轨的高低,再调两轨的轨距和水平。

2)现场根据调整量表,对计划调整地段进行标识,严格按照确定的原则和顺序进行轨向、轨距、高低、水平的调整。

3）轨距、轨向调整（轨道平面调整），区间轨道通过更换轨距块来实现；车站道岔通过更换偏心椎或缓冲调距块来实现；高低、水平调整（轨面高程调整），区间轨道、车站道岔均通过更换轨底调高垫板来实现，板式轨道也可采用充填式垫板进行高低、水平调整。

4）对调整完毕的区段，用轨道几何状态测量仪进行检核测量，并对超限尺寸进行反复调整，直到确认轨道状态符合标准要求，并按相关规定提交检测成果资料。

（6）轨道动态调整

数据分析：分析动态检测数据，查找超限点。采用轨道几何状态测量仪、轨距尺、塞尺等工具，对超限点进行核对检查。现场核对检查时，首先必须对区段范围内的扣件、垫板进行全面检查，确认无异常后，再开始轨道几何尺寸检查。检测调整方法同轨道静态调整方法。对局部短波不平顺应对轨道超限处前后各 50 m 范围内进行全面检查，必要时扩大检查范围；对长波不平顺应采用轨道几何状态测量仪在波峰或波谷里程前后各 150 m 范围内进行测量；对连续短波不平顺，可以采用轨道几何状态测量仪测量方法进行测量。

根据现场核对检查资料计算调整量，形成调整量表。轨道动态调整方法、精度要求等与轨道静态调整相同。

（7）质量检查

无砟轨道静态平顺度允许偏差应符合表 6－5－5 的规定。

表 6－5－5　无砟轨道静态平顺度允许偏差

序号	项　　目	容许偏差	备　　注
1	轨 距	±1 mm	相对于标准轨距 1 435 mm
		1/1 500	变化率
2	轨 向	2 mm	弦长 10 m
		2 mm / 测点间距 $8a$(m) 10 mm /测点间距 $240a$(m)	基线长 $48a$(m) 基线长 $480a$(m)
3	高　低	2 mm	弦长 10 m
		2 mm / 测点间距 $8a$(m) 10 mm /测点间距 $240a$(m)	基线长 $48a$(m) 基线长 $480a$(m)
4	水 平	2 mm	不包含曲线、缓和曲线上的超高值
5	扭曲	2 mm	基长 3 m 包含缓和曲线上由于超高顺坡所造成的扭曲量
6	与设计高程偏差	10 mm	站台处的轨面高程不应低于设计值
7	与设计中线偏差	10 mm	

注：表中 a 为扣件节点间距，单位为 m。

调整完毕，应对轨道几何尺寸，扣件、垫板状态进行全面复检，并对超限尺寸进行反复调整，直到确认轨道状态符合标准要求，并按相关规定提交检测成果资料。

2. 无砟道岔精调

(1)准备工作

精调测量前，需清除粘附在道岔钢轨、扣件、轨枕或道床、道岔板上的尘土、污垢、油污等。可采用扫帚、毛刷及高压风管或水枪清理，严禁使用钢丝刷，避免破坏钢轨件表面的保护层。并补齐钢轨零部件或更换失效零部件，复紧各部件螺栓。同时，复检钢轨焊缝(或接头)平顺度，并打磨平顺度超标的钢轨接头或调整平顺度超标的钢轨接头。

(2)道岔精调方法

1)遵循"先轨向、后轨距，先高低、后水平，先直股、后曲股，先整体、后局部"和"尖轨、辙叉部位尽量少动"的原则。

2)无砟道岔轨向、高低的长波调整时，应按区间线路适应道岔轨道的原则进行调整，轨道几何状态测量仪检查长度应不小于道岔及前后各150 m的轨道。

3)轨向：根据轨距配置表调整，或通过更换轨距块或缓冲调距块，实现钢轨左右位置的调整，使得轨向符合要求。

4)高低和水平：通过更换不同厚度的调高垫板，实现钢轨上下位置的调整，使得钢轨高低和道岔水平符合要求。

5)轨距、支距调整：轨距和支距应根据轨距配置表调整轨距块或缓冲轨距块，确认合适后以300~350 N·m扭矩拧紧轨下垫板螺栓，固定垫板。

6)密贴和间隔调整：通过增减顶铁调整片，调整尖轨、心轨顶铁间隙，并同时调整轨距，确保尖轨与基本轨密贴；可动心轨在轨头切削范围内分别与两翼轨密贴，开通侧股时，叉跟尖轨尖端与短心轨密贴。

(3)道岔线形测量

全站仪依据CPⅢ点在中线位置设站，用轨道几何状态测量仪对道岔扣件螺栓对应的轨道位置进行逐点测量，全站仪测量范围宜为5~80 m，两次设站重复测量不应少于5点，重复测量区应避开转辙器及辙叉区，测量范围包括道岔前后各150 m线路范围。先测量直线段线形，后测量曲线段线形，并对承轨台位置按岔枕编号的方式进行标记。

(4)数据评估及调整量计算

道岔线性几何状态可通过测量数据进行评估，对道岔转辙器区线路实测的轨距和轨向值，与设计值之差以优先直向兼顾曲向的原则单独评估。

道岔线性良好、超差点少时，可直接判定道岔线性的调整量；否则用软件计算调整量。调整量计算应遵循"先保证直股，再兼顾曲股；转辙器及辙叉区少动，两端线路顺接"的原则。

（5）轨向及轨距调整

根据轨距配置表及铺岔基桩，调整道岔直股基本轨首末端位置到设计位置，沿道岔直基本轨外侧在转辙器全长范围张拉 30 m 以上的钢弦线，检查并调整道岔直股基本轨直线度不超过 1 mm。然后使用支距尺检查直基准轨与曲基准轨之间的支距，并调整曲基准轨方向，再利用轨距尺检查和调整直股和曲股轨距。钢弦线依次向道岔前、后方向平移，两次搭接区应不少于 10 m，完成道岔连接导轨、辙叉区及前后过渡段轨向和轨距的调整。

轨向和轨距调整的同时，应同时检查并调整密贴、间隙和间隔，并将轨下垫板螺栓按 300～350 N·m扭矩拧紧。

（6）高低及水平调整

将道岔转换到直股方向，以道岔尖轨一侧钢轨为基准轨，使用数字水准仪及数字铟瓦尺测量钢轨顶面高程，对照调高垫板配置表更换调高垫板，以轨距尺检查并调整轨道水平。直股调整完成后，将道岔转换到曲股方向，以道岔直股转辙器尖轨区、辙叉区为基准调整曲股轨道高低及水平。

高低及水平调整的同时，应同时检查并调整密贴、间隙和间隔，并将轨下垫板螺栓按 300～350N·m 扭矩拧紧。

（7）道岔内部几何状态调整

道岔轨道内部几何状态检查和调整项目是尖轨与基本轨密贴，尖轨与滑床板密贴，尖轨跟端限位器等。道岔轨道内部几何状态的检查和调整，应安排在道岔线形调整的后期同步进行。尖轨与滑床板间存在较大间隙的调整，应优先使用调高垫板，然后用滚轮调整片调整。

（8）道岔长波平顺性调整

道岔轨道长波平顺性调整应在道岔轨道短波平顺性调整合格的基础上，基本保持道岔区轨道的几何状态，通过调整道岔前后轨道线形，完成道岔轨道长波平顺性的调整。

（9）道岔联合调试

电务转换设备安装调试完成后，工务施工单位配合电务施工单位进行道岔联合调试。主要是局部细调轨距、支距及轨向，重点对尖轨和可动心轨密贴段检查调整，使允许偏差符合设计要求。密贴调整与电务转换设备调整同步进行，确保尖轨与基本轨密贴、可动心轨在轨头切削范围内应分别与两翼轨密贴、开通侧股时，叉跟尖轨尖端与短心轨密贴。经过道岔工电联调后，电务转换设备应保证可动机构在转动过程中动作平稳、灵活，无卡阻现象。锁闭装置正确锁闭、表示正确。

（10）质量检查

1）道岔内部主要结构尺寸允许偏差应符合相关技术条件的规定。

2）道岔弹条螺栓、岔枕螺栓、限位器螺栓、翼轨间隔铁螺栓、长短心轨与间隔铁螺栓的扭力应达到设计值。

3）道岔静态铺设平顺度允许偏差应符合表 6－5－6 的规定。

表 6－5－6　道岔（直向）静态铺设平顺度允许偏差

序　号	项　　目	允许偏差（mm）
1	高低（10 m 弦量）	2
2	轨向（10 m 弦量）	2
3	水　平	2
4	扭曲（基长 3m）	2
5	轨　距	±1
		变化率 1/1 500

3. 钢轨全线预打磨

轨道静态平顺度经精细调整，符合标准要求后，即可安排钢轨全线预打磨作业。钢轨预打磨是指新建无缝线路开通运营前为避免钢轨表面微小缺陷的发展扩大，对全线钢轨工作面进行的预防性打磨作业。参照国外经验，新建无缝线路在开通运营前，有必要打磨钢轨。预防性打磨钢轨的作用是：①避免钢轨表面微小缺陷的发展扩大，推迟可能发生的波形磨耗，延长钢轨寿命；②消除钢轨轧制过程中形成的长波不平顺和轨面的斑点，提高线路平顺性；③使钢轨轨面粗糙度适应列车速度，减少轮轨相互作用产生的噪音。

（1）打磨方法

打磨列车到达工地后，根据轨面状态，可采用列车运行打磨、成形打磨等方式进行作业。

(2)打磨

打磨前用安装在打磨机上的测量设备对整个打磨段上的钢轨进行纵断面的零位测量。根据测量结果,调整好打磨头的偏转面和对钢轨的施压力,对具有波纹和短波的钢轨,原则上要磨到波纹底及波谷范围。道岔尖轨及可动心轨、辙叉和钢轨伸缩调节器尖轨,应采用道岔打磨列车或手工操作的钢轨波纹研磨机进行打磨,严禁用普通打磨列车打磨。打磨列车的使用和管理按其操作手册及维修保养手册的相关规定执行。

(3)质量检查

1)钢轨的表面应光滑、平顺、无斑点,使其适应列车速度,钢轨顶面平直度 1 m 范围内允许偏差 0 ~ +0.2 mm,轨顶表面粗糙度不大于 10μm。

2)钢轨头部工作面实际横断面与理论横断面相比允许偏差为 ±0.3 mm;打磨面最大宽度在轨距角圆弧上为 4 mm,在轨距角圆弧和轨顶圆弧的连接圆弧部分为 7 mm,在轨顶圆弧上为 10 mm,打磨面宽度的最大变化在沿钢轨长度 100 mm 的范围内不应大于打磨面最大宽度的 25%。

第六节 无砟轨道相关工程施工质量控制

无砟轨道相关工程主要包括线下接口工程、综合接地、管线沟槽及轨道电路等。相关工程施工涉及范围广、专业性强,存在频繁交叉作业,其施工应符合设计和相关专业技术要求。修筑于路基、桥上和隧道内的电缆槽、预埋管线沟槽、综合接地体等需与线下工程同步施工,在线下工程施工之前,均应得到这些相关工程的有效施工图纸,并根据各接口专业要求进行核对,以便施工时综合考虑,合理安排。对通信、信号、电力、牵引供电及其他附属设施、无砟轨道纵向接地钢筋、沿线金属构筑物等需接地防护的设施,均应接入综合接地系统。

一、线下接口工程

1. 路基质量控制及与轨道接口施工

沉降控制是高速铁路路基设计及施工的关键。路基作为无砟轨道的基础,必须强度高、刚度大,且纵向变化均匀,具有长期动力稳定性和耐久性,以确保其上的无砟轨道稳定。在路基填筑施工过程中，除按常规做好施工测量、沉降观测和工艺性试验外，重点应配备充足的施工机械和检测仪器，并应配备 E_{v2} 静态变形模量测定仪、沉降监测设施等特定检测设备，对路基填料进行严格的筛选，需拌制的填料宜采用厂（场）拌，基床以下路堤应优先选用 A、B 组填料，当选用 C 组细粒土填料时，应根据土源性质进行改良后填筑，基床底层采用 A、B 组填料或改良土，基床表层采用级配碎石，材料规格应满足相关技术条件的要求。过渡段施工也应作为路基施工质量控制的重点，水泥稳定级配碎石填筑及压实标准应符合规定。

轨道结构采用无砟道床后，其排水系统就显得尤为重要。无砟轨道结构范围内的排水措施必须同时考虑纵横向排水，并确保在下部结构的上部支承层范围内地下水和地面水能够排除。无砟轨道的表面应当确保地面水的流动畅通无阻，并且避免边界的冲刷。对于双线并行线路，线间水可通过中间设置集水井的方式将水排到线路两侧的排水设施内，排水设施的尺寸通过水文学计算确定。路基防排水应按设计要求施工，并在无砟轨道工程施工前完成，保证排水通畅，其边坡防护工程也应得到足够重视，严格按规范施工。

轨道工程施工对路基接口要求：基床表层级配碎石压实质量应符合设计要求；路基面中线、高程、宽度、平整度及曲线超高设置应符合设计要求，且表面无积水、杂物。路基过渡段施工时还应充分考虑轨道在该处过渡措施（台后锚固结构、端刺等）的施工，做好衔接。

2. 桥梁质量控制及与轨道接口施工

墩台基础沉降的过程及总沉降量受桥位地质情况、施工荷载、施工工期等因素的影响。在墩台施工完成至无砟轨道铺设前应进行墩台基础沉降观测，保证墩台基础工后沉降满足设计要求和无砟轨道的平顺性，这项工作应贯穿整个桥梁施工全过程。

桥面应设置成一定的坡度并在间隔一定间距时设置泄水孔，将桥面水及时排出。根据轨道结构型式，桥面排水分线路两侧及线间设泄水孔的三面排水方式和线路两侧设泄水孔但线间不设泄水孔的两面排水方式。桥面排水工程应严格按设计要求施工，确保排水畅通。

轨道工程对桥梁接口要求：桥梁在工厂预制或现场施工时，应做好桥面平整度的控制，设计有要求对梁面拉毛时，应按要求拉毛；桥面中线、高程、宽度、相邻梁端顶面相对高差、排水坡、保护层、伸缩缝、预埋件位置及精度等应符合设计要求，其施工允许偏差应符合相关技术要求。

3. 隧道质量控制及与轨道接口施工

隧道施工时，监控量测工作应紧跟开挖、支护作业，并纳入正常施工工序。施工中应根据具体情况及时调整或增加量测的内容。量测数据应及时分析处理，并将结果反馈给设计、监理，实现动态设计、动态施工。

轨道工程对隧道接口要求：隧道底板及仰拱填充层表面高程和横向排水坡应符合设计要求，其施工允许偏差应符合相关标准的规定，坡面应平顺，确保水流畅通、不积水；隧道中线允许偏差应符合设计要求；仰拱回填层表面设计有拉毛要求时，应按设计要求进行拉毛处理。

二、站后接口工程

（一）综合接地施工

综合接地系统由贯通地线、接地装置及引接线等构成，实施过程涉及站前、站后各个专业，应统筹安排施工。

1. 综合接地系统施工范围

（1）距接触网带电体 5 m 范围以内需接地的构筑物和设备应接入综合接地系统。

（2）距线路两侧 20 m 范围以内的铁路设备房屋的接地装置应接入综合接地系统。

（3）无砟轨道的纵向接地钢筋按设计要求接入综合接地系统。

（4）不便与铁路综合接地系统等电位连接的第三方设施（如路外公共建筑物、金属管线等），必须采取可靠的隔离或绝缘等措施。

2. 路基地段综合接地施工

路堤及土质路堑地段的贯通地线应按设计要求在施工电缆槽时直接埋设，桩板结构路基地段可敷设于电缆槽内。直埋时应采用中粗砂垫层防护，与其他电缆或管道交叉时的防护方案应符合设计要求。石质路基地段的贯通地线应敷设在电缆槽内。当采用铁路两侧各设一条贯通地线时，应在有过轨管线的地点，按设计要求将上下行两根贯通地线横向等电位进行连接，连接处应用绝缘测试仪进行连接的可靠性测试。

3. 桥梁地段综合接地施工

综合接地施工应与桥梁施工同步进行。采用内部结构钢筋作桥墩及其承台的接地体，在桥墩顶部与梁端横向接地钢筋连接，在墩台下部与承台内部接地钢筋连接。基础桩的接地体应在承台下部的基础桩四周各选择 1 根基础桩(总共 4 根)结构钢筋与承台接地钢筋相连。桥墩承台基础中单设接地钢筋时,接地钢筋应按设计要求与大地可靠接触。在桥梁墩台下部制作接地性能测试端子,在桥墩承台制作接地极应符合设计要求。贯通地线在线路两侧的电缆槽内敷设,防护方案应符合设计要求。在桥梁地段每个墩台处两侧的贯通地线应与横向等电位连接。贯通地线应与桥梁墩台接地装置连接。各接地连接处应用绝缘测试仪连接可靠性测试,确保连接可靠。

4. 隧道地段综合接地施工

综合接地施工应与隧道施工同步进行。采用隧道支护中的结构钢筋网作为接地体并引接和设置引接端子或在隧道两侧的二次衬砌的中部、隧道底部和拱顶处预埋纵向接地钢筋,其施工应符合设计要求。综合贯通地线应在线路两侧的电缆槽内敷设,环形接地钢筋、纵向接地钢筋应与两侧贯通地线连接,其他需接地的电气设备或其他金属构件的接地装置,应采用引接线与贯通地线连接。各接地连接处应用绝缘测试仪进行连接可靠性测试,保证连接可靠。

5. 质量检查

(1)贯通地线的接地端子板(或称接地母排)设置和安装、贯通地线的接续应符合设计要求。

(2)综合接地系统的接地电阻应不大于 1 Ω。

(二)轨道电路施工

(1)无砟轨道道床漏泄电阻和钢轨阻抗应满足轨道电路传输长度的要求。在遂渝线无砟轨道综合试验段施工中经过实际检测,当混凝土底座钢筋骨架纵向钢筋与横向钢筋交叉点采取绝缘措施,相互间的电阻大于 2 MΩ 时,无砟轨道能满足轨道信号传输要求。

(2)无砟轨道单元板块应通过电务性能检验,绝缘性能满足设计要求。

(3)轨道电路设备的设置和施工应符合设计和相关专业的技术要求,并做好对线下工程和轨道等相关工程的保护。

(4)补偿电容、地面应答器等信号设备的预留安装位置不得影响无砟轨道结构的强度、安全及性能要求。

(5)按设计要求进行绝缘测试和处理,发现问题及时反馈。

(三)管线沟槽施工

施工前应熟悉有关施工图、工程地质报告,收集地下管线、构造物等资料,要复核实际管线沟槽是否与施工图的地点、长度、走向等相符。

1. 电缆沟槽施工

电缆沟槽应按设计要求位置、形状、尺寸与线下工程同步施工，施工时要做好对路基工程的保护。电缆沟槽开挖后要按设计要求做好防水。

2. 过轨管线设置

施工前应结合无砟轨道设计复核过轨管线图纸是否可行，对局部过轨管线与轨道冲突的地方，要及时与相关专业设计联系，协调解决。

（1）应按设计要求选用线缆过轨防护管，并查验质量证明文件。

（2）施工前应根据设计图纸和现场实际情况确定预埋管件的位置、规格和数量，在现场做好标记。钢管应采取镀锌等防腐措施，施工前对钢管口应用圆锉进行打磨，防止日后敷缆时划伤电缆。防护管煨管时，弯曲半径不宜小于管外径的 6 倍，弯扁度不宜大于该管外径的 1/10。

（3）预埋件的安装应与线下、电务等相关单位积极联系，紧密配合，并做好对路基工程的保护。

（4）在钢管或硬塑料管铺放前应在管口两端用防腐油浸的麻袋或软布缠绕并堵严。钢管铺放应整齐，长短对齐，高低一致。管件埋设后，除管口外不应有外露部分。管内不得存在杂物，管口位置应利于缆线敷设。

三、施工过程中成品保护

1. 防污染措施

相关工程施工时，如果对道床产生污染，将会影响后期联调联试，高速列车开通运营后会产生大量扬尘，影响运营，增加不必要的二次投入费用，因此，施工时应采取措施避免对轨道道床产生二次污染，按“谁污染谁负责处理”的原则加强管理，对可能造成道床污染的作业，应对道床采取保护措施。施工单位可采用配套先进设备，减少施工污染，施工过程中产生的垃圾应及时清除；在隧道内进行钻孔、开槽施工时，施工前应采取相应措施对道床成品进行保护，避免产生污染，施工中应采取措施降低粉尘排放，对打眼、开槽产生的垃圾应集中回收，及时清理出隧道外。

2. 成品保护

相关工程施工过程中需制定相应的防护措施，加强对无砟轨道成品保护，避免扰动道床结构和轨道几何形位,对需要在无砟道床或道床板上的打眼、开槽以及在钢轨上的连线焊接等施工作业,应征得设计许可,严格按设计要求施工,尤其是在钢轨上连线焊接作业,应经轨道专业设计认可。

建设单位在无砟轨道建设过程中,应重点针对无砟道床、长钢轨、高速道岔等轨道成品制定相应的保护措施,并检查落实。道床及承轨槽的保护主要是无砟轨道铺设长钢轨期间以及应力放散锁定期间,装卸扣配件应吊卸,不得抛掷,长钢轨铺设时轨端偏斜避免撞坏承轨槽及预埋件,工地钢轨焊接时避免焊头附近轨下垫板灼烧、烫坏。对长钢轨的保护主要是避免钢轨擦伤,一是要加强铺轨后的铁路行车组织管理,组织编制并落实施工期间线路及道岔使用行车组织管理办法,确保行车安全和线路通道畅通,避免铺轨列车频繁制动擦伤钢轨;二是轨道施工单位及其他有轨行设备的单位应配备足够的行车组织人员,严格执行建设单位施工期间线路管理和使用方面的规定;三是轨道施工单位应做好铺轨列车牵引力计算,合理配备牵引动力,避免铺轨列车在坡道起步时擦伤钢轨;四是施工期间行车速度应符合相关规定,避免非常制动擦伤钢轨;五是电务专业在钢轨上的打眼施工应在无缝线路应力放散锁定后严格按设计要求进行,不得随意在钢轨上打眼。对道岔的保护,主要是轨道施工单位应配备足够的行车组织人员、高速道岔管理确认人员,严格执行建设单位施工期间道岔管理和使用方面的规定,不得擅自改变道岔开向,列车进出道岔,均应由专人确认道岔开向是否正确,避免挤岔事故。

参考文献

【1】 何华武．我国客运专线应大力发展无砟轨道．中国铁路,2005(01)

【2】 何华武．无砟轨道技术．北京:中国铁道出版社,2005

【3】 赵国堂．高速铁路无砟轨道技术．北京：中国铁道出版社,2005

【4】 赵坪锐．客运专线无砟轨道设计理论与方法研究．成都:西南交通大学博士学位论文,2008

【5】 西南交通大学．客运专线无砟轨道设计理论与方法研究报告(2007G044—D)．成都,2009

【6】 赵坪锐,章元爱,刘学毅,郭利康．无砟轨道弹性地基梁板模型．中国铁道科学,2009(03)

【7】 赵坪锐,刘学毅．连续道床板温度应力计算方法研究．铁道标准设计，2008(10)

【8】 王森荣,赵坪锐,孙立．无砟轨道基础变形影响计算方法的研究．铁道标准设计,2008(04)

【9】 赵国藩.高等钢筋混凝土结构学.北京:中国电力出版社,1999

【10】 安藤胜敏．温度变化时におけるスラブ轨道の荷重变形特性．铁道总研报告，1989，(03)

【11】 周清跃．主编译．国内外最新钢轨标准汇编．中国铁道科学研究院．2004. 2

【12】 周清跃．主编译．现代铁路钢轨标准汇编．中国铁道科学研究院．2005. 9

【13】 赵坪锐,刘学毅．双块式无砟轨道开裂支承层的折减弹性模量．西南交通大学学报，2008(04)

【14】 He H W，Hou W W. Development of Ballastless Track Technology on China Railway(CR). Railway Technical Review，2006，Special

【15】 罗林．高速铁路轨道必须具有高平顺性．中国铁路,2000(09)

【16】 卢祖文．客运专线铁路轨道．北京:中国铁道出版社．2005

【17】 赵国堂．提高轨道临界速度应作为客运专线设计工作的重要目标．中国铁路,2005(01)

【18】 DB Systemtechnik – Oberbautechnik. AKFF4 – 2002,Requirements Catalog for the Construction of the Slab Track 4th Revised Edition. Frankfurt：DB Netz AG NST – Produktmanagement Technik

【19】 UIC Infrastructure Co mmission Civil Engineering Support Group. Feasibility study “ballastless track”. 2002

【20】 姚明初,邵立新．铁路新型轨下基础．北京:中国铁道出版社,1986

【21】 江成,林之珉．高速铁路无砟轨道结构的试验研究．中国铁路,2000(07)

【22】 张庆,张立国,冉蕾,胡金培,赵廷俭．秦沈客运专线板式无砟轨道结构设计．铁道标准设计,2002(06)

【23】 中铁二院工程集团有限责任公司,铁道科学研究院,中铁八局集团有限公司．遂渝线无砟轨道综合试验段关键技术试验研究总报告．成都,2007

【24】 佐藤吉彦,徐涌(译). 新轨道力学. 北京,中国铁道出版社, 2001

【25】 Eisenmann J, Leykauf G. Feste Fahrbahn für Schienenbahnen. Betonkalender, 2000

【26】 范俊杰. 现代铁路轨道. 北京: 中国铁道出版社,2000: 43 - 51

【27】 姚祖康. 水泥混凝土路面设计理论与方法. 北京:人民交通出版社,2003

【28】 谈至明, 姚祖康. 非线性温度场下的水泥混凝土路面温度应力. 中国公路学报, 1993(04)

【29】 曹东伟,胡长顺. 连续配筋混凝土路面温度应力分析. 西安公路交通大学学报,2001 (02)

【30】 王森荣. 板式无砟轨道温度力研究. 成都:西南交通大学硕士学位论文,2007

【31】 过镇海,时旭东. 钢筋混凝土原理和分析,北京:清华大学出版社,2003

【32】 赵国堂. 高速铁路无碴轨道结构,北京:中国铁道出版社,2006

【33】 西南交通大学,客运专线无砟轨道再创新理论研究报告. 成都,2008

【34】 中铁二院工程集团有限责任公司. 成灌线无砟轨道设计研究报告. 成都, 2009

【35】 高速铁路设计规范(报批稿). 2009

【36】 铁科技[2004]120 号. 350 km/h 客运专线 60 kg/m 钢轨暂行技术条件. 北京:中国铁道出版社,2004

【37】 铁科技函[2005]298 号. 250 km/h 客运专线 60 kg/m 钢轨暂行技术条件. 北京:中国铁道出版社,2005

【38】 铁建设函[2005]402 号.. 250 km/h 和 350 km/h 客运专线钢轨检验及验收暂行标准. 北京:中国铁道出版社,2005

【39】 铁科技[2007]207 号. WJ-7 型扣件暂行技术条件. 北京:中国铁道出版社,2009

【40】 铁科技[2007]207 号. WJ-8 型扣件暂行技术条件. 北京:中国铁道出版社,2009

【41】 科技基[2008]166 号. 时速 350 公里客运专线无砟轨道 60 kg/m 钢轨伸缩调节器暂行技术条件. 北京:中国铁道出版社,2008

【42】 科技基[2008]74 号. 客运专线铁路 CRTS Ⅰ 型板式无砟轨道混凝土轨道板暂行技术条件. 北京:中国铁道出版社,2008

【43】 科技基[2008]74 号. 客运专线铁路 CRTS Ⅱ 型板式无砟轨道混凝土轨道板暂行技术条件. 北京:中国铁道出版社,2008

【44】 科技基[2008]74 号. 客运专线铁路双块式无砟轨道双块式混凝土轨枕暂行技术条件. 北京:中国铁道出版社,2008

【45】 科技基[2008]173. 客运专线铁路岔区板式无砟轨道混凝土道岔板暂行技术条件. 北京:中国铁道出版社,2008

【46】 GB50010 2002. 混凝土结构设计规范. 北京:中国建筑工业出版社,2002

【47】 GB/T50476—2008．混凝土结构耐久性设计规范．北京:中国铁道出版社,2008

【48】 TZ216—2007．客运专线无砟轨道铁路工程施工技术指南．北京:中国铁道出版社,2007

【49】 铁建设[2007]85 号．客运专线无砟轨道铁路工程施工质量验收暂行标准．北京:中国铁道出版社,2007

【50】 铁建设[2006]158 号．客运专线铁路无砟轨道铺设条件评估技术指南．北京:中国铁道出版社,2006

【51】 铁建设函[2009]674 号．高速铁路无砟轨道施工精调作业指南．北京:中国铁道出版社,2009

【52】 TB 10301—2009．铁路工程基本作业施工安全技术规程．北京:中国铁道出版社,2009

【53】 铁路轨道工程施工安全技术规程(报批稿).2009

【54】 铁建设[2008]7 号．客运专线铁路工程竣工验收动态检测指导意见．北京:中国铁道出版社,2009

【55】 铁工管[2009]206 号．客运专线铁路无砟轨道施工和高速道岔铺设标准化管理要点．北京:中国铁道出版社,2009

【56】 工管技[2010]22 号．客运专线铁路无砟轨道先导段评估实施细则(试行)．北京:中国铁道出版社,2009